PETER FEY

INFORMATIONSTHEORIE

ELEKTRONISCHES RECHNEN UND REGELN

Herausgegeben von

Prof. Dr. HANS FRÜHAUF · Prof. Dr. WILHELM KÄMMERER
Prof. Dr. KURT SCHRÖDER · Prof. Dr. HELMUT WINKLER

BAND 3

INFORMATIONSTHEORIE

von

Dr.-Ing. PETER FEY

AKADEMIE-VERLAG · BERLIN
1963

INFORMATIONSTHEORIE

Einführung in die statistische Theorie der elektrischen Nachrichtenübertragung

von

Dr.-Ing. PETER FEY
Berlin

Mit 94 Abbildungen und 16 Tabellen

AKADEMIE-VERLAG · BERLIN
1963

Erschienen im Akademie-Verlag GmbH, Berlin W 8, Leipziger Str. 3—4

Lizenznummer: 202 · 100/529/63
Gesamtherstellung: VEB Druckerei „Thomas Müntzer" Bad Langensalza
Bestellnummer: 5507 · ES: 19 B 5/20 K 5

VORWORT DES HERAUSGEBERS

Der vorliegende dritte Band der Reihe ergänzt die in den beiden ersten Bänden behandelte Theorie und Praxis der Verarbeitung digitaler und analoger Information in Rechenmaschinen durch die Theorie der Übertragung diskreter und kontinuierlicher Information. Der neue Aspekt, der sich bei der Erzeugung, der Übertragung und dem Empfang von Information darbietet, ist der stochastische Charakter informationstragender Prozesse. Die dadurch bedingte wahrscheinlichkeitstheoretische Behandlungsweise der Probleme der Nachrichtentechnik bedarf zu ihrer zielgerichteten Anwendung durch den Nachrichteningenieur solider Kenntnisse der mathematischen und physikalisch-technischen Grundlagen. Diesem Bedürfnis Rechnung tragend, entstand, fußend auf Arbeiten des Herausgebers in Lehre und Forschung am Institut für Hochfrequenztechnik und Elektronenröhren der Technischen Universität Dresden, sowie auf zahlreichen Veröffentlichungen und Vorträgen nachfolgende zusammenfassende Arbeit einer seiner Schüler.

H. Frühauf

VORWORT DES VERFASSERS

Die Informationstheorie im weiteren Sinne und die speziell im vorliegenden Buch abgehandelte statistische Theorie der elektrischen Nachrichtenübertragung als Informationstheorie im engeren Sinne sind Teilgebiete einer sich neu herausbildenden wissenschaftlichen Disziplin, der Kybernetik. Die jeder Wissenschaft eigene Abstraktion und Zusammenfassung äußerlich verschiedener Erscheinungen in einer gemeinsamen Theorie ist im Falle der Informationstheorie besonders ausgeprägt. Der Verfasser hofft, durch die gewählte Art der Darstellung, ergänzt durch zahlreiche Beispiele, diese Schwierigkeit für das Verstehen und Anwenden der Theorie nach Möglichkeit herabgemindert zu haben.

Für die Unterstützung bei diesem Bemühen dankt der Verfasser besonders Herrn Professor Dr.-Ing. H. Frühauf und Herrn Professor Dr. Kämmerer. Dank gebührt weiter den Herren Prof. Dr. Lange und Dr. Wunsch für wertvolle Hinweise und Diskussionen sowie dem Verlag für die gute Gestaltung des Buches.

Berlin, im Juni 1963

P. Fey

INHALTSVERZEICHNIS

Einleitung 1

Vorbemerkungen 3

I. Diskrete Information 5

1. Diskrete Quellen und ihre Eigenschaften 5
1.1 Zufällige Folgen 6
1.2 MARKOFF-Prozesse 15

2. Entropie diskreter Quellen 28
2.1 Einfache Entropie 29
2.2 Verbundene und bedingte Entropie 35
2.3 Entropie von MARKOFF-Prozessen 41

3. Kodierung diskreter Quellen 46
3.1 Dekodierbarkeitsbedingung 50
3.2 Kodierung nach SHANNON 52
3.3 Kodierungsmethode nach FANO 59
3.4 Technische Realisierung der Kodierung 66
3.5 Fundamentalsatz der Kodierung 71

4. Information bei Nachrichtenübertragung 74
4.1 Übertragene Information 76
4.2 Maximal übertragbare Information 93
4.3 Symmetrisch gestörter binärer Kanal 109

5. Störungsgeschützte Kodierungen 139
5.1 Fehlerfeststellende und korrigierende Binärkodierungen 141
5.2 Gruppenkodes 154
5.3 Technische Realisierung der Kodierung und Dekodierung 167

II. Kontinuierliche Information 173

6. Eigenschaften kontinuierlicher Quellen 173
6.1 Beschreibung zufälliger Prozesse 174
6.2 Klassifizierung stationärer zufälliger Prozesse 175
6.3 Mittelwerte, Korrelationsfunktion 176
6.4 Lineare Transformation zufälliger Prozesse 179
6.5 GAUSS-Prozesse 181
6.6 Korrelationsfunktion und Leistungsspektrum 184
6.7 Nichtlineare Transformation zufälliger Prozesse 188
6.8 Verteilung der Summe zweier zufälliger Variabler, charakteristische Funktion 190

7. Zeitliche Quantisierung kontinuierlicher Prozesse . . . 192
7.1 Zeitliche Quantisierung eines ideal frequenzbeschränkten Prozesses 192
7.2 Technische Realisierung der Quantisierung 195
8. Kontinuierliche Information 197
8.1 Differentielle Entropie kontinuierlicher Quellen 197
8.2 Maximal übertragbare Information 200
8.3 Übertragene kontinuierliche Information 200
8.4 Idealer Kanal 202
8.5 Reale Kanäle 206

Schlußbemerkungen 210

Anhang. Tabelle für $-x \operatorname{ld} x$ 211

Literaturverzeichnis 212

Sachregister 215

EINLEITUNG

In der heutigen, technisch hochentwickelten Gesellschaft spielt die Übermittlung von Nachrichten aller Art eine wichtige Rolle. Rundfunk, Fernsehen, Telefon und Fernschreiber sind zu unentbehrlichen Einrichtungen geworden. Die sich speziell mit dieser elektrischen Nachrichtenübertragung befassenden Disziplinen sind die Hochfrequenztechnik und die Fernmeldetechnik. Die Techniken haben Nachrichtenübertragungssysteme entwickelt, von denen sich ein allgemeines Schema der Nachrichtenübertragung (s. Abb. 0) abstrahieren läßt, das die allen Systemen gemeinsamen, vom Standpunkt der Theorie her wesentlichen Bestandteile widerspiegelt. Um bei einem nach diesem Schema aufgeteilten

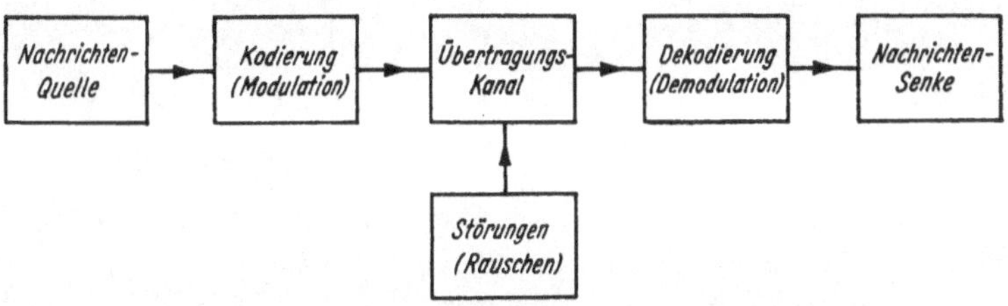

Abb. 0. Allgemeines Schema der Nachrichtenübertragung (Nachrichtenübertragungskette)

System beurteilen zu können, inwieweit es der gestellten Aufgabe der Übertragung von Information, von Nachrichten, gerecht wird, ist zunächst die Klärung des Wesens der Information und eine quantitative Erfassung der Information erforderlich. Versuche in dieser Richtung wurden zuerst von HARTLEY 1928 unternommen. Von einer eigentlichen Theorie der Nachrichtenübertragung kann jedoch erst seit dem Erscheinen der Arbeiten von SHANNON [56] im Jahre 1948 gesprochen werden. Der Grundgedanke dieser Theorie beruht auf dem Zusammenhang zwischen Information und Wahrscheinlichkeit. Danach liefern determinierte Prozesse, wie z. B. die Übertragung der Zahl π, der Lösungsfunktion einer homogenen Differentialgleichung oder einer periodischen Impulsfolge keine Information im Sinne der statistischen Theorie der Nachrichtenübertragung; sie sind vollständig vorhersagbar, die Angabe ihres Bildungsgesetzes genügt. Nach der statistischen Theorie liefert eine Nachrichtenquelle einen zumindest nur teilweise determinierten Vorgang, einen zufälligen Prozeß. Die von der Theorie hinsichtlich des mathematischen Modells der Quelle gemachten Voraussetzungen, insbesondere die der Stationarität, sind praktisch nicht immer erfüllt; die Modellvorstellung des Kanals hingegen ist infolge des zufälligen Charakters einer großen Gruppe von Störungen sehr wirklichkeitsnahe. Sowohl die Theorie als auch die praktischen Anwendungen befinden sich noch im Fluß, ausgenommen die Theorie der diskreten Information, wo insbesondere durch die Arbeiten von CHINTSCHIN [3] ein gewisser Abschluß erzielt werden konnte. Dieser Umstand, sowie die qualitativen und quantitativen Unterschiede zwischen diskreter und kontinuierlicher Information, veranlaßten eine entsprechende Aufteilung des Stoffes. Diese Aufteilung entspricht der auch bei elektronischen Rechenmaschinen vorgenommenen Einteilung in digitale und analoge Maschinen (Bd. 1 und 2 dieser Reihe). Innerhalb der Hauptteile erfolgt eine Unterteilung des Stoffes nach dem in der Abbildung angegebenen allgemeinen Schema der Nachrichtenübertragung. So werden zuerst die Eigenschaften der Quellen als Nachrichtenerzeuger und ihre informationstheoretische Charakterisierung, dann die Kodierung der Quellen und schließlich die Übertragung der Information durch gestörte Kanäle behandelt.

VORBEMERKUNGEN

Die Beantwortung der qualitativen Frage: Was ist Information? und der quantitativen Frage: Wie wird Information gemessen? setzt eine Analyse der bekannten Systeme der Nachrichtenerzeugung und Übertragung voraus. Hierbei zeigt sich, daß sich die von der Nachrichtenquelle erzeugten und übertragenen Signale in zwei Klassen teilen lassen: 1. Signale, die nur eine endliche Zahl diskreter Werte annehmen können, und 2. kontinuierliche Signale. Zu den ersteren gehören z. B. die Signale eines Telegrafen oder die die Buchstaben unserer Schriftsprache symbolisierenden Winkzeichen mit Signalflaggen, zu den letzteren z. B. die durch Sprechen hervorgerufenen zeitlichen Stromschwankungen im Mikrofonkreis eines Telefonapparates oder der durch jeweilige Länge der Quecksilbersäule eines Thermometers widergespiegelte Verlauf der Lufttemperatur.

Gemeinsam ist beiden Klassen von Signalen, daß sie nicht vollständig vorhersagbar sein dürfen, wenn sie Träger von Information sein sollen.

Mit dieser Einteilung und Charakterisierung der Signale als Träger der Information ist die Frage nach dem Wesen der Information zwar noch nicht beantwortet, aber es ist möglich, damit ein abstraktes mathematisches Abbild zu schaffen, das die wesentlichsten, allen Signalen als Trägern von Information gemeinsamen Eigenschaften widerspiegelt. Dieses mathematische Abbild der informationstragenden Struktur der Signale mit ihrem geforderten nicht vollständig determinierten Charakter stellen in der statistischen Informationstheorie die diskreten und kontinuierlichen zufälligen Prozesse, Vorgänge, deren Ablauf von Wahrscheinlichkeitsgesetzen gesteuert wird, dar. Eine auf diesem Abbild fußende mathematische Theorie muß aber die Frage nach dem Wert einer Information hinsichtlich ihres bedeutungsmäßigen Inhalts unbeantwortet lassen; die Information „Kopf" oder „Wappen", die durch den Ausgang eines Münzwurfes erhalten wird, oder die Information über den Ausgang einer anderen gleichwahrscheinlichen Alternative sind im Sinne der statistischen Informationstheorie völlig gleichwertig. Diese Einengung des Begriffs Information ist für den vorgegebenen Zweck einer Theorie der technischen Nachrichtenübertragung zulässig und notwendig; denn jede technische Einrichtung als lebloser Mechanismus ohne Bewußtsein ist zur Bildung solcher Werturteile nicht in der Lage.

Eine Informationstheorie, die den lebenden Organismus, insbesondere den Menschen, als Nachrichtenquelle und Nachrichtenempfänger mit in die Nachrichtenübertragungskette einbeziehen wollte, müßte naturgemäß einen erweiterten, hier nicht zur Diskussion stehenden Informationsbegriff zur Grundlage haben.

Nur auf dieser Basis ist die Beantwortung der zweiten Frage nach einem quantitativen Maß der Information möglich. Dabei ist aber zu beachten, daß das mathematische Abbild in seinen Annäherungsstufen an die tatsächlichen Verhältnisse mehr oder minder unvollkommen ist. Die Frage „Was ist Information?“ wandelt sich auf Grund dieser Unvollkommenheit in die Frage „Was ist im Rahmen der getroffenen Idealisierungen eine sinnvolle Definition der Information?“, und die Antwort auf diese Frage gibt die Überprüfung der erhaltenen Ergebnisse an Hand der Praxis. Die Informationstheorie ist noch relativ jung, und es bedarf noch vieler Wechselwirkungen zwischen Theorie und Praxis, um sowohl die Theorie zu vervollkommnen als auch ihre praktische Anwendung voranzutreiben.

I. DISKRETE INFORMATION

1. Diskrete Quellen und ihre Eigenschaften

Eine diskrete Nachrichtenquelle ist dadurch gekennzeichnet, daß sie eine endliche Zahl n verschiedener Symbole, auch Alphabet genannt, besitzt. Aus diesem Symbolinventar produziert die Quelle Nachrichten, indem in unendlicher Folge Symbole aneinandergereiht werden. Ein einfaches Beispiel für eine diskrete Nachrichtenquelle ist ein Würfel; die Zahl der verschiedenen Symbole ist hier gleich Sechs, nämlich die Zahlen 1, 2, 3, 4, 5 und 6. Die durch Würfeln gewonnene Folge von Symbolen stellt den Produktionsprozeß der Nachrichtenquelle dar. Neben der Feststellung, daß die Quelle sechs verschiedene Symbole liefert, läßt sich darüber hinaus noch angeben, mit welchen Wahrscheinlichkeiten die einzelnen Symbole von der Quelle geliefert werden. Im vorliegenden Beispiel tritt jedes Symbol auf Grund des Aufbaus der Quelle mit der Wahrscheinlichkeit 1/6 auf. Mit der Angabe der Wahrscheinlichkeiten für das Auftreten der verschiedenen Symbole ist die Nachrichtenquelle des Beispiels vollständig beschrieben. Eingangs wurde bemerkt, daß das mathematische Abbild für eine diskrete Nachrichtenquelle der diskrete zufällige Prozeß sei. Die zufällige Folge unabhängiger Ereignisse, wie sie der Ausgang des Würfelexperimentes liefert, stellt den einfachsten diskreten zufälligen Prozeß dar. Liefert die Nachrichtenquelle die einzelnen Symbole nicht unabhängig voneinander, sondern bestehen Nachwirkungen des vorhergehenden Symbols auf das folgende, so läßt sich dieser Vorgang ebenfalls durch einen zufälligen Prozeß komplizierterer Art, die sogenannten MARKOFFschen[1]) Ketten, beschreiben.

Zur Kennzeichnung einer solchen Quelle mit n verschiedenen Symbolen sind bereits n^2 Zahlen, ebenfalls Wahrscheinlichkeiten, die die Abhängigkeit aufeinanderfolgender Symbole charakterisieren, erforderlich. Doch auch dieser zufällige Prozeß stellt noch eine sehr niedrige Annäherungsstufe an praktische Nachrichtenquellen, z. B. an die deutsche Schriftsprache mit ihren erst nach sehr vielen Symbolen abklingenden statistischen Abhängigkeiten, dar. Zufällige Prozesse höherer Ordnung müssen zur Beschreibung solcher komplizierter Quellen herangezogen werden. Darüber hinaus wird bei allen diesen Annäherungsstufen vorausgesetzt, daß der zufällige Prozeß zeitlich invariant, stationär, ist; d. h. er ist unabhängig von den Anfangsbedingungen, ähnlich wie der stationäre (eingeschwungene) Zustand bei der Untersuchung der Wirkungen determinierter Prozesse an elektrischen Systemen [67].

---

[1]) A. A. MARKOFF, russ. Mathematiker 1856–1922.

In den folgenden Abschnitten werden, stufenweise vom Einfachen zum Komplizierten aufsteigend, die Eigenschaften der mathematischen Abbilder der Nachrichtenquelle beschrieben. Die der Beschreibung zugrunde liegende mathematische Theorie ist die Wahrscheinlichkeitsrechnung [15], [18], [53], die dabei jedoch nur soweit entwickelt werden soll, als es für den vorliegenden Zweck erforderlich erscheint. Zur ersten Einführung sei dem Leser die Lektüre von [25] empfohlen. Als einheitliches mathematisches Modell der Nachrichtenquelle wird das bereits in der Wahrscheinlichkeitsrechnung bewährte Urnenmodell verwendet, um dem Leser die Möglichkeit zu Gedankenexperimenten zu geben. Damit können abstrakte Definitionen und Formalismen weitgehend mit konkretem Inhalt versehen werden mit dem Ziel, daß dadurch die Brücke zu den Anwendungen leichter geschlagen werden kann.

1.1 Zufällige Folgen

Das einfachste mathematische Abbild einer Nachrichtenquelle ist die zufällige Folge unabhängiger Ereignisse bzw. Symbole. Liefert die Nachrichtenquelle n verschiedene Symbole S_i, so sind diesen Symbolen Maßzahlen, die Wahrscheinlichkeiten w_i, zugeordnet. Diese Maßzahlen liegen, bestimmt durch den inneren Aufbau der Nachrichtenquelle, von vornherein fest. Sie geben die Zahl N_i der Symbole S_i, bezogen auf den gesamten Symbolvorrat N der Quelle, an und genügen deshalb der Ungleichung

$$0 < w_i = \frac{N_i}{N} < 1 \tag{1.1}$$

mit der Normierungsbedingung

$$\sum_{i=1}^{i=n} w_i = \sum_{i=1}^{i=n} \frac{N_i}{N} = 1\,. \tag{1.2}$$

Die zufällige Folge unabhängiger Symbole mit den Symbolwahrscheinlichkeiten w_i läßt sich experimentell durch folgendes mathematische Modell realisieren:

Gegeben sei eine Urne mit N gleichen Kugeln, von denen jeweils N_i in irgendeiner Weise mit dem Symbol S_i versehen sind; die N_i bestimmen sich aus den vorgegebenen w_i zu $N_i = w_i N$, wobei N an sich beliebig, jedoch mindestens so groß gewählt werden muß, daß die N_i in genügender Näherung durch ganze Zahlen approximiert werden; bekanntlich ist dies bei rationalen w_i exakt, bei irrationalen w_i mit beliebig kleinem Fehler möglich. Durch willkürliches Ziehen einer Kugel aus der Urne, Notieren des Symbols, anschließendes Zurücklegen der Kugel und Durchmischen aller Kugeln, um für die nächste Ziehung die gleichen Bedingungen zu erhalten, ergibt sich in Fortführung des Experimentes eine Realisierung der gewünschten zufälligen Folge; daß die Folge den vorgegebenen Wahrscheinlichkeiten genügt, war durch die Struktur des Modells gesichert, die Unabhängigkeit aufeinanderfolgender Symbole durch die Vorschrift des Ziehvorganges und das Durchmischen gewährleistet.

Ein praktisches Beispiel einer Nachrichtenquelle mit unabhängigen Symbolen bildet die deutsche Schriftsprache, wenn man nur die Buchstabenwahrscheinlichkeiten berücksichtigt und weitere statistische Gesetzmäßigkeiten vernachlässigt. Tabelle 1 gibt die Wahrscheinlichkeiten der einzelnen Buchstaben in alphabetischer Reihenfolge, wie sie näherungsweise durch Auszählen der Buchstabenhäufigkeiten in sehr langen Texten ermittelt wurden [26], [54], wieder.

Tabelle 1

Symbol	a	b	c	d	e	f	g	h	i
w_i nach [26]	0,0651	0,0257	0,0284	0,0541	0,1669	0,0204	0,0365	0,0406	0,0782
w_i nach [54]	0,0594	0,0138	0,0255	0,0546	0,1440	0,0078	0,0236	0,0361	0,0628
Symbol	j	k	l	m	n	o	p	q	r
w_i nach [26]	0,0019	0,0188	0,0283	0,0301	0,0902	0,0229	0,0094	0,0007	0,0654
w_i nach [54]	0,0028	0,0071	0,0345	0,0172	0,0865	0,0211	0,0067	0,0005	0,0622
Symbol	s	t	u	v	w	x	y	z	*
w_i nach [26]	0,0678	0,0674	0,0370	0,0107	0,0140	0,0002	0,0003	0,0100	
w_i nach [54]	0,0646	0,0536	0,0422	0,0079	0,0113	0,0008	0,0000	0,0092	0,1442

Es ergeben sich bei beiden Autoren unterschiedliche Werte, deren Ursache einerseits in der Berücksichtigung von Interpunktion und Wortzwischenraum als 27. Symbol (in der Tabelle mit * gekennzeichnet), andererseits im unterschiedlichen Umfang und in der Art der ausgewählten Texte liegt. Die Reihenfolge der Buchstaben nach fallender Wahrscheinlichkeit ist in beiden Fällen in den ersten 4 Buchstaben übereinstimmend: $e, n, i, s, \ldots$; in den beiden nächsten Buchstaben t und r ergeben sich bereits Abweichungen.

Die Bestimmung der relativen Häufigkeiten als Näherungswerte für die Wahrscheinlichkeiten aus einem endlichen Teil der Realisierung einer zufälligen Folge ist allgemein um so zuverlässiger, je größer die Zahl der ausgewerteten Symbole ist. Diese durch die Erfahrung bestätigte Tatsache der Konvergenz der relativen Häufigkeiten gegen die tatsächlichen Wahrscheinlichkeiten wird weiter unten noch durch eine spezielle Form des sogenannten „Gesetzes der großen Zahlen“ exakter formuliert werden. Bevor dies jedoch geschehen kann, müssen noch einige wahrscheinlichkeitstheoretische Begriffe entwickelt werden.

Bisher wurde als Nachricht einer Nachrichtenquelle eine zufällige Folge von Symbolen betrachtet. Es gibt aber auch Nachrichtenquellen, welche als Ausgang eine zufällige Folge von diskreten Signalen liefern, wobei unter Signal jetzt der Zahlenwert einer physikalischen Größe, z. B. der Spannung, verstanden werden soll. Als einfaches Beispiel soll ein Telegrafiesender dienen; an seinem Ausgang erscheint in regelmäßigem Abstand eine zufällige Folge von Spannungswerten,

z. B. 0 Volt und 1 Volt, wobei diesen beiden Werten die Wahrscheinlichkeiten w_1 und w_2 zugeordnet sein sollen (Abb. 1).

Ganz allgemein soll eine Größe, die bestimmte Werte nach einer zugehörigen Wahrscheinlichkeitsverteilung annimmt, eine zufällige Variable S genannt werden. Im vorliegenden Falle diskreter Nachrichtenquellen nimmt die zufällige Variable nur die diskreten Werte s_i mit den zugehörigen Wahrscheinlichkeiten w_i an, wobei im Falle der Buchstaben der Schriftsprache die s_i den Ordnungs-

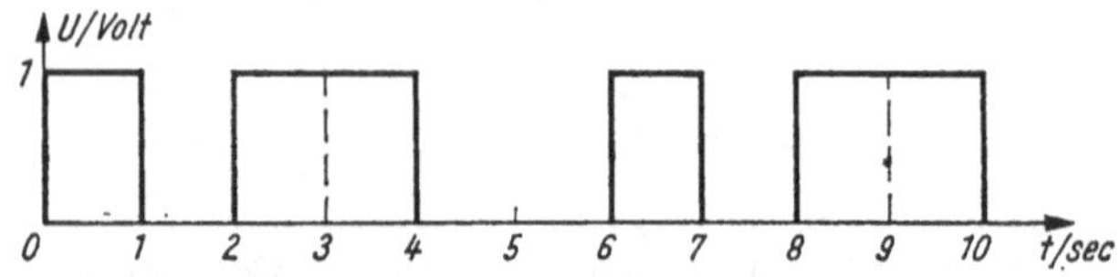

Abb. 1. Beispiel eines Telegraficsignals

zahlen 1—27 der Symbole, im Falle des Telegrafiesenders den Zahlenwerten 1 und 0 der Signale entsprechen können. Mit dieser Schreibweise für die zufällige Variable kann man an Stelle der Wahrscheinlichkeiten w_i auch die Wahrscheinlichkeitsfunktion

$$W\,(S = s_i) = w_i \tag{1.3}$$

setzen, was so viel bedeutet wie die Wahrscheinlichkeit dafür, daß die zufällige Variable S den diskreten Wert s_i annimmt.

Dagegen bedeutet

$$W\,(S \leqq s_m) = \sum_{i=1}^{i=m} w_i \tag{1.4}$$

die Wahrscheinlichkeit für die Erfüllung der in der Klammer zum Ausdruck kommenden Ungleichung, nämlich die Wahrscheinlichkeit dafür, daß die zufällige Variable kleiner oder gleich s_m ist; diese ist gleich der Summe der zu den Werten s_1 bis s_m gehörigen Einzelwahrscheinlichkeiten w_i. Allgemeiner bezeichnet man mit

$$W\,(S \leqq s) = F(s) = \sum_{s_i \leqq s} w_i \tag{1.5}$$

$F(s)$ als die Verteilungsfunktion von S, wobei die Summation über alle Punkte s_i zu erstrecken ist, die die Ungleichung $s_i \leqq s$ erfüllen. Die Funktion $F(s)$ besitzt Sprungstellen bei $s = s_i$ der Höhe w_i und ferner die Eigenschaft, eine nicht fallende Funktion von s zu sein; insbesondere ist

$$F(-\infty) = 0\,, \qquad F(+\infty) = 1\,, \tag{1.6}$$

wobei die letztere Beziehung identisch mit der Normierungsbedingung Gl. (1.2) ist. In Abb. 2 sind die Wahrscheinlichkeits- und die Verteilungsfunktion für das Beispiel des Telegrafiesenders aufgetragen.

Durch die Wahrscheinlichkeits- oder Verteilungsfunktion ist die zufällige Folge unabhängiger Symbole als einfachstes Modell einer Nachrichtenquelle hinreichend gekennzeichnet. Aus der Wahrscheinlichkeitsfunktion lassen sich die Wahrscheinlichkeiten zusammengesetzter Ereignisse sowie weitere zugeordnete charakteristische Größen, die Mittelwerte, ableiten.

Als Beispiel für eine aus der ursprünglichen Wahrscheinlichkeitsverteilung abgeleitete Verteilung soll die Wahrscheinlichkeit des r-maligen Auftretens des Wertes 1 unabhängig von der Anordnung bei n aufeinanderfolgenden Signalen des Telegrafiesender-Beispiels mit der Wahrscheinlichkeitsverteilung gemäß Abb. 2 berechnet werden.

In der Wahrscheinlichkeitsrechnung bezeichnet man diese „Nachrichtenquelle" als „BERNOULLIsches Versuchsschema".[1]) Die zufällige Variable S_n stelle die Anzahl (Häufigkeit) des Eintretens des Wertes 1 bei n aufeinanderfolgenden Signalen unabhängig von der Anordnung innerhalb der n Signale dar. Die ursprüng-

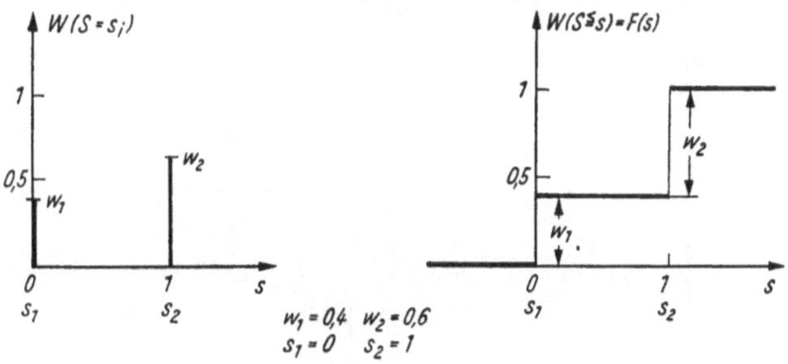

Abb. 2. Wahrscheinlichkeits- und Verteilungsfunktion einer Zweipunktverteilung (Telegrafiesender)

liche Wahrscheinlichkeitsfunktion lautet $W(S = s_2 = 1) = w$, $W(S = s_1 = 0) = 1 - w$. Da im vorliegenden Falle aufeinanderfolgende Signale voraussetzungsgemäß keine statistischen Nachwirkungen aufweisen (zufällige Folge unabhängiger Ereignisse), multiplizieren sich die Einzelwahrscheinlichkeiten, und man erhält zunächst für die Wahrscheinlichkeit des r-maligen Eintretens des Wertes 1 und dementsprechend des $n - r$-maligen Eintretens des Wertes 0 in einer ganz bestimmten Anordnung von n Signalen $w^r(1 - w)^{n-r}$. Nach den Regeln der Kombinatorik existieren $\binom{n}{r} = \frac{n!}{r!\,(n-r)!}$ verschiedene Anordnungen (Permutationen) der r Einsen und $n - r$ Nullen, so daß sich für die gesuchte Wahrscheinlichkeit unabhängig von der Anordnung ergibt

$$W(S_n = r) = w^r(1 - w)^{n-r}\binom{n}{r}. \tag{1.7}$$

Diese in der Wahrscheinlichkeitsrechnung „Binomialverteilung" genannte Wahrscheinlichkeitsfunktion läßt in der auf die Zahl n der aufeinanderfolgenden Signale normierten Form

$$W\left(\frac{S_n}{n} = \frac{r}{n}\right) = w^r\,(1 - w)^{n-r}\binom{n}{r} \tag{1.8}$$

[1]) JAKOB BERNOULLI, Schweiz. Mathem. (1654–1705).

bereits erkennen, daß die relative Häufigkeit $\frac{S_n}{n}$ des Eintretens des Wertes 1 mit steigendem n immer weniger um den Wert der Wahrscheinlichkeit w streut (Abb. 3), obwohl die Wahrscheinlichkeit $W\left(\frac{S_n}{n} = w\right)$ für exakte Übereinstimmung der relativen Häufigkeit mit der Wahrscheinlichkeit, wenn sie existiert, mit steigendem n abnimmt. In Abb. 3 wurde $w = 1 - w = 0{,}5$ gewählt, d. h. die Werte 0 und 1 sind gleichwahrscheinlich, wie dies auch z. B. bei einer Folge von Münzwürfen mit den Ergebnissen Zahl–Wappen ist.

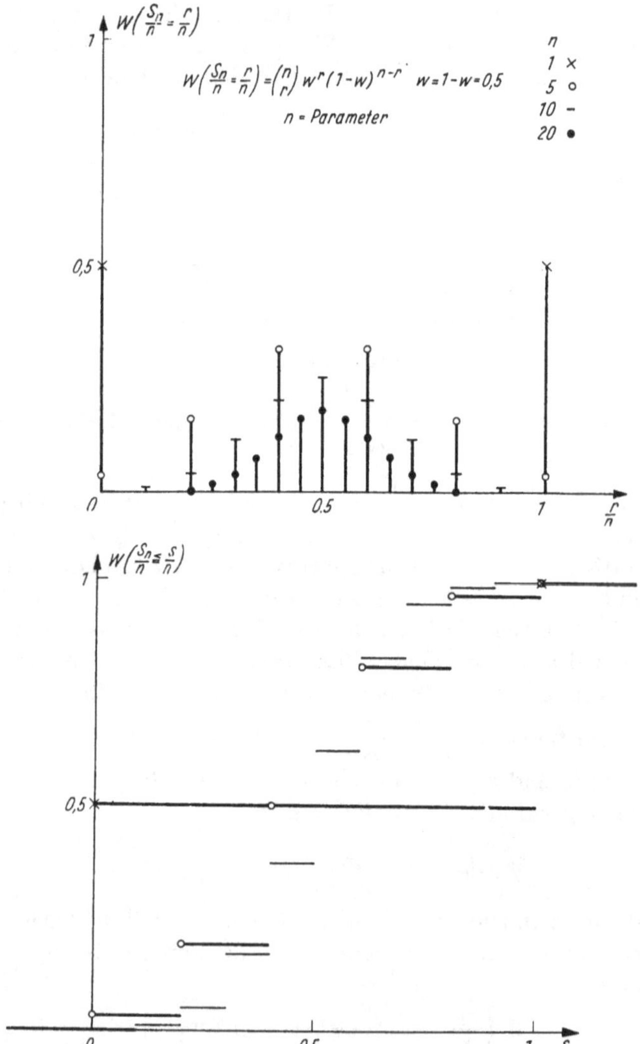

Abb. 3. Binomialverteilung für $w = 1 - w = 0{,}5$, n = Parameter

Die Bezeichnung „Binomialverteilung" rührt daher, daß die Ausdrücke für die Wahrscheinlichkeit nach Gl. (1.7) bzw. (1.8) die Glieder der Entwicklung von $[w + (1 - w)]^n$ in eine Binomialreihe sind; man erkennt aus dieser Darstellung auch sofort, daß die Summe aller Glieder gleich Eins ist.

Unter dem (statistischen) Mittelwert oder Erwartungswert einer zufälligen Variablen, die im allgemeinen Fall als eine Funktion der zufälligen Variablen gegeben ist, für die die Wahrscheinlichkeitsfunktion definiert ist, versteht man im diskreten Fall bei gegebenem $f(S)$ den Wert

$$\overline{f(S)} = \sum_i w_i \, f(s_i) \,. \tag{1.9}$$

Sonderfälle dieser Mittelwerte stellen die sogenannten Momente (in Analogie zu den Momenten der Mechanik) k-ter Ordnung mit $f(S) = S^k$ dar.

$$\overline{S^k} = \sum_i w_i \, s_i^k \,. \tag{1.10}$$

Für $k = 1$ ergibt sich der lineare Mittelwert (Moment 1. Ordnung)

$$\overline{S} = \sum_i w_i \, s_i \,, \tag{1.11}$$

der, interpretiert in der Mechanik, die Koordinate des Schwerpunktes der Wahrscheinlichkeitsfunktion angibt, wenn die w_i als normierte Massen mit den Koordinaten s_i aufgefaßt werden. In der hier mehr interessierenden elektrischen Interpretation stellt bei Auffassung der zufälligen Variablen als Strom oder Spannung der lineare Mittelwert den Gleichstrom- bzw. Gleichspannungsanteil dar; für das Beispiel des Telegrafiesignals (Abb. 1) mit den Amplitudenwerten $s_1 = 0$ und $s_2 = 1$ und den zugehörigen Wahrscheinlichkeiten w_1 und w_2 (Abb. 2) ergibt sich als linearer Mittelwert $S = 0 \cdot w_1 + 1 \cdot w_2 = w_2$ bzw. mit den Zahlenwerten des Beispiels ein Gleichspannungsanteil von 0,6 Volt.

Für $k = 2$ ergibt sich der quadratische Mittelwert (Moment 2. Ordnung)

$$\overline{S^2} = \sum_i w_i \, s_i^2 \,, \tag{1.12}$$

der in der Interpretation der zufälligen Variablen als Strom oder Spannung die mittlere Leistung am Widerstand $R = 1$ Ohm entsprechend der Beziehung $N = \overline{i^2}\, R = \frac{\overline{u^2}}{R}$ darstellt.

Von Bedeutung sind ferner noch die zentralen Momente k-ter Ordnung, die Momente in bezug auf den linearen Mittelwert darstellen:

$$\overline{(S - \overline{S})^k} = \sum_i w_i \, (s_i - \overline{S})^k \,. \tag{1.13}$$

Hierbei ist wiederum das zentrale Moment 2. Ordnung

$$\overline{(S - \overline{S})^2} = \overline{S^2} - 2\, \overline{S}\, \overline{S} + \overline{S}^2 = \overline{S^2} - \overline{S}^2 = \sigma^2 \tag{1.14}$$

von besonderem Interesse; wie Gl. (1.14) zeigt, läßt sich das zentrale Moment 2. Ordnung durch das gewöhnliche Moment 2. Ordnung abzüglich des Quadrates des linearen Mittelwertes ausdrücken. Für den Fall, daß der lineare Mittelwert Null ist, fallen zentrale und gewöhnliche Momente zusammen. Die in der Mechanik als der Satz von STEINER bekannte Beziehung (1.14) liefert in der Interpretation mit elektrischen Größen

Wechselleistung = Gesamtleistung — Gleichleistung.

In der Wahrscheinlichkeitsrechnung wird das zentrale Moment 2. Ordnung als mittlere quadratische Abweichung der zufälligen Variablen S vom Mittelwert $\overline{S}$, Dispersion (Streuung) oder Varianz bezeichnet; die Wurzel aus der Varianz wird als Standardabweichung σ bezeichnet und entspricht in der elektrischen Interpretation dem Effektivwert der Wechselgröße.

Die Dispersion ist mit die wichtigste aus der Wahrscheinlichkeitsfunktion abgeleitete Größe; sie ist ein Maß für die Streuung der zufälligen Variablen um den Mittelwert, und mit der Kenntnis ihres Wertes läßt sich eine Reihe quantitativer Abschätzungen durchführen, von denen zunächst als Vorstufe für das bereits angekündigte Gesetz der großen Zahlen die TSCHEBYSCHEFFsche[1]) Ungleichung behauptet und bewiesen werden soll.

Es gilt für ein beliebiges $\varepsilon > 0$

$$W(|S - \overline{S}| \geqq \varepsilon) \leqq \frac{\sigma^2}{\varepsilon^2}. \tag{1.15}$$

In Worten:

Die Wahrscheinlichkeit der absoluten Abweichung der zufälligen Variablen vom Mittelwert um mehr als ε ist kleiner oder gleich der Dispersion, dividiert durch ε^2.

Beweis: Entsprechend Gl. (1.4) ist

$$W(|S - \overline{S}| \geqq \varepsilon) = \sum_{|s-\overline{S}| \geqq \varepsilon} w_i,$$

wobei die Summation über *die* w_i zu erstrecken ist, die im Bereich der die Ungleichung unter dem Summenzeichen erfüllenden Werte der zufälligen Variablen liegen (schraffierter Bereich in Abb. 4).

Da im Summationsgebiet voraussetzungsgemäß

$$\frac{|s - \overline{S}|}{\varepsilon} \geqq 1$$

gilt, ist

$$\sum_{|s-\overline{S}| \geqq \varepsilon} w_i \leqq \sum_{|s-\overline{S}| \geqq \varepsilon} \frac{(s - \overline{S})^2}{\varepsilon^2} w_i.$$

Erstreckt sich die Summation auf der rechten Seite über alle Werte s, so wird die Ungleichung nur vergröbert, und man erhält

$$W(|S - \overline{S}| \geqq \varepsilon) = \sum_{|s-\overline{S}| \geqq \varepsilon} w_i \leqq \frac{1}{\varepsilon^2} \sum (s - \overline{S})^2 w_i = \frac{\sigma^2}{\varepsilon^2},$$

was zu beweisen war.

[1]) P. L. TSCHEBYSCHEFF, russ. Mathematiker (1821–1894).

Obwohl die Gleichung (1.15) nur eine in manchen Fällen ziemlich grobe Abschätzung darstellt, gestattet sie doch ohne Kenntnis der Wahrscheinlichkeitsfunktion bzw. ohne die manchmal zeitraubende exakte numerische Berechnung der gesuchten Wahrscheinlichkeit, nur bei Kenntnis der Dispersion, quantitative Aussagen zu machen. Setzt man in Gl. (1.15) $\varepsilon = k\,\sigma$, so besagt die Ungleichung, daß die Wahrscheinlichkeit für ein k-faches absolutes Überschreiten der Standardabweichung kleiner oder gleich $1/k^2$ ist; interpretiert entspricht das der absoluten Abweichung der Momentangröße um das k-fache des Effektivwertes der Wechselgröße, ausgehend vom Gleichanteil; dies gilt auch für kontinuierliche zufällige Prozesse.

Die TSCHEBYSCHEFFsche Ungleichung soll jetzt auf die Binomialverteilung nach Gl. (1.7) bzw. Gl. (1.8), die Auskunft über das r-malige Auftreten des

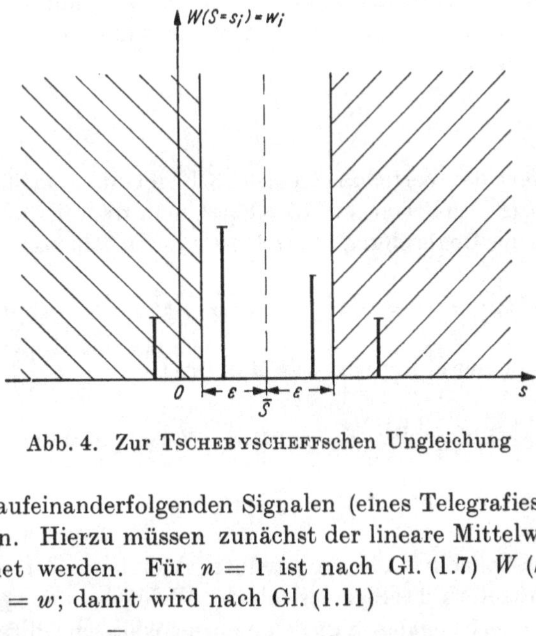

Abb. 4. Zur TSCHEBYSCHEFFschen Ungleichung

Wertes 1 bei n aufeinanderfolgenden Signalen (eines Telegrafiesenders) gab, angewendet werden. Hierzu müssen zunächst der lineare Mittelwert und die Dispersion berechnet werden. Für $n = 1$ ist nach Gl. (1.7) $W(S_1 = 0) = 1 - w$ und $W(S_1 = 1) = w$; damit wird nach Gl. (1.11)

$$\overline{S_1} = 0 \cdot (1 - w) + 1 \cdot w = w$$

und nach Gl. (1.12)

$$\overline{S_1^2} = 0^2 \cdot (1 - w) + 1^2 \cdot w = w\,,$$

so daß sich für die Dispersion nach Gl. (1.14)

$$\sigma_1^2 = \overline{S_1^2} - \overline{S_1}^2 = w - w^2 = w\,(1 - w)$$

ergibt. An Stelle der analogen Berechnung der Werte für S_n kann man diese in einfacher Weise aus obigen Werten ermitteln, wenn man berücksichtigt, daß $S_n = n\,S_1$, nämlich die Summe des Auftretens des Wertes 1 der zufälligen Variablen in n voneinander unabhängigen aufeinanderfolgenden Signalen, ist. Für unabhängige zufällige Variable gilt aber, wie leicht zu verifizieren, für die Summe S_n

$$\overline{S_n} = \sum \overline{S} = n\,\overline{S_1} \tag{1.16}$$

und zunächst für $n = 2$

$$\sigma_2^2 = \overline{S_2^2} - \overline{S_2}^2 = \overline{(S_1 + S_1)^2} - (2\,\overline{S_1})^2 = \overline{S_1^2} + 2\,\overline{S_1}\,\overline{S_1} + \overline{S_1^2} - 4\,\overline{S_1}^2$$
$$= 2\,(\overline{S_1^2} - \overline{S_1}^2) = 2\,\sigma_1^2\,,$$

aber auch allgemein für jedes n

$$\sigma_n^2 = \sum \sigma^2 = n\,\sigma_1^2\,. \tag{1.17}$$

Damit wird $\overline{S_n} = n\,w$ und $\sigma_n^2 = n\,w\,(1 - w)$.

Für die Wahrscheinlichkeitsfunktion nach Gl. (1.8) mit der zufälligen Variablen S_n/n, der relativen Häufigkeit des Eintretens des Wertes 1 in n Versuchen, ergibt sich aus obigem

$$\frac{\overline{S_n}}{n} = \frac{1}{n}\,\overline{S_n} = w \quad \text{und} \quad \overline{\left(\frac{S_n}{n}\right)^2} - \left(\frac{\overline{S_n}}{n}\right)^2 = \frac{1}{n^2}\,(\overline{S_n^2} - \overline{S_n}^2) = \frac{\sigma_n^2}{n^2} = \frac{w\,(1 - w)}{n}\,,$$

d. h. der Mittelwert der Verteilung in Abb. 3 bleibt unverändert, aber mit steigendem n sinkt die Dispersion mit $1/n$. Setzt man die erhaltenen Werte in die Tschebyscheffsche Ungleichung Gl. (1.15) ein, so erhält man

$$W\left(\left|\frac{S_n}{n} - w\right| \geqq \varepsilon\right) \leqq \frac{w\,(1 - w)}{n\,\varepsilon^2} < \frac{1}{n\,\varepsilon^2}\,, \qquad \varepsilon > 0 \tag{1.18}$$

$\left(\text{die letzte Ungleichung ergibt sich aus Max}\,\{w\,(1 - w)\} = \frac{1}{4}\right)$.

Da $W\left(\left|\frac{S_n}{n} - w\right| \geqq \varepsilon\right) + W\left(\left|\frac{S_n}{n} - w\right| < \varepsilon\right) = 1$ ist, gilt auch

$$W\left(\left|\frac{S_n}{n} - w\right| < \varepsilon\right) > 1 - \frac{1}{n\,\varepsilon^2}\,, \tag{1.19}$$

d. h. die Wahrscheinlichkeit für ein absolutes Abweichen der relativen Häufigkeit S_n/n (des Auftretens des Signales mit der Wahrscheinlichkeit w bei n unabhängigen aufeinanderfolgenden Signalen) von der Wahrscheinlichkeit w um weniger als ε ist größer als $1 - \frac{1}{n\,\varepsilon^2}$, und für $n \to \infty$ ergibt sich das Bernoullische Gesetz der großen Zahlen

$$\lim_{n \to \infty} W\left(\left|\frac{S_n}{n} - w\right| < \varepsilon\right) = 1\,, \tag{1.20}$$

d. h. für $n \to \infty$ ist es praktisch sicher, daß die relative Häufigkeit um weniger als ε von der Wahrscheinlichkeit abweicht. Damit ist die Berechtigung der Interpretation der Wahrscheinlichkeit als relative Häufigkeit bei großem n gerechtfertigt; die Konvergenz der Wahrscheinlichkeit der Ungleichung gegen Eins besagt aber nicht, daß die relative Häufigkeit mit wachsendem n gegen w

konvergiert, wie schon in der Diskussion zu Gl. (1.8) bzw. Abb. 3 festgestellt wurde; Gl. (1.20) besagt auch noch nicht, daß die relative Häufigkeit mit der Wahrscheinlichkeit Eins gegen die Wahrscheinlichkeit w konvergiert; deshalb stellt das BERNOULLIsche Gesetz auch nur ein schwaches Gesetz der großen Zahlen dar.

Um eine Größenvorstellung über die praktisch auftretenden Zahlenwerte zu erhalten, werde gefordert: $\varepsilon = 10^{-3}$, ferner soll in Gl. (1.19) $W > 1 - 10^{-3}$ sein; dann ergibt sich ein erforderliches n selbst unter Berücksichtigung der etwas schärferen Ungleichung (1.18) mit $10^{-3} = \frac{1}{4\,n \cdot 10^{-6}}$ von $n = 0{,}25 \cdot 10^9$!, d. h. es ist wirklich eine sehr große Zahl von Signalen erforderlich, um eine Übereinstimmung von $1^0/_{00}$ zu gewährleisten; untersucht man eine große Anzahl von Signalfolgen von je 250 Millionen Signalen, wobei die Wahrscheinlichkeit w für das Auftreten einer Eins $w = 0{,}5$ sei, so werden 99,9% aller Folgen den Wert 1 mit einer zwischen 124,750 Mio und 125,250 Mio liegenden Häufigkeit bieten, nur $1^0/_{00}$ der Folgen wird ein davon abweichendes Verhalten zeigen.

Die im Vorstehenden für eine zufällige Folge unabhängiger Signale mit zwei diskreten Werten bewiesenen Behauptungen, die relative Häufigkeit betreffend, lassen sich auf eine beliebige Anzahl von Werten erweitern, wenn die jeweils nicht betrachteten Werte als Alternative gegenüber dem in Betracht gezogenen Wert der zufälligen Variablen bzw. dessen relativer Häufigkeit aufgefaßt werden.

1.2 MARKOFF-Prozesse

Das bisher betrachtete einfachste Modell einer diskreten Nachrichtenquelle als zufällige Folge unabhängiger Symbole bzw. Signale spiegelt die tatsächlichen Verhältnisse in nur sehr beschränktem Umfang wider. Am Beispiel der deutschen Schriftsprache zeigt sich dies ganz deutlich; so ist z. B. der Buchstabe u durchaus nicht unabhängig von den vorausgegangenen Buchstaben, sondern im Falle eines vorausgegangenen q folgt entsprechend den Regeln unserer Rechtschreibung mit Sicherheit ein u, dagegen sind z. B. zwei aufeinanderfolgende y äußerst unwahrscheinlich.

Diese weitergehenden inneren Gesetzmäßigkeiten der Sprache, die allerdings in nur wenigen Fällen so klar als Gesetzmäßigkeiten mit Wahrscheinlichkeiten Null oder Eins zutage treten, bedürfen zu ihrer Beschreibung einer größeren Zahl von Parametern, als sie in erster Näherung durch die Buchstabenwahrscheinlichkeiten gegeben sind.

Auch andere praktische Nachrichtenquellen sind im allgemeinen mehr gesetzmäßig als ein „Würfelspiel".

Der nächstkomplizierte zufällige Prozeß, der die Abhängigkeit zweier aufeinanderfolgender Symbole berücksichtigt, ist der MARKOFF-Prozeß, in der diskreten Form „MARKOFFsche Kette" genannt. Die aufeinanderfolgenden Phasen oder Zustände der MARKOFFschen Kette werden mit $S_i^{(k)}$ bezeichnet, wobei (k) die Ordnungszahl des Zustandes kennzeichnet. Mit dem Übergang in einen

Zustand wird jeweils ein Symbol der n verschiedenen Symbole produziert. Beim MARKOFF-Prozeß 1. Ordnung mit statistischer Abhängigkeit *zweier* aufeinanderfolgender Zustände existieren maximal n^1 Zustände mit n^{1+1} Übergängen zwischen den Zuständen bei n Symbolen. Diese Übergänge von einem Zustand zum anderen werden durch n^2 Übergangs- oder bedingte Wahrscheinlichkeiten

$$W(S_i^{(k-1)} | S_j^{(k)}) = \frac{W(S_i^{(k-1)}, S_j^{(k)})}{W(S_i^{(k-1)})} = w_i^{(k)}(j) \tag{1.21}$$

gesteuert, die sich in Matrixform anordnen lassen und angeben, mit welcher Wahrscheinlichkeit sich die „MARKOFFsche Kette", die sich im Zustand $S_i^{(k-1)}$ befindet, beim k-ten Übergang in den Zustand S_j^k übergeht. Die Folge von Zuständen bildet eine MARKOFF-Kette 1. Ordnung, wenn die Übergangswahrscheinlichkeit nur vom 1. Zustand vor dem Übergang und nicht von beliebigen vorausgegangenen Zuständen abhängt, wenn also gilt

$$w_i^{(k)}(j) = W(S_i^{(k-1)} | S_j^{(k)}) = W(S^{(0)}, S^{(1)}, \ldots, S^{(k-2)}, S_i^{(k-1)} | S_j^{(k)}) . \tag{1.22}$$

Da mit Sicherheit bei jedem Übergang einer der n Zustände eintreten muß, gilt

$$\sum_{j=1}^{n} w_i^{(k)}(j) = 1 . \tag{1.23}$$

Ist die Matrix dieser Übergangswahrscheinlichkeit bei jedem Übergang gleich, d. h. sind die $w_i^{(k)}(j)$ von der Ordnungszahl des Überganges unabhängig gemäß

$$w_i^{(k)}(j) = w_i(j) , \tag{1.24}$$

so bezeichnet man die Kette als *homogen*; die MARKOFF-Kette 1. Ordnung ist damit bei n verschiedenen Symbolen entsprechend einer Zahl von n^2 Übergängen durch die quadratische Matrix mit n^2 Übergangswahrscheinlichkeiten

$$\left(w_i(j)\right) = \begin{pmatrix} w_1(1) \; w_1(2) \ldots w_1(n) \\ w_2(1) \\ w_n(1) \qquad\qquad w_n(n) \end{pmatrix} \tag{1.25}$$

gekennzeichnet. Auf Grund von Gl. (1.23) ist die Summe jeder Zeile gleich Eins, so daß nur $n^2 - n$ Zahlen vorgebbar sind. Die Homogenität der Kette ist beispielsweise nicht gewährleistet, wenn die Nachrichtenquelle von deutschem auf russischen oder englischen Sprachtext übergeht, da dann andere Übergangswahrscheinlichkeiten existieren.

Die Wahrscheinlichkeit der Aufeinanderfolge einer Reihe von m bestimmten Zuständen, wenn die Wahrscheinlichkeit des Anfangszustandes mit $W(S_{i_0}^{(0)})$ gegeben ist, beträgt

$$\begin{aligned} W(S_{i_0}, S_{i_1}, \ldots, S_{i_m}) &= W(S_{i_0})\, W(S_{i_0} | S_{i_1}) \ldots W(S_{i_{m-1}} | S_{i_m}) \\ &= w(i_0)\, w_{i_0}(i_1) \ldots w_{i_{m-1}}(i_m) . \end{aligned} \tag{1.26}$$

Während sie im Falle der Unabhängigkeit wie in Gl. (1.8) das Produkt der Einzelwahrscheinlichkeiten war, treten hier die Anfangswahrscheinlichkeit und die Produkte der bedingten oder Übergangswahrscheinlichkeiten auf; wären nicht nur aufeinanderfolgende, sondern alle Zustände voneinander statistisch abhängig, so müßte statt Gl. (1.26)

$$W(S_{i_0}, S_{i_1}, \ldots, S_{i_m}) = (WS_{i_0}) W(S_{i_0}|S_{i_1}) W(S_{i_0}, S_{i_1}|S_{i_2}), \ldots, W(S_{i_0}, S_{i_1}, \ldots, S_{i_{m-1}}|S_{i_m})$$

stehen; bei Unabhängigkeit aufeinanderfolgender Zustände würde sich ergeben

$$W(S_{i_0}, S_{i_1}, \ldots, S_{i_m}) = W(S_{i_0})\, W(S_{i_1}), \cdot\ \cdot, W(S_{i_m})\,,$$

d. h., es würde gelten

$$w_i(j) = W(S_i\,|S_j) = W(S_j) = w(j)\,, \tag{1.27}$$

und alle Zeilen der Matrix Gl. (1.25) wären gleich.

Ein praktisches Versuchsschema zur Realisierung einer MARKOFFschen Kette 1. Ordnung und damit das mathematische Modell der 2. Näherung einer diskreten Nachrichtenquelle mit Hilfe des Urnenschemas, wie es in Abschnitt 1.1 zur Realisierung einer zufälligen Folge unabhängiger Symbole verwendet wurde, besitzt folgenden Aufbau: In n verschiedenen Urnen, die mit den Zahlen 1 bis n beziffert sind, befinden sich Kugeln, die wie in Abschnitt 1.1 entsprechend den Wahrscheinlichkeiten einer Zeile der Matrix Gl. (1.25) verteilt und mit den Symbolen S_i $(i = 1, \ldots, n)$ versehen sind. Zusätzlich ist eine weitere Urne, die mit 0 beziffert ist, mit einer Verteilung der Kugeln entsprechend der (willkürlichen) Anfangsverteilung $W(S_{i_0})$ vorhanden. Eine Realisierung dieser zufälligen Folge voneinander abhängiger Symbole erfolgt dadurch, daß aus der Urne 0 eine Kugel gezogen wird, die den Anfangszustand 1 der Kette, das 0. Symbol S_{i_0} $(i = 1, \ldots, n)$ und die Urne i festlegt, aus der die nächste Ziehung erfolgt. Bei den weiteren Ziehungen sind nur noch die Urnen $1, \ldots, n$ beteiligt, durch die die Festlegung der Urne für die nächste Ziehung, verbunden mit dem Notieren des Symbols S_i, erfolgt. Der Mechanismus obigen Urnenschemas macht die Bezeichnung „Kette" für diesen zufälligen Prozeß verständlich.

Von Interesse ist nun die Übergangswahrscheinlichkeit dafür, vom Zustand S_i (der Urne i in obigem Modell) nach m Übergängen zum Zustand S_j (der Urne j) zu gelangen. Diese Übergangswahrscheinlichkeit werde mit $w_i(j)_m$ bezeichnet. Diese Wahrscheinlichkeiten lassen sich aus den $w_i(j)$ wie folgt berechnen,

$$w_i(j)_2 = \sum_{k=1}^{n} w_i(k)\, w_k(j)\,, \tag{1.28}$$

denn der Zustand S_j tritt infolge eines der Zustände S_k $(k = 1, \ldots, n)$, die mit den Wahrscheinlichkeiten $w_i(k)$ aus dem Zustand S_i folgen, ein; deshalb wird $w_k(j)$ mit $w_i(k)$ über k „gemittelt". Die Gleichung (1.28) ist identisch mit der Regel zur Bestimmung der Elemente der quadrierten Matrix; es gilt also

$$\big(w_i(j)_2\big) = \big(w_i(j)\big)^2\,, \tag{1.29}$$

und durch Induktion erhält man die für die Theorie der homogenen MARKOFFschen Ketten bedeutsame Gleichung

$$w_i(j)_m = \sum_k w_i(k)_l\, w_k(j)_{m-l} \qquad \text{mit} \qquad 1 \leqq l < m \tag{1.30}$$

bzw.

$$\left(w_i(j)_m\right) = \left(w_i(j)\right)^l \left(w_i(j)\right)^{m-l} . \tag{1.31}$$

Gl. (1.30) bzw. (1.31) besagt zunächst, daß die Wahrscheinlichkeit für den Zustand S_j nach m Übergängen noch von dem Anfangszustand S_i abhängt. Nun sollte man aber annehmen, daß sich diese Abhängigkeit mit wachsendem m verringert, da die Fortpflanzung des Einflusses des Anfangszustandes nur über die jeweils aufeinanderfolgenden $w_i(j)$ erfolgt. Dies ist tatsächlich der Fall; unter der (hinreichenden) Voraussetzung, daß es eine Zahl k gibt derart, daß alle Elemente $w_i(j)_k$ der Übergangsmatrix nach k Übergängen positiv sind, gilt nach MARKOFF [15], [18]

$$\lim_{m \to \infty} w_i(j)_m = w(j) > 0 . \tag{1.32}$$

Diese sogenannten Grenzwahrscheinlichkeiten oder ergodischen[1]) Wahrscheinlichkeiten lassen sich unter der Voraussetzung ihrer Existenz aus Gl. (1.30) mit $l = m - 1$

$$w_i(j)_m = \sum_k w_i(k)_{m-1} \, w_k(j)$$

und Gl. (1.32) mit $m \to \infty$ bestimmen zu

$$w(j) = \sum_k w(k) \, w_k(j) , \tag{1.33}$$

wobei noch zusätzlich $\sum_j w(j) = 1$ zur Bestimmung zur Verfügung steht.

Die Wahrscheinlichkeit des Eintretens eines bestimmten Zustandes bzw. Symbols $S_j^{(m)}$ beim m-ten Übergang

$$W(S_j^{(m)}) = \sum_i W(S_i^{(0)}, S_j^{(m)}) = \sum_i W(S_i^{(0)}) \, w_i(j)_m = \sum_i W(S_i^{(m-1)}) \, w_i(j) \tag{1.34}$$

ist also bei niedrigen Werten von m noch stark von den Anfangswahrscheinlichkeiten $W(S_i^{(0)})$ und von m abhängig, der Prozeß befindet sich in Analogie zur Elektrotechnik noch im Übergangszustand, er ist nocht nicht stationär.

Man bezeichnet eine homogene MARKOFF-Kette als *stationär*, wenn gilt

$$W(S_i^{(0)}) = W(S_i^{(1)}) = W(S_i^{(m)}) = W(S_i) , \tag{1.35}$$

d. h. wenn die Symbolwahrscheinlichkeiten unabhängig von m sind.

Aus Gl. (1.34) folgt daraus für die $W(S_i)$

$$W(S_j) = \sum_i W(S_i) \, w_i(j) . \tag{1.36}$$

Dies ist aber die gleiche Beziehung wie Gl. (1.33) für die Bestimmung der ergodischen oder Grenzwahrscheinlichkeiten; wenn diese existieren, dann erhält man einen stationären Prozeß, wenn die Anfangswahrscheinlichkeiten gleich den ergodischen Wahrscheinlichkeiten sind. Für das Urnenschema einer stationären MARKOFFschen Kette wären also nur die bisher willkürlichen Anfangswahrscheinlichkeiten in der Urne 0 gleich den Grenzwahrscheinlichkeiten gemäß Gl. (1.33)

---

[1]) ergodisch: [griech.] ergos: Arbeit; hodos: Weg.

zu wählen, um ein Modell für die Realisierung stationärer MARKOFF-Ketten zu erhalten. In einem stationären Prozeß herrscht statistisches Gleichgewicht in dem Sinne, daß die Wahrscheinlichkeiten der einzelnen Zustände von Zustand zu Zustand konstant, unabhängig von m sind; es gilt stets, d. h. für alle m, die Gl. (1.33).

Bestimmt man aus einer sehr großen Zahl von Realisierungen einer homogenen stationären MARKOFFschen Kette 1. Ordnung die relativen Häufigkeiten der einzelnen Symbole S_i $(i = 1, \ldots, n)$ an nullter, erster und m-ter Stelle der Realisierungen, so wird man überall für den gleichen Buchstaben die gleichen relativen Häufigkeiten mit einer mit der Zahl der ausgewerteten Realisierungen steigenden Übereinstimmung mit den Wahrscheinlichkeiten wie bei der Folge unabhängiger Symbole erhalten. Ebenso wird die relative Häufigkeit eines Symbols innerhalb einer Realisierung nur um eine beliebig kleine Zahl ε von der Wahrscheinlichkeit des Symbols mit einer beliebig nahe bei Eins gelegenen Wahrscheinlichkeit $1 - \eta(\varepsilon, m)$ abweichen, wenn m nur hinreichend groß gewählt wird, d. h. auch hier gilt das Gesetz der großen Zahlen. Gegenüber der Folge unabhängiger Symbole lassen sich bei der MARKOFF-Kette noch (im allgemeinen von den relativen Symbolhäufigkeiten abweichende) bedingte relative Symbolhäufigkeiten

$$h_i(j)_m = \frac{H(i, j)_m}{H(i)_{m-1}}$$

entsprechend Gl. (1.21) bestimmen, wobei $H(i, j)_m$ die Häufigkeit der Aufeinanderfolge des Symbols j an m-ter Stelle auf das Symbol i an $m-1$-ter Stelle, $H(i)_{m-1}$ die Häufigkeit von i an $m-1$-ter Stelle bei einer großen Zahl von Realisierungen ist. Bei einer homogenen Kette werden diese Werte unabhängig von m gleich $h_i(j)$.

An Stelle der Ermittlung der relativen Häufigkeiten $h_i(j)$ als Näherungswerte für die Wahrscheinlichkeiten $w_i(j)$ aus einer großen Zahl Realisierungen eines praktisch nur fiktiven Modells (denn bei Vorhandensein beispielsweise des Urnenmodells für eine Nachrichtenquelle sind ja die Wahrscheinlichkeiten vorgegeben und brauchen nicht erst näherungsweise über die relativen Häufigkeiten bestimmt zu werden) können bei einer homogenen Kette unter Voraussetzung der Existenz der ergodischen Wahrscheinlichkeiten die relativen Häufigkeiten aus *einer* Realisierung einer Kette mit einer mit der Zahl m der ausgewerteten Übergänge steigenden Genauigkeit, entsprechend dem Gesetz der großen Zahlen, bestimmt werden. Die Voraussetzung der Existenz der ergodischen Wahrscheinlichkeiten wird verständlich, wenn man sich an Hand des Urnenmodells vergegenwärtigt, daß nur bei von Null verschiedenen Grenzwahrscheinlichkeiten *alle* Zustände der Kette, entsprechend ihrer Wahrscheinlichkeit, durchlaufen werden; dies ist aber eine notwendige Voraussetzung zur Bestimmung der relativen Häufigkeiten der Übergänge; zum anderen leuchtet ein, daß zum Erreichen einer bestimmten minimalen Abweichung der relativen Häufigkeiten der Übergänge von den Übergangswahrscheinlichkeiten mit gleicher Wahrscheinlichkeit wie bei der Bestimmung der Symbolwahrscheinlichkeiten eine wesentlich größere Zahl m von

Symbolübergängen auszuwerten ist (in grober Abschätzung ein der Zahl der Zustände entsprechendes Vielfaches), da zur Bestimmung der relativen Häufigkeit der Übergänge nach

$$H(i, j) = H(i)\, h_i(j) \leqq H(i) \tag{1.37}$$

die Häufigkeit des verbundenen Ereignisses (i, j) nicht auf die Gesamtzahl m der Übergänge, sondern auf die kleinere Zahl $H(i)$ bezogen wird. Die Unterschiede, die sich bei der Bestimmung der relativen Symbolhäufigkeiten der deutschen Schriftsprache zwischen den einzelnen Autoren ergaben (Tabelle 1), dürften daher bei den relativen Häufigkeiten der Übergänge noch größer sein. Der erste, der eine Bestimmung der Übergangswahrscheinlichkeiten bei Sprachtexten vornahm, war MARKOFF selbst [38]; er bestimmte die Übergangswahrscheinlichkeiten zwischen Selbst- und Mitlauten bei dem russischen Text von PUSCHKINs Versroman „Eugen Onegin".

Die statistischen Abhängigkeiten aufeinanderfolgender Zustände bei MARKOFF-Ketten lassen sich sehr anschaulich grafisch darstellen. Hierbei bedient man sich der auch anderweitig in der Nachrichtentheorie angewendeten Signal-Flußdiagramme [39] oder gerichteten Graphen. An Hand dieser Graphen sind auch MARKOFF-Prozesse höherer als 1. Ordnung darstellbar, zum anderen lassen sich für die Graphen in einfacher Form notwendige und hinreichende Bedingungen für die Existenz der ergodischen Wahrscheinlichkeiten (1.32) angeben. Die Graphen stellen die eine MARKOFFsche Kette beschreibenden Zustände und ihre Übergangswahrscheinlichkeiten durch ein System von Knotenpunkten mit den Übergängen entsprechenden, gerichteten Verbindungslinien dar. Tabelle 2 stellt den Zusammenhang zwischen der Zahl der Symbole, Zustände und Übergänge für die verschiedenen Ordnungen von MARKOFF-Prozessen zusammen. Die grafische Darstellung soll nur für den Fall zweier Symbole ($n = 2$) als Beispiel erläutert werden.

Tabelle 2

Zur graf. Darstellung von MARKOFF-Ketten

Zahl der Symbole	n	Zahl der Zustände	Zahl der Übergänge	Zahl der freiwählbaren Übergangswahrscheinlichkeiten
Ordnung der Kette	r	n^r	n^{r+1}	$n^{r+1} - n^r$
für $n = 2$	0	1	2	1
	1	2	4	2
	2	4	8	4

Für den einfachsten Fall einer MARKOFF-Kette nullter Ordnung, wie man auch die Folge unabhängiger Symbole bezeichnen kann, ergibt sich für zwei Symbole eine grafische Darstellung entsprechend Abb. 5. Die Zahl der Zustände beträgt bei der Kette nullter Ordnung immer Eins, d. h. nach jedem „Übergang“ kehrt diese Kette in den Anfangszustand zurück. Entsprechend der Zahl der Symbole ergibt sich die gleiche Zahl von Übergängen, die mit der Ordnungszahl des Symbols, das bei dem jeweiligen Übergang produziert wird, und der zugehörigen Übergangswahrscheinlichkeit, in vorliegendem Falle der einfachen Symbolwahrscheinlichkeit, bezeichnet sind. Der nächst komplizierte Fall der MARKOFF-Kette erster Ordnung, oder auch kurz nur MARKOFF-Kette, ist für zwei Symbole in Abb. 6 dargestellt.

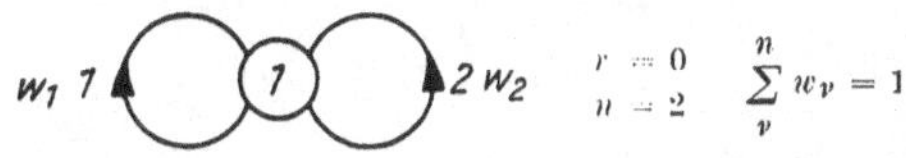

Abb. 5. Graph einer MARKOFF-Kette 0. Ordnung für 2 Symbole (Folge zweier unabhängiger Symbole)

Die Zahl der Zustände ist bei der Kette 1. Ordnung gleich der Zahl der verschiedenen Symbole. Die Summe der von einem Zustand wegführenden Übergangswahrscheinlichkeiten $w_i(j)$ ist entsprechend der Normierung der Wahrscheinlichkeit für das sichere Ereignis gleich Eins.

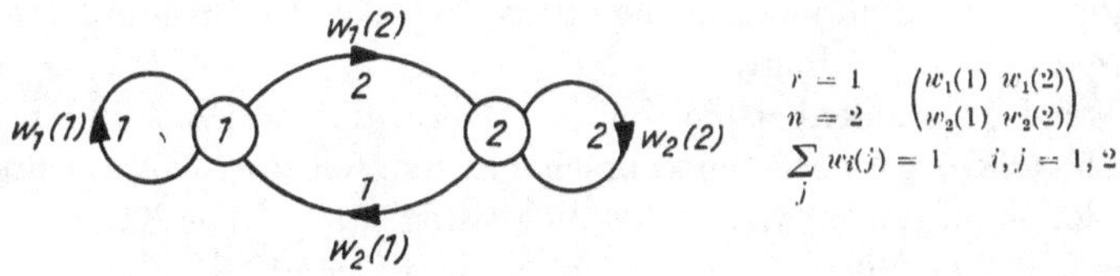

Abb. 6. Graph einer MARKOFF-Kette 1. Ordnung für 2 Symbole

Für den stationären Zustand der Kette ergibt sich für die Wahrscheinlichkeit eines Zustandes entsprechend Abb. 6

$$\begin{aligned} w(1) &= w(1)\, w_1(1) + w(1)\, w_1(2) && \text{ablaufend,} \\ &= w(1)\, w_1(1) + w(2)\, w_2(1) && \text{zulaufend,} \end{aligned} \tag{1.38}$$

d. h. im Gleichgewichtszustand ist die Wahrscheinlichkeit eines Zustandes gleich der Summe der Übergangswahrscheinlichkeiten, die von dem Zustand wegführen, jeweils mit der Wahrscheinlichkeit des Ausgangszustandes multipliziert (erste Zeile in Gl. (1.38)), aber auch gleich der Summe der Übergangswahrscheinlichkeiten, multipliziert mit der Wahrscheinlichkeit des Ausgangszustandes, die auf den Zustand hinführen (zweite Zeile in Gl. (1.38)). Während die erste Zeile nichts Neues bietet, denn sie ist nach Ausklammern von $w(1)$ weiter nichts als die Normierungsbedingung $w_1(1) + w_1(2) = 1$, gestattet die zweite Zeile die Berechnung von $w(1)$ bzw. allgemein wegen der vorausgesetzten Stationarität die Berechnung der ergodischen oder Grenzwahrscheinlichkeiten und ist identisch mit Gl. (1.33) bzw. (1.36).

Unter Berücksichtigung von Gl. (1.2) ergibt sich im vorliegenden Beispiel für die ergodischen Wahrscheinlichkeiten nach kurzer Rechnung

$$w(1) = \frac{w_2(1)}{w_1(2) + w_2(1)}, \qquad w(2) = \frac{w_1(2)}{w_1(2) + w_2(1)}, \tag{1.39}$$

d. h. die Grenzwahrscheinlichkeiten werden durch die Elemente der Matrix der Übergangswahrscheinlichkeiten, von denen im vorliegenden Fall nur zwei infolge der Normierungsbedingung vorgebbar sind, bestimmt. Daraus lassen sich ferner die Verbundwahrscheinlichkeiten

$$\left.\begin{array}{ll} w(1,1) = w(1)\,w_1(1)\,, & w(1,2) = w(1)\,w_1(2)\,, \\ w(2,1) = w(2)\,w_2(1)\,, & w(2,2) = w(2)\,w_2(2) \end{array}\right\} \tag{1.40}$$

für das Eintreten der Symbolfolge i, j bestimmen.

Im vorliegenden speziellen Fall mit $n = 2$ gilt mit (1.39) und (1.40) $w(1,2) = w(2,1)$; allgemein gilt für $r = 1$ im stationären Zustand

$$w(i) = \sum_j w(i,j) = \sum_j w(j,i)\,, \tag{1.41}$$

wobei der erste Teil der Gleichung (1.41) aus Gl. (1.23), der zweite Teil aus Gl. (1.33) mit $w(i,j) = w(i)\,w_i(j)$ auf Grund der für eine stationäre Kette gültigen Unabhängigkeit der Symbolwahrscheinlichkeiten von der Ordnungszahl des Überganges gemäß Gl. (1.35) folgt.

Nachfolgend ein Zahlenbeispiel für eine Kette mit drei Zuständen mit untenstehender Matrix der Übergangswahrscheinlichkeiten (die Voraussetzung für die Existenz der ergodischen Wahrscheinlichkeiten nach Gl. (1.32) ist im Beispiel bereits für $k = 2$ erfüllt, denn in $\big(w_i(j)_2\big) = \big(w_i(j)\big)^2$ sind alle Elemente größer als Null) und den daraus berechneten stationären einfachen und Verbundwahrscheinlichkeiten der Symbole sowie einer typischen Realisierung (Übereinstimmung der relativen Häufigkeiten mit den Wahrscheinlichkeiten)

$$\big(w_i(j)\big) = \begin{pmatrix} 0{,}1 & 0{,}3 & 0{,}6 \\ 0{,}5 & 0{,}5 & 0 \\ 0{,}7 & 0{,}1 & 0{,}2 \end{pmatrix}, \quad i, j = 1, 2, 3\,,$$

$$w(1):w(2):w(3) = \begin{pmatrix} 1-0{,}1 & 0{,}5 & 0{,}7 \\ 0{,}3 & 1-0{,}5 & 0{,}1 \end{pmatrix}, \quad \big(w(i)\big) = \begin{pmatrix} 0{,}4 \\ 0{,}3 \\ 0{,}3 \end{pmatrix},$$

$$\big(w(i,j)\big) = \begin{pmatrix} 0{,}04 & 0{,}12 & 0{,}24 \\ 0{,}15 & 0{,}15 & 0 \\ 0{,}21 & 0{,}03 & 0{,}06 \end{pmatrix}.$$

213133213121312213113133221331213122133221312213 12

211312211313313131222113313131222131312221312221 31(2).

Genau wie bei den zufälligen Folgen unabhängiger Symbole erfolgt der Übergang zu Signalen, indem an Stelle der verschiedenen Zustände beim k-ten Übergang die zufällige Variable $S^{(k)}$ tritt, die eine endliche Zahl von den Zuständen entsprechenden, diskreten Werten S_i ($i = 1, 2, \ldots, n$) annehmen kann; die Wahrscheinlichkeiten gelten dann nicht mehr für die Zustände, sondern für die entsprechenden Werte der zufälligen Variablen, also z. B.

$$w(i) = W\,(S = s_i)\,, \qquad i = 1, 2, \ldots, n$$

usw.

Das Gesetz der großen Zahlen für eine homogene stationäre MARKOFFsche Kette, für die die ergodischen Wahrscheinlichkeiten existieren, lautet in der sogenannten „starken" Form [15] (im Gegensatz zu der schwachen Form, wie sie das BERNOULLIsche Gesetz nach Gl. (1.20) darstellt)

$$W\left(\lim_{n\to\infty} \frac{1}{n} \sum_{k=1}^{n} S^{(k)} = \overline{S^{(1)}}\right) = 1\,, \tag{1.42}$$

d.h. mit der Wahrscheinlichkeit Eins konvergiert der arithmetische Mittelwert der zufälligen Variablen, gebildet aus den bei einer Realisierung aufeinanderfolgenden, den Zuständen entsprechenden Werten, für $n \to \infty$ gegen den linearen Mittelwert (oder Moment 1. Ordnung) der zufälligen Variablen für den ersten (oder einen beliebigen) Zustand. Die Gl. (1.42) ist eine spezielle Form einer Reihe von Ergodensätzen [18], die, grob gesagt, für zufällige Prozesse die Voraussetzungen dafür angeben, daß zeitliche Mittelwerte *einer* Realisierung gegen die statistischen Mittelwerte über die gesamte Menge der Realisierungen (Ensemblemittelwerte) konvergieren; da in der Praxis immer nur eine sehr beschränkte Zahl von Realisierungen zur Verfügung steht, ist die Möglichkeit, die statistischen Mittelwerte aus einer einzigen Realisierung zu erhalten, von großer praktischer Bedeutung.

Ordnet man den Zuständen S_1 und S_2 der MARKOFFschen Kette nach Abb. 6 die Werte s_1 und s_2 zu und betrachtet die Folge der zufälligen Variablen $S^{(k)}$, so gilt mit Gl. (1.42) und (1.39) mit Wahrscheinlichkeit Eins die Beziehung

$$\lim_{n\to\infty} \frac{1}{n} \sum_{k=1}^{n} S^{(k)} = \overline{S} = w(1)\, s_1 + w(2)\, s_2\,. \tag{1.43}$$

Setzt man insbesondere $s_1 = 0$ und $s_2 = 1$ wie im Beispiel des Telegrafiesignals, so wird $\sum S^{(k)}$ zur Häufigkeit des Zustandes S_2 nach n Übergängen und Gl. (1.43) besagt, daß die relative Häufigkeit des Zustandes S_2 mit der Wahrscheinlichkeit Eins gegen die ergodische oder Grenzwahrscheinlichkeit des Zustandes konvergiert.

Man vergleiche diese Aussage mit dem für dieses Beispiel ebenfalls zutreffenden BERNOULLIschen schwachen Gesetz der großen Zahlen [Gl. (1.20)].

Für die nächsten Annäherungsstufen an eine diskrete Nachrichtenquelle soll nur noch die MARKOFFsche Kette 2. Ordnung mit statistischer Abhängigkeit dreier aufeinanderfolgender Symbole betrachtet werden, und zwar an Hand des zugehörigen Graphen. In Abb. 7 ist ein Graph für zwei Symbole dargestellt. Die Zahl der Zustände ist entsprechend Tabelle 2 gleich Vier und die Zahl der Übergänge gleich Acht; die acht Übergangswahrscheinlichkeiten lassen sich nicht mehr in Matrizenform anschreiben, es sei denn, man wählt eine dreidimensionale räumliche Anordnung mit den Zuständen als Grundfläche (entsprechend den Spalten der Matrix) und darauf aufbauend die Übergangswahrscheinlichkeiten (entsprechen den Zeilen der Matrix). Die Summe der Übergangswahrscheinlichkeiten einer „Zeile" ist wieder gleich Eins. In Analogie zu Gl. (1.33) und (1.38) ergeben sich für den stationären Zustand der Kette die den ergodischen Wahrscheinlichkeiten äquivalenten stationären Wahrscheinlichkeiten der Zustände aus der Summe der in einen Zustand hineinlaufenden Wahrscheinlichkeiten, z.B.

$$w(1,1) = w(11)\, w_{11}(1) + w(21)\, w_{21}(1)$$

usw. bzw. allgemein

$$w(i,j) = \sum_k w(k\,i)\, w_{ki}(j)\,, \qquad i, j, k = 1, 2\,. \tag{1.44}$$

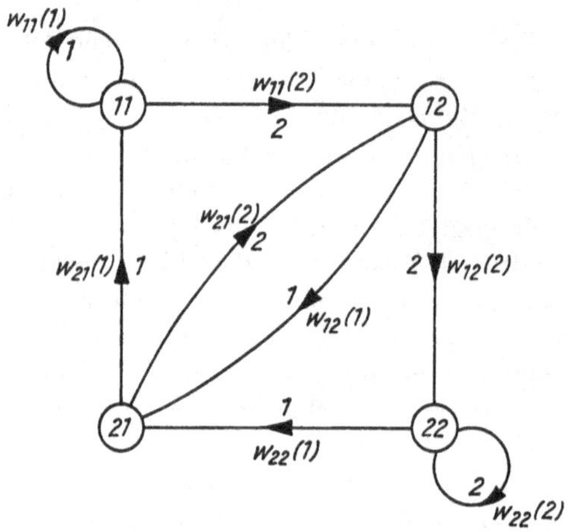

$r = 2 \quad w_{11}(1)\; w_{12}(1)\; w_{21}(1)\; w_{22}(1)$

$n = 2 \quad w_{11}(2)\; w_{12}(2)\; w_{21}(2)\; w_{22}(2)$

$\sum_k w_{ij}(k) = 1 \quad i, j, k = 1,2$

Abb. 7. Graph einer MARKOFF-Kette 2. Ordnung für 2 Symbole

Ferner gilt auch wegen der Normierungsbedingung für die Übergangswahrscheinlichkeiten, $\sum_k w_{ij}(k) = 1$,

$$w(i,j) = \sum_k w(i,j)\, w_{ij}(k)\,, \tag{1.45}$$

und aus Gl. (1.44) u. Gl. (1.45) folgt analog zu Gl. (1.41)

$$w(i,j) = \sum_k w(k,i,j) = \sum_k w(i,j,k)\,. \tag{1.46}$$

Die Existenz der ergodischen Wahrscheinlichkeiten nach Gl. (1.32) läßt sich außer an der Positivität aller Elemente der Übergangsmatrix $w_i(j)_k$ nach k Übergängen auch direkt an der Struktur des zu der MARKOFF-Kette gehörigen Graphen ablesen, wobei die an einen Graphen zu stellenden Bedingungen für die Existenz der ergodischen Wahrscheinlichkeiten der Zustände auch für Prozesse höherer als erster Ordnung gelten; ein Prozeß, für den die ergodischen Wahrscheinlichkeiten existieren, wird im folgenden kurz ergodischer Prozeß genannt. Die Bedingungen an den Graph, daß der zugehörige Prozeß ergodisch ist, lauten [55]:

1. Der Graph darf nicht aus zwei isolierten Teilen bestehen derart, daß es unmöglich ist, entlang den Übergangslinien des Graphs in Pfeilrichtung von dem einen Teil in den anderen und zurück zu gelangen.
2. Der größte gemeinsame Teiler der Zahl der verschiedenen, einen geschlossenen Kreis bildenden Übergänge darf nicht größer als Eins sein; anderenfalls weist der Prozeß eine gewisse periodische Struktur auf.

Zwei Beispiele sollen die beiden Bedingungen erläutern und den Zusammenhang mit den an die Übergangsmatrix zu stellenden Bedingungen für einen ergodischen Prozeß aufzeigen.

Abb. 8 stellt einen Graph für einen Prozeß, der die 1. Bedingung für die Ergodizität verletzt, dar; ein Übergang von Zustand 3 in Zustand 2 und umgekehrt ist nicht möglich, der Graph zerfällt in zwei Teile oder zwei Klassen; der Zustand 1

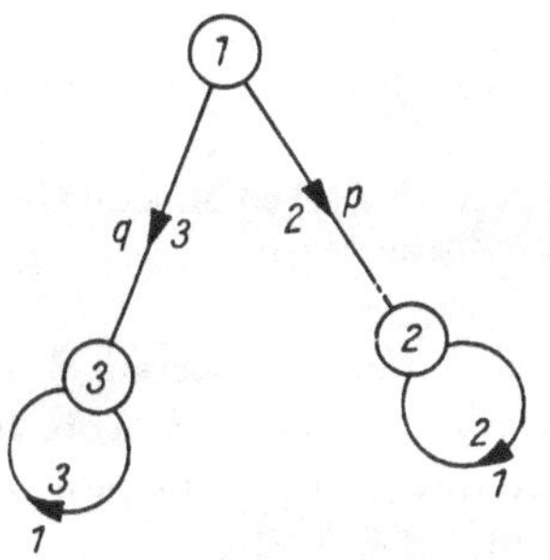

$$r = 1 \quad n = 3 \qquad (w_i(j)) = \begin{pmatrix} 0 & p & q \\ 0 & 1 & 0 \\ 0 & 0 & 1 \end{pmatrix} = (w_i(j))^k$$

$$\sum_j w_i(j) = 1 \qquad i, j = 1, 2, 3$$

k beliebig, ganz

Abb. 8. Graph einer nichtergodischen, zerfallenden MARKOFF-Kette 1. Ordnung mit 3 Zuständen

ist ein vorübergehender Zustand, der nur als Anfangszustand auftreten kann, da $w_i(1) = 0$, während die Zustände 2 und 3 wesentliche Zustände mit zu- und ablaufenden Übergangswahrscheinlichkeiten größer Null darstellen. Die verschiedenen Realisierungen dieses Prozesses lauten: 122 ... 133 ... 222 ... 333.

Aus der Übergangsmatrix ergibt sich, daß Potenzieren wieder auf die gleiche Matrix führt, d.h. man kann kein k finden, für das alle Elemente der Übergangsmatrix nach k Übergängen größer als Null sind, d.h. die Bedingung für die Existenz der ergodischen Wahrscheinlichkeiten nach Gl. (1.32) ist nicht erfüllt.

Abb. 9 stellt einen Graph für einen Prozeß, der die 2. Bedingung für die Ergodizität verletzt, dar; es existieren zwei geschlossene Kreise mit einem gemeinsamen größten Teiler Zwei der Zahl der Übergänge, d.h. es tritt eine Periodizität nach zwei Übergängen auf; eine typische Realisierung besitzt etwa folgende Form: 121213121313.

Aus der Übergangsmatrix $(w_i(j))$ ergibt sich, daß die Übergangsmatrizen nach m Übergängen $(w_i(j)_m)$ für $m = 2k$ und $m = 2k + 1$, $k = 1, 2, \ldots$ untereinander gleich sind und sich periodisch wiederholen; die Bedingung der Positivität aller Elemente ist nicht erfüllt. Nach der Klassifikation der Zustände einer MARKOFF-

Kette nach KOLMOGOROFF [29][1]) bezeichnet man einen wesentlichen Zustand S_i als periodisch, wenn es eine natürliche Zahl $d > 1$ gibt, so daß für alle durch d nicht teilbaren m die Beziehung $w_i(i)_m = 0$ gilt; die Zahl d ist im vorliegenden Fall gleich Zwei, und da alle Diagonalelemente der Übergangsmatrizen nach $m = 2k + 1$ Übergängen verschwinden, sind alle drei Zustände periodisch.

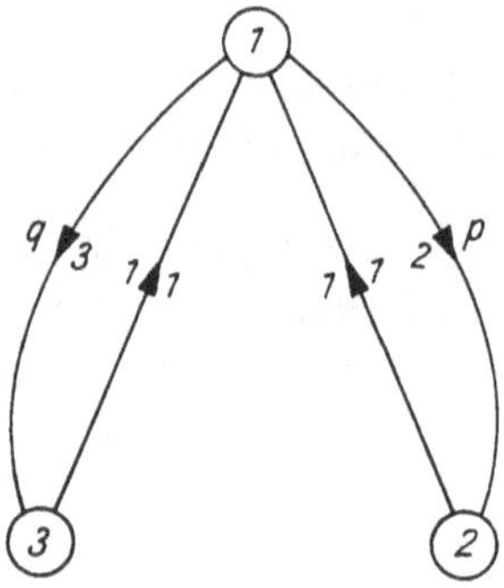

$$r = 1 \quad n = 3 \qquad (w_i(j)) = \begin{pmatrix} 0 & p & q \\ 1 & 0 & 0 \\ 1 & 0 & 0 \end{pmatrix}$$

$$\sum_j w_i(j) = 1 \qquad (w_i(j)_2) = (w_i(j))^2 = \begin{pmatrix} 1 & 0 & 0 \\ 0 & p & q \\ 0 & p & q \end{pmatrix}$$

$$(w_i(j)_3) = (w_i(j))^3 = \begin{pmatrix} 0 & p & q \\ 1 & 0 & 0 \\ 1 & 0 & 0 \end{pmatrix} = (w_i(j))$$

$$\text{daraus: } (w_i(j)) = (w_i(j)_{2k+1}) \qquad i, j = 1, 2, 3$$
$$(w_i(j)_2) = (w_i(j)_{2k}) \qquad k \text{ beliebig, ganz}$$

Abb. 9. Graph einer nichtergodischen, periodischen MARKOFF-Kette 1. Ordnung mit 3 Zuständen

Abschließend hierzu noch ein Beispiel für einen entarteten MARKOFF-Prozeß, der eine vollständig determinierte Folge liefert. Wie aus Abb. 10 hervorgeht, werden alle drei Zustände zyklisch durchlaufen. Die Übergangsmatrizen sind nach m Übergängen für $m = 3\,k$, $3\,k + 1$ und $3\,k + 2$, $k = 0, 1, 2$ jeweils untereinander gleich, die einzig mögliche Realisierung (bis auf eine Verschiebung) lautet 123123 ....

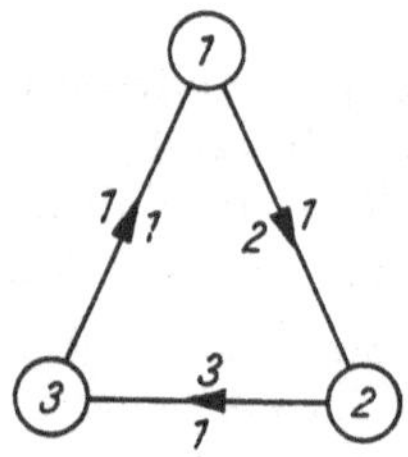

$$r = 1 \quad n = 3 \qquad (w_i(j)) = \begin{pmatrix} 0 & 1 & 0 \\ 0 & 0 & 1 \\ 1 & 0 & 0 \end{pmatrix}; \qquad (w_i(j)_2) = (w_i(j))^2 = \begin{pmatrix} 0 & 0 & 1 \\ 1 & 0 & 0 \\ 0 & 1 & 0 \end{pmatrix}$$

$$(w_i(j)_3) = (w_i(j))^3 = \begin{pmatrix} 1 & 0 & 0 \\ 0 & 1 & 0 \\ 0 & 0 & 1 \end{pmatrix}; \qquad (w_i(j)_4) = (w_i(j))$$

Abb. 10. Graph einer entarteten periodischen MARKOFF-Kette 1. Ordnung für 3 Zustände

Wie durch Berücksichtigung statistischer Abhängigkeiten steigender Ordnung bei der Schriftsprache ein der Wirklichkeit immer näher kommendes Abbild der Nachrichtenquelle Sprache geschaffen wird, zeigen sehr eindrucksvoll Realisierungsbeispiele von SHANNON [57] für die englische und KÜPFMÜLLER [30] für die deutsche Schriftsprache.

Als nullte Näherung kann man die zufällige Folge unabhängiger Symbole ansehen, bei der alle Symbole die gleiche Wahrscheinlichkeit besitzen. Für die

[1]) A. N. KOLMOGOROFF, sowj. Mathematiker.

26 Buchstaben des deutschen als auch des englischen Alphabets und einen Wortzwischenraum als 27. Symbol ergibt sich beispielsweise die Folge

MOTCFBIWQK NJRBUEJQPHLYNDUBAFW.

Als erste Näherung ergibt sich die Folge unabhängiger Symbole mit der Wahrscheinlichkeit der Symbole entsprechend der deutschen bzw. englischen Schriftsprache.

Nach KÜPFMÜLLER [30] lautet eine typische deutsche Symbolfolge

EME GKNEET ERS TITBL BTZENFNDBGD
EAI E LASZ BETEATR IASMIRCH EGEOM;

es sind ohne weiteres Symbol E und Wortzwischenraum als häufigste Symbole erkennbar. Eine entsprechende erste Näherung der englischen Sprache lautet [57]

OCRO HLI RGWR NMIELWIS EULL NBNESEBYA
TH EEI ALHENHTTPA OOBTTVA NAH BRL.

Als zweite Näherung ergibt sich die MARKOFF-Kette 1. Ordnung mit den der jeweiligen Sprache entsprechenden Übergangswahrscheinlichkeiten oder verbundenen Wahrscheinlichkeiten zweier aufeinanderfolgender Symbole. Eine Realisierung dieser Kette für die deutsche Sprache ist beispielsweise

AUSZ KEINU WONDINGLIN DUFRN ISAR
STEISBERER ITEHM ANORER

und vergleichsweise für englisch

ON IE ANTSOUTINYS ARE T INCTORE ST BE S DEAMY
ACHIN D ILONASIVE TUCOOWE AT TEASONARE FUSO
TIZIN ANOY TOBE SEACE CTISBE.

An Hand einzelner Silben oder teilweise auch Wörter sind bereits die ersten Ähnlichkeiten mit der jeweiligen Sprache zu erkennen.

Die dritte Näherung stellt die MARKOFF-Kette 2. Ordnung dar; hierbei sind die Übergangswahrscheinlichkeiten $w_{ij}(k)$ oder die verbundenen Wahrscheinlichkeiten dreier aufeinanderfolgender Symbole $w(i, j, k) = w(i, j)\, w_{ij}(k)$ der Sprache berücksichtigt. Als Realisierungsbeispiel für die deutsche Sprache ergibt sich

PLANZEUDGES PHIN INE UNDEN VEBEICHT GES
AUF ES SO UNG GAN DICH WANDERSO

und für die englische Sprache

IN NO IST LAT WHEY CRACTICT FROURE BIRS
GROCID PONDENOME OF DEMONSTURES OF THE REPTAGIN
IS REGOACTIONA OF CRE;

kurze Wörter sind hierbei schon als zu dem Wortschatz der jeweiligen Sprache zugehörig zu erkennen.

Ein Beispiel für eine vierte Näherung für die deutsche Sprache lautet schließlich

ICH FOLGEMAESZIG BIS STEHEN DISPONIN
SEELE NAMEN.

Um die Verbundwahrscheinlichkeiten höherer Ordnung mit möglichst großer Zuverlässigkeit aus den relativen Häufigkeiten bestimmen zu können, muß, wie schon bei Gl. (1.37) ausgeführt, eine mit der Ordnung steigende Zahl von Symbolfolgen, im Falle der Schriftsprache entsprechend umfangreichere Texte, ausgewertet werden. Die Annäherung ist vollständig, wenn bei den bedingten Wahrscheinlichkeiten die Näherungen höherer Ordnung keine Änderung mehr hervorrufen, d.h. wenn gilt

$$w_{i_r i_{r-1} \cdots i_1}(j) = w_{i_n i_{n-1} \cdots i_1}(j)\,, \qquad n > r\,. \tag{1.47}$$

Die Zahl r stellt dann die zur vollständigen statistischen Beschreibung der Nachrichtenquelle erforderliche Ordnung der MARKOFF-Kette dar. Die Existenz einer endlichen Zahl r und damit eines zugehörigen Graphen mit endlich vielen Zuständen ist eine notwendige Voraussetzung für das Existieren der ergodischen Wahrscheinlichkeiten und damit der Ergodizität des Prozesses. Inwieweit dies bei einer praktischen Nachrichtenquelle erfüllt ist, kann nur experimentell ermittelt werden; da diese Ermittlung praktisch meist nicht durchführbar ist, wird die Ergodizität in vielen Untersuchungen als Hypothese vorangestellt.

Abschließend soll noch bemerkt werden, daß auch die vollständige statistische Beschreibung der Nachrichtenquelle noch keine Nachrichtenquelle zu konstruieren gestattet, deren Realisierungen sinnvolle Nachrichten darstellen.

2. Entropie diskreter Quellen

Auf der Grundlage des im 1. Kapitel entwickelten mathematischen Abbildes diskreter Nachrichtenquellen in Form von MARKOFF-Ketten, deren Realisierungen mit den von praktischen Nachrichtenquellen gelieferten Nachrichten, abstrahiert von ihrem bedeutungsmäßigen Inhalt, in ihrer statistischen Struktur übereinstimmen, sind nun die Voraussetzungen für eine sinnvolle Definition der Information gegeben. Wie einleitend bemerkt wurde, sind Signale nur dann Träger von Information, wenn sie nicht vollständig vorhersagbar sind. Bei den von einer Nachrichtenquelle gelieferten Symbolen oder Signalen muß also nach Empfang einer gewissen Anzahl für das folgende Symbol eine Unsicherheit bestehen, die erst nach Empfang dieses Symbols beseitigt, d.h. in Sicherheit umgewandelt wird; diese Unsicherheit wird für die einzelnen Symbole im allgemeinen verschieden sein, und zwar für seltene Symbole größer als für häufige. Es erscheint demnach sinnvoll, zu definieren:

Information ist beseitigte Unsicherheit,

und es gilt nun, ein geeignetes Maß für die Unsicherheit zu finden. Hierbei interessiert nicht die hinsichtlich eines bestimmten Symbols bestehende Unsicherheit, sondern der Mittelwert, gebildet über alle verschiedenen Symbole; denn nur diese mittlere Unsicherheit, bezogen auf ein Symbol, charakterisiert die Quelle als Ganzes. Es war das Verdienst von SHANNON [56], den aus der Thermodynamik geläufigen Begriff der Entropie nach einigen Abwandlungen als Maß für die mittlere Unsicherheit und Information einer Nachrichtenquelle in die Nachrichtentheorie eingeführt zu haben; in welchem Maße die Entropie[1]) auch ein für die technische Nachrichtenübertragung geeignetes Maß der von einer Nachrichtenquelle gelieferten Information ist, wird in vollem Umfang erst im 3. Kapitel über die Kodierung diskreter Nachrichtenquellen ersichtlich werden.

In den folgenden Abschnitten wird zunächst eine quantitative Definition für die Entropie einer Quelle mit statistisch unabhängigen Symbolen angegeben und hinsichtlich ihrer Eigenschaften untersucht; darauf aufbauend werden die Entropien für die im 1. Kapitel in Form von MARKOFF-Ketten höherer Ordnung dargestellten Nachrichtenquellen entwickelt.

2.1 Einfache Entropie

Nach Abschnitt 1.1 war das einfachste mathematische Abbild einer Nachrichtenquelle eine zufällige Folge, gekennzeichnet durch die Zahl n ihrer verschiedenen Symbole S_i und die diesen Symbolen zugeordneten Wahrscheinlichkeiten w_i. Die bei dieser Nachrichtenquelle bei der Lieferung eines Symbols bestehende mittlere Unsicherheit ist durch die Entropie erster Ordnung

$$H_1(w_1, \ldots, w_n) = -\sum_{i=1}^{n} w_i \,{}_a\log w_i \tag{2.1}$$

gegeben, wobei noch mit Gl. (1.2) gilt

$$\sum_{i=1}^{n} w_i = 1 \;; \tag{2.2}$$

die Basis a des Logarithmus soll hierbei zunächst noch offen bleiben; denn wegen

$${}_a\log x = {}_a\log b \; {}_b\log x$$

ist eine Änderung der Basis gleichbedeutend mit der Multiplikation mit einer Konstanten, so daß die Wahl der Basis gleichbedeutend mit der Wahl der Maßeinheit für die Größe H_1 ist.

Es sollen jetzt die Eigenschaften der durch Gl. (2.1) definierten Entropie untersucht werden, um zu überprüfen, ob die sich daraus ergebenden Folgerungen nicht im Widerspruch zur praktischen Erfahrung stehen.

In mehr mathematischen Darstellungen [2], [8], [56] werden einige der im folgenden aus der durch Gl. (2.1) gegebenen Definition der Entropie abgeleiteten Eigenschaften als Axiome vorangestellt und gezeigt, daß H_1 die einzige dem Axiomensystem genügende Funktion ist.

Aus $\lim\limits_{x\to 0} x \log x = 0$ folgt, daß die w_i, die identisch Null sind, keinen Beitrag zur Entropie liefern; damit folgt mit $\log 1 = 0$ und Gl. (2.2)

$$H_1(w_1, \ldots, w_n) = 0 \text{ für } w_i = \begin{matrix} 0 & i \neq m\,, \\ 1 & i = m\,, \end{matrix} \qquad 1 \leqq m \leqq n\,, \tag{2.3}$$

[1]) Entropie: [griech.] entrepein: umkehren.

d.h. liefert die Nachrichtenquelle das Symbol S_m mit der Wahrscheinlichkeit Eins, also mit Sicherheit, und dementsprechend alle anderen nicht, so besteht keinerlei Unsicherheit bezüglich der gelieferten Symbole, und die Nachrichtenquelle liefert keine Information; da die Funktion $y = -x \log x$ im Intervall $0 \leqq x \leqq 1$ größer oder (an den Grenzen des Intervalls) gleich Null ist, ist Null der kleinste Wert, den H_1 annehmen kann. In dieser Hinsicht entspricht also H_1 den an ein Maß für die Information zu stellenden Forderungen.

Den größten Wert nimmt die Entropie an, wenn alle w_i gleich sind bzw. wegen Gl. (2.2) für $w_i = 1/n$; dafür wird

$$H_1\left(\frac{1}{n}, \ldots, \frac{1}{n}\right) = -\sum_{i=1}^{n} \frac{1}{n}\, {}_a\log \frac{1}{n} = {}_a\log n\,. \tag{2.4}$$

Dies läßt sich nach den für die Bestimmung der Extremwerte einer Funktion mehrerer Variabler mit Nebenbedingungen geltenden Regeln [36] wie folgt zeigen:

Mit Einführung des LAGRANGEschen Multiplikators μ wird aus Gl. (2.1) und (2.2) die Funktion

$$U = -\sum_{i=1}^{n} w_i\, {}_a\log w_i + \mu\left(\sum_{i=1}^{n} w_i - 1\right)$$

gebildet und die partiellen Ableitungen nach den w_i und μ gleich Null gesetzt, also

$$\frac{\partial U}{\partial w_i} = -{}_a\log w_i - {}_a\log e + \mu = 0\,, \quad i = 1, \ldots, n\,,$$

$$\frac{\partial U}{\partial \mu} = \sum_{i=1}^{n} w_i - 1 = 0;$$

die erste Gleichung kann für alle w_i nur erfüllt sein, wenn alle w_i gleich sind; daraus folgt mit der zweiten Gleichung $w_i = w = 1/n$, was zu zeigen war.

Für den Maximalwert von H_1 entsprechend Gl. (2.4) soll die Schreibweise $H_0(n)$ eingeführt werden, um damit zum Ausdruck zu bringen, daß diese Entropie der nullten Näherung einer diskreten Nachrichtenquelle, der zufälligen Folge unabhängiger gleichwahrscheinlicher Symbole, entspricht.

$$H_0(n) = -{}_a\log w = {}_a\log n\,. \tag{2.5}$$

Die mittlere Unsicherheit je Symbol ist infolge der Gleichwahrscheinlichkeit aller Symbole gleich der Unsicherheit eines einzelnen Symbols mit der Wahrscheinlichkeit $w = 1/n$.

Die größte mittlere Unsicherheit besitzt also der zufällige Prozeß mit der größten statistischen Regellosigkeit und liefert bei der Realisierung die größte Information; mit steigender statistischer Organisation der Nachrichtenquelle sinkt die Information, wie sich am folgenden Beispiel einer Quelle mit zwei unabhängigen Symbolen und allgemein weiter unten bei der Berechnung der Entropie von MARKOFF-Prozessen zeigt.

In Abb. 11 ist die Entropie einer Nachrichtenquelle, die eine zufällige Folge zweier unabhängiger Symbole liefert, als Funktion der Symbolwahrscheinlichkeit w_1 nach Gl. (2.1) aufgetragen, wobei als Basis a für den Logarithmus die Zahl Zwei gewählt wurde. Man sieht, daß die Entropiefunktion ein Maximum bei Gleichwahrscheinlichkeit beider Symbole besitzt und symmetrisch nach beiden

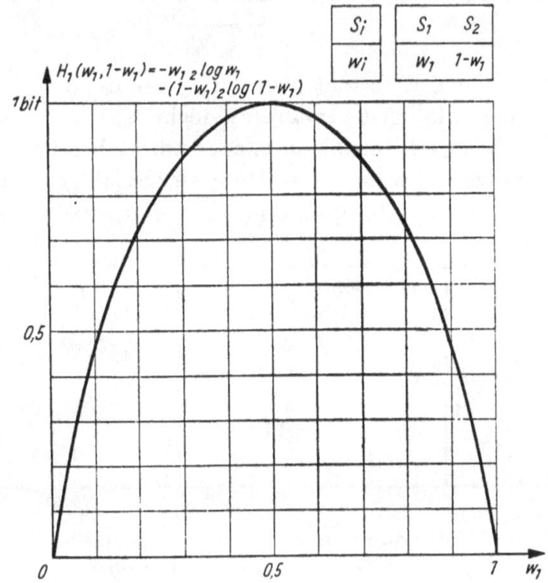

Abb. 11. Entropie einer Nachrichtenquelle mit zwei statistisch unabhängigen Symbolen (Binärquelle) (genaue Zahlenwerte siehe Tabelle 3)

Tabelle 3
Zahlenwerte der Funktion
$-x \operatorname{ld} x - (1-x) \operatorname{ld} (1-x)$

x	$-x \operatorname{ld} x - (1-x) \operatorname{ld} (1-x)$
0,00	0,0000
0,05	0,2899
0,10	0,4691
0,15	0,6099
0,20	0,7219
0,25	0,8112
0,30	0,8813
0,35	0,9341
0,40	0,9708
0,45	0,9927
0,50	1,0000

Seiten bis auf Null bei $w_1 = 0$ bzw. $w_1 = 1$, also bei Sicherheit bezüglich des Symbols S_2 bzw. S_1, abfällt. Genauere Zahlenwerte sind in Tabelle 3 angegeben.

Obwohl also die Unsicherheit eines einzelnen Symbols mit sinkender Wahrscheinlichkeit entsprechend $-{}_a\log w$ zunimmt, fällt die mittlere Unsicherheit je

Symbol bei Abweichen von der Gleichwahrscheinlichkeit ab, da die mit großer Unsicherheit behafteten Symbole auch entsprechend selten auftreten. Die Entropiefunktion H_1 ist dementsprechend auch analog zu der für Mittelwerte zufälliger Variabler eingeführten Schreibweise nach Gl. (1.9) in der Form

$$H_1 = -\overline{{}_a\log w_i} \tag{2.6}$$

darstellbar; der Unterschied besteht aber darin, daß die den Symbolen S_i zugeordneten Werte s_i der zufälligen Variablen S nicht eingehen. Zwei Nachrichtenquellen, die gleiche Wahrscheinlichkeiten, aber unterschiedliche Wahrscheinlichkeitsfunktionen besitzen, d.h. deren Werte s_i der zufälligen Variablen, die den Signalwerten entsprechen, völlig unterschiedlich sind, besitzen gleiche Entropie (Abb. 12).

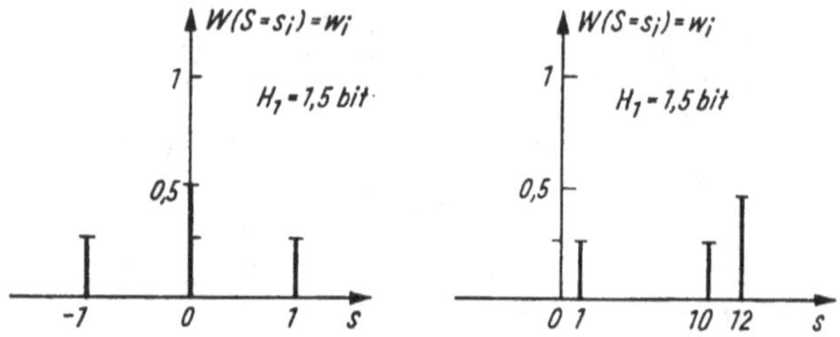

Abb. 12. Wahrscheinlichkeitsfunktionen zweier Nachrichtenquellen mit unterschiedlichen Signalwerten, aber gleicher Entropie

Dies erscheint zunächst als eine etwas zu weitgehende Abstraktion; daß der bedeutungsmäßige Inhalt der Symbole außer Betracht steht, war bereits eingangs bei der Aufstellung des mathematischen Abbildes einer Nachrichtenquelle betont worden; daß auch die Größe der Signale ohne Einfluß auf die Unsicherheit ist, trifft nur für die Entropie der diskreten Quelle zu.

Bei der später betrachteten Übertragung von Information durch gestörte Kanäle findet die Größe der Signale indirekt über die Fehlerwahrscheinlichkeiten Berücksichtigung, indem benachbarte Signalwerte schwerer zu unterscheiden sind als weiter entfernte Werte. Bei den hier betrachteten diskreten Quellen sind die einzelnen Signalwerte als beliebig genau bestimmbar vorausgesetzt, da keine Störungen vorliegen; der Wert der Signale selbst und auch die Lage der Werte zueinander spielen infolgedessen keine Rolle. Praktisch ist die Genauigkeit bei der Bestimmung der Signalwerte natürlich begrenzt, so daß die Bestimmung eng benachbarter Werte eine Unsicherheit und damit Verringerung der Information mit sich bringt, Verhältnisse, die aber als ideale Quelle mit einem nachgeschalteten gestörten Kanal nachgebildet werden können.

Der Maximalwert der Entropie einer diskreten Quelle ist entsprechend Gl. (2.5) eine monoton ansteigende Funktion der Zahl n der verschiedenen Symbole oder Signalwerte und strebt mit wachsendem n gegen Unendlich, d.h. die Entropie einer kontinuierlichen Quelle ist im oben dargelegten idealisierten Sinne ebenfalls unendlich. Der kleinste sinnvolle Wert, den n annehmen kann, ist Zwei, da n nur diskreter Werte fähig ist und $n = 1$ gleichbedeutend mit einer Signalquelle ist, die nur ein Symbol bzw. einen Signalwert und damit keine Information liefert. Es ist üblich, diese Quelle mit zwei gleichwahrscheinlichen Symbolen bzw. Signalwerten als Maßeinheit der Entropie zu verwenden; dazu muß mit Gl. (2.5) gelten

$$H_0(2) = {}_a\log 2 = 1\,; \tag{2.7}$$

daraus folgt für die Basis des Logarithmus $a = 2$, und die auf dieser Basis gemessene Entropie dieser Quelle beträgt 1 bit/Symbol.

Die Einheit der Informationsmenge, 1 bit[1]), liefert damit ein Experiment, dessen Ausgang Sicherheit über eine gleichwahrscheinliche Alternative bringt, wie das bei jedem gelieferten Symbol einer Quelle mit zwei gleichwahrscheinlichen unabhängigen Symbolen der Fall ist. Darüber hinaus sind auch andere Einheiten, fußend auf den gebräuchlichen natürlichen und BRIGGschen Logarithmen üblich, wobei mit den Abkürzungen

$$\begin{aligned} {}_2\log &= \mathrm{ld} \quad \text{(dyadischer Logarithmus)}\,,\\ {}_e\log &= \ln \quad \text{(natürlicher Logarithmus)}\,,\\ {}_{10}\log &= \lg \quad \text{(BRIGGscher Logarithmus)} \end{aligned}$$

folgende Relationen zwischen den Einheiten bestehen:

$$\left.\begin{aligned} \lg 10 &= 1 \text{ decimal digit} = 1 \text{ dit} = \mathrm{ld}\ 10 \text{ bit} = \frac{1}{\lg 2} \text{ bit} = 3{,}32 \text{ bit},\\ \ln e &= 1 \text{ natural digit} = 1 \text{ nit} = \mathrm{ld}\ e \text{ bit} = \frac{1}{\ln 2} \text{ bit} = 1{,}443 \text{ bit}. \end{aligned}\right\} \tag{2.8}$$

Die Informationsmenge 1 dit liefert beispielsweise ein Experiment, dessen Ausgang Sicherheit über zehn gleichwahrscheinliche mögliche Ausgänge gibt.

An dieser Stelle ist es zweckmäßig, eine andere Auslegung des Begriffs „mittlere Unsicherheit" bezüglich eines von der Nachrichtenquelle gelieferten Symbols einzuführen, die die Entropie als Maß für die mittlere Unsicherheit je Symbol der Quelle weiter erläutert und für den nächsten Abschnitt sowie für das Kapitel über Kodierung eine Überleitung bildet.

Die Produktion von Nachrichten in Form einer zufälligen Folge von unabhängigen Symbolen erfolgte beim Urnenmodell der Nachrichtenquelle durch Ziehen einer Kugel aus der Urne, in der die mit den einzelnen Symbolen gekennzeichneten Kugeln in einer den Wahrscheinlichkeiten der Symbole entsprechenden Anzahl vorhanden waren (siehe Abschn. 1.1). Für einige spezielle Wahrscheinlichkeitsverteilungen reduziert sich die Zahl der zur Nachbildung der Wahrscheinlichkeitsverteilung erforderlichen Kugeln ganz beträchtlich; so ist z.B. für alle Quellen mit maximaler Entropie, d.h. Quellen mit Gleichwahrscheinlichkeit der Symbole und damit Gleichverteilung der entsprechenden Kugeln, die Zahl der erforderlichen Kugeln gleich der Zahl der n verschiedenen Symbole. Das Ziehen einer Kugel wird damit zu einer willkürlichen Auswahl eines der n ver-

[1]) Abkürzung von engl.: binary digit, Binär-Ziffer.

schiedenen Symbole. Besitzt die Quelle nur zwei gleichwahrscheinliche Symbole, so wird diese Auswahl zu einer alternativen Entscheidung zwischen den beiden Symbolen, und die dabei beseitigte Unsicherheit oder gelieferte Information beträgt $H_0(2) = \text{ld}\ 2 = 1$ bit, genau eine binäre Informations -oder Nachrichteneinheit. Für $n = 3$ ist eine Entscheidung zwischen drei gleichwahrscheinlichen Symbolen zu treffen, und die dabei beseitigte Unsicherheit würde, falls diese Bezeichnung üblich wäre, eine ternäre Nachrichteneinheit betragen. Für $n = 4$ ist $H_0(4) = H_0(2^2) = 2$ bit, und man kann sich den Auswahlvorgang in zwei Stufen aufgeteilt denken; in der ersten Stufe wird zwischen zwei willkürlich gebildeten Kugelpaaren entschieden und nach dieser Entscheidung in der zweiten Stufe innerhalb eines Paares die zweite Entscheidung getroffen, welche der beiden Kugeln endgültig

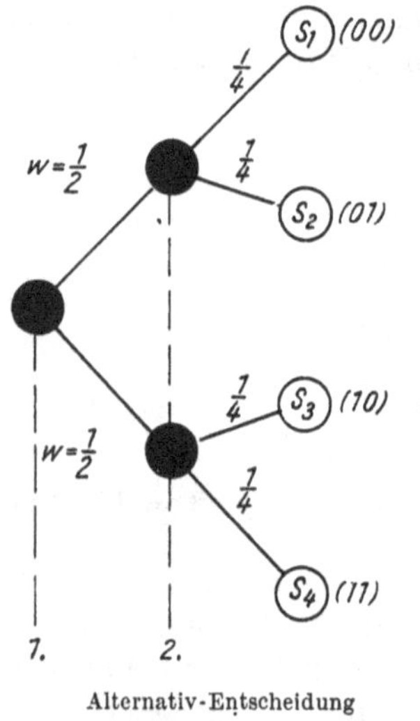

S_i	S_1	S_2	S_3	S_4
w_i	$\frac{1}{4}$	$\frac{1}{4}$	$\frac{1}{4}$	$\frac{1}{4}$

$n = 2^2$

$H_0(n) = {}_2\log 2^2 = 2$ bit

Abb. 13. Baumdarstellung einer Nachrichtenquelle mit 2^2 gleichwahrscheinlichen unabhängigen Symbolen

gezogen wird. Es sind also zwei Alternativentscheidungen bis zur Auswahl eines Symbols erforderlich, und die Nachrichtenquelle liefert demnach 2 bit/Symbol wie die Berechnung über die Entropie.

In Abb. 13 ist dieser Vorgang grafisch an Hand von sich ,,verzweigenden Ästen" eines ,,Baumes" dargestellt.

Diese Darstellung ist für alle n, die sich in der Form $n = 2^m$, m ganz, angeben lassen, möglich, und die Entropie, gemessen in bit, ist für diese Klasse von Quellen interpretierbar als die Zahl der zur Auswahl eines bestimmten Symbols erforderlichen Alternativentscheidungen; sie beträgt $H_0(2^m) = m$ bit und hat letztlich ihre Ursache in der Definition eines logarithmischen Maßes für die Entropie. Andererseits ist die Zahl der erforderlichen Binärziffern je Symbol für die Durchnumerierung aller Symbole ebenfalls gleich m (in Abb. 13 in Klammern hinter den Symbolen angegeben), wobei die Zuordnung zu den Symbolen, wie im Anschluß an Gl. (2.6) betont, willkürlich ist; damit wird auch die Bezeichnung „bit" (Binär-Ziffer) für die Nachrichteneinheit verständlich.

Der Auswahlvorgang in Abb. 13 ist auch noch etwas anders interpretierbar; betrachtet man jeweils einen Kreis als Urne oder Nachrichtenquelle, so wird in der ersten Urne entschieden, aus welcher der beiden weiteren Urnen die nächste Ziehung oder Auswahl erfolgen soll, und die Gesamtentropie läßt sich aufteilen in die Entropie der ersten Urne zuzüglich der mit den Wahrscheinlichkeiten ihrer Auswahl gemittelten Entropie der beiden weiteren Urnen, in Formeln

$$H_0(4) = H_0(2) + 2 \cdot \frac{1}{2} H_0(2)\,.$$

Mit dieser Interpretation lassen sich auch Quellen mit nicht gleichwahrscheinlichen Symbolen, wenn die Wahrscheinlichkeiten w_i in der Form $w_i = 1/2^{m_i}$, m_i ganz, angebbar sind, in Form eines „Baumes" mit gleichwahrscheinlichen Alternativentscheidungen an jeder Verzweigung darstellen. Als Beispiel soll eine Nachrichtenquelle mit einer Wahrscheinlichkeitsverteilung, wie sie schon in Abb. 12 verwendet wurde, dienen.

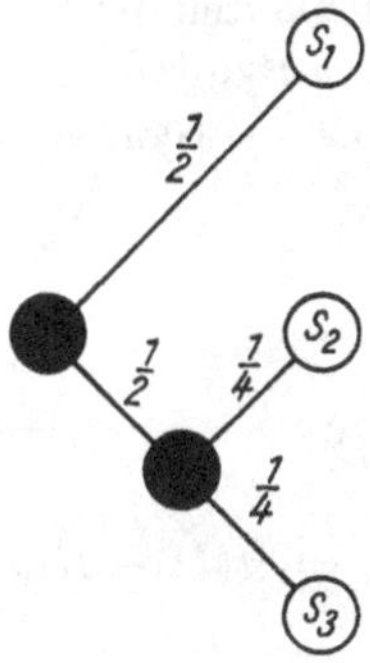

S_i	S_1	S_2	S_3
w_i	$\frac{1}{2}$	$\frac{1}{4}$	$\frac{1}{4}$

$w_i = \frac{1}{2^{m_i}}$ m_i = ganz

$H_1\left(\frac{1}{2}, \frac{1}{4}, \frac{1}{4}\right) = 1{,}5$ bit (nach Gl. (2.1))

$= H_0(2) + \frac{1}{2} H_0(2)$ (aus Baumdarstellung)

Abb. 14. Baumdarstellung einer Nachrichtenquelle mit durch reziproke Zweierpotenzen ausdrückbaren Symbolwahrscheinlichkeiten

Aus Abb. 14 ist zu ersehen, wie der zur gegebenen Wahrscheinlichkeitsverteilung gehörige Baum beschaffen ist und wie man die Entropie in bit als die mit den Wahrscheinlichkeiten bewertete Summe der Alternativentscheidungen aus der Baumdarstellung ablesen kann.

Eine exaktere Darstellung der Aufteilung des Auswahlvorganges wird im nächsten Abschnitt, die mathematische Untermauerung der Baumdarstellung im Kapitel über Kodierung gegeben.

2.2 Verbundene und bedingte Entropie

Bisher wurden Nachrichtenquellen betrachtet, die gleichzeitig jeweils nur ein Symbol lieferten. Es sind aber zunächst prinzipiell auch Quellen denkbar, die z.B. gleichzeitig ein Symbolpaar liefern, wobei sich aber das Paar aus zwei getrennten Quellen zusammensetzt. Als einfachste Form dieser Doppelquelle ergibt sich wieder die zufällige Folge unabhängiger Symbolpaare. Im Urnenmodell nimmt diese Quelle folgende Form an: Es bestehen zwei Urnen, die Urne I mit n verschiedenen Symbolen S_i $(i = 1, \ldots, n)$ und zugehörigen Wahrscheinlichkeiten w_i und die Urne J mit m verschiedenen Symbolen S_j $(j = 1, \ldots, m)$ und zugehörigen Wahrscheinlichkeiten w_j. Aus beiden Urnen wird eine Kugel gezogen und das sich ergebende Symbolpaar notiert.

Es ergibt sich nun die Frage nach der Entropie $H(I, J)$ dieser Quelle, im folgenden verbundene Entropie genannt, und wie diese Entropie mit den Entropien der Einzelquellen $H(I) = H_1(w_1, w_i, \ldots, w_n)$ und $H(J) = H_1(w_1, w_j, \ldots, w_m)$, berechnet nach Gl. (2.1), zusammenhängt.

Für das verbundene Ereignis, das Symbolpaar S_iS_j, ergeben sich infolge der Unabhängigkeit der beiden Quellen als Wahrscheinlichkeiten einfach die Produkte der Symbolwahrscheinlichkeiten

$$w(i, j) = w(i)\, w(j)\,, \quad i = 1\,, \ldots, n, \quad j = 1\,, \ldots, m\,, \tag{2.9}$$

wobei die $w_i = w(i)$ und $w_j = w(j)$ im allgemeinen Falle unterschiedliche, den Symbolen der Quelle I bzw. J zugeordnete Wahrscheinlichkeiten darstellen sollen. Damit ist die Doppelquelle auf die einfache Quelle mit $n \cdot m$ Symbolpaaren zurückgeführt, und die Entropie $H(I, J)$ als mittlere Unsicherheit je Symbolpaar ergibt sich mit Gl. (2.1).

$$\begin{aligned} H(I, J) &= -\sum_{i=1}^{n}\sum_{j=1}^{m} w(i, j)\, {}_a\log w(i, j) \\ &= -\sum_{i}\sum_{j} w(i)\, w(j) \left({}_a\log w(i) + {}_a\log w(j)\right) \\ &= -\sum_{i} w(i)\, {}_a\log w(i) - \sum_{j} w(j)\, {}_a\log w(j) = H(I) + H(J)\,, \end{aligned} \tag{2.10}$$

d.h. die verbundene Entropie $H(I, J)$ ist im Falle unabhängiger Quellen gleich der Summe der Einzelentropien, letztlich eine Folge der Definition eines logarithmischen Maßes für die Unsicherheit. Da im Falle der Gleichheit der beiden Quellen I und J kein Unterschied zu einer Quelle mit unabhängigen Einzelsymbolen besteht, muß in Übereinstimmung mit den praktischen Anforderungen an ein Maß für die von einer Nachrichtenquelle gelieferte Information für die Entropie je Einzelsymbol unabhängig von der Auffassung als Doppel- oder Einzelquelle gelten

$$\frac{H(I, I)}{2} = \frac{H(I) + H(I)}{2} = H(I)\,. \tag{2.11}$$

Gl. (2.11) ist aber lediglich ein Sonderfall von Gl. (2.10).

In der nächstkomplizierten Form der Doppelquelle seien die beiden Symbole als abhängig voneinander angenommen. Diese Quelle besitzt für die Informationstheorie, wie noch an einigen Beispielen und ausführlicher im 4. Kapitel gezeigt werden wird, grundlegende Bedeutung. Das zugehörige Urnenmodell besteht jetzt aus einer Urne I mit n verschiedenen Symbolen S_i und den zugehörigen Wahrscheinlichkeiten w_i sowie aus n Urnen J mit m verschiedenen Symbolen S_j und den n verschiedenen zugehörigen bedingten Verteilungen, gekennzeichnet durch die bedingten Wahrscheinlichkeiten $w_i(j)$ $(i = 1, \ldots, n, j = 1, \ldots, m)$.

Ein Symbolpaar erhält man durch Ziehen einer Kugel aus der Urne I mit dem Ergebnis S_i und eine davon abhängige Ziehung aus der i-ten Urne J mit dem Ergebnis S_j.

Die verbundene Entropie dieser Quelle ergibt sich mit

$$w(i, j) = w(i)\, w_i(j) \tag{2.12}$$

und Gl. (2.1) zu

$$\begin{aligned} H(I, J) &= -\sum_{i=1}^{n} \sum_{j=1}^{m} w(i, j)\, {}_a\log w(i, j) \\ &= -\sum_i \sum_j w(i)\, w_i(j) \left({}_a\log w(i) + {}_a\log w_i(j)\right) \\ &= -\sum_i w(i)\, {}_a\log w(i) - \sum_i w(i) \sum_j w_i(j)\, {}_a\log w_i(j) \\ &= H(I) + \sum_i w(i)\, H_i(J) \\ &= H(I) + H_I(J)\,, \end{aligned} \tag{2.13}$$

wobei der Ausdruck $H_I(J)$ als bedingte Entropie bezeichnet wird.

Die durch die letzte Zeile von Gl. (2.13) zum Ausdruck kommende Regel über die verbundene Entropie zweier abhängiger Quellen wird als allgemeine Additionsregel für Entropien bezeichnet. Gl. (2.10) stellt einen Sonderfall dieser Regel für den Fall der Unabhängigkeit, d. h. für $w_i(j) = w(j)$ mit $H_I(J) = H(J)$ dar. Im Urnenmodell bedeutet dies, daß die n verschiedenen Urnen J alle die gleiche Symbolverteilung $w(j)$ $(j = 1, \ldots, m)$ besitzen und demnach bis auf eine Urne überflüssig sind.

Der andere Extremfall totaler Abhängigkeit ist dadurch gekennzeichnet, daß für die $w_i(j)$ gilt

$$w_i(j) = \begin{matrix} 1 & j = i & i = 1, \ldots, n \\ 0 & j \neq i & j = 1, \ldots, m\,. \end{matrix} \tag{2.14}$$

Der Wert $H_i(J)$ und damit auch $H_I(J)$ nimmt hierfür nach Gl. (2.3) den Wert Null an, d. h. für eine Nachrichtenquelle, die eine unabhängige zufällige Folge von Doppelsymbolen liefert, bei der die Doppelsymbole aber jeweils wiederholte Einzelsymbole sind, besitzt die verbundene Entropie (mittlere Unsicherheit je Doppelsymbol) den gleichen Wert wie die Entropie der Einzelquelle

$$H(I, J) = H(I) \tag{2.15}$$

und, auf das Symbol bezogen, die Hälfte dieses Wertes. Dies steht in voller Übereinstimmung mit den an ein Maß für die von einer Nachrichtenquelle gelieferte Information zu stellenden Forderungen.

Allgemein gilt für die bedingte Entropie

$$0 \leqq H_I(J) \leqq H(J) \tag{2.16}$$

mit den beiden oben besprochenen Sonderfällen als Grenzfällen. Der Beweis der Gleichung (2.16) folgt aus der für konvexe Funktionen, in vorliegendem Fall für $f(x) = -x \log x$, gültigen JENSENschen Ungleichung [22], [25]

$$\sum_i w_i f(x_i) \leqq f\left(\sum_i w_i x_i\right), \tag{2.17}$$

nach der sich auch Gl. (2.4) beweisen läßt.

Es folgt nun eine Reihe von Beispielen, die die Anwendung der Beziehungen erläutern und ihren Inhalt interpretieren sollen.

Zuerst soll noch einmal auf die im Anschluß an Gl. (2.6) durchgeführte Diskussion über die Unabhängigkeit der Entropie von der Zuordnung und Größe der Werte der zufälligen Variablen bei einer Signale liefernden Nachrichtenquelle Bezug genommen werden. Aus praktischen Erfahrungen heraus erschien die dabei vorausgesetzte Möglichkeit der exakten Bestimmbarkeit der Signalwerte als zu weitgehend idealisiert, und es wurde eine Möglichkeit der Berücksichtigung der Meßfehler bei der Bestimmung der Signalwerte und damit bei der Bestimmung der praktisch realen Entropie angedeutet. Hierzu folgendes Beispiel:

Eine Nachrichtenquelle liefere eine zufällige Folge von unabhängigen Signalwerten s_i mit der zugehörigen Wahrscheinlichkeitsfunktion $W(S = s_i)$; die theoretische Entropie dieser Quelle ist nach Gl. (2.1) mit $W(S = s_i) = w(i)$

$$H(I) = -\sum_i w(i)\, {}_a\!\log w(i) ;$$

da die Signalwerte aber mehr oder minder benachbart sind, ist ihre Bestimmung nicht exakt, sondern nur mit einem gewissen Fehler, ausgedrückt durch die bedingten Wahrscheinlichkeiten $w_i(j)$, möglich. Mit den $w(i)$ und den $w_i(j)$, die angeben, mit welcher Wahrscheinlichkeit der von der Quelle gelieferte Signalwert s_i die praktischen, durch Toleranzbereiche gekennzeichneten Signalwerte $s_j \pm \delta$ zur Folge hat, ergibt sich

$$w_j(i) = \frac{w(j, i)}{w(j)} = \frac{w(i, j)}{w(j)} = \frac{w(i)\, w_i(j)}{w(j)} \tag{2.18}$$

und mit Gl. (2.13)

$$H_J(I) = H(I, J) - H(J) = H(I) + H_I(J) - H(J) . \tag{2.19}$$

$H_J(I)$ stellt die mittlere Unsicherheit dar, die nach Erkennen eines Signales s_j noch bezüglich der idealen Signalwerte s_i verbleibt. Ist die exakte Bestimmbarkeit der Signalwerte gegeben, so gilt für die $w_i(j)$ Gl. (2.14); mit Gl. (2.18) trifft das gleiche für $w_j(i)$ zu und $H_I(J)$ als auch $H_J(I)$ wird Null. Von der durch die Realisierung der Quelle I als beseitigter mittlerer Unsicherheit gelieferten Information ist demnach noch die verbliebene Unsicherheit $H_J(I)$ abzuziehen, um die praktisch durch die Signale s_j gelieferte Information der Quelle zu erhalten. Bezeichnet man diese Information mit $\mathfrak{J}(I, J)$, so erhält man nach obigem mit Gl. (2.19) und Gl. (2.16)

$$\begin{aligned} H(I) \geqq \mathfrak{J}(I, J) &= H(I) - H_J(I) \\ &= H(J) - H_I(J) \geqq 0 . \end{aligned} \tag{2.20}$$

Die zweite Zeile in Gl. (2.20) ist zu interpretieren als die durch Empfangssignale gelieferte Information abzüglich der durch die beschränkte Meßgenauigkeit bedingten Unsicherheit. Ist die Meßgenauigkeit groß genug, um eine exakte Bestimmbarkeit der Signalwerte zu gewährleisten, wird Gl. (2.20) zu

$$H(I) = \mathfrak{J}(I, I) = H(J)\,. \tag{2.21}$$

Man ersieht aus Gl. (2.21), daß das neue Maß $\mathfrak{J}$ für die Information nach Gl. (2.20) die Entropie, die als Maß für die Unsicherheit eingeführt wurde, als Sonderfall mit enthält und den bei der Verwendung der Entropie als Maß für die Information auftretenden Mangel der Nichtberücksichtigung der Werte der zufälligen Variablen zu beseitigen gestattet.

Als spezielles Beispiel hierzu sei eine Quelle betrachtet, die zwei gleichwahrscheinliche Signale liefert (Abb. 15).

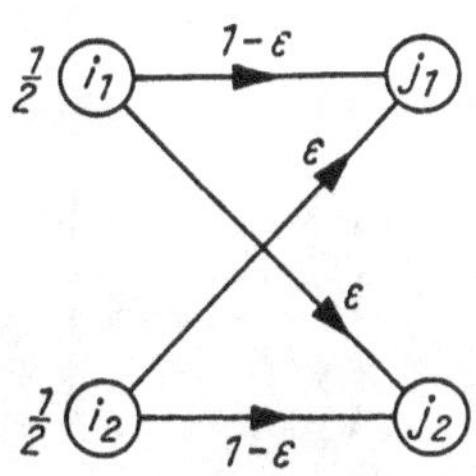

$$(w(i)) = \begin{pmatrix} \frac{1}{2} \\ \frac{1}{2} \end{pmatrix}; \quad (w_i(j)) = \begin{pmatrix} 1-\varepsilon & \varepsilon \\ \varepsilon & 1-\varepsilon \end{pmatrix}$$

daraus

$$(w(i,j)) = \begin{pmatrix} \frac{1-\varepsilon}{2} & \frac{\varepsilon}{2} \\ \frac{\varepsilon}{2} & \frac{1-\varepsilon}{2} \end{pmatrix}$$

und

$$w(j) = \begin{pmatrix} \frac{1}{2} \\ \frac{1}{2} \end{pmatrix}$$

Abb. 15. Symmetrische Binärquelle mit endlicher Meßgenauigkeit

Die von dieser Quelle praktisch gelieferte Information beträgt nach Gl. (2.20)

$$\mathfrak{J} = H(J) - H_I(J) = {}_a\log 2 + \varepsilon\, {}_a\log \varepsilon + (1-\varepsilon)\, {}_a\log (1-\varepsilon)\,. \tag{2.22}$$

Wegen der Gleichwahrscheinlichkeit der Signale i und der Symmetrie der Fehlerwahrscheinlichkeiten werden die Signale j auch gleichwahrscheinlich, d.h. $H(J) = H(I) = {}_a\log n$, und $H_I(J)$ besitzt dieselbe Form wie die Entropie der Binärquelle nach Abb. 11. Mit der Basis 2 ergibt sich demnach für $\mathfrak{J}(\varepsilon)$ nach Gl. (2.22) ein Verlauf entsprechend Abb. 16.

Es ergibt sich ein Absinken der Information mit wachsendem ε bis auf den Wert Null bei $\varepsilon = 0{,}5$, ein Wert, bei dem die beiden alternativen Ausgangssignale unabhängig von denen der idealen Quelle geworden sind; das Ansteigen oberhalb dieses Wertes entspricht einer Vertauschung der Zuordnung zwischen den Quellen und Ausgangssignalen.

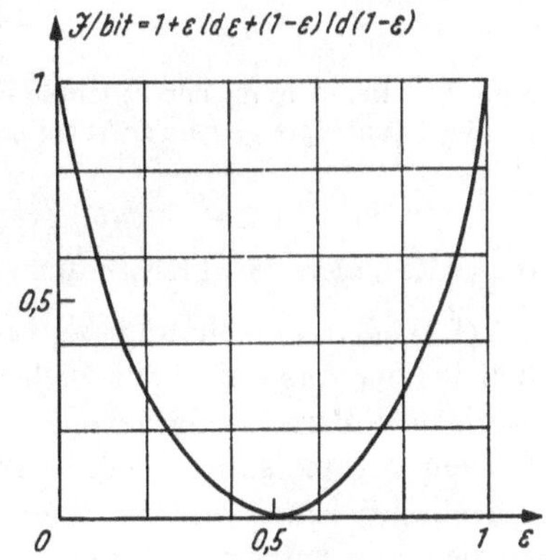

Abb. 16. Information einer Binärquelle als Funktion der Fehlerwahrscheinlichkeit

Ein weiteres Beispiel zur verbundenen und bedingten Entropie ist die Herleitung der Beziehung für H_1 aus der für H_0 (Gleichwahrscheinlichkeit der Symbole) und der Forderung nach Additivität der Entropie entsprechend Gl. (2.13). Zur Veranschaulichung des Beispiels dient wieder das Urnenmodell. Es wird angenommen, daß sich in der Urne N Kugeln befinden, von denen jeweils N_i mit dem Symbol S_i gekennzeichnet sind. Die n verschiedenen Symbole besitzen damit

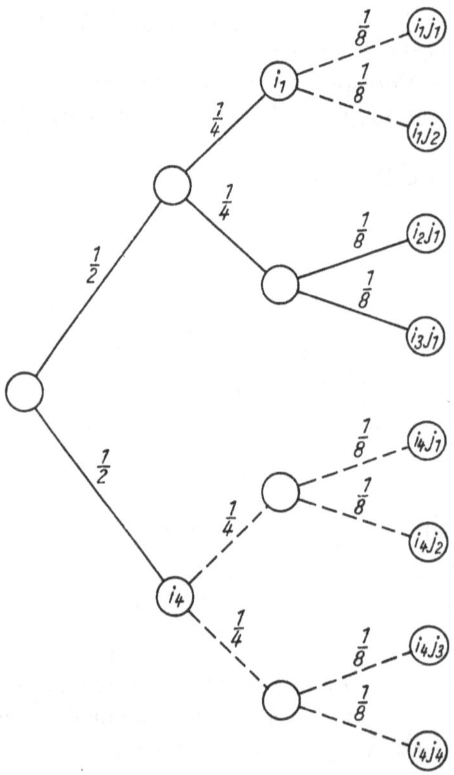

I	i_1	i_2	i_3	i_4
$w(i)$	$\frac{1}{4}$	$\frac{1}{8}$	$\frac{1}{8}$	$\frac{1}{2}$

$$w_i(j) = \frac{1}{N_i} \qquad (w_i(j)) = \begin{pmatrix} \frac{1}{2} & \frac{1}{2} & 0 & 0 \\ 1 & 0 & 0 & 0 \\ 1 & 0 & 0 & 0 \\ \frac{1}{4} & \frac{1}{4} & \frac{1}{4} & \frac{1}{4} \end{pmatrix}$$

$$i = 1 \dots 4$$

$$w(i, j) = w(i)\, w_i(j) = \frac{1}{N} = \frac{1}{8}$$

$$(w(i, j)) = \begin{pmatrix} \frac{1}{8} & \frac{1}{8} & 0 & 0 \\ \frac{1}{8} & 0 & 0 & 0 \\ \frac{1}{8} & 0 & 0 & 0 \\ \frac{1}{8} & \frac{1}{8} & \frac{1}{8} & \frac{1}{8} \end{pmatrix}$$

$$H(I, J) = H(I) + H_I(J)$$

$$- \sum_{i=1}^{n} \sum_{j=1}^{N_i} w(i, j) \operatorname{ld} w(i, j)$$

$$= H(I) + \sum_{i=1}^{n} w(i)\, H_i(J)$$

$$- l d \frac{1}{N} = H(I) - \sum w(i) \sum w_i(j) \operatorname{ld} w_i(j)$$

$$H(I) = \operatorname{ld} N - \sum_{i=1}^{4} w(i) \operatorname{ld} N_i$$

$$= + 3 \text{ bit} - \frac{5}{4} \text{ bit} = \frac{7}{4} \text{ bit}$$

Abb. 17. Berechnung der Entropie H_1 einer Nachrichtenquelle über die verbundene und bedingte Entropie gleichwahrscheinlicher Symbolaggregate, grafisch an der Baumdarstellung erläutert

die rationalen Wahrscheinlichkeiten $w_i = \frac{N_i}{N}$ $(i = 1, \dots, n)$ entsprechend Gl. (1.1). Zur Berechnung der Entropie dieser Quelle als der mittleren Unsicherheit bei der Auswahl (beim Ziehen) bezüglich eines der n verschiedenen Symbole erfolgt die Berechnung der Gesamtentropie auf zwei verschiedenen Wegen. Als Gesamtentropie soll die Unsicherheit bei der Auswahl einer bestimmten der N Kugeln bezeichnet werden; diese muß aber gleich der mittleren Unsicherheit bezüglich der Kugeln mit den Symbolen S_i zuzüglich der bedingten mittleren Unsicherheit bei nachfolgender Auswahl einer bestimmten der N_i gleichen Kugeln sein.

Es gilt also mit Gl. (2.4), der Entropie für gleichwahrscheinliche Symbole,

$$_a\log N = H_1(w_1, \ldots, w_i, \ldots, w_n) + \sum_{i=1}^{n} w_i \,_a\log N_i \,, \tag{2.23}$$

daraus folgt

$$H_1(w_1, \ldots, w_i, \ldots, w_n) = -\sum_{i=1}^{n} w_i \,_a\log \frac{N_i}{N}$$

in Übereinstimmung mit Gl. (2.1).

Für eine Quelle mit durch $1/2^{m_i}$ ausdrückbaren Wahrscheinlichkeiten soll die obige allgemeine Beziehung Gl. (2.23) an einem speziellen Beispiel grafisch veranschaulicht werden (Abb. 17).

Die Quelle I, deren Entropie bestimmt werden soll, ist in Abb. 17 in der Baumdarstellung durch volle Verbindungslinien gekennzeichnet; die sich an die Symbole i der Quelle I anschließenden Quellen J mit gleichwahrscheinlichen Symbolen ergänzen die Quelle I zur Quelle IJ mit ebenfalls gleichwahrscheinlichen Symbolpaaren, wobei die Symbole j gewissermaßen zur Unterscheidung der gleichen mit den Symbolen S_i gekennzeichneten Kugeln im Urnenmodell dienen.

2.3 Entropie von Markoff-Prozessen

Während in den vorigen Abschnitten die Entropien von Quellen betrachtet wurden, die eine unabhängige Folge von einem oder zwei Symbolen lieferten (nach Produktion eines einfachen Symbols oder der Verbindung zweier Symbole begann der Vorgang von vorn), sollen in diesem Abschnitt die Entropien von verketteten Prozessen (Markoff-Ketten erster und höherer Ordnung) bestimmt werden.

Da durch die Entropie die mittlere Unsicherheit je geliefertes Symbol für den gesamten Prozeß und nicht nur für einen Übergang gekennzeichnet werden soll, kommen nur homogene stationäre Ketten, also Ketten, bei denen sowohl die Übergangswahrscheinlichkeiten von einem Zustand in den nächsten als auch die Zustandswahrscheinlichkeiten selbst unverändert bleiben, in Betracht; da die Stationarität die Homogenität zur Voraussetzung hat (vgl. Abschn. 1.2), genügt es, von der Entropie stationärer Ketten zu sprechen.

Bei der Markoff-Kette erster Ordnung als Modell einer Nachrichtenquelle entsprachen die Zustände und ihre Wahrscheinlichkeiten vereinbarungsgemäß den von der Quelle gelieferten Symbolen und ihren Wahrscheinlichkeiten. Diese Quelle war bei n Symbolen nach Gl. (1.25) durch die Angabe der n^2 Elemente der Matrix der Übergangswahrscheinlichkeiten $w_i(j)$ vollständig gekennzeichnet, wobei sich die stationären Zustands- bzw. Symbolwahrscheinlichkeiten $w(j)$ nach Gl. (1.33) bzw. (1.36) ergaben zu

$$w(j) = \sum_{i=1}^{n} w(i)\, w_i(j) \,. \tag{2.24}$$

Befindet sich die Kette im Zustand S_i, so besitzt der Übergang in die n verschiedenen Zustände S_j die Entropie

$$H_i = -\sum_{j=1}^{n} w_i(j)\,{}_a\log w_i(j) \tag{2.25}$$

als Maß für die Informationsmenge, die man erhält, wenn man in der Kette vom Zustand S_i einen Schritt vorwärts geht. Der Mittelwert von H_i, gemittelt mit den Zustandswahrscheinlichkeiten $w(i)$ nach Gl. (2.24), ergibt dann die Entropie der MARKOFF-Kette erster Ordnung je Übergang bzw. je Symbol

$$H_{\text{MARKOFF}} = \sum_{i=1}^{n} w(i)\, H_i = -\sum_{i=1}^{n}\sum_{j=1}^{n} w(i)\, w_i(j)\,{}_a\log w_i(j)\;; \tag{2.26}$$

der Wert H ist das Maß für die mittlere Information je Symbol einer Quelle vom Typ der MARKOFF-Kette erster Ordnung und charakterisiert die Quelle als Ganzes.

Der Ausdruck in Gl. (2.26) hat die Form der bedingten Entropie $H_I(J)$ nach Gl. (2.13); für ihn gilt demnach die Ungleichung (2.16) in der Schreibweise

$$0 \leqq H_{\text{MARKOFF}} \leqq H_1(w_1, \ldots, w_i, \ldots, w_n) \tag{2.27}$$

mit H_1 nach Gl. (2.1) als Entropie einer Folge unabhängiger Symbole mit den Zustandswahrscheinlichkeiten entsprechenden Symbolwahrscheinlichkeiten. Die Entropie je Symbol einer MARKOFF-Kette erster Ordnung mit n verschiedenen Symbolen ist also kleiner als die der entsprechenden Folge unabhängiger Symbole; das rechte Gleichheitszeichen gilt für den Fall der Unabhängigkeit, also für $w_i(j) = w(j)$, wobei Gl. (2.26) in Gl. (2.1) übergeht. Die geringere Ergiebigkeit an Information einer Quelle mit größerer statistischer Gesetzmäßigkeit entspricht voll und ganz den qualitativen Vorstellungen über ein Maß für die Information. Weiter unten wird noch eine Reihe von Ungleichungen in der Art von Gl. (2.27) für MARKOFF-Prozesse höherer Ordnung hergeleitet werden, die diese Vorstellung bekräftigen.

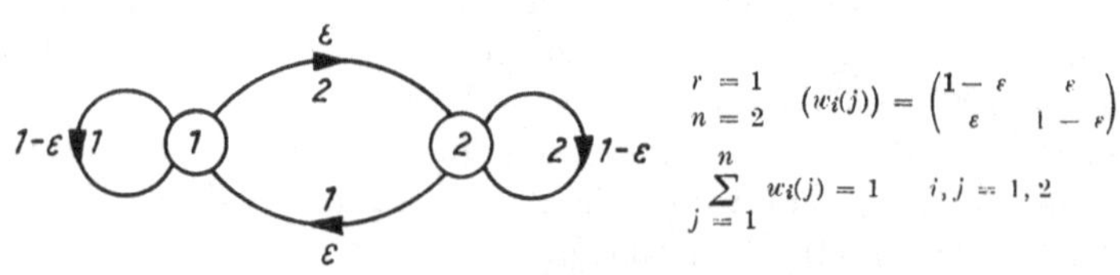

Abb. 18. Graph einer speziellen MARKOFF-Kette 1. Ordnung für 2 Symbole

Zunächst soll das bisher Gesagte am Beispiel einer MARKOFF-Kette erster Ordnung ($r = 1$) mit zwei Symbolen, wie sie in Abb. 6 grafisch dargestellt war, erläutert werden (Abb. 18).

Nach Gl. (1.39) in Auswertung der allgemeinen Beziehung Gl. (2.24) ergibt sich für die ergodischen Symbolwahrscheinlichkeiten mit der Übergangsmatrix nach Abb. 18

$$w(1) = \frac{w_2(1)}{w_1(2) + w_2(1)} = \frac{\varepsilon}{2\,\varepsilon} = \frac{1}{2} = w(2) \tag{2.28}$$

und damit für die Entropie dieser MARKOFF-Kette nach Gl. (2.26)

$$H_{\text{MARKOFF}} = -\varepsilon \operatorname{ld} \varepsilon - (1 - \varepsilon) \operatorname{ld} (1 - \varepsilon) \text{ bit} \tag{2.29}$$

mit einem Verlauf, der bereits in Abb. 11 als Entropie einer Nachrichtenquelle mit zwei statistisch unabhängigen Symbolen als Funktion der Symbolwahrscheinlichkeit erhalten wurde. Im vorliegenden Fall besitzt die Funktion nach Gl. (2.29) aber eine andere Bedeutung. Die Symbolwahrscheinlichkeit beträgt in diesem speziellen Fall nach Gl. (2.28) unabhängig von ε stets 1/2, der Wert, für den die Entropie einer Quelle mit zwei statistisch unabhängigen Symbolen (Binärquelle) ihren Maximalwert von 1 bit erreicht. Werte der Übergangswahrscheinlichkeit ε von Symbol 1 zu Symbol 2 und umgekehrt, die wesentlich kleiner als 0,5 sind, haben Realisierungen zur Folge, bei denen sich sehr häufig Wiederholungen des gleichen Symbols ergeben, ohne daß deshalb die Symbolwahrscheinlichkeit von 0,5 verändert wird. Werte von ε, die nahe bei Eins liegen, haben Realisierungen zur Folge, bei denen sich sehr häufig die beiden Symbole periodisch abwechseln; in den Grenzfällen $\varepsilon \to 0$ und $\varepsilon \to 1$ ergeben sich als Realisierungen Folgen aus nur einem Symbol oder streng periodische Folgen 121212, die vollständig vorhersagbar sind und damit nach den qualitativen Vorstellungen keine Information liefern; quantitativ ergibt sich nach Gl. (2.29) (siehe Abb. 11) für $\varepsilon = 0$ und $\varepsilon = 1$ ebenfalls der Wert Null für die Entropie. Die Quellen sind in diesen Grenzfällen nicht mehr ergodisch, d.h. die ergodischen Wahrscheinlichkeiten $w(1)$ und $w(2)$ existieren nicht mehr, was im Falle $\varepsilon = 0$ sofort einzusehen ist, da die Symbolwahrscheinlichkeit des Symbols, mit dem die Kette beginnt, gleich Eins wird in Abweichung von den ergodischen Werten nach Gl. (2.28). Für $\varepsilon = 1$ sind beide Zustände bzw. Symbole periodisch mit der Periode $d = 2$; die Übergangsmatrix nach $m = 2\,k$ Übergängen ist gleich der Einheitsmatrix, während die Übergangsmatrix nach $m = 2\,k + 1$ Übergängen gleich der Übergangsmatrix $(w_i(j))$ für einen Übergang ist, d.h. die Elemente der Übergangsmatrix konvergieren nicht entsprechend Gl. (1.32) für $m \to \infty$ gegen einen festen Wert, sondern alternieren, so daß die sich aus Gl. (1.30) mit $l = m - 1$ ergebende Gleichung mit $m \to \infty$ nicht gegen Gl. (1.33) bzw. Gl. (2.24) konvergiert, die zur Bestimmung der ergodischen Wahrscheinlichkeiten, falls sie existieren, dient.

Für den Wert $\varepsilon = 0{,}5$ wird $w_i(j) = w(j)$ (alle Zeilen der Übergangsmatrix werden gleich), d.h. die Symbole werden statistisch unabhängig und es ergibt sich der Maximalwert der Entropie, der im vorliegenden speziellen Falle gleich dem Maximalwert von 1 bit/Symbol, den eine Binärquelle überhaupt annehmen kann, ist.

Der folgende Teil dieses Abschnittes befaßt sich mit der Entropie von MARKOFF-Prozessen höherer Ordnung. Dazu müssen zunächst die in Abschnitt 2.2 entwickelten Begriffe der verbundenen Entropie und bedingten Entropie etwas verallgemeinert werden. In Analogie zu Gl. (2.13) soll als verbundene Entropie m-ter Ordnung der Ausdruck

$$H_m = H(I_1, I_2, \ldots, I_m) = -\sum_{i_1} \sum_{i_2} \cdots \sum_{i_m} w(i_1, i_2, \ldots, i_m)\, {}_a\!\log w(i_1, i_2, \ldots, i_m) \tag{2.30}$$

bezeichnet werden, wobei die I_m eine verschiedene oder im Fall von Ketten gleiche Anzahl n_m von Symbolen besitzen können. Ferner soll der Ausdruck

$$G_m = \frac{H_m}{m} \tag{2.31}$$

als die verbundene Entropie m-ter Ordnung je Symbol eingeführt werden. Weiterhin soll ebenfalls in Analogie zu Gl. (2.13)

$$F_m = H_{I_1, I_2, \ldots, I_{m-1}}(I_m) = -\sum_{i_1} \cdots \sum_{i_m} w(i_1, \ldots, i_m)\, {}_a\log w_{i_1, \ldots, i_{m-1}}(i_m) \tag{2.32}$$

mit

$$w_{i_1, \ldots, i_{m-1}}(i_m) = \frac{w(i_1, \ldots, i_m)}{w(i_1, \ldots, i_{m-1})} \tag{2.33}$$

als bedingte Entropie m-ter Ordnung bezeichnet werden; hierbei soll für $m = 1$

$$F_1 = H_1 \tag{2.34}$$

gelten. Durch Induktion folgt daraus mit Gl. (2.33)

$$H_m = H_{m-1} + F_m\,, \quad m > 1 \tag{2.35}$$

als Verallgemeinerung von Gl. (2.13), die damit ein Sonderfall von Gl. (2.35) für $m = 2$ wird.

Aus Gl. (2.34) und (2.35) folgt ferner

$$H_m = \sum_{k=1}^{m} F_k\,. \tag{2.36}$$

Mit Hilfe der JENSENschen Ungleichung Gl. (2.17) läßt sich ferner zeigen, daß in Verallgemeinerung von Gl. (2.16)

$$0 \leqq H_{I_1, \ldots, I_{m-1}}(I_m) \leqq H_{I_2, \ldots, I_{m-1}}(I_m) \leqq \cdots \leqq H_{I_{m-1}}(I_m) \leqq H(I_m) \tag{2.37}$$

gilt, d.h. die Entropie der Quelle I_m wird durch die Realisierung vorausgehender abhängiger Versuche nur verringert. Aus Gl. (2.37) folgt

$$F_{m+1} \leqq F_m \tag{2.38}$$

mit Gleichheit bei sich nur über m Symbole erstreckender statistischer Abhängigkeit, d.h. F_m ist eine monoton abnehmende Funktion von m, die, wenn die statistische Abhängigkeit aufhört, einen Grenzwert erreicht, der gleich der wahren Entropie je Symbol der Quelle ist.

$$H = \lim_{m \to \infty} F_m\,. \tag{2.39}$$

Aus Gl. (2.36) ergibt sich mit Gl. (2.31)

$$G_m = \frac{H_m}{m} = \frac{1}{m} \sum_{k=1}^{m} F_k\,. \tag{2.40}$$

Da F_m eine monoton abnehmende Funktion von m ist, trifft wegen Gl. (2.40) das gleiche für G_m zu und G_m erreicht denselben Grenzwert

$$H = \lim_{m \to \infty} G_m = \lim_{m \to \infty} \frac{H_m}{m}\,. \tag{2.41}$$

Zum anderen gilt mit Gl. (2.40) und Gl. (2.38)

$$G_m \geqq F_m \tag{2.42}$$

mit Gleichheit nur, wenn in Gl. (2.38) Gleichheit bereits ab $m = 1$ gilt, d.h. für statistisch unabhängige Einzelsymbole.

Mit den Gleichungen (2.39) oder (2.41) ist es damit ohne genaue Kenntnis der statistischen Struktur der Quelle möglich, die Entropie der Quelle je Symbol als Grenzwert anzugeben bzw. in Annäherung an diesen Grenzwert abzuschätzen, wobei wegen Gl. (2.42) F_m die bessere Abschätzung liefert.

Bei vorgegebener statistischer Struktur der Quelle ergibt sich als Entropie je Symbol

$$H = G_m \tag{2.43}$$

für eine Quelle, die eine unabhängige Folge von Blöcken von m statistisch untereinander abhängigen Symbolen liefert, eine Verallgemeinerung von Gl. (2.13), der Entropie der Doppelquelle. Für die stationären MARKOFF-Ketten r-ter Ordnung in Verallgemeinerung von Gl. (2.26) mit den Übergangswahrscheinlichkeiten $w_{i_1, i_2 \ldots, i_r}(i_{r+1})$ und den daraus folgenden ergodischen Zustandswahrscheinlichkeiten $w(i_1, \ldots, i_r)$ ergibt sich als Entropie je Symbol

$$H_{\text{MARKOFF } r.\text{ Ordn.}} = F_{r+1}\,. \tag{2.44}$$

Für die wichtigsten Schriftsprachen sind Abschätzungen der oben erwähnten Art für verschiedene Annäherungsstufen m vorgenommen worden. Beispiele für Realisierungen der ersten Annäherungsstufen für die deutsche und englische Sprache waren in Abschnitt 1.3 gegeben worden.

Die Näherungswerte G_m oder F_m für die wahre Entropie H für die englische, deutsche und russische Schriftsprache verschiedener Autoren sind in der nachfolgenden Tabelle 4 wiedergegeben, wobei mit Gl. (2.34) und Gl. (2.42)

$$F_1 = G_1 = H_1$$

gilt und in Analogie dazu mit Gl. (2.4)

$$F_0 = G_0 = H_0$$

gesetzt werden soll, aber die Bezeichnungen H_0 bzw. H_1 als Entropien einer Quelle mit unabhängigen gleichwahrscheinlichen bzw. nicht gleichwahrscheinlichen Einzelsymbolen nicht verwendet werden, da es sich um Näherungswerte für die Entropie $H = F_\infty = G_\infty$ von Quellen mit komplizierterer statistischer Struktur handelt. Die Anzahl n der berücksichtigten Symbole ist jeweils mit angegeben, wobei in Fußnoten dazu noch Erläuterungen gegeben werden.

Wie man aus den Tabellenwerten ersieht, besitzt die Schriftsprache eine gegenüber dem durch die Zahl der Symbole gegebenen Maximalwert $H_0 = \mathrm{ld}\, n$ bit erheblich geringere Entropie, die es gestattet, einige Symbole einer Realisierung vorherzusagen oder z. B. bei verstümmelten Telegrammen den richtigen Wortlaut zu erraten. Dieser bei ungestörter Wiedergabe der Symbole der Nachrichtenquelle überflüssigerweise mit übertragene Teil läßt sich, wie im nächsten Kapitel

Tabelle 4

Näherungswerte für die Entropie je Symbol für verschiedene Schriftsprachen in bit

Sprache	englisch [57]				deutsch [30], [42]				russisch [35]	
Zahl der Symbole n	26		27[1])		26		27[1])		32[2])	
Ordnung m und Art der Näherung	G_m	F_m	G_m	F_m	G_m	F_m	G_m	F_m	G_m	F_m
0	4,70	4,70	4,75	4,75	4,70	4,70	4,75	4,75	5,0	5,0
1	4,13	4,13	4,03	4,03	4,10	4,10	4,04	4,04	4,35	4,35
2	3,85[4])	3,57		3,31					3,93[4])	3,52
3	3,66[4])	3,30		3,10	2,8[3])				3,62[4])	3,01
∞				1,0[5])	1,6[5])		1,3[5])			
Redundanz r				0,79	0,70		0,63			

[1]) mit Wortzwischenraum als 27. Symbol.
[2]) mit e, $\ddot{e}$ und b, ь als je ein Symbol und Wortzwischenraum als 32. Symbol.
[3]) aus verschiedenen Silbenhäufigkeiten gemittelt.
[4]) zum Vergleich mit deutsch nach Gl. (2.40) aus F_m berechnet.
[5]) aus Worthäufigkeiten extrapoliert.

gezeigt werden wird, durch geeignete Kodierung vor der Übertragung eliminieren; er muß natürlich nachher durch Dekodierung wieder hinzugefügt werden, um die Nachricht dem Empfänger in gewohnter Form zur Verfügung zu stellen.

Man bezeichnet die auf den Maximalwert bei gleicher Zahl von Symbolen, also auf $H_0 = {}_a\log n$ bezogene Entropie einer Quelle als relative Entropie

$$h = \frac{H}{H_{\max}} \tag{2.45}$$

und den relativen überflüssigen Anteil der von der Quelle gelieferten Symbole als Weitschweifigkeit oder Redundanz

$$r = 1 - h\,. \tag{2.46}$$

Die sich aus den Näherungswerten für die Entropie ergebenden Werte der Redundanz für die verschiedenen Schriftsprachen sind in Tabelle 4 mit eingetragen.

Die am Beispiel der Schriftsprache aufgezeigten Einsparungsmöglichkeiten sind natürlich auf alle anderen diskreten Nachrichtenquellen, so sie stationär sind und der Grenzwert für die Entropie existiert, übertragbar, z. B. auf Quellen, die n diskrete Meßwerte oder quantisierte kontinuierliche Werte liefern.

3. Kodierung diskreter Quellen

Im vorigen Kapitel wurde die Entropie definiert und als ein geeignetes Maß für die von der Quelle gelieferte Information je Symbol befunden. Die Entropie ist aber nur dann auch eine Größe von technisch-praktischer Bedeutung, wenn es gelingt, einer im allgemeinen redundanten Quelle der Entropie H eine andere Quelle maximaler Entropie umkehrbar eindeutig zuzuordnen, wobei noch die Zahl der Symbole letzterer frei wählbar sein muß. Im Falle, daß die zugeordnete

Quelle zwei Symbole besitzt (Binärquelle), liefert jedes (gleichwahrscheinliche und unabhängige) Symbol die Informationsmenge 1 bit, und bei vorausgesetzter Zuordnungsmöglichkeit entsprechen dann genau H Symbole der Binärquelle im Mittel einem Symbol der ursprünglichen Quelle, wenn als Basis des Logarithmus Zwei gewählt wurde. Der Beweis dieser Zuordnungsmöglichkeit durch SHANNON ist eine der wichtigsten Aussagen der Informationstheorie und wird eingehend in Abschnitt 3.2 behandelt. Zuvor sollen jedoch noch einige grundsätzliche Bemerkungen über die eindeutig umkehrbare Zuordnung von Symbolblöcken zweier Symbolinventare verschiedenen oder gleichen Umfangs, kurz Kodierung genannt, gemacht werden. Praktisch stellt ein Kode eine Tabelle von Korrespondenzen dar, bestehend aus den n^m möglichen Kombinationen der n verschiedenen Symbole zu Blöcken von m Symbolen der zu kodierenden Quelle einerseits und den aus den N verschiedenen Symbolen der neuen Quelle gebildeten Blöcken gleicher oder unterschiedlicher Symbolzahl andererseits.

Im allgemeinen Schema der Nachrichtenübertragung (Abb. 0 (in Einleitung)) befindet sich die Kodiereinrichtung zwischen der Nachrichtenquelle und dem Nachrichtenübertragungskanal. Da in die Kodiereinrichtung ein zufälliger Prozeß eingespeist wird, erscheint am Ausgang ebenfalls ein zufälliger Prozeß als neue, den Kanal speisende Quelle mit durch die ursprüngliche Quelle über den Kode bestimmten statistischen Eigenschaften. Wie bereits gesagt, ist der Hauptzweck der Kodierung die Elimination der nutzlosen Redundanz; eine weitere Aufgabe der Kodierung ist die Anpassung der Quelle an den zunächst als störungsfrei angenommenen Kanal, der beispielsweise nur zwei verschiedene Signale zu übertragen gestattet und infolgedessen nur von einer Binärquelle mit zwei Symbolen gespeist werden kann, obwohl die ursprüngliche Quelle mehr Symbole aufwies. Betrachtet man an Stelle der Entropie H als mittlerer Nachrichtenmenge je Symbol die mittlere Nachrichtenmenge je Zeiteinheit $H \cdot f = H'$ mit der Symbolfrequenz f, auch Nachrichtenfluß genannt, so muß bei endlicher Speicherkapazität der Kodiereinrichtung der Nachrichtenfluß am Ausgang gleich dem Nachrichtenfluß am Eingang sein, da keine Information verloren geht. Bei vorgegebenem Nachrichtenfluß der Quelle und vorgegebener Kanalsymbolzahl ist damit auch eine entsprechende Kanalsymbolfrequenz festgelegt.

Die eindeutig umkehrbare Kodierung ist gleichbedeutend mit eindeutiger Dekodierbarkeit. Die eindeutige Dekodierbarkeit läßt sich auf verschiedene Weise erreichen. Ein bekanntes Beispiel für einen Kode ist das MORSE-Alphabet, bei dem die Dekodierbarkeit durch Zuordnung verschiedener durch Zwischenräume getrennter Kombinationen unterschiedlicher Länge von Punkten und Strichen gewährleistet wird; es ist gleichzeitig ein Beispiel für einen redundanzmindernden Kode, indem nämlich von MORSE dem häufigsten Buchstaben e die kürzeste Kodekombination, der Punkt, zugeordnet wurde; die Zahl m der Symbole der Quelle, die zu einem Block zusammengefaßt kodiert werden, beträgt hierbei nur Eins; da sowohl die ursprüngliche Quelle die Symbole im allgemeinen in gleichen Zeitabständen liefert, als auch die Kodesymbole die Kodiereinrichtung in äquidistanten Abständen verlassen sollen, ergibt sich infolge der unterschiedlichen

Länge der einzelnen Kodes bei einer automatisch arbeitenden Kodiereinrichtung die Notwendigkeit eines Pufferspeichers, der eine zeitliche Verzögerung (Laufzeit) des Nachrichtenflusses zur Folge hat. Die eindeutige Dekodierbarkeit läßt sich grafisch am Kodebaum, einer seiner Form nach schon im vorigen Kapitel bekannten Darstellung, veranschaulichen. Abb. 19 zeigt den Kodebaum für das MORSE-Alphabet mit 26 Buchstaben und dem Wortzwischenraum (Zahlen und Zeichen wurden weggelassen) und drei Kodesymbolen Punkt, Zwischenraum und Strich; das Zwischenraum-Symbol stellt immer das letzte Symbol eines Kodeblocks dar.

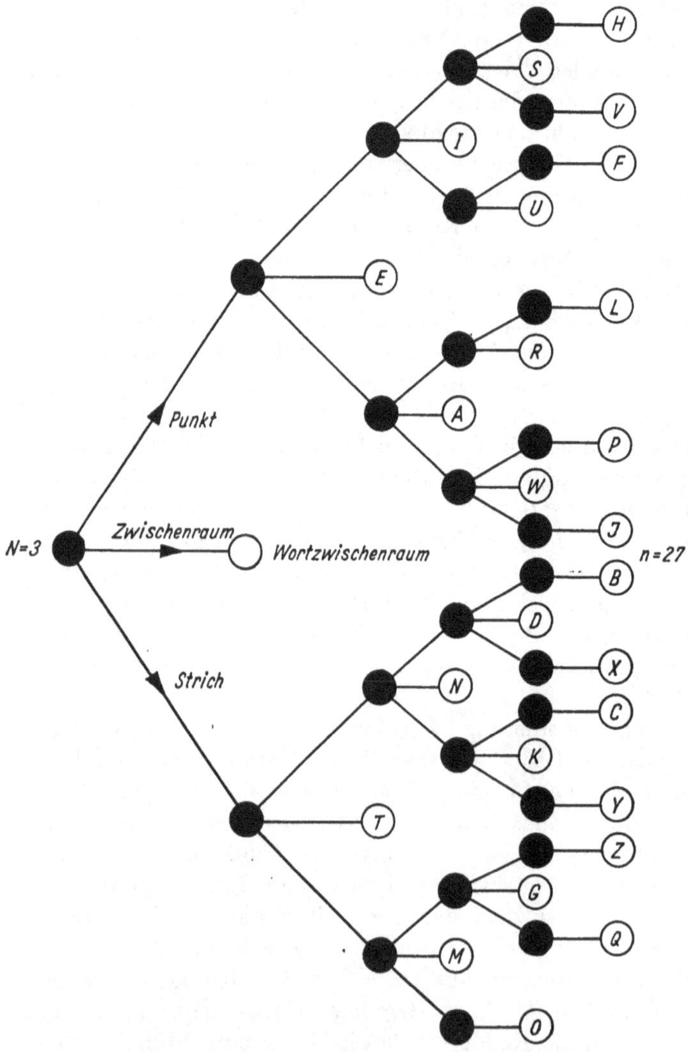

j	m_j	$m_j N^{-j}$
1	1	$\frac{81}{243}$
2	2	$\frac{54}{243}$
3	4	$\frac{36}{243}$
4	8	$\frac{24}{243}$
5	12	$\frac{12}{243}$
Σ	27	$\frac{207}{243}$

Abb. 19. Kodebaum für das MORSE-Alphabet

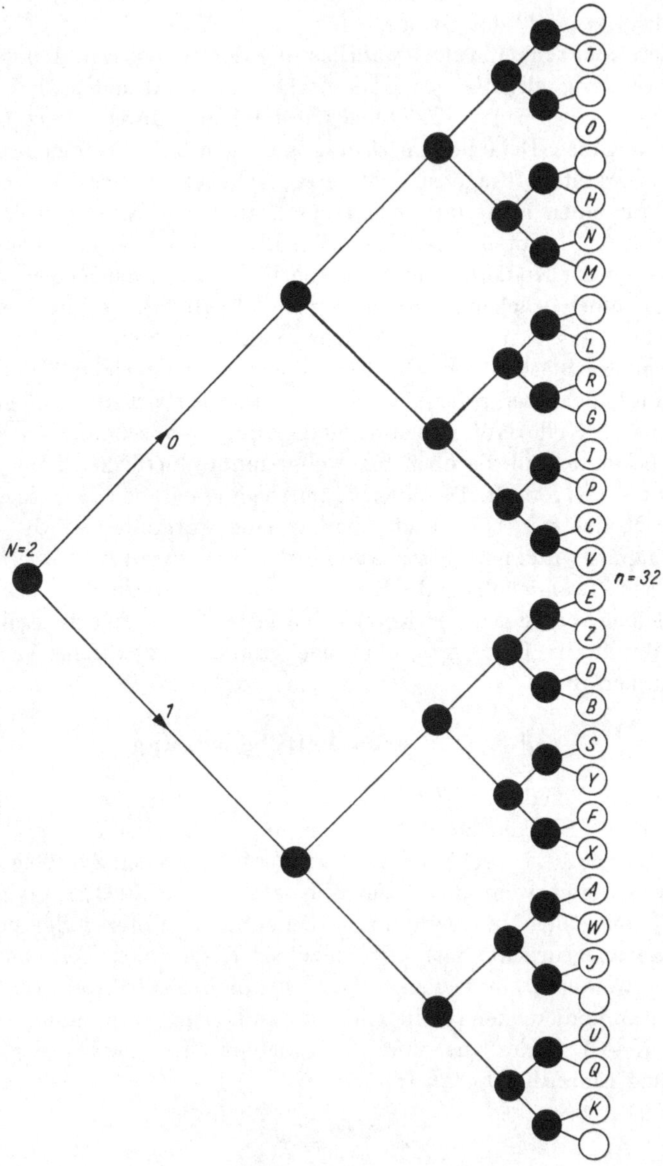

Abb. 20. Kodebaum für das Fünfer-Alphabet für Fernschreiber

Die eindeutige Dekodierbarkeit ist dadurch gewährleistet, daß nur die äußersten Enden der Äste zur Kodierung eines Symbols verwendet werden; damit ist das Ende eines Kodeblocks gekennzeichnet, und die folgenden Kodesymbole beginnen wieder an der „Wurzel" des Baums.

Eine andere Möglichkeit zur Gewährleistung der eindeutigen Dekodierbarkeit ist die Verwendung gleichlanger Kodeblöcke; durch Abzählen sind das Ende und der Beginn eines neuen Kodeblocks feststellbar; durch „Verzählen" kann allerdings die ganze Dekodiereinrichtung aus dem Takt kommen und damit die Dekodierbarkeit in Frage stellen. Das Alphabet für den Fernschreiber ist ein Beispiel für einen Kode mit gleichlangen, aus einer Kombination von fünf Kodesymbolen 0 u. 1, entsprechend den Signalwerten O u. A, bestehenden Kodeblöcken. Wegen der Kodierung in Kombinationen von zwei Kodesymbolen bezeichnet man einen solchen Kode allgemein als Binärkode; um der oben erwähnten Gefahr des „Aus-Dem-Takt-Kommens" mit Sicherheit zu begegnen, wird zwischen den Blöcken von 5 Kodesymbolen jeweils noch ein Takt-Zwischenraum eingefügt, der aber prinzipiell für die Dekodierbarkeit nicht erforderlich ist. Auch dieser Kode läßt sich am Kodebaum veranschaulichen (Abb. 20), wobei man erkennt, daß die oben bei Kodes unterschiedlicher Länge an Hand des Kodebaumes festgestellte Dekodierbarkeitsbedingung auch die Dekodierbarkeit gleichlanger Kodes mit beinhaltet; eine genaue Formulierung der Dekodierbarkeitsbedingung wird im nächsten Abschnitt gegeben werden. Unberücksichtigt sollen in diesem Zusammenhang die Kodierungen zum Zwecke der Geheimhaltung (Chiffres) bleiben, bei denen der Kode keine feste Zuordnung darstellt, sondern meist eine durch die Eingangssymbolfolge gesteuerte zyklische Vertauschung oder ähnliches erfährt.

3.1 Dekodierbarkeitsbedingung

Die eindeutige Dekodierbarkeit einer Nachrichtenquelle, deren n verschiedene Symbole S_i in n^m Blöcken zu m Symbolen $S_{i_1}, \ldots, S_{i_m}$ in $K = n^m$ Kodes, bestehend aus l_k $(k = 1, \ldots, K)$ Symbolen der N verschiedenen Symbole S_j, kodiert sind, ist gewährleistet, wenn keiner der K Kodes der verschiedenen oder gleichen „Längen" l_k aus einem kürzeren durch Hinzufügen weiterer Symbole S_j entsteht. Kürzer ausgedrückt, darf kein einzelner Kode linker Teil eines anderen sein. Die Verwendung eines einzigen Kodesymbols S_j als Kode für einen der K Blöcke der zu kodierenden Quelle schließt damit seine Verwendung am Anfang der anderen $K - 1$ Kodes aus. Für die Existenz einer *solchen* Kodierung ist notwendig und hinreichend, daß [8]

$$\sum_{k=1}^{K} N^{-l_k} \leqq 1 \,. \tag{3.1}$$

Zum Beweis sei angenommen, es existiere eine solche Kodierung. Die Zahl von Kodes der Länge $l_k = j$ sei m_j; dann muß stets gelten $m_1 \leqq N$, $m_2 \leqq (N - m_1)\, N$,

$$m_3 \leqq [(N - m_1)\, N - m_2]\, N = N^3 - m_1 N^2 - m_2 N$$

und allgemein

$$m_j \leqq N^j - m_1 N^{j-1} - m_2 N^{j-2} - \ldots - m_{j-1} N \,.$$

Die Ungleichungen geben die Beschränkungen für die Zahl m_j von Kodes der Länge j auf Grund der gestellten Forderung, daß kein Kode linker Teil eines anderen sein darf, an. Durch Division durch N^j erhält man aus der allgemeinen Ungleichung

$$m_1 N^{-1} + m_2 N^{-2} + \ldots + m_{j-1} N^{-(j-1)} + m_j N^{-j} \leqq 1$$

bzw.

$$\sum_{j=1}^{l} m_j N^{-j} \leqq 1 \,, \qquad l = 1, \ldots, l_{\max} \tag{3.2}$$

als Summe über die Kodelängen von Eins bis zu einer beliebigen Länge l, die kleiner oder gleich der Länge des längsten Kodes ist.

Mit $l_k = j$ gilt

$$\sum_{j=1}^{l} m_j N^{-j} = \sum_{l_k \leqq l} N^{-l_k} \,, \tag{3.3}$$

wobei die Zahl der Summanden der rechten Summe gleich $\sum_{j=1}^{l} m_j$ ist, d. h. die Summe erstreckt sich über alle Kodes, deren Länge kleiner oder gleich l ist. Setzt man in Gl. (3.3) $l = l_{\max}$, so erhält man

$$\sum_{j=1}^{l_{\max}} m_j N^{-j} = \sum_{l_k \leqq l_{\max}} N^{-l_k} = \sum_{k=1}^{K} N^{-l_k} \,. \tag{3.4}$$

Womit zusammen mit Gl. (3.2) die Notwendigkeit der Bedingung Gl. (3.1) gezeigt ist. Dafür, daß Gl. (3.1) hinreichend ist, muß noch gezeigt werden, daß sich für

$$\sum_{k=1}^{K} N^{-l_k} \leqq 1$$

Kodes der geforderten Form finden lassen, für die

$$\sum_{j=1}^{l_{\max}} m_j N^{-j} \leqq 1$$

gilt; dies ist wegen Gl. (3.2) erfüllt.

Für gleichlange Kodes, d. h. für $l_1 = l_2 = \ldots = l_n = l$, lautet Gl. (3.1)

$$K N^{-l} \leqq 1$$

bzw.

$$n^m = K \leqq N^l \,, \tag{3.5}$$

d. h. die Zahl der Kombinationen von N verschiedenen Kodesymbolen zu Kodes der Länge l muß größer oder gleich der Zahl der zu kodierenden Blöcke K sein, die sich aus der Zahl der Kombinationen der n verschiedenen Symbole der zu kodierenden Quelle zu Blöcken von m Symbolen ergibt. Ein Beispiel hierfür ist der Fernschreibkode (Abb. 20) mit $n = 32$, $m = 1$, $N = 2$ und $l = 5$.

Die praktische Konstruktion einer dekodierbaren Kodierung erfolgt grafisch an Hand des Kodebaums, aus dessen Astgabeln jeweils N Äste hervorgehen.

Das Gleichheitszeichen in Gl. (3.1) und Gl. (3.2) gilt, wenn alle zulässigen, dekodierbaren Kodes auch als Kodes verwendet werden; auf den Kodebaum übertragen, bedeutet dies, daß alle möglichen äußersten Astenden als Kodes verwendet werden.

Ein Kode, wie das MORSE-Alphabet, bei dem ein Symbol nur zur Kennzeichnung des Endes der einzelnen Kodes verwendet wird, nützt demnach nicht alle möglichen dekodierbaren Kodes kürzester Länge aus, da aus einer Anzahl von Astgabeln weniger als $N = 3$ Äste hervorgehen; für ihn gilt nach Abb. 19 $\sum m_j N^{-j} = 207/243 < 1$.

Abschließend noch ein Beispiel für einen dekodierbaren Kode, der nicht der aufgestellten Bedingung für Dekodierbarkeit, daß keine einzelnen Kodes linke Teile anderer Kodes sind, genügt: die beiden Kodes 0 und 01; die eindeutige Dekodierung erfordert eine Verzögerung um ein Symbol, um festzustellen, ob auf die Null eine Eins folgt oder nicht. Das Beispiel zeigt, daß die aufgestellte Bedingung für Dekodierbarkeit nur hinreichend, nicht notwendig ist. Für einen dieser Bedingung genügenden und damit dekodierbaren Kode gilt aber notwendig und hinreichend Gl. (3.1).

3.2 Kodierung nach SHANNON

In der Einleitung zu diesem Kapitel war als Hauptzweck der Kodierung die Elimination der Redundanz herausgestellt worden. Die Existenz einer redundanzfreien Kodierung im Grenzfall zu beweisen und Abschätzungen für die Güte der Annäherung an diesen Grenzfall zu geben, ist der Gegenstand dieses Abschnittes. Hierzu wird als mittlere Kodelänge L_m der $K = n^m$ Kodes, die den aus m Symbolen bestehenden Blöcken mit den Verbundwahrscheinlichkeiten $w(i_1, \ldots, i_m)$ $(i = 1, \ldots, n)$ der zu kodierenden Quelle zugeordnet sind, der Ausdruck

$$L_m = \sum_{k=1}^{K} w_k l_k \tag{3.6}$$

bezeichnet, wobei w_k obige Verbundwahrscheinlichkeit des k-ten Blocks mit der Kodelänge l_k ist.

Bei gegebenen w_k soll die Kodierung so erfolgen, daß l_k die ganze Zahl ist, die der Ungleichung

$$\frac{-\,{}_a\log w_k}{{}_a\log N} \leqq l_k < \frac{-\,{}_a\log w_k}{{}_a\log N} + 1 \tag{3.7}$$

genügt; durch diese Vorschrift werden Blöcken mit großer Wahrscheinlichkeit kurze, Blöcken mit kleiner Wahrscheinlichkeit lange Kodes zugeordnet. Durch Multiplikation mit $-\,{}_a\log N$ folgt aus Gl. (3.7) wegen der Monotonie des Logarithmus

$$w_k \geqq N^{-l_k} > \frac{w_k}{N}, \tag{3.8}$$

und Summation über alle k liefert

$$\sum_{k=1}^{K} w_k = 1 \geqq \sum_{k=1}^{K} N^{-l_k} > \sum_{k=1}^{K} \frac{w_k}{N} = \frac{1}{N}\,. \tag{3.9}$$

Damit genügen die nach Gl. (3.7) festgelegten l_k der Dekodierbarkeitsbedingung Gl. (3.1), d. h. es existiert ein eindeutig dekodierbarer Kode mit Kodelängen l_k nach Gl. (3.7).

Multiplikation von Gl. (3.7) mit w_k und Summation über alle k führt auf

$$\frac{-\sum\limits_k w_k\, {}_a\log w_k}{{}_a\log N} \leqq \sum_k w_k\, l_k < \frac{-\sum\limits_k w_k\, {}_a\log w_k}{{}_a\log N} + 1\,. \tag{3.10}$$

Mit Gl. (2.30) und Gl. (3.6) kann man dafür schreiben

$$\frac{H_m}{{}_a\log N} \leqq L_m < \frac{H_m}{{}_a\log N} + 1\,. \tag{3.11}$$

Division durch m liefert mit Gl. (2.31)

$$\frac{G_m}{{}_a\log N} \leqq \frac{L_m}{m} < \frac{G_m}{{}_a\log N} + \frac{1}{m}\,. \tag{3.12}$$

Daraus folgt mit $m \to \infty$ und Gl. (2.41)

$$\lim_{m\to\infty} \frac{L_m}{m} = \frac{H}{{}_a\log N}\,, \tag{3.13}$$

d. h. die mittlere Kodelänge je Symbol der zu kodierenden Quelle ist gleich der Entropie H, wenn als Basis und damit Maßeinheit für H $a = N$ gewählt wird, also für einen Binärkode mit $N = 2$ gleich der Entropie H, gemessen in bit, wie einleitend behauptet. Die Gl. (3.13) stellt in der Endkonsequenz die entscheidende Begründung für die Definition der Entropie als eines geeigneten Maßes für die von einer Nachrichtenquelle je Symbol gelieferte Informationsmenge dar. Zu beachten ist dabei, daß abgesehen von Sonderfällen der Grenzwert erst exakt für $m \to \infty$ erreicht wird und andererseits die Kodiereinrichtung erst nach Erhalt von m Symbolen der Quelle die Kodierung vornehmen kann, was eine Verzögerung des Nachrichtenflusses um mindestens m Symbole durch die Kodiereinrichtung zur Folge hat. Praktisch wird man also einen Kompromiß zwischen der Größe von m und der Güte der Annäherung an die ideale Kodierung schließen müssen. Zur Abschätzung der Güte der Annäherung wird ausgehend von Gl. (3.12) und $0 \leqq H \leqq F_m \leqq G_m$ nach Gl. (2.39) und Gl. (2.42) der Ausdruck $\frac{H}{{}_a\log N}$ von Gl. (3.12) subtrahiert; man erhält

$$0 \leqq \frac{G_m - H}{{}_a\log N} \leqq \frac{L_m}{m} - \frac{H}{{}_a\log N} < \frac{G_m - H}{{}_a\log N} + \frac{1}{m}\,. \tag{3.14}$$

Division durch $\frac{H}{{}_a\log N}$ liefert

$$0 \leqq \frac{G_m}{H} - 1 \leqq r_c = \frac{\frac{L_m}{m}}{\frac{H}{{}_a\log N}} - 1 < \frac{{}_a\log N}{m\,H} + \frac{G_m}{H} - 1\,; \tag{3.15}$$

damit läßt sich der bei endlichem m verbleibende relative Überschuß, der die Redundanz r_c des Kode genannt werden soll, abschätzen. Eine notwendige Bedingung für das Verschwinden von r_c bei endlichem m ist

$$G_m = H; \tag{3.16}$$

für MARKOFF-Prozesse galt nach Gl. (2.43) und Gl. (2.42)

$$H_{\text{MARKOFF } r.\text{ Ordn.}} = F_{r+1} < G_{r+1}, \qquad r \geqq 1$$

(das Gleichheitszeichen $F \leqq G$ galt nur bei Unabhängigkeit, also für einen MARKOFF-Prozeß 0. Ordnung, wenn man eine zufällige Folge unabhängiger Symbole so bezeichnen will), d. h. für MARKOFF-Prozesse ist $r_c = 0$ erst für $m \to \infty$ erfüllbar. Eine weitere notwendige Bedingung für $r_c = 0$ ist Gleichheit in Gl. (3.8) und damit an entsprechender Stelle in den nachfolgenden Gleichungen, also

$$w_k = N^{-l_k} \tag{3.17}$$

und

$$\sum_{k=1}^{K} w_k = 1 = \sum_{k=1}^{K} N^{-l_k}, \tag{3.18}$$

d. h. die Verbundwahrscheinlichkeiten von Blöcken von m Symbolen müssen als reziproke Potenzen der Zahl N der verschiedenen Kodesymbole darstellbar sein; wegen Gl. (3.18) werden auch alle möglichen kürzesten Kodes verwendet, d. h. der Kodebaum besitzt keine ungenutzten Astenden.

Sind Gl. (3.16) und (3.17) gleichzeitig erfüllt, so ist dies notwendig und hinreichend für $r_c = 0$ bei endlichem m; d. h. bei Quellen, die eine unabhängige Folge von Blöcken mit m statistisch abhängigen oder unabhängigen Symbolen liefern und deren Verbundwahrscheinlichkeiten $w(i_1, \ldots, i_m)$ bei Kodierung in N verschiedene Kodesymbole als reziproke Potenzen von N darstellbar sind, ist $r_c = 0$.

Bisher wurde die Existenz einer eindeutig umkehrbaren Kodierung bewiesen sowie Abschätzungen über die mittlere Länge der Kodes und Vorschriften über die Länge der einzelnen Kodes bei vorgegebenen Verbundwahrscheinlichkeiten angegeben. Offen bleibt noch die Angabe des Kodes selbst. Die Konstruktion des Kodes soll zunächst mit Hilfe des Kodebaums geschehen. Durch die l_k nach Gl. (3.7) ist die Struktur des Kodebaumes in dieser Hinsicht festgelegt, doch kann es mehrere gleichwertige Strukturen geben; noch nicht fest liegt die Zuordnung der Kodesymbole zu den Astgabeln sowie der Kodes gleicher Länge zu den entsprechenden zu kodierenden Symbolblöcken, beides ist willkürlich.

Abb. 21 gibt hierzu ein Beispiel. Die Quelle liefert eine zufällige Folge unabhängiger Symbole, also $G_1 = H$; die Wahrscheinlichkeiten der Einzelsymbole ($m = 1$) gehorchen für $N = 2$ Gl. (3.17), damit ist $r_c = 0$. Im Bild sind zwei gleichwertige Kodebaumstrukturen und vier Kodierungen angegeben, doch lassen sich durch weitere zulässige Vertauschungen noch weitere Kodierungen angeben. Da wegen $r_c = 0$ die kodierte Quelle eine Quelle maximaler Entropie ist, folgt daraus die notwendig erforderliche Gleichwahrscheinlichkeit der Kodesymbole.

Es sei in Abb. 21 z_{0i} bzw. z_{1i} die Zahl der Nullen bzw. Einsen im Kode für das Symbol S_i; dann gilt für die relative Häufigkeit von Nullen und Einsen z. B. für

$$\text{Kode 1:}\quad \sum_i w_i z_{0i} = \frac{1}{2}+\frac{1}{4}+\frac{1}{8}=\frac{7}{8}\,;\quad \sum_i w_i z_{1i} = \frac{1}{4}+\frac{2}{8}+\frac{3}{8}=\frac{7}{8}\,,$$

$$\text{Kode 3:}\quad \sum_i w_i z_{0i} = \frac{2}{4}+\frac{2}{8}+\frac{1}{8}=\frac{7}{8}\,;\quad \sum_i w_i z_{1i} = \frac{1}{2}+\frac{1}{8}+\frac{2}{8}=\frac{7}{8}\,.$$

Kode 2 und 4 liefern, da sie durch Vertauschungen entstanden sind, das gleiche; damit bestätigt sich die gefolgerte Gleichwahrscheinlichkeit.

Die grafische Konstruktion des Kodes in der beschriebenen Weise erfordert insbesondere bei umfangreicheren Kodierungen einen beträchtlichen zeichnerischen Aufwand. Im allgemeinen genügt die Angabe einer der möglichen gleichwertigen Kodierungen; durch zusätzliche Forderungen läßt sich die Zahl der möglichen

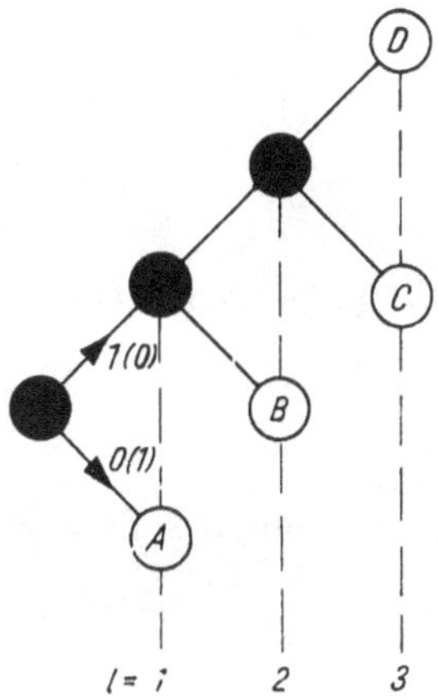

$m = 1$
$n = 4$
$K = n^m = 4$
$N = 2$

S_i	A	B	C	D
w_i	$\frac{1}{2}$	$\frac{1}{4}$	$\frac{1}{8}$	$\frac{1}{8}$
l_i	1	2	3	3

$$H = G_1 = \frac{7}{4}\ \text{bit/Symbol}$$

$$\frac{L_m}{m} = \frac{1}{m}\sum w_i l_i = \frac{1}{2} + \frac{1}{4}\cdot 2 + \frac{2}{8}\cdot 3 = \frac{7}{4}\ \text{bit/Symbol}$$

$$\sum N^{-l_i} = 2^{-1} + 2^{-2} + 2\cdot 2^{-3} = 1$$

Kode 1

A	0
B	1 0
C	1 1 0
D	1 1 1

oder (Kodesymbole vertauscht)

Kode 2

A	1
B	0 1
C	0 0 1
D	0 0 0

oder

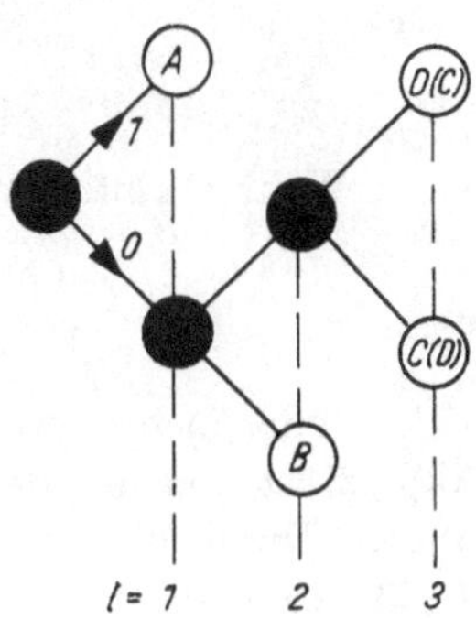

Kode 3

A	1
B	0 0
C	0 1 0
D	0 1 1

oder (Gleichlange Kodes vertauscht)

Kode 4

A	1
B	0 0
C	0 1 1
D	0 1 0

Abb. 21. Binäre Kodierung einer Quelle mit idealen Wahrscheinlichkeiten

Kodierungen auf eine reduzieren, die dann eine rechnerische Bestimmung des Kodes gestattet. Der Kode, der auf diese Weise erhalten wird, ist in Abb. 21 der Kode 1, der sich bei Auffassung der einzelnen Kodes als Zahlen eines Stellenwertsystems, im vorliegenden Beispiel als Dualzahlen, dadurch auszeichnet, daß den im Sinne abfallender Wahrscheinlichkeiten geordneten zu kodierenden Symbolen ansteigende Dualzahlen als Kodes zugeordnet sind. Ein solcher Kode soll als geordneter Kode bezeichnet werden.

Die Konstruktion eines geordneten Kodes erfolgt nach SHANNON folgendermaßen:

Die zu kodierenden K Symbole bzw. Symbolblöcke mit m Symbolen mit den Wahrscheinlichkeiten w_k werden nach abfallenden Wahrscheinlichkeiten

$$w_1 \geqq w_2 \geqq \cdots \geqq w_k \geqq w_K \tag{3.19}$$

geordnet und die zugehörige Kodelängen l_k nach Gl. (3.7) bestimmt; die l_k erfüllen damit die Dekodierbarkeitsbedingung. Gl. (3.7) läßt sich erweitern zu

$$l_k - 1 < \frac{-\,{}_a\log w_k}{{}_a\log N} \leqq l_k < \frac{-\,{}_a\log w_k}{{}_a\log N} + 1\,; \tag{3.20}$$

daraus folgt für w_k in Erweiterung von Gl. (3.8)

$$N^{-(l_k-1)} > w_k \geqq N^{-l_k}\,. \tag{3.21}$$

Nun bildet man die Verteilungsfunktion der nach Gl. (3.19) geordneten Wahrscheinlichkeiten

$$W_k = \sum_{i=1}^{k-1} w_i < 1 \tag{3.22}$$

und entwickelt die W_k als Zahl eines Stellenwertsystems mit der Basis N (der Zahl der Kodesymbole)

$$\begin{aligned} W_k &= a_1 N^{-1} + a_1 N^{-2} + a_3 N^{-3} + \cdots \\ &= 0, a_1, a_2, a_3, \ldots; \qquad a < N; \end{aligned} \tag{3.23}$$

die Entwicklung wird bis zu l_k Stellen hinter dem Komma durchgeführt und die für W_k erhaltene Ziffernfolge

$$a_1, a_2, \ldots, a_{l_k} \tag{3.24}$$

als Kode für das Symbol oder den Symbolblock mit der Wahrscheinlichkeit w_k verwendet. Der k-te Kode unterscheidet sich wegen

$$W_k + N^{-l_k} \leqq W_{k+1} = W_k + w_k < W_k + N^{-(l_k-1)} \tag{3.25}$$

nach Gl. (3.21) und Gl. (3.22) vom $k+1$-ten Kode in einer oder mehreren seiner l_k Stellen und ist damit eindeutig dekodierbar. In Abb. 22 ist dies am Beispiel der in Abb. 21 verwendeten Quelle für eine Kodierung in Dualzahlen rezeptiv gezeigt; man erhält den Kode 1 von Abb. 21. In Abb. 23 ist ein Beispiel für die Kodierung einer Quelle mit unabhängigen Symbolen in Dualzahlen mit nichtidealen, d. h. Gl. (3.17) nicht genügenden Wahrscheinlichkeiten in einen geordneten Kode nach SHANNON, in erster (Kode 1) und zweiter Näherung (Kode 2) gegeben. Die Wahrscheinlichkeiten für die Symbolblöcke der zweiten Näherung sind infolge der Unabhängigkeit einfach die Produkte der Einzelsymbolwahrscheinlichkeiten. Die mittlere Kodelänge je Symbol ist bei der ersten Näherung 28%, bei der zweiten nur noch 10% größer als die Entropie. Man sieht, daß die Abschätzung der Koderedundanz nach Gl. (3.15) im Vergleich zur exakten

$m = 1$
$n = 4$
$K = n^m = 4$
$N = 2$

k	1	2	3	4	nach Gl.
s_k	A	B	C	D	
w_k	$\frac{1}{2}$	$\frac{1}{4}$	$\frac{1}{8}$	$\frac{1}{8}$	(3.19)
l_k	1	2	3	3	(3.20)
W_k	0	$\frac{1}{2}$	$\frac{3}{4}$	$\frac{7}{8}$	(3.22)
W_k	0,000...	0,100...	0,110...	0,1110..	(3.23)
Kode	0	10	110	111	(3.24)

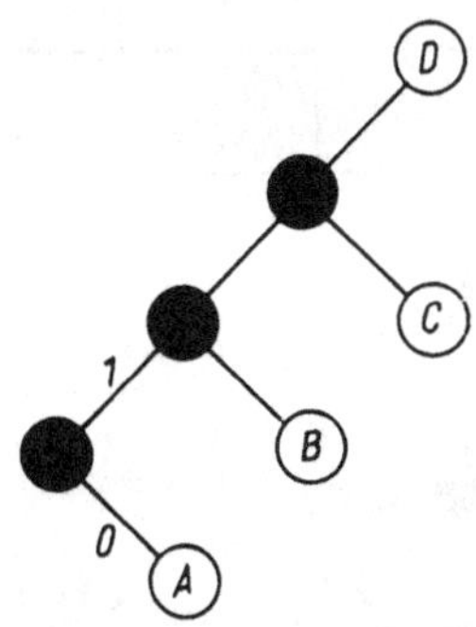

Abb. 22. Binäre Kodierung einer Quelle mit idealen Wahrscheinlichkeiten nach SHANNON (geordneter Kode)

Berechnung aus L_m/m recht grob ist. Aus den zugehörigen Kodebäumen als auch aus $\sum N^{-l_k} < 1$ ist zu ersehen, daß nicht alle möglichen Kodes ausgenutzt sind, eine Folge der nichtidealen Wahrscheinlichkeiten; im Falle des Kodes 2 lassen sich aber eindeutig dekodierbare kürzere als die durch Gl. (3.20) in ihrer Länge festgelegten Kodes an Hand des Kodebaums angeben. Die Kodes für AC, BC und CC, die an einer Astspitze des Kodebaumes enden, deren andere, aus derselben Gabel kommende Spitze ungenutzt ist, lassen sich um eine Stelle kürzen, ohne damit die Dekodierbarkeit in Frage zu stellen. Von dem Gesichtspunkt aus, seltenen Symbolblöcken lange Kodes zuzuordnen, um eine minimale mittlere Kodelänge zu erhalten, ist die Verkürzung des Kodes für CC nicht der günstigste Weg; in der letzten Zeile der Tabelle zu Kode 2 in Abb. 23 ist ein dieses Prinzip berücksichtigender verbesserter Kode für diese spezielle Quelle angegeben, bei dem alle kürzesten Kodes ausgenutzt werden ($\sum N^{-l_k} = 1$); als mittlere Kode-

$m = 1$
$n = 3$
$K = n^m = 3$
$N = 2$

Kode 1

k	1	2	3
S_k	A	B	C
w_k	$\frac{3}{8}$	$\frac{3}{8}$	$\frac{1}{4}$
l_k	2	2	2
W_k	0,0000..	0,0110..	0,1100..
Kode	00	01	11

$H = G_1 = 1{,}56$ bit/Symbol

$\frac{L_m}{m} = 2$ bit/Symbol

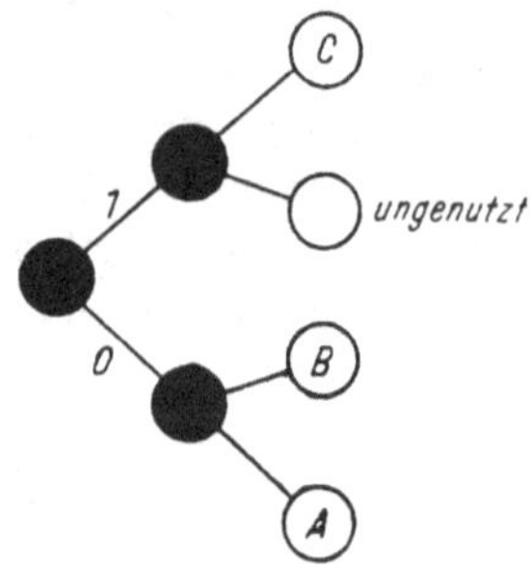

$\sum N^{-l_k} = \frac{3}{4} < 1 \qquad r_e = 0{,}28 < \frac{1}{1{,}56} = 0{,}64$

nach Gl. (3.15)

$m = 2$
$n = 3$
$K = n^m = 9$
$N = 2$

Kode 2

k	1	2	3	4	5	6	7	8	9
S_k	AA	AB	BA	BB	AC	BC	CA	CB	CC
w_k	$\frac{9}{64}$	$\frac{9}{64}$	$\frac{9}{64}$	$\frac{9}{64}$	$\frac{3}{32}$	$\frac{3}{32}$	$\frac{3}{32}$	$\frac{3}{32}$	$\frac{1}{16}$
l_k	3	3	3	3	4	4	4	4	4
W_k	0,000..	0,0010010..	0,010010..	0,010010..	0,10010..	0,101010..	0,11000..	0,110110..	0,11110...
Kode	000	001	010	011	1001	1010	1100	1101	1111
verbesserter Kode	000	001	010	011	100	101	110	1110	1111

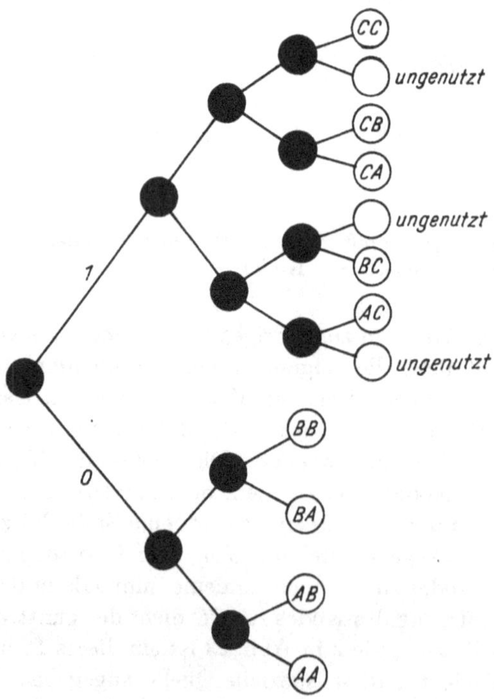

$H = G_2 = G_1 = 1{,}56$ bit/Symbol

$\frac{L_m}{m} = 1{,}72$ bit/Symbol

$\sum N^{-l_k} = \frac{13}{16} < 1 \qquad r_e = 0{,}10 < \frac{1}{2 \cdot 1{,}56} = 0{,}32$

nach Gl. (3.15)

für verbesserten Kode:

$\frac{L_m}{m} = 1{,}58$ bit/Symbol

$\sum N^{-l_k} = 1 \qquad r_e = \frac{1{,}58}{1{,}56} - 1 = 0{,}01$

Abb. 23. Binäre Kodierung einer Quelle mit nichtidealen Wahrscheinlichkeiten in erster und zweiter Näherung nach SHANNON (geordneter Kode)

länge je Symbol ergibt sich der für eine zweite Näherung erstaunlich gute Wert von 1,58 bit/Symbol, der damit nur rund 1% über dem theoretisch günstigsten Wert H liegt. Offenbar ergibt sich eine nachträgliche Verbesserung der Kodierung nach SHANNON im Falle nichtidealer Wahrscheinlichkeiten stets dann, wenn sich ein vollständiger Kodebaum erreichen läßt. Für einen vollständigen Kodebaum gilt

$$K = (N - 1)\,G + 1\,, \tag{3.26}$$

wobei K die Zahl der einzelnen Kodes bzw. Astspitzen, N die Zahl der verschiedenen Kodesymbole bzw. Äste der Gabeln und G die Anzahl der Gabeln sind; denn die erste Gabel besitzt N Äste und damit N Astspitzen, jede weitere Gabel bringt N Spitzen hinzu, vermindert aber die vorhandenen Spitzen um eine, so daß insgesamt nur $N - 1$ Spitzen mit jeder weiteren Gabel hinzukommen. Für $N = 2$ ist nach Gl. (3.26) für jedes K ein vollständiger Kodebaum konstruierbar, während für z. B. $N = 3$ nur ungerade K die Konstruktion eines vollständigen Kodebaumes zulassen; umgekehrt lassen sich ideale Wahrscheinlichkeiten $w_k = N^{-l_k}$, die einen vollständigen Kodebaum zur Folge haben, z. B. bei $N = 3$, nur für ungerade Werte von K angeben.

Im nächsten Abschnitt wird noch eine andere, von FANO [7] angegebene Kodierungsmethode behandelt werden, die im Falle $N = 2$, also bei Binärkodierung, stets zu einem vollständigen Kodebaum führt und damit bei nicht idealen Wahrscheinlichkeiten eine kürzere mittlere Kodelänge ergibt als die entsprechende Näherung nach dem SHANNON-Kode.

3.3 Kodierungsmethode nach FANO

Die Kodierungsmethode nach FANO liefert ebenso wie die rein rechnerische Kodierung nach SHANNON einen eindeutig dekodierbaren Kode mit dem sich besonders bei den ersten Näherungen bei nichtidealen Wahrscheinlichkeiten bemerkbar machenden Vorteil, bei Binärkodierung einen vollständigen Kodebaum und damit eine kleinere mittlere Kodelänge zu liefern. Darüber hinaus ist die Kodierungsmethode nach FANO als halb rechnerische, halb grafische Methode sehr einfach zu handhaben, so daß sie auch besonders von praktischem Interesse ist. Im Falle idealer Wahrscheinlichkeiten stimmen beide Methoden im Ergebnis überein. Für diesen Idealfall soll die Methode zunächst erläutert werden. Wie beim SHANNON-Kode handelt es sich hier um einen geordneten Kode. Die Symbole werden wieder nach fallenden Wahrscheinlichkeiten

$$w_1 \geqq w_2 \geqq \cdots \geqq w_k \geqq \cdots \geqq w_K$$

geordnet und in N gleichwahrscheinliche Gruppen aufgeteilt; die Aufteilung ist bei $w_k = N^{-l_k}$ stets exakt durchführbar; den Symbolen jeder Gruppe wird als erstes Kodesymbol, der Reihenfolge nach geordnet, jeweils eines der N verschiedenen Kodesymbole zugeordnet; diese Aufteilung wird in jeder der N Gruppen fortgesetzt und den so erhaltenen Untergruppen in gleicher Weise das zweite Kodesymbol zugeordnet. Die Aufteilung endet, wenn jede Untergruppe nur noch

N oder weniger Symbole enthält. In Abb. 24 ist das Verfahren an einem Beispiel für Kodierung in zwei Kodesymbole dargestellt. Man erkennt die Übereinstimmung des Kodes mit dem für die gleiche Quelle nach SHANNON in Abb. 21 bestimmten. Die Gesamtwahrscheinlichkeit jeder Untergruppe nach l Aufteilungen ist N^{-l}, so daß für das Symbol S_k mit der Wahrscheinlichkeit $w_k = N^{-l_k}$ genau nach l_k Schritten die Aufteilung beendet ist, indem die Untergruppe nur noch das Symbol S_k enthält. Der zugehörige, unter die geordneten Symbole mit der Gruppenaufteilung gezeichnete Kodebaum spiegelt diesen Kodierungsvorgang sowie die für ideale Wahrscheinlichkeiten wegen $\frac{L_m}{m} = \frac{H}{_a\log N}$ zutreffende Interpretation der Entropie aus Abschnitt 2.1 als die mittlere erforderliche Zahl von Alternativentscheidungen (Aufteilungen, Schritten) zur Auswahl (Kodierung) eines Symbols wider. In Abb. 25 ist ein Beispiel für eine Kodierung in drei Kodesymbole gegeben. Abb. 26 gibt ein Beispiel für die binäre Kodierung eines MARKOFF-Prozesses erster Ordnung nach Abb. 18; aus der Übergangsmatrix $(w_i(j))$ und den ergodischen Symbolwahrscheinlichkeiten $w(i)$ nach Gl. (2.28) ergibt sich nach Gl. (2.44) als Entropie $H = F_2$; eine redundanzfreie Kodierung ist bei endlichem m für MARKOFF-Prozesse nicht erreichbar; in erster Näherung mit den Symbolwahrscheinlichkeiten $w(i)$ ergibt sich eine Koderedundanz von 3%; auch die zweite Näherung mit den Wahrscheinlichkeiten $w_k = w(i)\,w_i(j)$ der Blöcke von zwei Symbolen ergibt noch eine Koderedundanz von 3%; bei der zweiten

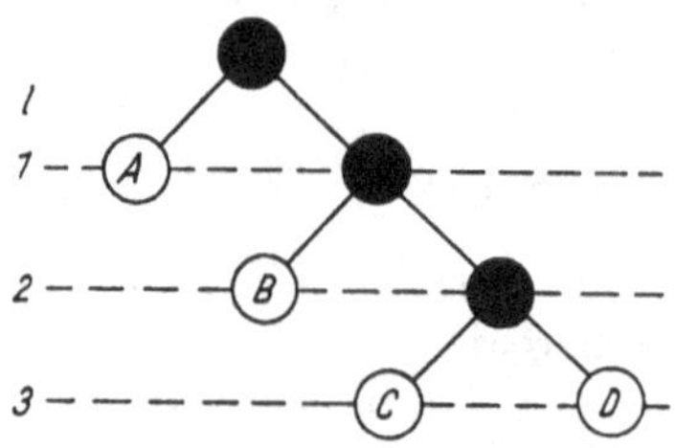

$m = 1$
$n = 4$
$K = m^n = 4$
$N = 2$

S_k	A	B	C	D
w_k	$\frac{1}{2}$	$\frac{1}{4}$	$\frac{1}{8}$	$\frac{1}{8}$
Kode	0	10	1 1 110	1 111

Abb. 24. Binäre Kodierung einer Quelle mit idealen Wahrscheinlichkeiten nach FANO

$m = 1$
$n = 5$
$K = m^n = 5$
$N = 3$

S_k	A	B	C	D	E
w_k	$\frac{1}{3}$	$\frac{1}{3}$	$\frac{1}{9}$	$\frac{1}{9}$	$\frac{1}{9}$
Kode	0	1	20	2 21	22

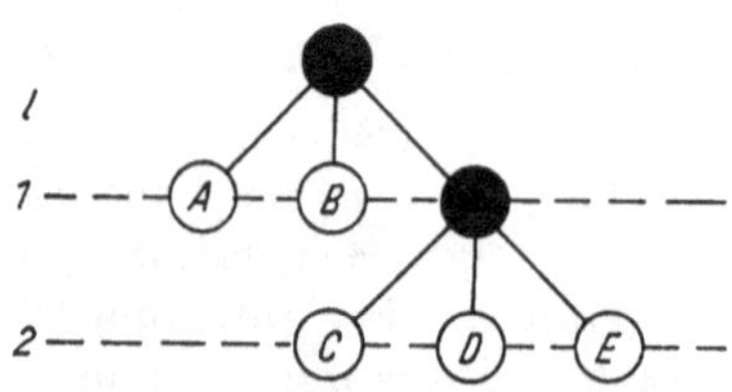

Abb. 25. Ternäre Kodierung einer Quelle mit idealen Wahrscheinlichkeiten nach FANO

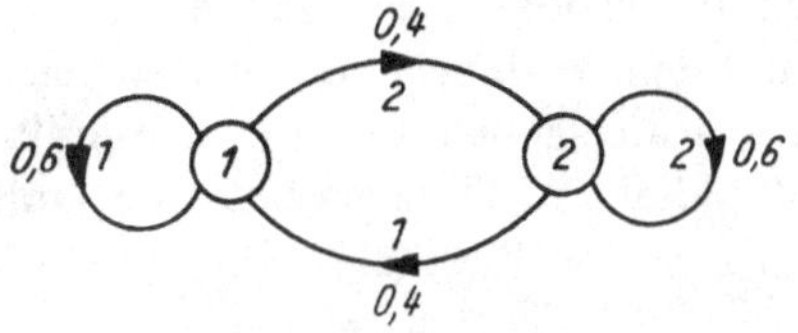

$r = 1$, $n = 2$ $\quad (w_i(j)) = \begin{pmatrix} 0,6 & 0,4 \\ 0,4 & 0,6 \end{pmatrix} \quad H = F_2 = 0{,}971$ bit/Symbol

$m = 1$, $n = 2$, $K = 2$, $N = 2$

S_k	1	2
w_k	$\frac{1}{2}$	$\frac{1}{2}$
Kode	**0**	**1**

$G_1 = 1$ bit/Symbol, $\frac{L_m}{m} = 1$ bit/Symbol, $r_c = 0{,}03$

$m = 2$, $n = 2$, $K = 4$, $N = 2$

S_k	11	22	12	21
w_k	0,3	0,3	0,2	0,2
Kode (1. Teilung)	0		1	
Kode	**00**	**01**	**10**	**11**

$G_2 = 0{,}985$ bit/Symbol, $\frac{L_m}{m} = 1$ bit/Symbol, $r_c = 0{,}03$

$m = 3$, $n = 2$, $K = 8$, $N = 2$

S_k	111	222	112	122	211	221	121	212
w_k	0,18	0,18	0,12	0,12	0,12	0,12	0,08	0,08
Kode 1	0			1				
	00	01		10		11		
							111	
	00	**010**	**011**	**100**	**101**	**110**	**1110**	**1111**
Kode 2	0		1					
	00		01		10		11	
	000	**001**	**001**	**011**	**100**	**101**	**110**	**111**

$G_3 = 0{,}981$ bit/Symbol

Kode 1: $\frac{L_m}{m} = 0{,}993$ bit/Symbol, $r_c = 0{,}02$

Kode 2: $\frac{L_m}{m} = 1$ bit/Symbol, $r_c = 0{,}03$

Abb. 26. Binäre Kodierung eines MARKOFF-Prozesses 1. Ordnung mit zwei Zuständen in erster, zweiter und dritter Näherung nach FANO

Näherung sind die w_k nicht mehr ideal, so daß die Aufteilung in gleiche Teile nur noch näherungsweise erfolgen kann; erst bei der Kodierung von Blöcken zu drei Symbolen mit $w_k = w(i)\, w_i(j)\, w_j(k)$ läßt sich für Kode 1 eine Koderedundanz von 2% erreichen; infolge der nichtidealen Wahrscheinlichkeiten w_k besteht eine gewisse Willkür in der Aufteilung der Symbolwahrscheinlichkeiten; für eine etwas andere Aufteilung erhält man Kode 2 mit einer Koderedundanz von 3%, wie die erste und zweite Näherung, so daß Kode 2 keine Verbesserung darstellt. Man ersieht daraus, daß bei kleiner Koderedundanz der ersten Näherung die weiteren Näherungen nur sehr langsam eine weitere Verringerung der Koderedundanz bringen. Weist dagegen die Kodierung der ersten Näherung eine große Koderedundanz auf, was besonders bei großen Abweichungen der w_k von den idealen Wahrscheinlichkeiten der Fall ist, so bringen die weiteren Näherungen lohnende Verbesserungen.

Für die Binärquelle mit den Symbolwahrscheinlichkeiten w und $1 - w$ mit einer Entropie H nach Abb. 11 ist in Abb. 27 die Koderedundanz für Kodierung in einen Binärkode ($N = 2$) nach der FANO-Methode als Funktion von w und der Ordnung m der Näherung

$$r_c = \frac{\frac{L_m}{m}}{\frac{H}{{}_a\log N}} - 1 = f(w, m)$$

aufgetragen; es bestätigt sich deutlich das oben Gesagte.

Als letztes Kodierungsbeispiel sollen noch die Kodierungen für die ersten Näherungen der deutschen Schriftsprache mit den Wahrscheinlichkeiten nach Tabelle 1 und den Werten für G_m nach Tabelle 4 angegeben werden. Die nullte Näherung nimmt Gleichwahrscheinlichkeit aller 27 Buchstaben an mit

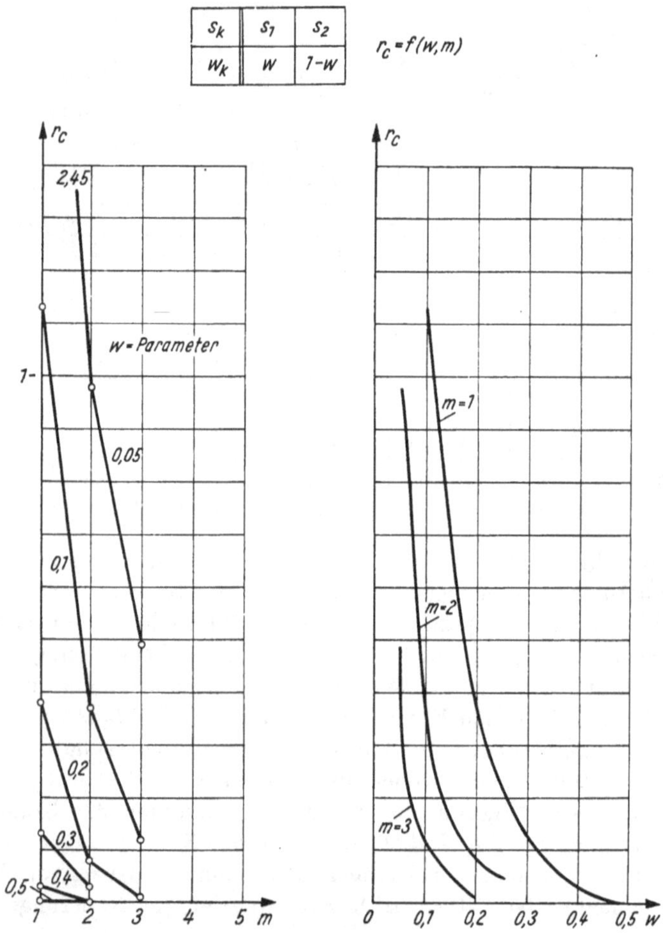

Abb. 27. Koderedundanz der Binärquelle bei verschiedenen Näherungsordnungen (Kodierung nach Fano)

$G_0 = 4{,}75$ bit/Symbol; die Kodierung nach Shannon liefert mit $w_k = \frac{1}{27}$ nach Gl. (3.20) für $N = 2$ für alle Symbole eine Kodelänge $l_k = 5$, und man erhält, abgesehen von Vertauschungen, einen Kode, wie er nach Abb. 20 für den Fernschreiber Verwendung findet; es ergibt sich kein vollständiger Kodebaum bzw. es sind noch fünf Kodes für andere Symbole frei; als Koderedundanz ergibt sich mit $H = 1{,}3$ bit/Symbol und $L = 5$ bit nach Gl. (3.15) $r_c = 285\%$.

Einen etwas besseren Kode für die nullte Näherung erhält man nach der Methode von FANO (Abb. 28); die Kodierung weist 22 Kodes mit einer Kodelänge von 5 bit und 5 Kodes mit einer Kodelänge von 4 bit auf; bei einer gleichmäßigen Symbol- und Kodesymbolfrequenz muß die Kodiereinrichtung infolge der verschiedenen Kodelängen bereits Speicher enthalten. Die Koderedundanz beträgt immer noch 270%, d. h. über die 1,3 bit/Symbol Information hinaus sind noch 3,51 bit Redundanz enthalten; eine Kodierung von Symbolblöcken zu zwei Symbolen mit den Wahrscheinlichkeiten $w_k = \frac{1}{729}$ der nullten Näherung würde 434 Kodes mit einer Kodelänge von 10 bit und 295 Kodes mit einer Kodelänge von 9 bit liefern und damit eine mittlere Kodelänge $\frac{L_{2_0}}{2} = 4{,}79$ bit/Symbol ergeben, die dem Wert $G_0 = 4{,}75$ bit/Symbol noch etwas näher kommt, aber immer noch eine Koderedundanz von 269% aufweist. Eine merkliche Verbesserung bringt die erste Näherung mit Berücksichtigung der Symbolwahrscheinlichkeiten nach Tabelle 1; man erhält einen Kode nach Abb. 28b mit einer mittleren Kodelänge $L_{1_1} = 4{,}13$ bit/Symbol und einer Koderedundanz von 218%; eine Kodierung von Blöcken zu zwei Symbolen dürfte auch hier keine wesentliche Verbesserung bringen, da L_{1_1} dem Wert $G_1 = 4{,}04$ bit/Symbol schon sehr nahe kommt. Wenn schon eine Kodierung von jeweils zwei Symbolen vorgenommen werden sollte, müßten dabei die für die deutsche Schriftsprache noch nicht ermittelten Verbundwahrscheinlichkeiten $w_k = w(i, j)$ als zweite Näherung Anwendung finden, um eine weitere wesentliche Verringerung der Koderedundanz zu erzielen. Um zu einer mittleren Kodelänge von $\frac{L_m}{m} \approx H = 1{,}3$ bit/Symbol und damit $r_c \approx 0$ zu gelangen, muß nach KÜPFMÜLLER [30] bis zur zehnten Näherung gegangen werden; neben der Bestimmung der Verbundwahrscheinlichkeiten 10. Ordnung bedeutet das für die Kodiereinrichtung $27^{10} = 2 \cdot 10^{14}$ (!) verschiedene Kodes, von denen die wenigsten, nämlich etwa $2^{13} \approx 8 \cdot 10^3$, eine Länge von 13 bit bei einer Wahrscheinlichkeit $w_k = 2^{-13}$, der überwiegende Teil dagegen große Längen mit allerdings auch extrem kleinen Wahrscheinlichkeiten aufweisen; etwas ausführlicher wird auf diese Betrachtungsweise noch in Abschnitt 3.5 eingegangen werden. Würde man eine solche Kodierung durchführen, so könnte entweder die Schriftsprache wegen $2^{1,3} = 2{,}46 \approx 3^1$ mit drei verschiedenen Kodesymbolen, beispielsweise den neuen Buchstaben α, β und γ bei einem Kodesymbol je Symbol (Buchstaben und Wortabstand), also gleicher Textlänge, auskommen, die dann statistisch unabhängig und gleichwahrscheinlich wären, oder wegen $2^{1,3} = 27^{0,27}$ bei Umkodierung in die gleichen 27 Symbole der Text auf 27% der ursprünglichen Textlänge (entsprechend der Redundanz $r = 0{,}63$ nach Tabelle 4) mit ebenfalls unabhängigen und gleichwahrscheinlichen Kodesymbolen reduziert werden.

Diese Einsparung entweder der Zahl der verschiedenen Kodesymbole oder der Textlänge hat auf der anderen Seite neben dem im nächsten Abschnitt zu behandelnden erforderlichen technischen Aufwand in der Kodier- und Dekodier-

a)

S_k	A	B	C	D	E	F	G	H	I	J	K	L	M	N	O	P	Q	R	S	T	U	V	W	X	Y	Z	*
Code	0000	00010	00011	0010	00110	00111	0100	01010	01011	01100	01101	01110	01111	1000	10010	10011	10100	10101	10110	10111	1100	11010	11011	11100	11101	11110	11111

$m = 1$
$n = 27$
$K = 27$
$N = 2$

$w_k = \frac{1}{27}$ $L_{1_0} = \frac{22}{27} \cdot 5 + \frac{5}{27} \cdot 4 = \frac{130}{27} = 4{,}81$ bit/Symbol $r_c = \frac{4{,}81}{1{,}3} - 1 = 2{,}7$

$G_0 = 4{,}75$ bit/Symbol

b)

S_k	w_k	Code
*	1442	000
E	1440	001
N	0865	010
S	0646	0110
I	0628	0111
R	0622	1000
A	0594	1001
D	0546	1010
T	0536	10110
U	0422	10111
H	0361	11000
L	0345	11001
C	0255	11010
G	0236	11011
O	0211	11100
M	0172	111010
B	0138	111011
W	0113	111100
Z	0092	111101
V	0079	1111100
F	0078	1111101
K	0071	1111110
P	0067	11111110
J	0028	111111110
X	0008	1111111110
Q	0005	11111111110
Y	0000	11111111111

$m = 1$
$n = 27$
$K = 27$
$N = 2$

$L_{1_1} = 4{,}13$ bit/Symbol
$G_1 = 4{,}04$ bit/Symbol

$r_c = \frac{4{,}13}{1{,}3} - 1 = 2{,}18$

Abb. 28. Erste Näherungskodierung der nullten und ersten Näherung der deutschen Schriftsprache nach FANO

einrichtung und der infolge der notwendigen Speicherung der Symbole sich ergebenden Laufzeit in der Kodier- und Dekodiereinrichtung noch einen weiteren Nachteil zur Folge; durch die vollständige Eliminierung der Redundanz wird die kodierte Information außerordentlich störanfällig; ein einziges falsch übertragenes Symbol bringt unter Umständen die Dekodiereinrichtung außer Tritt und kann die ganze daran anschließende Information zerstören, wie einfache Beispiele zeigen. Gegeben seien die Symbole A, B, C und D mit der Kodierung

$$\mathrm{A} \mathrel{\hat{=}} 00 \qquad \mathrm{B} \mathrel{\hat{=}} 01 \qquad \mathrm{C} \mathrel{\hat{=}} 10 \qquad \mathrm{D} \mathrel{\hat{=}} 11$$

und der Symbolfolge

$$\mathrm{CBACDAB} \ldots$$

mit der zugehörigen Kodesymbolfolge

$$10010010110001 \ldots;$$

geht durch irgendwelche Umstände das erste Kodesymbol verloren, so liefert die Dekodiereinrichtung die völlig falsche Symbolfolge

$$\mathrm{ACBBCA} \ldots;$$

der Fehler pflanzt sich im vorliegenden Beispiel unendlich fort. Existiert bei der gleichen Art der Störung (Wegfall des ersten Kodesymbols) ein Kode mit nur einem Kodesymbol, also beispielsweise der Kode

$$\mathrm{A} \mathrel{\hat{=}} 0 \qquad \mathrm{B} \mathrel{\hat{=}} 10 \qquad \mathrm{C} \mathrel{\hat{=}} 11$$

mit der Symbolfolge

$$\mathrm{CBCBA} \ldots$$

und der zugehörigen Kodesymbolfolge

$$111011100 \ldots,$$

so wird bei Wegfall des ersten Kodesymbols mit CACB bereits das dritte Symbol richtig dekodiert, der Fehler ist also beschränkt. Ähnlich verhält es sich bei Störungen, die ein Vertauschen der Kodesymbole bewirken, also beispielsweise eine 1 in eine 0 verwandeln; bei Kodierungen mit gleichlangen Kodes bleibt der dadurch entstehende Fehler auf ein Symbol lokalisiert, während bei Kodes unterschiedlicher Länge eine Fortpflanzung des Fehlers möglich ist. Der Effekt der Fehlerfortpflanzung tritt bei den gebräuchlichen redundanten Kodes, wie dem Morse-Alphabet mit einem Kodesymbol (Lücke) für das Kodeende oder beim Fernschreibalphabet mit zusätzlichen Start- und Stoppimpulsen nicht auf. Die Kodierungen nach Shannon—Fano sind also nur geeignet und auch vorgesehen für ungestörte Übertragungen bzw. für ungestörte Übertragungskanäle. Im Kapitel 4 wird gezeigt werden, wie sich Störungen im Kanal auf die übertragene Information auswirken und wie gestörte Kanäle quantitativ beschrieben werden. Wie trotz der Übertragung über gestörte Kanäle durch Hinzufügen systematischer minimaler Redundanz eine fehlerfreie Übertragung erzielt werden kann, wird im 5. Kapitel behandelt werden. Abschließend zu diesem Abschnitt soll noch einmal schematisch die Approximation einer redundanzfreien Kodierung nach Shannon-

FANO in einer Übersicht (Abb. 29) dargestellt werden. Es sind zwei Approximationen zu unterscheiden: erstens die Approximation der bedingten oder verbundenen Entropien an die Entropie H, die von der statistischen Struktur des zu kodierenden Prozesses abhängt, und zweitens die Approximation der mittleren Kodelängen an die verbundenen Entropien G_m durch Kodierung von Blöcken zu m Symbolen, wobei der zweite Index bei den mittleren Kodelängen L_m/m die vorhandenen oder berücksichtigten statistischen Abhängigkeiten aufeinanderfolgender Symbole entsprechend der verbundenen Entropie G_m ausdrücken soll.

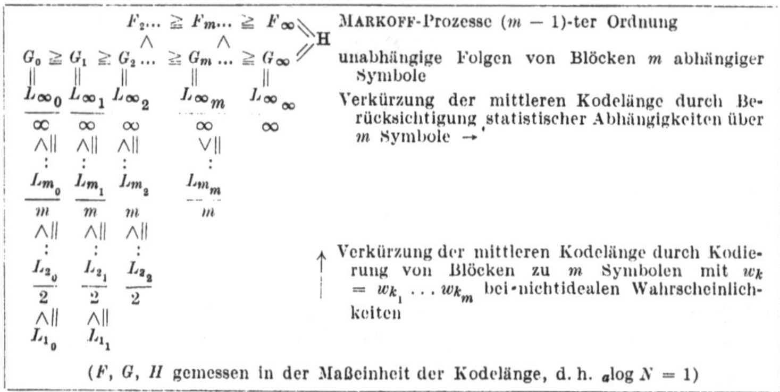

Abb. 29. Schema der Approximation an eine redundanzfreie Kodierung nach SHANNON-FANO

3.4 Technische Realisierung der Kodierung

Der durch die Anwendung der SHANNON—FANO-Kodierung erreichbaren Einsparung bei der Übertragung von diskreter Information steht ein vom jeweiligen Stand der Technik abhängiger Aufwand für die Kodier- und Dekodiereinrichtung gegenüber. Zur Abschätzung der Wirtschaftlichkeit solcher Einrichtungen ist die Angabe technischer Realisierungsmöglichkeiten und des dafür erforderlichen technischen Aufwandes Voraussetzung. Im folgenden sollen für die technisch geeignetste Binärkodierung die grundsätzlichen Prinzipien der Kodier- und Dekodiereinrichtung, sowie einige Realisierungsmöglichkeiten angegeben werden. Der Grund für die Bevorzugung der Binärkodierung ist u. a., daß nur zwei Werte, von denen einer Null sein kann, verarbeitet zu werden brauchen. Bekannt ist die Anwendung der Binärkodierung zur Nachrichtenübertragung beim Fernschreiber; die hierbei je Symbol erforderlichen fünf Binärschritte zuzüglich eines Start- und Stoppschrittes stellen informationstheoretisch gegenüber der minimal erforderlichen Zahl von 1,6 bit/Symbol keine günstige Lösung dar; auch die Realisierung der Kodierung und Dekodierung, die sich gegenwärtig noch rein mechanischer und elektromechanischer Mittel bedient, erscheint im Vergleich zu den Möglichkeiten, die die Elektronik bereits heute bietet, überholt. Die verbreitetste Anwendung finden Binärkodierungen zur Zeit in digitalen Rechenautomaten[1]), die fast ausschließlich vollelektronisch arbeiten. Die Entwicklung dieser Maschinen in Richtung der Erhöhung ihrer Arbeitsgeschwindigkeit, Verringerung ihres Volumens und Leistungsverbrauchs sowie Erhöhung ihrer Betriebssicherheit durch die Anwendung von Ferritkernen und Halbleiterbauelementen, wie Dioden und Transistoren, ist noch im Fluß. Die Prinzipien, die beim Aufbau digitaler Rechenmaschinen zur Anwendung kommen, haben weitgehende Parallelen zu den sich bei der redundanzfreien Übertragung von diskreter Information ergebenden technischen Problemen und können deshalb im Prinzip als auch in der Realisierung übernommen werden; dies trifft für die Ver- und Entschlüsselungseinrichtungen (bei Rechenmaschinen von Dezimal- in Dualzahlen und umgekehrt), Speicher und unter Einbeziehung der in Kapitel 5 zu behandelnden störungsgeschützten Kodierungen auch für das Rechenwerk zu. Man bezeichnet gelegentlich digitale Rechenmaschinen direkt als informationsverarbeitende Systeme, obwohl, wie das bisher Ausgeführte zeigte, die Information als statistischer Mittelwert an zufällige, nicht vollständig determinierte Prozesse gebunden ist.

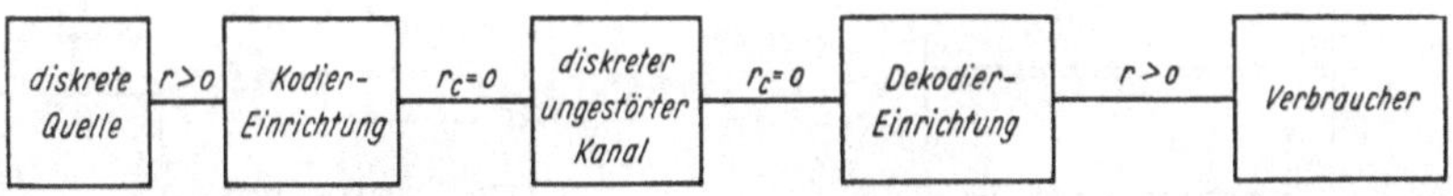

Abb. 30. Schema der diskreten Nachrichtenübertragung über ungestörte Kanäle

Die sich bei der Übertragung diskreter Information über ungestörte Kanäle (Abb. 30) für die Kodier- und Dekodiereinrichtung bei Anwendung des SHANNON-FANO-Kodes ergebenden Aufgaben sind folgende:

I. Kodiereinrichtung
   1. Zusammenfassung der in zeitlich äquidistanten Abständen eintreffenden Symbole der Quelle in Blöcken zu m Symbolen.
   2. Kodierung nach einem festen, auf Grund der Blockwahrscheinlichkeiten aufgestellten Kode in Kodesymbolblöcke von im allgemeinen unterschiedlicher Länge.
   3. Speicherung einer hinreichend großen Anzahl von Kodesymbolen zur Gewährleistung einer äquidistanten Kodesymbollieferung an den Kanal.

II. Dekodiereinrichtung
   1. Zusammenfassung zusammengehöriger Kodesymbole.
   2. Dekodierung nach gleichem Kode wie in I.
   3. Speicherung der dekodierten Symbolblöcke zur Gewährleistung einer äquidistanten, gegenüber der Quelle zeitlich verschobenen Lieferung der ursprünglichen Symbole an die Ausgabeeinrichtung (z. B. Drucker).

Zur Erläuterung des Prinzips sei zunächst vereinfachend angenommen, daß die Symbole einzeln kodiert werden ($m = 1$) und außerdem der Kode gleich-

[1]) Siehe hierzu Bd. 1 dieser Reihe.

lange Kodesymbolblöcke besitzt; dann entfallen bei der Kodiereinrichtung die Aufgaben 1. und 3. und auch die Dekodiereinrichtung vereinfacht sich (Abb. 31). (Die unter diesen stark einschränkenden Voraussetzungen erzielbaren Einsparungen bei Übertragung von Schriftsprache gegenüber dem Fernschreiber sind lediglich der Start- und Stoppschritt.) Das Kodierelement besitzt hierbei $n = 2^l$

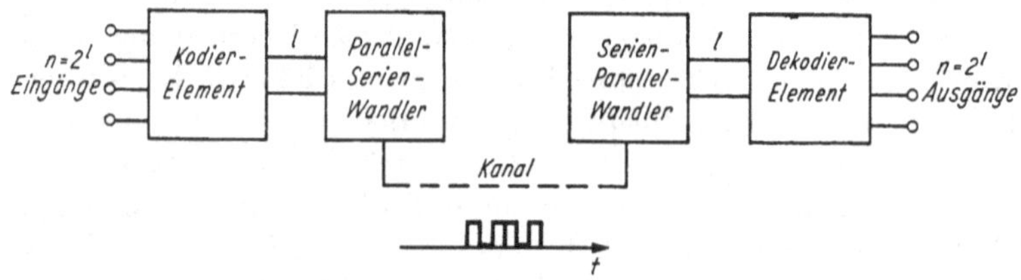

Abb. 31. Schema einer einfachen Kodier- und Dekodiereinrichtung

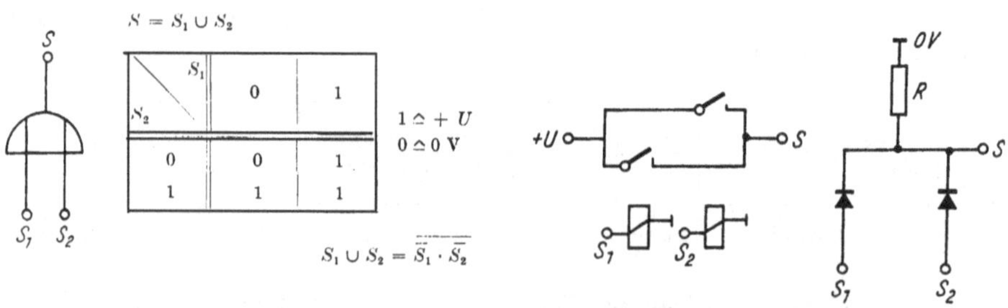

Abb. 32. Logische Disjunktion bzw. „Oder"-Schaltung

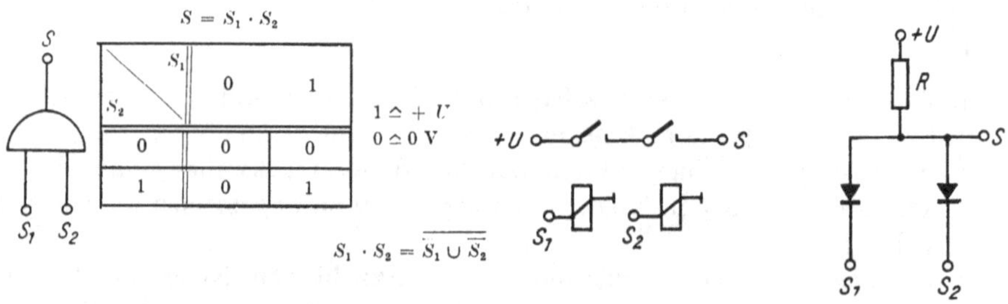

Abb. 33. Logische Konjunktion bzw. „Und"-Schaltung

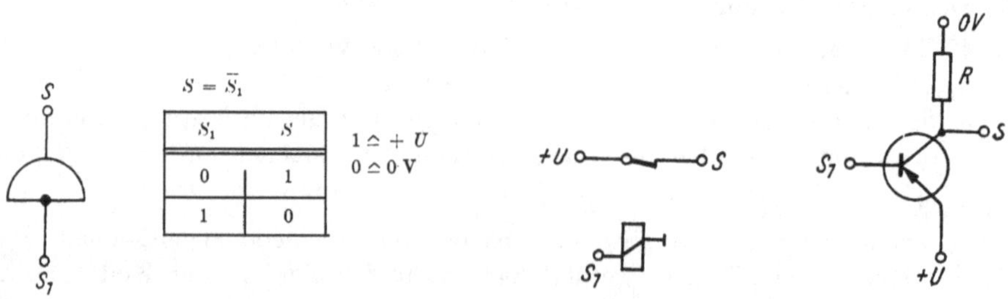

Abb. 34. Logische Negation

Eingänge entsprechend der Zahl der verschiedenen zu kodierenden Symbole und l Ausgänge entsprechend der Kodelänge und ist aus l logischen Disjunktionen bzw. „Oder“-Schaltungen aufgebaut. Abb. 32 zeigt das Schaltsymbol, die Funktionstabelle, eine Realisierung mit Relais und eine Realisierung mit Dioden und Widerständen für die „Oder“-Schaltung. Der Parallel-Serien-Wandler besteht beispielsweise aus $l - 1$ Verzögerungsgliedern, die die gleichzeitig das Kodierelement verlassenden Kodesymbole nacheinander auf den Kanal geben. Das Dekodierelement besitzt l Eingänge und $n = 2^l$ Ausgänge entsprechend der Zahl der verschiedenen zu dekodierenden Symbole und ist aus einer entsprechenden Anzahl logischer Konjunktionen bzw. „Und“-Schaltungen aufgebaut. Abb. 33

Symbole	A	B	C	D
Kode	00	01	10	11

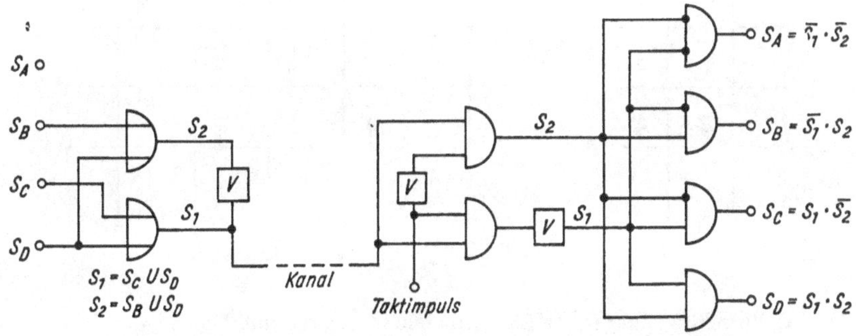

Abb. 35. Beispiel des logischen Plans einer Kodier- und Dekodiereinrichtung

zeigt das Schaltsymbol, die Funktionstabelle, eine Realisierung mit Relais und eine Realisierung mit Dioden und Widerständen für die „Und“-Schaltung. Mit Hilfe einer weiteren logischen Verknüpfung, der Negation (Abb. 34), läßt sich eine vollständige Kodier- und Dekodierschaltung aufbauen. Abb. 35 zeigt für einen einfachen Kode den logischen Plan und Abb. 36 Schaltungseinzelheiten einer solchen Einrichtung; durch Anlegen der Schaltspannung an einen der Eingänge $S_A, \ldots, S_D$ entstehen am Ausgang der Kodiereinrichtung gleichzeitig die dem Kode entsprechenden Schaltspannungen S_1 und S_2; durch die Verzögerungseinrichtung V wird S_2 um einen Takt verzögert, so daß S_1 und S_2 nacheinander den Kanal durchlaufen; am Ende des Kanals wird S_1 mit einem gleichzeitig eintreffenden Taktimpuls auf eine „Und“-Schaltung gegeben und in V um eine Taktzeit verzögert; inzwischen hat der verzögerte Taktimpuls zusammen mit S_2 die zweite „Und“-Schaltung passiert und steht nun zeitlich parallel zu S_1 am Eingang des Dekodierelements; an dem den Werten von S_1, S_2 entsprechenden Ausgang erscheint die Schaltspannung, das kodierte Zeichen ist dekodiert. Es zeigen sich schon bei diesem einfachen Beispiel zwei typische Besonderheiten dieser Kodierung; das mit 00 kodierte Symbol A erscheint stets am Ausgang, wenn keines der anderen Symbole gesendet wird, also auch im Ruhezustand der ganzen Einrichtung; man kann also ohne zusätzliche Vereinbarung wie Sendung eines C oder D als erstes Symbol und eine bestimmte Anzahl von A's als letzte Symbole Anfang und Ende der Übertragung nicht feststellen; zum anderen ist eine Synchronisierung der empfangsseitigen Taktimpulse durch die empfangenen Kodesymbole erforderlich, die aber in ungünstigen Fällen aus einer längeren Folge von Nullen oder Einsen bestehen können und somit in diesem Zeitraum keine Synchronisation gestatten; während dieser Zeit muß der Synchronismus durch entsprechende Konstanz des Taktgebers gewährleistet sein.

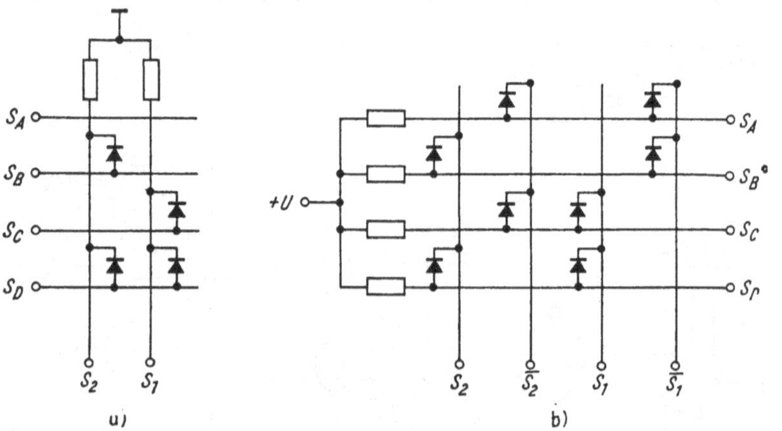

Abb. 36. a) Verschlüsselungs-, b) Entschlüsselungsmatrix mit Dioden und Widerständen für den logischen Plan nach Abb. 35

Wesentlich komplizierter wird die Kodier- u. Dekodiereinrichtung bei Kodes unterschiedlicher Länge. Während bei gleichlangen Kodes die Kodesymbolfrequenz das l-fache der Symbolfrequenz beträgt und dementsprechend der Parallel-Serien-Wandler in diesem Takt arbeitet, muß bei unterschiedlichen Längen der Parallel-Serien-Wandler mit der l_{max}-fachen Taktfrequenz arbeiten und vor den Kanal ein Speicher geschaltet werden, aus dem die Kodesymbole mit dem durch die mittlere Kodelänge L_1 gegebenen Vielfachen der Symbolfrequenz den Kanal speisen. Der Serien-Parallel-Wandler der Dekodiereinrichtung muß bei unterschiedlichen Kodelängen vom Ausgang des Dekodierelementes gesteuert werden, der bei Dekodierung eines Symbols den Wandler von vorn beginnen läßt. Am Kodier- und Dekodierelement sind, außer daß die „Oder"- und „Und"-Schaltungen entsprechend mehr Eingänge erhalten, keine Veränderungen erforderlich.

Noch umfangreicher wird die gesamte Einrichtung, wenn Blöcke zu m Symbolen kodiert werden sollen, doch würden nähere Einzelheiten an dieser Stelle zu weit führen; es sei hierzu auf die umfangreiche Literatur über elektronische Digitalrechenmaschinen sowie auf [47] verwiesen.

3.5 Fundamentalsatz der Kodierung

Wie bereits in Abschnitt 3.3. angekündigt, soll noch ein anderer Beweis des Fundamentalsatzes der Kodierung, ausgedrückt durch Gl. (3.13), gegeben werden, der nicht auf die konstruktive Methode der Kodierung nach SHANNON Bezug nimmt, sondern etwas abstrakter ist und ebenfalls auf SHANNON[1]) zurückgeht. Der Beweis soll hier nur für den einfachsten Fall einer Folge statistisch unabhängiger Symbole gegeben werden, um den Gedankengang darzulegen. SHANNON bewies die Gültigkeit für MARKOFF-Prozesse und MCMILLAN 1953 schließlich für alle ergodischen Prozesse; ausführlich sind die beiden letzten Beweise bei CHINTSCHIN [3] zu finden.

Ausgangspunkt ist das in Abschnitt 1.1 für eine zufällige Folge unabhängiger Symbole hergeleitete BERNOULLIsche Gesetz der großen Zahlen. Es galt mit Gl. (1.18), daß es stets ein m gibt, für das die Wahrscheinlichkeit der absoluten Abweichung der relativen Häufigkeit z_{i_m}/m eines der n verschiedenen Symbole S_i in einem Block von m Symbolen um mehr als ε_i von der Wahrscheinlichkeit w_i des Symbols kleiner als η_i ist, wobei ε_i und η_i beliebig kleine Zahlen sind; in Formeln

$$W\left(\left|\frac{z_{i_m}}{m} - w_i\right| \geqq \varepsilon_i\right) < \eta_i \tag{3.27}$$

und entsprechend Gl. (1.19)

$$W\left(\left|\frac{z_{i_m}}{m} - w_i\right| < \varepsilon_i\right) > 1 - \eta_i\,. \tag{3.28}$$

Anders ausgedrückt heißt das, daß die Zahl z_{i_m} der Symbole S_i in einem von der Quelle gelieferten Block von m Symbolen mit einer beliebig nahe bei Eins gelegenen Wahrscheinlichkeit

$$z_{i_m} = (w_i \pm \varepsilon_i)\, m \tag{3.29}$$

beträgt, wogegen die Wahrscheinlichkeit einer von diesem Wert abweichenden Häufigkeit bei hinreichend großem m beliebig klein ist. Die Wahrscheinlichkeit eines Blockes von m Symbolen in einer bestimmten Anordnung mit den hochwahrscheinlichen Zahlen z_{i_m} entsprechenden Anzahlen der n verschiedenen Symbole S_i beträgt damit infolge der Unabhängigkeit der einzelnen Symbole

$$w_m = \prod_{i=1}^{n} w_i^{z_{i_m}} = \prod_{i=1}^{n} w_i^{(w_i \pm \varepsilon_i)\, m}\,. \tag{3.30}$$

Neben diesen hochwahrscheinlichen Blöcken mit nahezu gleichen Wahrscheinlichkeiten w_m liefert die Quelle mit einer beliebig kleinen Wahrscheinlichkeit noch Blöcke von m Symbolen aus der Zahl $K = n^m$ der möglichen Symbolkombinationen mit von z_{i_m} abweichenden Symbolhäufigkeiten. Dieser wichtige Sachverhalt soll, bevor daraus Schlußfolgerungen gezogen werden, am Beispiel der Binomialverteilung nach Gl. (1.8) und Abb. 3 erläutert werden.

---

[1]) Theorem 3 in [55].

Die Wahrscheinlichkeitsfunktion der Binomialverteilung gibt mit der Bedeutung der Buchstaben entsprechend Gl. (1.8) die Wahrscheinlichkeit W für r-maliges Auftreten des mit der Wahrscheinlichkeit w gelieferten Symbols der beiden von der Quelle gelieferten unabhängigen Symbole in einem Block von n Symbolen, unabhängig von der Anordnung innerhalb des Blockes, an. Man erkennt aus Abb. 3, wie sich mit wachsendem n das „Gesamtgewicht" der Wahrscheinlichkeit immer mehr um den der Wahrscheinlichkeit w entsprechenden Wert der relativen Häufigkeit konzentriert, d. h. die Summe der Wahrscheinlichkeiten der Blöcke mit nahezu den Symbol-Wahrscheinlichkeiten entsprechenden relativen Häufigkeiten macht mit steigendem n fast den Wert Eins aus; dies ist die Gruppe der „hochwahrscheinlichen Blöcke".

Aus Gl. (3.30) folgt

$$ {}_a\log w_m = m \sum_{i=1}^{n} (w_i \pm \varepsilon_i)\, {}_a\log w_i \tag{3.31} $$

und

$$ -\frac{{}_a\log w_m}{m} = -\sum_{i=1}^{n} w_i\, {}_a\log w_i \pm \sum_{i=1}^{n} \varepsilon_i\, {}_a\log w_i\,. \tag{3.32} $$

Setzt man hierin abkürzend für $-\sum_{i=1}^{n} w_i\, {}_a\log w_i$ den Buchstaben H und berücksichtigt, daß die ε_i beliebig klein sind, so folgt, daß bei genügend großem m für die hochwahrscheinlichen Blöcke

$$ \left| \frac{-{}_a\log w_m}{m} - H \right| < \varepsilon \tag{3.33} $$

gilt, d. h. es läßt sich stets ein m angeben, bei dem die absolute Abweichung der Größe $\frac{-{}_a\log w_m}{m}$ für die hochwahrscheinlichen Blöcke von einer Zahl H — die die Entropie einer zufälligen Folge unabhängiger Ereignisse genannt werden soll (und bereits als solche in Abschnitt 2.1 in Gl. (2.1) definiert wurde) — kleiner als ε ist; die Summe der Wahrscheinlichkeiten der restlichen Blöcke ist kleiner als η.

Gl. (3.33) stellt den Fundamentalsatz der Kodierung in etwas abstrakterer Form, als durch Gl. (3.13) ausgedrückt dar, und besitzt, wie eingangs angegeben, Gültigkeit für alle ergodischen Quellen; er impliziert neben Gl. (3.13) auch Gl. (2.41), wie noch gezeigt werden wird, und beweist damit sowohl die Existenz der Entropie für alle ergodischen Quellen als auch die Kodierbarkeit zu einem H entsprechenden Wert der mittleren Kodelänge.

Die Wahrscheinlichkeit w_m der einzelnen hochwahrscheinlichen Blöcke beträgt nach Gl. (3.33)

$$ w_m = a^{-m(H \pm \varepsilon)} \tag{3.34} $$

und ist bei genügend großem m für alle diese Blöcke nahezu gleich, da ε beliebig klein sein kann; da die Summe der Wahrscheinlichkeiten der hochwahrscheinlichen Blöcke beliebig nahe bei Eins liegt, gilt damit für die Anzahl der hochwahrscheinlichen Blöcke

$$z_m = \frac{1}{w_m} = a^{m(H \pm \varepsilon)} ; \tag{3.35}$$

dies ist im Vergleich zur Gesamtzahl der Blöcke mit m Symbolen

$$K = n^m = a^{m\,{}_a\log n} \tag{3.36}$$

ein sehr kleiner Teil, wenn $H < {}_a\log n$, d.h., wenn die Symbole nicht gleichwahrscheinlich und unabhängig sind; mit den Gleichungen (2.45) und (2.46) ergibt sich daraus

$$\frac{z_m}{K} = a^{-r\,m\,{}_a\log n} = n^{-r\,m} , \qquad r \geqq 0 \tag{3.37}$$

mit r als Redundanz; z_m/K fällt bei auch nur geringfügig von Null abweichendem Wert der Redundanz mit steigendem m sehr schnell ab.

Die Kodierung erfolgt nun einfach so, daß nur die nahezu gleichwahrscheinlichen Blöcke der hochwahrscheinlichen Gruppe kodiert werden und der größere, aber mit verschwindender Wahrscheinlichkeit auftretende Rest weggelassen wird.

Die bei Kodierung in N verschiedene Kodesymbole erforderliche Kodelänge für einen Block von m Symbolen ist

$$L_m = {}_N\log z_m = \frac{{}_a\log z_m}{{}_a\log N} = \frac{-\,{}_a\log w_m}{{}_a\log N} ; \tag{3.38}$$

mit Gl. (3.33) folgt daraus

$$H - \varepsilon < {}_a\log N \frac{L_m}{m} < H + \varepsilon \tag{3.39}$$

und schließlich wegen verschwindendem ε bei gegen Unendlich gehendem m

$$\lim_{m\to\infty} \frac{L_m}{m} = \frac{H}{{}_a\log N} \tag{3.40}$$

in Übereinstimmung mit Gl. (3.13), wobei alle Kodes und damit alle Kodelängen je Symbol der Quelle gleich lang sind und die nicht kodierten Blöcke die Wahrscheinlichkeit Null besitzen.

Aus Gl. (3.33) folgt ferner durch Mittelwertbildung mit w_m

$$\left| \frac{\overline{-\,{}_a\log w_m}}{m} - H \right| < \varepsilon$$

und für gegen Unendlich gehendes m

$$\lim_{m\to\infty} \frac{-\sum w_m\,{}_a\log w_m}{m} = \lim_{m\to\infty} \frac{H_m}{m} = \lim_{m\to\infty} G_m = H , \tag{3.41}$$

wie bereits Gl. (2.41) besagte.

Die in diesem Abschnitt in nur sehr grober Form skizzierten Gedankengänge bilden, wie man wohl erkennt, die mathematische Grundlage der Informationstheorie; sie sind in mathematisch strenger, aber für den Nachrichteningenieur auf

Grund seiner Vorbildung nur schwer verständlicher Form u.a. in [3] ausführlich dargelegt. Da es der Zweck des vorliegenden Buches sein soll, gerade dem sich mit der praktischen Anwendung der Theorie beschäftigenden Nachrichteningenieur das von der Theorie hierfür Erforderliche leicht zugänglich zu machen, erscheint die gewählte Darstellungsart gerechtfertigt.

Mit diesem Kapitel ist die Behandlung der Nachrichtenerzeugung durch diskrete Nachrichtenquellen abgeschlossen. Das nächste Kapitel befaßt sich mit der Übertragung von diskreten Nachrichten.

4. Information bei Nachrichtenübertragung

Die bei einem Nachrichtenübertragungssystem mit diskreten Signalen zwischen Kodier- und Dekodiereinrichtung liegenden Einrichtungen, die die informationstragenden, von der Quelle gelieferten Signale dem Empfänger übermitteln, bezeichnet man als Kanal. Dieser Übertragungskanal kann aus einer Leitung, einem Kabel oder einer Funkverbindung mit allen dazugehörigen Einrichtungen (siehe Abb. 37) bestehen. Genau wie in der Vierpol- oder Systemtheorie werden für die

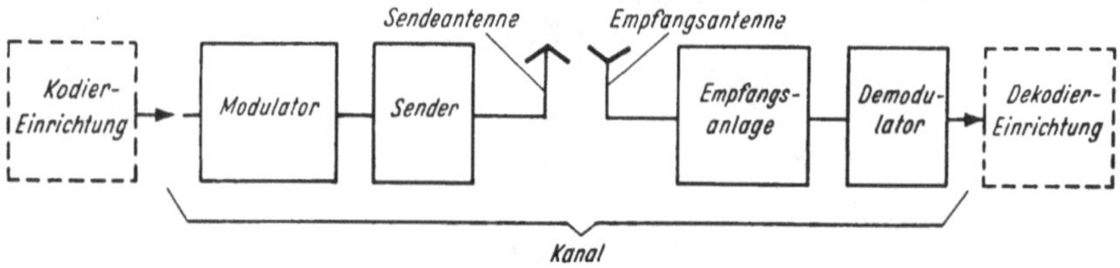

Abb. 37. Funkverbindung als Beispiel eines Übertragungskanals

Charakterisierung des Kanals nur äußere, im Falle der Informationstheorie im wesentlichen statistische Eigenschaften herausgezogen, wobei die konkrete innere Beschaffenheit des Kanals nur mittelbar in Erscheinung tritt. Ist der Übertragungskanal störungsfrei, d.h. gestattet er eine fehlerfreie Übermittlung der Nachrichten, so kann er für den vorliegenden Fall diskreter Information durch die Zahl N der verschiedenen übertragbaren Signale bzw. Symbole und durch die Zahl der maximal je Zeiteinheit übertragbaren Signale, der maximalen Symbolfrequenz, gekennzeichnet werden.

Im allgemeinen Fall des gestörten Kanals tritt bei Einspeisung eines bestimmten Symbols am Eingang am Ausgang des Kanals nicht mehr mit Sicherheit, sondern mit einer bedingten Wahrscheinlichkeit, deren Wert kleiner als Eins ist, das gleiche Symbol auf, während mit diese bedingte Wahrscheinlichkeit zu Eins ergänzenden bedingten Wahrscheinlichkeiten die anderen möglichen Ausgangssymbole auftreten. Auf diese Art wird der Einfluß der Störungen auf die zu übertragenden Symbole in seinen äußeren Auswirkungen widergespiegelt. In gleicher Weise wie bei der Klassifizierung der statistischen Strukturen der Quellen ist bei der Klassifizierung der Kanäle der einfachste Typ eines gestörten diskreten Kanals der, bei dem die bedingten Wahrscheinlichkeiten der Ausgangssymbole nur vom zugeordneten bedingenden Eingangssymbol abhängen und von den bereits vorher in den Kanal eingespeisten Symbolen statistisch unabhängig sind. Ein solcher Kanal wird als Kanal ohne Speicher oder ohne Gedächtnis bezeichnet; auf diesen Typ sollen die nachfolgenden Ausführungen beschränkt bleiben.

Darüber hinaus sind kompliziertere Kanäle denkbar, die durchaus den tatsächlichen Sachverhalt besser widerspiegeln können, aber auch dementsprechend komplizierter zu beschreiben sind. Eine einfache Erweiterung wäre ein Kanal, bei dem jeweils Blöcken von m Eingangssymbolen über entsprechende bedingte Wahrscheinlichkeiten Blöcke von m Ausgangssymbolen zugeordnet sind; dieser Kanal läßt sich auf den Kanal ohne Speicher dadurch zurückführen, daß man die N^m verschiedenen Blöcke von m Symbolen als neue Kanalsymbole auffaßt. Eine andere Erweiterung wäre die, daß die Übergangswahrscheinlichkeit für ein einzelnes Ausgangssymbol durch das Eingangssymbol und das diesem vorausgehende Eingangssymbol bedingt ist; auch dieser Fall läßt sich auf den Kanal ohne Speicher bzw. Gedächtnis zurückführen, indem die N^2 Kombinationen zweier Eingangssymbole zu neuen Kanaleingangssymbolen zusammengefaßt werden, während die Zahl der Kanalausgangssymbole erhalten bleibt. Beide angeführten Erweiterungen bieten die Möglichkeit, eine Abhängigkeit der Störungen, ausgedrückt durch die bedingten Wahrscheinlichkeiten der Ausgangssymbole, von der Aufeinanderfolge der Eingangssymbole zum Ausdruck zu bringen. Von größerer praktischer Bedeutung sind die Kanäle, bei denen die Störungen zwar für einzelne Symbole unterschiedlich sein können, wie beim Kanal ohne Gedächtnis, aber nicht von der Aufeinanderfolge bestimmter Eingangssymbole abhängen, sondern sich nach jedem Eingangssymbol ändern; in diesem Falle stellt der Kanal einen Markoff-Prozeß mit einer Anzahl von Zuständen dar, denen jeweils eine Anordnung von bedingten Wahrscheinlichkeiten wie beim Kanal ohne Gedächtnis zugeordnet sind, die aber für jeden Zustand unterschiedlich sein können; nach jedem Eingangssymbol geht der Kanal im Markoff-Prozeß einen Schritt weiter in einen neuen (oder den alten) Zustand und setzt damit für das nächste Eingangssymbol eine neue (oder dieselbe) Anordnung von bedingten Wahrscheinlichkeiten für die Ausgangssymbole in Kraft; auf diese Weise lassen sich kompliziertere statistische Strukturen der Störungen als im Falle des Kanals ohne Gedächtnis widerspiegeln. Für den Kanal ohne Gedächtnis werden in den folgenden Abschnitten nach einer quantitativen statistischen Beschreibung des Kanals weitere Größen wie die übertragene Information und die maximal übertragbare Information eingeführt, wobei sich eine allgemeinere Definition der Information ergibt, in der die von einer Nachrichtenquelle gelieferte Information, ausgedrückt durch die Entropie der Quelle, als Sonderfall enthalten ist. Zu beachten ist dabei, daß die bei der redundanzfreien Kodierung der Quelle aufgetretene erforderliche Verzögerungs- bzw. Laufzeit, die auch bei der störungsschützenden Kodierung mit systematischer Redundanz zur fehlerfreien Nachrichtenübertragung über gestörte Kanäle wieder erforderlich sein wird, auf die übertragbare Information ohne Einfluß ist, solange sie endlich bleibt, da es sich stets um eine einseitige Nachrichtenübertragung handelt. Bei einer Wechsel- oder gegenseitigen Nachrichtenübertragung dagegen zieht eine zu große Laufzeit praktisch eine Reduktion der übertragbaren Information nach sich, die durch die sich auf Grund der Betriebsart dann ergebenden Wartezeiten entsteht; da eine endliche Laufzeit keine prinzipielle Beschränkung der Nachrichtenübertragung zur Folge hat, kann sie in der Theorie unberücksichtigt bleiben. Am Beispiel eines Kanals mit zwei Kanalsymbolen, dem Binärkanal, werden die Begriffe in enger Beziehung zu praktischen Übertragungssystemen erläutert werden.

4.1 Übertragene Information

Das mathematische Abbild eines gestörten diskreten Kanals ohne Speicher, dargestellt durch das Urnenmodell, hat folgende Beschaffenheit: Gegeben sei eine der Zahl N der verschiedenen Eingangssymbole S_i des Kanals entsprechende Anzahl Urnen mit im allgemeinen verschiedenen Wahrscheinlichkeitsverteilungen, ausgedrückt durch die bedingten Wahrscheinlichkeiten $w_i(j)$ der N' verschiedenen Ausgangssymbole S_j; der Übertragungsvorgang besteht im Ziehen aus der Urne, die durch das von der Quelle gelieferte Eingangssymbol S_i festgelegt ist; das gezogene Symbol ist dann das Ausgangssymbol S_j.

Grafisch kann der diskrete gestörte Kanal durch eine Darstellung nach Abb. 38 veranschaulicht werden, wobei die Verbindungslinien in ihren Werten durch die Übertragungsmatrix

$$\big(w_i(j)\big) = \begin{pmatrix} w_1(1), \ldots, w_1(j), \ldots, w_1(N') \\ \vdots \\ w_i(1) \\ \vdots \\ w_N(1) \end{pmatrix} \tag{4.1}$$

gegeben sind. Die Übertragungsmatrix mit einer der Zahl N der verschiedenen Eingangssymbole entsprechenden Zeilenzahl, die von der der Zahl N' der Ausgangssymbole entsprechenden Spaltenzahl verschieden sein kann, beschreibt den Kanal ohne Gedächtnis vollständig.

Für die Zeilen der Matrix gilt

$$\sum_{j=1}^{N'} w_i(j) = 1\,, \tag{4.2}$$

denn eines der N' verschiedenen Ausgangssymbole S_j muß bei Einspeisung des Symbols S_i am Ausgang des Kanals auftreten. Der Grenzfall des ungestörten Kanals tritt für $N = N'$, d.h. eine quadratische Übertragungsmatrix, dann ein, wenn gilt

$$w_i(j) = \begin{matrix} 1 & i = j \\ 0 & i \neq j \end{matrix}, \qquad i, j = 1, \ldots, N\,, \tag{4.3}$$

d.h. wenn die Übertragungsmatrix eine Einheitsmatrix ist und jedes Eingangssymbol mit Sicherheit das entsprechende Ausgangssymbol nach sich zieht. Im weiteren wird noch eine allgemeinere, auch für $N \neq N'$ gültige Bedingung für ungestörte Übertragung aufgestellt werden.

Der andere Grenzfall des total gestörten Kanals tritt ein, wenn gilt

$$w_i(j) = w(j) \quad \begin{array}{l} i = 1, \ldots, N, \\ j = 1, \ldots, N', \end{array} \tag{4.4}$$

d.h. wenn die Ausgangssymbole statistisch unabhängig von den Eingangssymbolen sind; dann sind alle Zeilen der Übertragungsmatrix gleich.

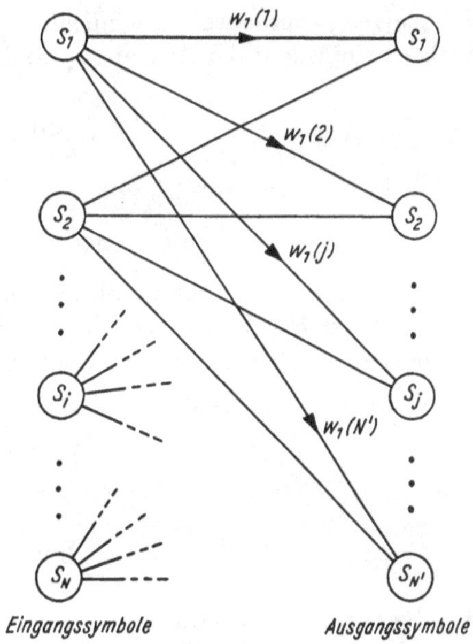

Abb. 38. Grafische Darstellung eines gestörten diskreten Kanals

Für die vollständige Beschreibung des statistischen Vorganges der Nachrichtenübertragung durch den Kanal ist neben der Angabe der Übertragungsmatrix des Kanals noch die Angabe der Wahrscheinlichkeiten der Eingangssymbole erforderlich; für den Kanal ohne Gedächtnis sei als einfachste den Kanal speisende Quelle (oder sekundäre kodierte Quelle) eine Quelle mit unabhängig aufeinanderfolgenden Symbolen angenommen. (Bei der Kodierung diskreter Quellen war gezeigt worden, daß bei redundanzfreier Kodierung die Kodesymbole unabhängig und gleichwahrscheinlich sind. Eine solche Quelle ist im Falle eines gestörten Kanals nicht immer die günstigste, an den Kanal angepaßte Quelle, wie in Abschnitt 4.2 gezeigt werden wird.)

Gegeben seien also die Symbolwahrscheinlichkeiten $w(i)$ $(i = 1, \ldots, N)$ der den Kanal speisenden Quelle; dann ergibt sich für das gemeinsame Eintreten des Eingangssymbols S_i und des Ausgangssymbols S_j mit Gl. (4.1) die verbundene Wahrscheinlichkeit

$$w(i, j) = w(i)\, w_i(j) \tag{4.5}$$

bzw. die Verbundmatrix

$$\big(w(i, j)\big) = \begin{pmatrix} w(1,1), \ldots, w(i, j), \ldots, w(1, N') \\ \vdots \\ w(N, 1) \,\ldots\ldots\ldots\, w(N, N') \end{pmatrix}, \tag{4.6}$$

die in gleicher Weise wie die Eingangssymbolwahrscheinlichkeiten der Quelle und die durch die Übertragungsmatrix des Kanals gegebenen bedingten Wahrscheinlichkeiten den Übertragungsvorgang vollständig beschreibt; denn aus $w(i, j)$ läßt sich mit

$$\sum_{j=1}^{N'} w(i, j) = w(i) \tag{4.7}$$

die Eingangssymbolwahrscheinlichkeit und daraus mit Gl. (4.5) die bedingte Wahrscheinlichkeit der Ausgangssymbole bestimmen. Es gilt aber auch

$$\sum_{i=1}^{N} w(i, j) = w(j) \tag{4.8}$$

und in Erweiterung von Gl. (4.5)

$$w(i, j) = w(j)\, w_j(i)\,, \tag{4.9}$$

wobei $w(j)$ die Ausgangssymbolwahrscheinlichkeit und $w_j(i)$ die bedingte Wahrscheinlichkeit der Eingangssymbole bei Empfang eines bestimmten Ausgangssymbols S_j ist. Mit Gl. (4.8) und (4.9) gilt noch

$$w_j(i) = \frac{w(i, j)}{w(j)} = \frac{w(i, j)}{\sum\limits_i w(i, j)} = \frac{w(i)\, w_i(j)}{w(j)} = \frac{w(i)\, w_i(j)}{\sum\limits_i w(i)\, w_i(j)} \tag{4.10}$$

und

$$\sum_{i=1}^{N} w_j(i) = 1\,, \tag{4.11}$$

d.h. bei Kenntnis der Statistik der Quelle und des Kanals läßt sich bei Empfang eines bestimmten Ausgangssymbols S_j angeben, mit welchen Wahrscheinlichkeiten es von den N verschiedenen Eingangssymbolen S_i herrühren kann. Wenn sich mit Sicherheit angeben läßt, welches Eingangssymbol S_{i_j} das Ausgangssymbol S_j hervorgerufen hat, dann ist die Übertragung störungsfrei; dafür muß bei einem bestimmten j gelten

$$w_j(i) = \begin{matrix} 1 & i = i_j & i = 1, \ldots, N \\ 0 & i \neq i_j & j = 1, \ldots, N' \geqq N\,, \end{matrix} \tag{4.12}$$

bzw. die Matrix der bedingten Wahrscheinlichkeiten $(w_j(i))$ enthält in allen N' Zeilen jeweils nur ein von Null verschiedenes Element mit dem durch Gl. (4.11) gegebenen Wert Eins. Gegenüber Gl. (4.3), die die Bedingungen für einen ungestörten Kanal beinhaltet, stellt Gl. (4.12) eine Verallgemeinerung insofern dar, als sie die Bedingung für eine ungestörte Übertragung auch bei einem gestörten Kanal beinhaltet. Für einen Kanal mit gleicher Anzahl von Eingangs- und Ausgangssymbolen sind Gl. (4.3) und (4.12) identisch, wie sich durch Einsetzen von Gl. (4.3) in Gl. (4.10) ergibt.

Für eine total gestörte Übertragung gilt mit Gl. (4.4) und Gl. (4.10)

$$w_j(i) = w(i)\,, \tag{4.13}$$

d.h. die nach Empfang eines Symbols S_j gültige bedingte Wahrscheinlichkeit der Eingangssymbole S_i ist gleich der a priori gegebenen Eingangssymbolwahrscheinlichkeit; die Folgen der Sende- und Empfangssymbole sind statistisch unabhängig mit

$$w(i, j) = w(i) \cdot w(j) \tag{4.14}$$

nach Gl. (4.4) bzw. (4.13).

Bei einer zwischen diesen Grenzfällen liegenden Übertragung wird

$$w_j(i) \lesseqgtr w(i) \tag{4.15}$$

gelten, wobei die bedingte Wahrscheinlichkeit bei empfangenem Symbol S_j für das richtige Symbol S_i gegenüber der a-priori-Wahrscheinlichkeit $w(i)$ größer, für

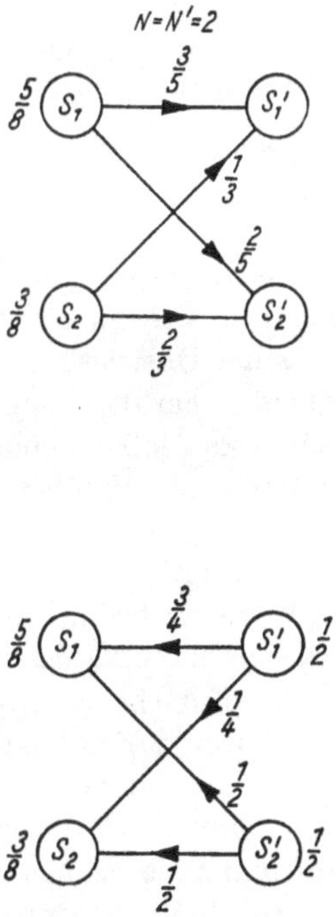

S_i	S_1	S_2
$w(i)$	$\frac{5}{8}$	$\frac{3}{8}$

$$(w_i(j)) = \begin{pmatrix} \frac{3}{5} & \frac{2}{5} \\ \frac{1}{3} & \frac{2}{3} \end{pmatrix}$$

daraus nach Gl. (4.5): $w(i, j) = w(i)\, w_i(j)$

$$(w(i, j)) = \begin{pmatrix} \frac{3}{8} & \frac{2}{8} \\ \frac{1}{8} & \frac{2}{8} \end{pmatrix}$$

nach Gl. (4.8) $\quad w(j) = \sum_i w(i, j)$

S_j	S_1'	S_2'
$w(j)$	$\frac{1}{2}$	$\frac{1}{2}$

nach Gl. (4.10) $\quad w_j(i) = \frac{w(i, j)}{w(j)}$

$$(w_j(i)) = \begin{pmatrix} \frac{3}{4} & \frac{1}{4} \\ \frac{1}{2} & \frac{1}{2} \end{pmatrix}$$

Abb. 39. Beispiel eines gestörten gedächtnislosen diskreten Kanals mit zwei Eingangs- und Ausgangssymbolen (Binärkanal)

die falschen Symbole S_i kleiner ist, um im Grenzfall ungestörter Übertragung nach Gl. (4.12) die Werte Eins bzw. Null anzunehmen.

Zur Veranschaulichung der bisher dargelegten Zusammenhänge sollen zwei Beispiele dienen. Zunächst sei ein Kanal mit gleicher Anzahl von Eingangs- und Ausgangssymbolen angenommen, bei dem also die Begriffe „gestörter Kanal" und „gestörte Übertragung" zusammenfallen. In Abb. 39 ist ein solcher Kanal mit $N = N' = 2$ Kanalsymbolen, gekennzeichnet durch seine Übertragungsmatrix $(w_i(j))$, dargestellt; da $0 < w_i(j) < 1$, handelt es sich um einen gestörten Kanal. Aus den ebenfalls gegebenen Symbolwahrscheinlichkeiten der den Kanal speisenden Quelle sind nach Gl. (4.5) die Verbundwahrscheinlichkeiten $w(i, j)$, daraus nach Gl. (4.8) die Ausgangssymbolwahrscheinlichkeiten $w(j)$ und schließlich nach Gl. (4.10) die für die Beurteilung der übertragenen Information maßgeblichen bedingten Wahrscheinlichkeiten $w_j(i)$ der Eingangssymbole berechnet. Es bestätigt sich Gl. (4.15), d. h. es ist

$$w_{S_1'}(S_1) = \frac{3}{4} > w(S_1) = \frac{5}{8}, \quad w_{S_1'}(S_2) = \frac{1}{4} < w(S_2) = \frac{3}{8},$$

$$w_{S_2'}(S_2) = \frac{1}{2} > w(S_2) = \frac{3}{8} \text{ und } w_{S_2'}(S_1) = \frac{1}{2} < w(S_1) = \frac{5}{8}.$$

Aus den Werten der Verbundwahrscheinlichkeiten läßt sich eine typische Folge von Eingangs- und zugehörigen Ausgangssymbolen angeben:

$$\begin{matrix} S_1 & S_1 & S_1 & S_1 & S_1 & S_2 & S_2 & S_2 \\ S_1' & S_1' & S_1' & S_2' & S_2' & S_1' & S_2' & S_2' \end{matrix}.$$

Die bedingten Wahrscheinlichkeiten der Eingangssymbole spiegeln dadurch, daß sie sich gegenüber den ursprünglichen Wahrscheinlichkeiten in Richtung größerer bzw. kleinerer Werte verändern, die Verringerung der Unsicherheit bezüglich der Eingangssymbole nach Empfang wider. Die bereits bei der quantitativen Bestimmung der Unsicherheit der Quelle als geeignetes Maß befundene Entropie wird sich auch hier bei der Bestimmung eines Maßes für die übertragene Information als geeignet erweisen.

Es ist jedoch so, daß praktisch eine gestörte Übertragung mit einer verbleibenden Unsicherheit von geringem Interesse ist; solange die bedingten Wahrscheinlichkeiten der Eingangssymbole keine absolute Sicherheit bezüglich der gesendeten Eingangssymbole liefern, muß der Empfänger eine Entscheidung in dieser Hinsicht treffen. Trifft er diese Entscheidung in der Form, daß er dasjenige Symbol als gesendet annimmt, dessen bedingte Wahrscheinlichkeit am größten ist (ein solcher Empfänger wird „idealer Beobachter" genannt), so ist dies zwar die günstigste Entscheidung, die er im Hinblick auf eine minimale Fehlerwahrscheinlichkeit treffen kann, aber von den nach dieser Entscheidung als gesendet angenommenen empfangenen Symbolen ist im Mittel der ε-te Teil falsch. Mit

$$w_j(i_j) > w(i)$$

als der bedingten Wahrscheinlichkeit bei empfangenem Symbol S_j, die am größten ist, wird die Wahrscheinlichkeit für eine Fehlentscheidung des „idealen Beobachters" im Einzelfalle

$$1 - w_j(i_j)$$

und im Mittel über alle empfangenen Symbole S_j

$$\varepsilon = \sum_j w(j)\,[1 - w_j(i_j)]\,. \tag{4.16}$$

Im Beispiel lautet das Entscheidungsschema des „idealen Beobachters" einfach so, daß bei empfangenem S_1' bzw. S_2' S_1 bzw. S_2 als gesendet angenommen werden;

aus Gl. (4.16) ergibt sich dafür $\varepsilon = \frac{3}{8}$, d.h. $\frac{3}{8}$ der empfangenen Symbole werden falsch zugeordnet, wie man auch leicht aus der typischen Folge von Eingangs- und Ausgangssymbolen ersieht. Nur bei störungsfreier Übertragung nach Gl. (4.12) wird ε zu Null.

Ein Beispiel für einen gestörten Kanal mit störungsfreier Übertragung ist in Abb. 40 dargestellt. Aus den bedingten Wahrscheinlichkeiten $w_i(j)$ der Ausgangssymbole, die den gestörten Kanal kennzeichnen, ersieht man, daß in diesem Falle

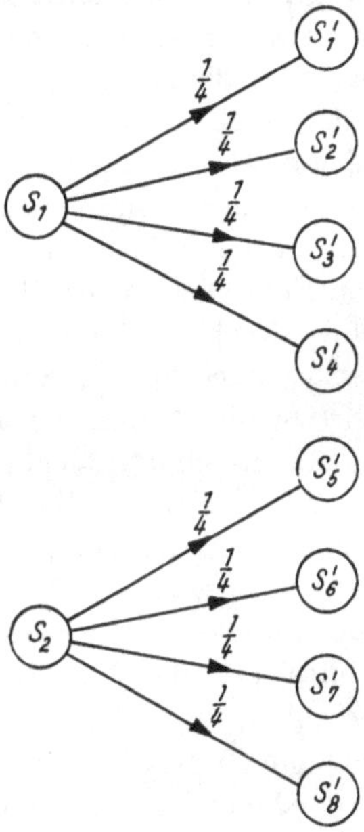

$N = 2 \qquad N' = 8$

$$(w_i(j)) = \begin{pmatrix} \frac{1}{4} & \frac{1}{4} & \frac{1}{4} & \frac{1}{4} & 0 & 0 & 0 & 0 \\ 0 & 0 & 0 & 0 & \frac{1}{4} & \frac{1}{4} & \frac{1}{4} & \frac{1}{4} \end{pmatrix}$$

$$(w_j(i)) = \begin{pmatrix} 1 & 0 \\ 1 & 0 \\ 1 & 0 \\ 1 & 0 \\ 0 & 1 \\ 0 & 1 \\ 0 & 1 \\ 0 & 1 \end{pmatrix}$$

Abb. 40. Beispiel eines gestörten Kanals mit störungsfreier Nachrichtenübertragung

jedem Eingangssymbol eine getrennte Gruppe von Ausgangssymbolen zugeordnet ist, so daß die bedingten Wahrscheinlichkeiten $w_j(i)$ der Eingangssymbole wegen $w(i, j) = w(j)$ für $i = i_j$ nach Gl. (4.10) ohne Angabe der Wahrscheinlichkeiten $w(i)$ der Eingangssymbole bestimmbar sind; es ergibt sich Sicherheit bezüglich der gesendeten Symbole S_i entsprechend Gl. (4.12).

Es scheint so, als ob ein solcher gestörter Kanal praktisch kaum von Bedeutung ist, denn er entspricht dem ungestörten Binärkanal, wenn man die getrennten Gruppen von Ausgangssymbolen auf je ein Symbol reduziert. Denkt man sich aber an Stelle der Symbole S_i und S_j die in Abb. 41 dargestellten Kombinationen von jeweils drei Symbolen, so erkennt man, daß es sich hierbei um einen erweiterten Binärkanal handelt, bei dem von einem Block von drei binären Eingangssymbolen jeweils das erste, zweite, dritte oder keines falsch übertragen wird; da von den $N^m = 8$ möglichen Kombinationen der binären Eingangssymbole nur zwei verwendet werden, die durch jeweils zweifache Wiederholung (d.h. durch Einführung systematischer Redundanz) der beiden verschiedenen Binärsymbole entstehen, ist eine eindeutige Zuordnung der Ausgangssymbolkombinationen zu den beiden Eingangssymbolkombinationen möglich; die beiden Gruppen von Ausgangsblöcken unterscheiden sich mindestens in zwei Stellen von dem falschen Eingangsblock, jedoch maximal in einer Stelle von dem richtigen Eingangsblock.

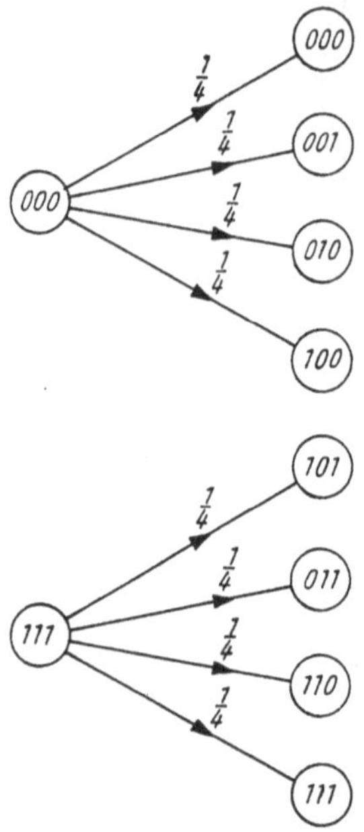

Abb. 41. Beispiel eines gestörten Kanals mit störungsfreier Nachrichtenübertragung (erweiterter Binärkanal)

Das Prinzip der unterscheidbaren Ausgangssymbolblöcke ist das zentrale Prinzip der Kodierung zur störungsfreien Übertragung über gestörte Kanäle; weiter unten wird darauf noch näher eingegangen werden.

Zunächst muß jedoch nach der statistischen Beschreibung des gestörten Kanals ein quantitatives Maß für die durch den gestörten Kanal übertragene Information definiert werden. Ausgehend von der Entropie als bewährtem Maß für die von einer Nachrichtenquelle gelieferte Information ist es naheliegend, zunächst die durch die Wahrscheinlichkeiten der Eingangssymbole $w(i)$ gekennzeichnete Quelle mit der Entropie $H(I)$ und die durch die bedingten Wahrscheinlichkeiten $w_j(i)$ der Eingangssymbole nach Empfang der Ausgangssymbole gekennzeichnete Quelle mit der bedingten Entropie $H_J(I)$ im Hinblick auf die Nachrichtenübertragung zu betrachten.

Es war angenommen worden, daß die den Kanal speisende Quelle die Kanaleingangssymbole S_i statistisch unabhängig voneinander liefert, so daß $H(I)$ die in den Kanal eingespeiste Information darstellt. Würden die S_i ungestört in die entsprechenden Ausgangssymbole S_j übertragen werden, so wäre alle Unsicherheit bezüglich der S_i beseitigt; entsprechend der Definition der Information als beseitigter Unsicherheit würde sich für die übertragene Information, in Anlehnung an das Angelsächsiche auch Transinformation genannt, für die der Buchstabe $\mathfrak{I}$ verwendet werden soll, $\mathfrak{I} = H(I)$ ergeben. Nun ist aber infolge der gestörten Übertragung die Unsicherheit bezüglich der gesendeten Symbole nicht völlig beseitigt, sondern es verbleibt auch nach Empfang der Ausgangssymbole S_j eine Restunsicherheit, gegeben durch die bedingte Entropie $H_J(I)$. Die je Kanalsymbol übertragene Information beträgt demnach

$$\mathfrak{I} = \mathfrak{I}(I, J) = H(I) - H_J(I)$$
$$= -\sum_i w(i)\,{}_a\log w(i) + \sum_j w(j) \sum_i w_j(i)\,{}_a\log w_j(i)\,. \qquad (4.17)$$

Um die verbliebene Restunsicherheit, im angelsächsichen Schrifttum Äquivokation[1]) genannt, völlig zu beseitigen und damit eine ungestörte Übertragung zu erzielen, müßte ein äußerer Beobachter, der Kenntnis vom Kanaleingang und -ausgang besitzt, dem Empfänger Korrekturdaten liefern; die von diesem Beobachter gelieferten Daten würden eine Quelle mit der Entropie $H_J(I)$ darstellen (Abb. 42).

Auf Grund der Eigenschaften der Entropie ist bei bedingten Wahrscheinlichkeiten $w_j(i)$, wie sie für störungsfreie Übertragung nach Gl. (4.12) gelten, die Restunsicherheit, ausgedrückt durch die bedingte Entropie $H_J(I)$, gleich Null und damit $\mathfrak{J} = H(I)$, d.h. die je Kanalsymbol übertragene Information ist gleich der Entropie der den Kanal speisenden Quelle; ebenso ist im anderen Grenzfall

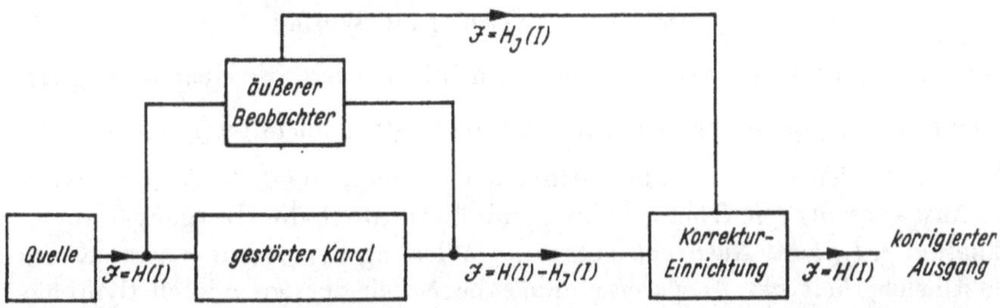

Abb. 42. Schema einer störungsfreien Nachrichtenübertragung über einen gestörten Kanal durch einen Korrekturkanal

der total gestörten Übertragung mit $w_j(i) = w(i)$ nach Gl. (4.13) $H_J(I) = H(I)$ und damit $\mathfrak{J} = H(I) - H(I) = 0$, d.h. die übertragene Information ist Null. Die Beziehung (4.17) ist identisch mit Gl. (2.20), die die von einer Nachrichtenquelle mit nicht genau bestimmbaren Signalwerten gelieferte Information angibt; genau wie dort gelten die äquivalenten Beziehungen

$$\mathfrak{J}(I, J) = H(J) - H_I(J) = -\sum_j w(j) \,{}_a\log w(j) + \sum_i w(i) \sum_j w_i(j) \,{}_a\log w_i(j) \quad (4.18)$$

und

$$\mathfrak{J}(I, J) = H(I) + H(J) - H(I, J) = -\sum_i \sum_j w(i, j) \,{}_a\log \frac{w(i)\, w(j)}{w(i, j)}, \quad (4.19)$$

wobei Gl. (4.18) als die durch die Kanalausgangssymbole gelieferte Information abzüglich der durch die Störungen darin enthaltenen Unsicherheit zu interpretieren ist, während die symmetrische Form nach Gl. (4.19), entstanden durch Addition und Subtraktion von $H(J)$ in Gl. (4.17) bzw. $H(I)$ in Gl. (4.18), erkennen läßt, daß in der statistischen Beschreibung Kanaleingang und -ausgang völlig gleichberechtigt und vertauschbar sind, im Gegensatz zum realen, meist gerichteten Kanal und der daran anknüpfenden Auffassung der Nachrichtenübertragung als gerichteten, vom Kanaleingang zum Ausgang ablaufenden Vorgang.

[1]) equivocation, engl. Zweideutigkeit.

Für das in Abb. 40 dargestellte Beispiel ergibt sich unter der Annahme der Gleichwahrscheinlichkeit und Unabhängigkeit der Kanaleingangssymbole[1]), also für eine den Kanal speisende Quelle, mit

S_i	S_1	S_2
$w(i)$	$\frac{1}{2}$	$\frac{1}{2}$

nach Gl. (4.17) eine Eingangsentropie $H(I) = 1$ bit/Symbol und mit den $w_j(i)$ aus Abb. 40 eine die nach Empfang verbliebene Unsicherheit kennzeichnende bedingte Entropie $H_J(I) = 0$, d.h. die über den gestörten Kanal von der angenommenen Quelle zum Ausgang übertragene Information beträgt

$$\mathfrak{J} = H(I) - H_J(I) = 1 \text{ bit/Symbol},$$

ist also gleich der von der Quelle gelieferten Information; die Übertragung erfolgte wegen $H_J(I) = 0$ ohne Verluste. Andererseits besitzen die mit $w(j) = w(i)\, w_i(j) = \frac{1}{8}$ acht verschiedenen gleichwahrscheinlichen Ausgangssymbole S_j nach Gl. (4.18) eine Ausgangsentropie $H(J) = 3$ bit/Symbol; die durch die Übergangswahrscheinlichkeiten $w_i(j)$ zum Ausdruck gebrachte Wirkung der Störungen im Kanal hat eine Unsicherheit der Ausgangssymbole bezüglich der gesendeten Symbole, gemessen durch die bedingte Entropie

$$H_I(J) = \sum_i w_i\, H_i(J) = 2 \text{ bit/Symbol},$$

zur Folge.

Die durch den gestörten Kanal im vorliegenden Beispiel wegen $H_J(I) = 0$ störungsfrei übertragene Information beträgt damit nach Gl. (4.18)

$$\mathfrak{J} = H(J) - H_I(J) = 1 \text{ bit/Symbol};$$

dies ist das gleiche Ergebnis wie das nach Gl. (4.17) erhaltene, nur daß im ersteren Falle explizit die Verlustfreiheit des Kanals $(H_J(I) = 0)$ zum Ausdruck kommt, während im letzteren nur die durch die Streuung der Eingangs- auf die Ausgangssymbole bedingte Unsicherheit der Ausgangssymbole $(H_I(J))$ und damit der Grad der Störung des Kanals, nicht aber der Informationsverlust, ersichtlich ist.

Im vorliegenden Beispiel stellt die durch den gestörten Kanal störungsfrei übertragene Information infolge der Wahl der statistischen Struktur der Quelle gleichzeitig den Maximalwert der über den vorgegebenen Kanal übertragbaren Information dar; jede andere Quelle liefert weniger Information und gestattet auch dementsprechend weniger Information zu übertragen. Allgemein ist jedoch die statistische Struktur der das Maximum an durch den Kanal übertragener Information liefernden Quelle verschieden von der redundanzfreien Quelle. Den Maximalwert der über einen gestörten Kanal störungsfrei übertragbaren Information, der bei gegebenen statistischen Eigenschaften des Kanals nur von diesen ab-

[1]) Diese Annahme bedeutet keine Einschränkung, da sie für jede Quelle durch entsprechende redundanzfreie Kodierung erfüllbar ist.

hängt, allerdings nur bei einer bestimmten, die übertragene Information maximierenden Quelle erreicht wird, bezeichnet man als *Kanalkapazität*; im nächsten Kapitel wird darauf noch ausführlicher eingegangen werden. Zunächst jedoch noch weitere Bemerkungen zur übertragenen Information nach Gl. (4.18). Während im Falle verschwindender Restunsicherheit $H_J(I)$, wie im Beispiel nach Abb. 40, die übertragene Information $\mathfrak{J}$ identisch mit der störungsfrei übertragenen, von der Quelle I gelieferten Information $H(I)$ ist, geht im allgemeinen Falle mit $H_J(I) \neq 0$ dieser Anteil der von der Quelle I gelieferten Information unwiederbringlich verloren.

Ein Beispiel hierzu waren Quelle und Kanal nach Abb. 39. Aber auch der verbleibende Anteil $\mathfrak{J}$, die übertragene Information, ist nur dann eine sinnvoll definierte Größe, wenn es möglich ist, eine andere Quelle, die eine Entropie $H = \mathfrak{J}$ besitzt, so auf die Quelle I abzubilden, daß die Information der Quelle H störungsfrei auf den Ausgang übertragen wird. Um zu zeigen, daß diese Möglichkeit besteht, ist es erforderlich, an Stelle der Übertragung einzelner Symbole wieder die Übertragung von Blöcken von m aufeinanderfolgenden Symbolen zu betrachten. Die Übertragung m aufeinanderfolgender Symbole durch den gegebenen gedächtnislosen Kanal ist gleichbedeutend mit der Übertragung eines Blockes von m Symbolen durch einen wie folgt erweiterten Kanal:

An Stelle der N verschiedenen Eingangssymbole treten die N^m verschiedenen möglichen Kombinationen zu Blöcken von m Symbolen; das gleiche gilt für die N' verschiedenen Ausgangssymbole.

Die den Kanal ohne Gedächtnis vollständig beschreibende Matrix Gl. (4.1) der Übergangswahrscheinlichkeiten wird infolge der Unabhängigkeit aufeinanderfolgender Übergänge für den erweiterten Kanal zu einer Matrix mit N^m Zeilen und N'^m Spalten, deren Elemente das Produkt der Übergangswahrscheinlichkeiten der kombinierten Einzelsymbole sind. Es gilt also

$$w_{i_1, \ldots, i_m}(j_1, \ldots, j_m) = \prod_{\nu=1}^{m} w_{i_\nu}(j_\nu) . \tag{4.20}$$

Werden auch die Kanaleingangssymbole statistisch unabhängig angenommen, d. h. gilt

$$w(i_1, \ldots, i_m) = \prod_{\nu=1}^{m} w(i_\nu) , \tag{4.21}$$

so gilt für die je Block von m Symbolen im Mittel übertragene Information des erweiterten Kanals nach Gl. (4.17)

$$\mathfrak{J}(I_m, J_m) = \mathfrak{J}_m = H(I_m) - H_{J_m}(I_m) \doteq m\, H(I) - m\, H_J(I) = m\, \mathfrak{J} , \tag{4.22}$$

also einfach das m-fache des Wertes für ein Einzelsymbol. Analoges gilt für Gl. (4.18) und (4.19).

Die gleichen Überlegungen, die in Abschnitt 3.5 über die Zahl der hochwahrscheinlichen Blöcke angestellt wurden und die zu Gl. (3.35) führten, sollen jetzt auf den erweiterten Kanal und die dabei auftretenden Entropien angewendet werden. Durch die Wahl eines hinreichend großen m ist es möglich, die große Zahl der N^m Eingänge, $(N \cdot N')^m$ Übergänge und N'^m Ausgänge zu reduzieren auf die hochwahrscheinlichen Eingangs- und Ausgangsblöcke bzw. Übergänge und die restlichen Blöcke bzw. Übergänge geringer Gesamtwahrscheinlichkeit zu vernachlässigen.

Unter diesen Voraussetzungen beträgt die Zahl der hochwahrscheinlichen Eingangsblöcke des erweiterten Kanals, bestehend aus m Symbolen der N verschiedenen Eingangssymbole des ursprünglichen Kanals, gespeist von einer Quelle mit der Entropie $H(I)$,

$$z_{I_m} = N^{\frac{m H(I)}{{}^a\log N}} \leqq N^m . \tag{4.23}$$

Die Zahl der hochwahrscheinlichen Ausgangsblöcke beträgt analog

$$z_{J_m} = N'^{\frac{m H(J)}{{}^a\log N'}} \leqq N'^m . \tag{4.24}$$

Jeder hochwahrscheinliche Eingangsblock wiederum hat eine Zahl

$$z_{I J_m} = N'^{\frac{m H_I(J)}{{}^a\log N'}} \tag{4.25}$$

von verschiedenen Ausgangsblöcken als hochwahrscheinliche Wirkung und umgekehrt jeder hochwahrscheinliche Ausgangsblock

$$z_{J I_m} = N^{\frac{m H_J(I)}{{}^a\log N}} \tag{4.26}$$

verschiedene Eingangsblöcke als hochwahrscheinliche Ursache. Diese Zusammenhänge sind in Abb. 43 veranschaulicht. Die hochwahrscheinlichen Blöcke bzw. Übergänge treten entsprechend Gl. (3.34) alle mit nahezu gleicher Wahrscheinlichkeit auf und die jeweilige Summe der Wahrscheinlichkeiten ist nahezu Eins. Um einzusehen, daß die durch Gl. (4.22) gegebene, von einem Block von m Symbolen übertragene Information fehlerfrei übertragbar ist, muß gezeigt werden, daß der erweiterte Kanal auf ein Schema gebracht werden kann, das dem des Beispiels in Abb. 40 für störungsfreie Übertragung entspricht.

In Abb. 44a ist gezeigt, wie durch Aufteilung der z_{I_m} hochwahrscheinlichen Eingangsblöcke in soviel unterscheidbare Gruppen, daß jeweils mit Sicherheit eine dieser Gruppen als hochwahrscheinliche Ursache bei Empfang in Frage kommt, eine ungestörte Übertragung möglich ist. Die Zahl der dadurch für die Informationsübertragung verbliebenen Ausgangssymbolblöcke ist nach Abb. 44a mit Gl. (4.23) und Gl. (4.26)

$$\frac{z_{I_m}}{z_{J I_m}} = N^{\frac{m(H(I) - H_J(I))}{{}^a\log N}} \tag{4.27}$$

in Übereinstimmung mit der sich aus Gl. (4.22) ergebenden erforderlichen Zahl von

$$z_{\mathfrak{J}_m} = N^{\frac{\mathfrak{J}_m}{{}^a\log N}} = N^{\frac{m(H(I) - H_J(I)}{{}^a\log N}} \tag{4.28}$$

hochwahrscheinlichen Blöcken zur Übertragung der Information $\mathfrak{J}_m$ je Block von m Symbolen.

Aus der zu Abb. 44a gleichwertigen Abb. 44b, die im Prinzip völlig der eines gestörten Kanals mit störungsfreier Übertragung nach Abb. 40 gleicht, ist auch zu ersehen, wie diese ungestörte Übertragung über einen gestörten Kanal, der im nichterweiterten Fall eine Restunsicherheit $H_J(I) \neq 0$ besitzt, praktisch erfolgt.

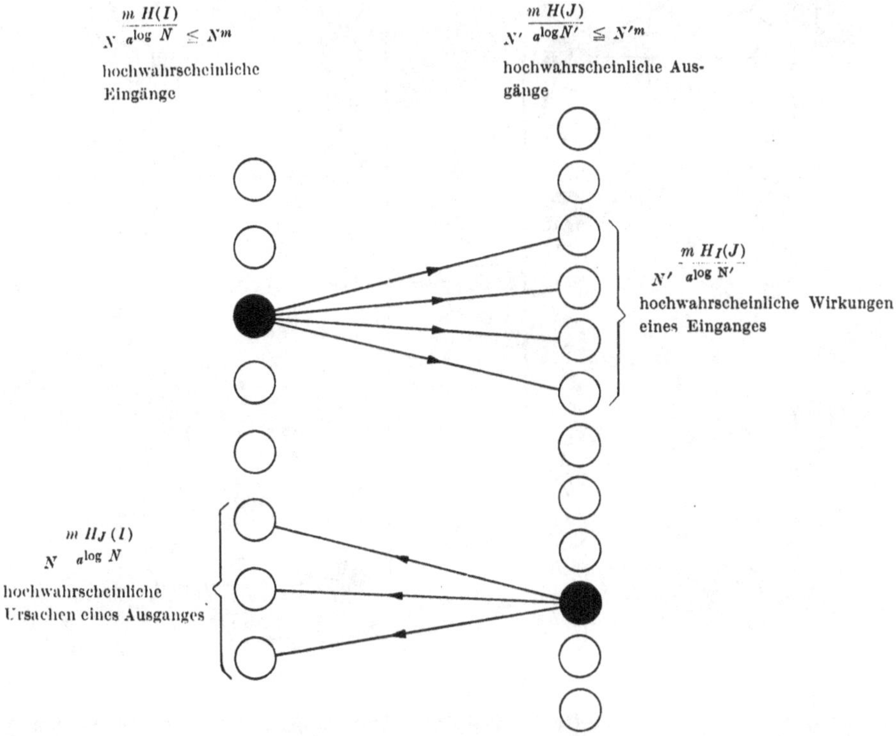

Abb. 43. Schematische Darstellung eines auf Blöcke von n Symbolen erweiterten Kanals mit N bzw. N' verschiedenen Eingangs- bzw. Ausgangssymbolen, nur die hochwahrscheinlichen Blöcke berücksichtigend

Von den z_{I_m} verschiedenen hochwahrscheinlichen Eingangssymbolblöcken der hinreichend großen Zahl m von Symbolen wird nur eine Zahl von

$$\frac{z_{J_m}}{z_{IJ_m}} = N^{\frac{m(H(J)-H_I(J))}{{}^a\log N}}, \tag{4.29}$$

die mit Gl. (4.18) gleich der Zahl $z_{\mathfrak{J}_m}$ nach Gl. (4.28) ist, verwendet. In gleicher Weise wie in Abb. 41 ist es dadurch auf der Empfangsseite möglich, aus den verschiedenen falsch empfangenen Blöcken eindeutig auf den gesendeten zu schließen.

Das Prinzip der störungsfreien Übertragung über gestörte Kanäle läuft also letztlich darauf hinaus, den gestörten Kanal durch Ausnützung der sich bei sehr

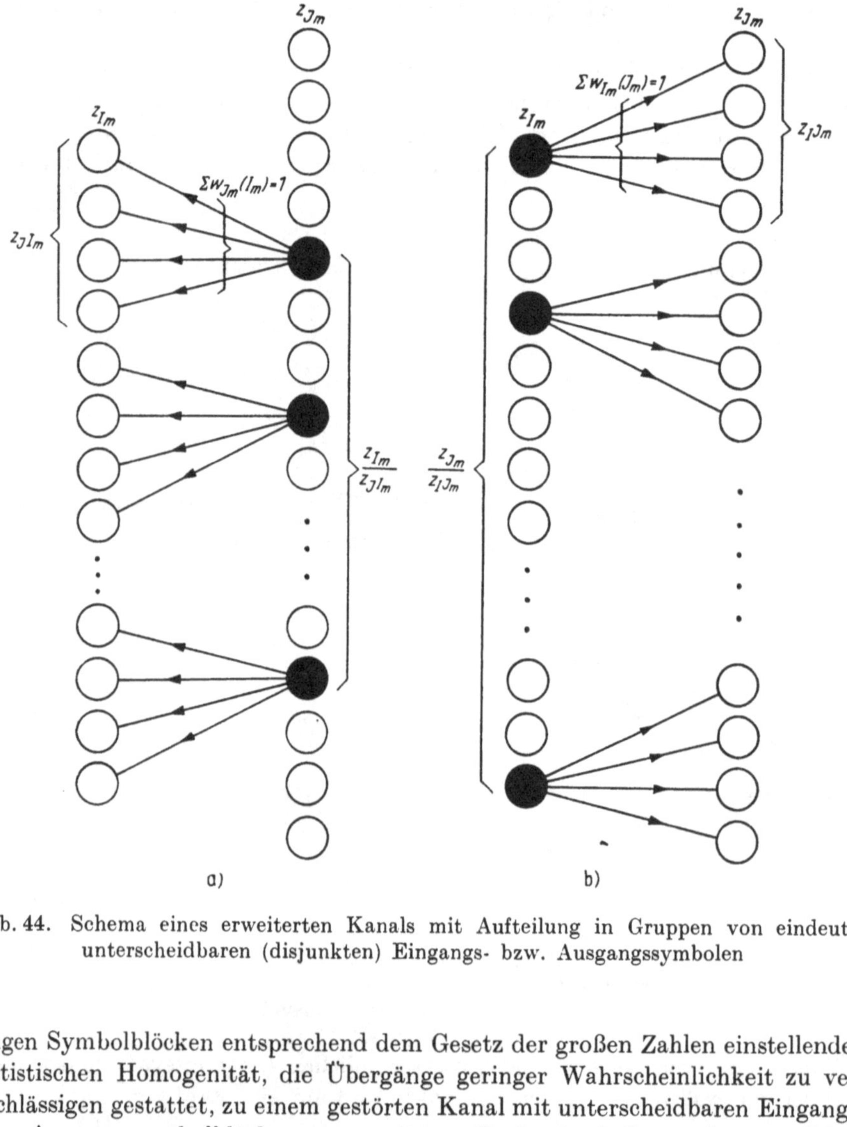

Abb. 44. Schema eines erweiterten Kanals mit Aufteilung in Gruppen von eindeutig unterscheidbaren (disjunkten) Eingangs- bzw. Ausgangssymbolen

langen Symbolblöcken entsprechend dem Gesetz der großen Zahlen einstellenden statistischen Homogenität, die Übergänge geringer Wahrscheinlichkeit zu vernachlässigen gestattet, zu einem gestörten Kanal mit unterscheidbaren Eingangs- bzw. Ausgangssymbolblöcken zu erweitern. Dadurch, daß von den möglichen Kombinationen der Eingangssymbole zu Blöcken von m Symbolen nicht einmal alle hochwahrscheinlichen, sondern nur eine Auswahl zur Übertragung verwendet wird, wird eine gewollte Redundanz zugunsten einer ungestörten Übertragung eingeführt. Die Einführung einer Redundanz ist gleichbedeutend mit einer störungsschützenden Kodierung, die aber im vorliegenden Fall nicht in so systematischer Weise wie in Abb. 41 bzw. im Kapitel 5 erfolgt. Während eine Übertragung mit beliebig kleinem Fehler im vorliegenden Falle erst für $m \to \infty$ erfolgt, wie im nächsten Abschnitt noch gezeigt werden wird, lassen sich bei den noch zu behandelnden systematischen fehlerkorrigierenden Kodierungen bereits bei endlichem m allerdings auch nur für systematische, nicht rein statistische Störungen, fehlerfreie Übertragungen erzielen bzw. bei statistischen Störungen lassen sich damit die Übertragungsfehler nur reduzieren.

Daß die Auswahl der zur Übertragung verwendeten hochwahrscheinlichen Blöcke, über die außer ihrer Zahl bisher noch keine genaueren Angaben gemacht wurden, bei gegen Unendlich gehender Symbolblocklänge auch unproblematisch ist und willkürlich erfolgen kann (im Gegensatz zu der Situation bei endlichem m), zeigt folgende Überlegung. An Stelle der bei gegebener, den Kanal speisender Quelle I und gegebenem Kanal maximal störungsfrei übertragbaren Information $\mathfrak{J}$ bzw. $\mathfrak{J}_m$ nach Gl. (4.22) soll nur die einer Quelle der Entropie H je Symbol mit

$$H = \mathfrak{J} - \delta, \qquad \delta > 0 \tag{4.30}$$

übertragen werden. Diese Quelle liefert bei Zusammenfassung von m Quellensymbolen

$$z_{H_m} = N^{\frac{m H}{{}_a\log N}} \tag{4.31}$$

hochwahrscheinliche Blöcke der Länge $\frac{m H}{{}_a\log N}$ aus N verschiedenen Eingangssymbolen, die der durch Gl. (4.28) gegebenen maximalen Zahl $z_{\mathfrak{J}_m}$ von aus der Zahl z_{I_m} der hochwahrscheinlichen Eingangssymbolblöcke für störungsfreie Übertragung auswählbaren Blöcke zuzuordnen sind. Mit Gl. (4.30) wird aber

$$\frac{z_{H_m}}{z_{\mathfrak{J}_m}} = N^{\frac{m(H-\mathfrak{J})}{{}_a\log N}} = N^{\frac{-m\,\delta}{{}_a\log N}} = a^{-m\delta}, \tag{4.32}$$

d.h. das Verhältnis der Zahl der Quellenblöcke zur Zahl der verwendbaren Eingangsblöcke wird mit wachsendem m bei auch nur geringfügig von Null verschiedenem δ rasch kleiner, so daß es schließlich selbst bei willkürlicher Zuordnung der z_{H_m} zu den z_{I_m} wenig wahrscheinlich ist, eine Gruppe von nichtunterscheidbaren Eingangssymbolblöcken ausgewählt zu haben.

Um die Quelle der Entropie H der den Kanal speisenden Quelle I zuzuordnen, ist es erforderlich, eine Kodierung in die N verschiedenen Eingangssymbole des Kanals vorzunehmen. Die zur redundanzfreien Kodierung einer Quelle der Entropie $m\,H = m\,\mathfrak{J} = \big(mH(I) - H_J(I)\big)$ in N Symbole erforderliche Kodelänge ist aber, wie schon gesagt, kleiner als m, nämlich mit Gl. (3.38) und (4.28) gleich

$${}_N\log z_{\mathfrak{J}_m} = \frac{m\,\mathfrak{J}}{{}_a\log N} = \frac{m\,(H(I) - H_J(I))}{{}_a\log N}. \tag{4.33}$$

Mit Gl. (2.46), der Definition für die Redundanz einer Quelle,

$$r = \frac{H_{\max} - H}{H_{\max}}$$

besitzt damit die an den Kanal zur störungsfreien Nachrichtenübertragung angepaßte Quelle eine Redundanz

$$r = \frac{m\,{}_a\log N - m\,\mathfrak{J}}{m\,{}_a\log N} = \frac{{}_a\log N - H(I) + H_J(I)}{{}_a\log N} = r_I + \frac{H_J(I)}{{}_a\log N}, \tag{4.34}$$

wobei r_I die Redundanz der den Kanal speisenden Quelle darstellt (da diese nicht notwendig unabhängige und gleichwahrscheinliche Symbole liefern muß) und der Term $\frac{H_J(I)}{{}_a\log N}$ den zur Beseitigung der Restunsicherheit erforderlichen Redundanzanteil. Das heißt, von den m Symbolen jedes Eingangsblockes sind mit Gl. (4.33) und (4.34)

$$m - \frac{m\,(H(I) - H_J(I))}{{}_a\log N} = m\,r \tag{4.35}$$

redundant, nicht zur Informationsdarstellung erforderlich, und dienen zur Sicherstellung einer trotz Übertragungsfehler fehlerfreien Übertragung der Information $\mathfrak{J}$.

Da, wie die vorstehenden Darlegungen zeigten, eine fehlerfreie Übertragung über einen statistisch gestörten Kanal in Strenge nur für gegen Unendlich gehende Blocklänge m erfolgt, ist es nicht möglich, ein die realen Verhältnisse widerspiegelndes Beispiel bei endlichem m zu geben. Um trotzdem die abgeleiteten Beziehungen an einem Beispiel erläutern zu können, müssen Idealisierungen vorgenommen werden. In Abb. 45, das einen erweiterten Binärkanal mit $N = N' = 2$ Symbolen, erweitert auf eine Blocklänge von $m = 3$ darstellen soll, ist deshalb angenommen, daß die Übergangswahrscheinlichkeiten des erweiterten Kanals nach Gl. (4.20)

$$w_{i_1,\, i_2,\, i_3}(j_1, j_2, j_3)$$

nur noch merkliche, und zwar als gleich angenommene Werte für vier Übergänge besitzen; die anderen praktisch noch vorhandenen Übergangswahrscheinlichkeiten sind vernachlässigt. Es gibt zwar keinen realen Binärkanal, dessen Erweiterung dieses Ergebnis liefert, aber die Idealisierung ist nicht allzu groß; die Störung des Binärkanals erfolgt im idealisierten Beispiel nicht streng statistisch unabhängig, sondern so, daß von drei aufeinanderfolgenden Zeichen entweder das erste, zweite, dritte oder keines mit gleichen Wahrscheinlichkeiten von $\frac{1}{4}$ falsch übertragen wird.

Dieser Sachverhalt wird in Abb. 45 durch die rösselsprungähnlichen Verbindungslinien zwischen Eingangs- und Ausgangssymbolblöcken dargestellt. Mit der angenommenen Gleichwahrscheinlichkeit der Eingangssymbole werden die Eingangssymbolblöcke nach Gl. (4.21) und ebenso auch die Ausgangssymbolblöcke gleichwahrscheinlich; die bedingten Wahrscheinlichkeiten $w_{j_1 j_2 j_3}(i_1, i_2, i_3)$ nehmen ebenfalls die Werte 1/4 an, d.h. jeder Ausgangsblock kann von 4 Eingangsblöcken herrühren, die Verbindungslinien stellen gleichzeitig auch diese bedingten Wahrscheinlichkeiten dar. Abb. 45 ist ein konkretes Beispiel zu den allgemeinen Darstellungen erweiterter Kanäle nach Abb. 43 bzw. 44. Mit den aus den Wahrscheinlichkeiten berechneten Entropien je Block von 3 Symbolen ergibt sich nach Gl. (4.28) bzw. (4.29) eine Zahl von zur störungsfreien Übertragung der Information $\mathfrak{J}_m$ geeigneten Blöcken von

$$z_{\mathfrak{J}_m} = 2^{\frac{{}_a\log 8 - {}_a\log 4}{{}_a\log 2}} = 2^1 = 2\,.$$

Die Auswahl der zwei Blöcke muß, wie beschrieben, so erfolgen, daß sich unterscheidbare Gruppen von Ausgangsblöcken ergeben. Wird willkürlich als erster

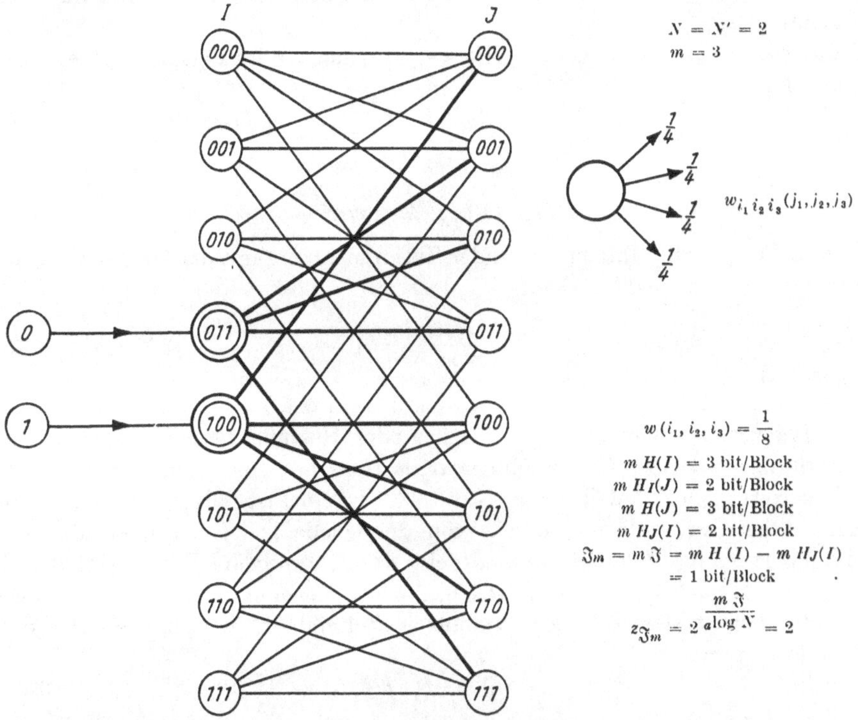

Abb. 45. Erweiterter Binärkanal mit Angabe aller „hochwahrscheinlichen" Übergänge und Auswahl zweier auf unterscheidbare Gruppen von Ausgangssymbolblöcken führender Eingangsblöcke als Beispiel

Block der in Abb. 45 stark hervorgehobene Block 011 gewählt, so verbleibt als zweiter, dieser Forderung genügender Block, wie man sich leicht überzeugt, nur der ebenfalls hervorgehobene Block 100; ebenso hätten auch zwei andere Blöcke, z.B. die aus Abb. 41, die einen Sonderfall von Abb. 45 darstellen, ausgewählt werden können. Man erkennt, daß sich alle möglichen, der Forderung nach unterscheidbaren Ausgangsblockgruppen genügenden Auswahlen von zwei Eingangsblöcken in allen drei Stellen unterscheiden.

Die Redundanz der an den Kanal zur störungsfreien Nachrichtenübertragung angepaßten Quelle beträgt nach Gl. (4.34)

$$r = \frac{3-1}{3} = \frac{2}{3},$$

d.h. $3 \cdot \frac{2}{3} = 2$ Symbole aus einem Block von drei übertragenen Symbolen sind nach Gl. (4.35) redundant, wie auch unmittelbar aus dem Bild zu ersehen ist; hierbei ist aber zu beachten, daß diese systematisch eingeführte Redundanz im Gegensatz zur Redundanz einer ursprünglichen Quelle eine förderliche, nützliche Redundanz ist.

Führt man noch einen neuen Begriff [44], [45], den „Wirkungsgrad" eines Übertragungskanals

$$\eta = \frac{\mathfrak{J}}{H(I)} = \frac{H(I) - H_J(I)}{H(I)} = 1 - \frac{H_J(I)}{H(I)} \tag{4.36}$$

ein, so ergibt sich für

$$H(I) = H_{\max} = {}_a\log N,$$

wie es im Beispiel der Fall ist, folgender Zusammenhang mit der Gl. (4.34) für die Redundanz der angepaßten Quelle:

$$\eta = 1 - \frac{H_J(I)}{{}_a\log N} = 1 - r. \tag{4.37}$$

Im Beispiel beträgt damit der informationstheoretische Wirkungsgrad des Kanals 33%. Bei verschwindender Äquivokation oder Restunsicherheit $H_J(I)$ beträgt der Wirkungsgrad eines Übertragungskanals 100%.

Wie bereits in der Einleitung zu Kapitel 3 erwähnt, ist neben der Angabe der Nachrichtenmenge, bezogen auf ein von der Quelle geliefertes oder über den Kanal übertragenes Symbol, ausgedrückt durch die beide Fälle beinhaltende Information $\mathfrak{J}$ nach Gl. (4.17) bis (4.19), noch in Verbindung mit der jeweiligen Symbolfrequenz f, der Zahl der Symbole je Zeiteinheit, die Angabe der Information je Zeiteinheit

$$\mathfrak{J}' = \mathfrak{J} \cdot f, \tag{4.38}$$

Informations- oder *Nachrichtenfluß* genannt, zweckmäßig. Der maximal von einer Quelle lieferbare bzw. von einem Kanal übertragbare Nachrichtenfluß beträgt bei N Symbolen mit der Symbolfrequenz f

$$f\,{}_a\log N \geqq \mathfrak{J} \cdot f. \tag{4.39}$$

Ist die wirkliche Information $\mathfrak{J}$ kleiner als ${}_a\log N$, weil z.B. bei einer Quelle die Symbole nicht gleichwahrscheinlich und statistisch unabhängig sind oder bei einem Kanal eine Restunsicherheit besteht, so spricht man von $f\,{}_a\log N$ auch als Scheinnachrichtenfluß, weil der nur die Zahl der Symbole und ihre Folgefrequenz f, nicht ihre Statistik berücksichtigende Beobachter scheinbar diesen Nachrichtenfluß vermutet, obwohl ihm eine Redundanz innewohnt. Wenn man will, kann man auch auf Grund allerdings nur sehr grober äußerlicher Ähnlichkeiten mit der elektrischen Energieübertragung eine Analogie zwischen Wirkleistung und (wirklichem) Nachrichtenfluß sowie zwischen Scheinleistung und Scheinnachrichtenfluß konstatieren [46].

Mit der allgemeinen Beziehung für die Redundanz, Gl. (4.34), ergibt sich folgender Zusammenhang zwischen Nachrichtenfluß und Scheinnachrichtenfluß:

$$\mathfrak{J}' = f \cdot \mathfrak{J} = f \,{}_a\!\log N \,(1 - r) = H'(I) - H'_J(I)\,. \tag{4.40}$$

Wie man bei dem von einer Quelle zunächst gelieferten Scheinnachrichtenfluß bestrebt ist, die Redundanz durch Kodierung zu beseitigen, ist man beim Übertragungskanal bestrebt, durch Kodierung die Redundanz auf den zur Elimination der Restunsicherheit minimal erforderlichen Wert zu reduzieren.

Dieser für einen gegebenen Kanal zur störungsfreien Nachrichtenübertragung erforderliche Minimalwert der Redundanz ergibt sich aus dem Maximalwert der über einen Kanal übertragbaren Information. Bisher war neben der den Kanal kennzeichnenden Übergangsmatrix zur Bestimmung der übertragenen Information immer noch willkürlich die den Kanal speisende Quelle mit ihren Symbolwahrscheinlichkeiten angenommen worden. Offenbar muß es aber für einen gegebenen Kanal eine Quelle geben, bei der die übertragene Information maximal wird. Dieser Maximalwert der Information, der sich für eine ganz bestimmte Quelle ergibt, ist die Kanalkapazität. Die Berechnung der Kanalkapazitäten für Kanäle ohne Gedächtnis, beschrieben durch ihre Übergangsmatrizen, und ihrer die übertragene Information zur Kanalkapazität maximierenden Quellen wird im nächsten Abschnitt erfolgen.

4.2 Maximal übertragbare Information

Neben dem Fundamentalsatz Gl. (3.13) bzw. Gl. (3.40) der Informationstheorie über die Kodierung diskreter Quellen zu einer durch die Entropie bestimmten mittleren Kodelänge ist der im folgenden zu behandelnde Satz[1]) von grundsätzlicher Bedeutung, der besagt, daß es für einen diskreten (gedächtnislosen) gestörten Kanal einen Maximalwert der übertragbaren Information gibt, die durch geeignete Kodierung mit beliebig kleinem Fehler übertragen werden kann. Dieser Maximalwert der übertragbaren Information, die Kanalkapazität C, ist wie folgt definiert:

$$C = \mathfrak{J}_{\max}\,, \tag{4.41}$$

wobei das Maximum hinsichtlich der Wahrscheinlichkeiten $w(i)$ der den Kanal speisenden Quelle bei gegebenen, den Kanal ohne Gedächtnis vollständig kennzeichnenden Übergangswahrscheinlichkeiten $w_i(j)$ zu bilden ist. Unter den drei an und für sich völlig gleichwertigen Beziehungen für $\mathfrak{J}$, Gl. (4.17) bis (4.19), ist keine, in denen die vorgegebenen Wahrscheinlichkeiten $w_i(j)$ und die die Information maximierenden Wahrscheinlichkeiten $w(i)$ allein explizit auftreten. Mit

[1]) SHANNONS Theorem 11 in [56].

den Gleichungen (4.5) bis (4.11) lassen sich jedoch Umformungen in der gewünschten Richtung durchführen:

$$\mathfrak{J} = H(I) - H_J(I) = -\sum_i w(i)\,{}_a\log w(i) + \sum_{i\,j} w(i)\,w_i(j)\,{}_a\log\frac{w(i)\,w_i(j)}{\sum_i w(i)\,w_i(j)} \qquad (4.42)$$

bzw.

$$\mathfrak{J} = H(J) - H_I(J) = -\sum_{i,j} w(i)\,w_i(j)\,{}_a\log\sum_i w(i)\,w_i(j) + \sum_{i,j} w(i)\,w_i(j)\,{}_a\log w_i(j)\,, \qquad (4.43)$$

wobei die Form Gl. (4.43) am geeignetsten für die weitere Rechnung ist.

Nach den bereits bei der Bestimmung des Maximums der Entropie Gl. (2.4) angewendeten Regeln für die Bestimmung der Extremwerte einer Funktion mehrerer Veränderlicher mit Nebenbedingungen erhält man die zu $\mathfrak{J}_{\max}$ führenden $w(i)$ mit Einführung des Lagrangeschen Multiplikators μ durch Nullsetzen der Ableitungen der Funktion

$$U = -\sum_{i,j} w(i)\,w_i(j)\,{}_a\log\sum_i w(i)\,w_i(j) + \sum_{i,j} w(i)\,w_i(j)\,{}_a\log w_i(j) + \mu\Big(\sum_i w(i) - 1\Big)$$

mit

$$\frac{\partial U}{\partial w(k)} = -\sum_j w_k(j)\,{}_a\log\sum_i w(i)\,w_i(j) - \sum_{i,j} w(i)\,w_i(j)\frac{{}_a\log e}{\sum_i w(i)\,w_i(j)}\,w_k(j)$$

$$+\sum_j w_k(j)\,{}_a\log w_k(j) + \mu = 0\,, \qquad k = 1,\ldots,N\,,$$

$$\frac{\partial U}{\partial \mu} = \sum_{i=1}^{N} w(i) - 1 = 0\,.$$

Aus den N Gleichungen $\frac{\partial U}{\partial w(k)} = 0$ ergibt sich zunächst durch Umformung

$$-\sum_j w_k(j)\,{}_a\log\sum_i w(i)\,w_i(j) + \sum_j w_k(j)\,{}_a\log w_k(j)$$

$$= \sum_j w(j)\frac{{}_a\log e}{w(j)}\cdot w_k(j) - \mu = \lambda\,. \qquad (4.44)$$

Unter der Voraussetzung, daß die Übergangsmatrix $\big(w_i(j)\big)$ nicht singulär ist, d. h. $|w_i(j)| \neq 0$, existiert ihre Kehrmatrix oder reziproke Matrix $\big(v_l(k)\big)$, so daß gilt

$$\big(w_i(j)\big)\big(v_l(k)\big) = \big(v_l(k)\big)\big(w_i(j)\big) = E$$

bzw.

$$\sum_j w_i(j)\,v_j(k) = \delta_{ik} = \sum_i v_k(i)\,w_i(j)\,, \qquad (4.45)$$

$$\delta_{ik} = \begin{matrix} 1, & i = k\,, \\ 0, & i \neq k\,. \end{matrix}$$

Durch Multiplikation jeder der Gl. (4.44) mit $v_l(k)$ und jeweils Summation über alle k erhält man unter Berücksichtigung von Gl. (4.45) nach Ausführung der

Summation über k im ersten Term

$$-\sum_j \delta_{lj}\,{}_a\log \sum_i w(i)\, w_i(j) + \sum_{k,j} v_l(k)\, w_k(j)\,{}_a\log w_k(j) = \lambda \sum_k v_l(k)$$

bzw.

$$\sum_i w(i)\, w_i(l) = {}_a\log e \cdot \exp\left[-\lambda \sum_k v_l(k) + \sum_{k,j} v_l(k)\, w_k(j)\,{}_a\log w_k(j)\right], \quad l = 1, \ldots, N. \tag{4.46}$$

Zur vollständigen Auflösung nach den gesuchten $w(i)$ ist nochmalige Multiplikation von Gl. (4.46) mit $v_l(k)$ und jeweilige Summation über alle l erforderlich. Man erhält unter Berücksichtigung von Gl. (4.45) nach Ausführung der Summation über l im ersten Term

$$\sum_i w(i)\,\delta_{ik} = w(k) = \sum_l v_l(k)\,{}_a\log e \cdot \exp\left[-\lambda \sum_k v_l(k) + \sum_{k,j} v_l(k)\, w_k(j)\,{}_a\log w_k(j)\right], \quad k = 1, \ldots, N \tag{4.47}$$

als Ergebnis für die gesuchten maximierenden Wahrscheinlichkeiten, wobei λ noch so zu bestimmen ist, daß $\sum w(k) = 1$ erfüllt wird.

Aus Gl. (4.44) ersieht man nach Multiplikation mit den ermittelten normierten $w(k)$ und Summation über k

$$-\sum_{k,j} w(k)\, w_k(j)\,{}_a\log \sum_k w(k)\, w_k(j) + \sum_{k,j} w(k)\, w_k(j)\,{}_a\log w_k(j)$$
$$= \lambda \sum_k w(k) = \lambda = H(J) - H_K(J) = \mathfrak{J}_{\max} = C, \tag{4.48}$$

daß die Konstante λ gleich der gesuchten Kanalkapazität C ist.

Diese praktisch zweifelsohne etwas mühsame allgemeine Bestimmung der Kanalkapazität und der maximierenden Wahrscheinlichkeiten der den Kanal speisenden Quelle aus den (den gedächtnislosen Kanal vollständig beschreibenden) Übergangswahrscheinlichkeiten bedarf zur weiteren Vereinfachung einer Spezialisierung hinsichtlich der $w_i(j)$. Abgesehen von dem Trivialfall des ungestörten Kanals, bei dem die Übergangsmatrix die Einheitsmatrix ist und mit $H_I(J) = H_J(I) = 0$ die Kapazität

$$C = H(I)_{\max} = H(J)_{\max} = {}_a\log N$$

beträgt, ist eine Vereinfachungen bringende Spezialisierung die Reduktion der Zahl der Kanalsymbole, eine andere die Annahme gewisser Symmetrieeigenschaften.

Für den Spezialfall zweier Kanalsymbole ($N = 2$), also für den allgemeinen (unsymmetrischen) Binärkanal nach Abb. 46, soll im folgenden sowohl als Anwendungsbeispiel als auch wegen der großen praktischen Bedeutung die Kanalkapazität entsprechend dem obigen allgemeinen Rechnungsgang bestimmt werden.

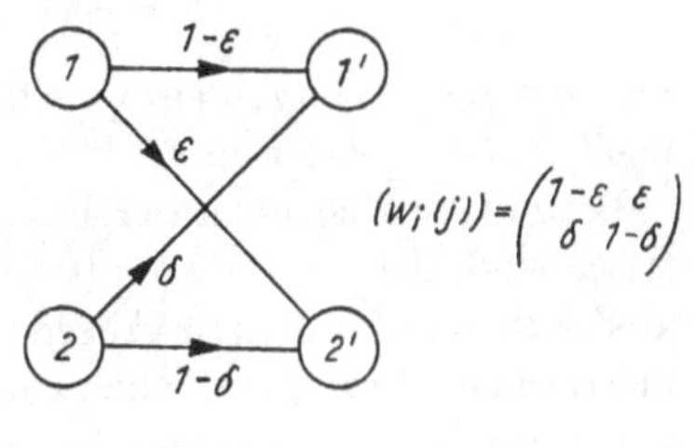

Abb. 46. Allgemeiner (unsymmetrischer) gedächtnisloser Binärkanal, gekennzeichnet durch Angabe seiner Übergangswahrscheinlichkeiten

Als erstes wird die Kehrmatrix entsprechend Gl. (4.45) bestimmt. Nach bekannten Regeln der Matrizenrechnung ist

$$\left(v_l(k)\right) = \left(w_i(j)\right)^{-1} = \frac{1}{|w_i(j)|}\begin{pmatrix} w_2(2) & -w_1(2) \\ -w_2(1) & w_1(1) \end{pmatrix} = \frac{1}{1-\delta-\varepsilon}\begin{pmatrix} 1-\delta & -\varepsilon \\ -\delta & 1-\varepsilon \end{pmatrix}.$$

Wegen $\sum_k v_l(k) = \frac{1-\delta-\varepsilon}{1-\delta-\varepsilon} = 1$, $l = 1{,}2$ kann der Koeffizient von $\lambda = C$ im Exponenten von Gl. (4.47) als Faktor vor die Summation über l gezogen werden; dies bringt, wie sich noch zeigen wird, gewisse Vereinfachungen mit sich. Mit der Abkürzung

$$f(x) = x\ {}_a\log x + (1-x)\ {}_a\log(1-x)\,, \tag{4.49}$$

einer Funktion, die bereits in verschiedenem Zusammenhang vorkam $\big(-f(x)$ mit der Basis $a = 2$ ist als Entropie einer Binärquelle in Abb. 11 grafisch dargestellt und in Tabelle 3 numerisch wiedergegeben$\big)$, ergibt sich nach Einsetzen der entsprechenden Größen in Gl. (4.47) für die maximierenden Eingangswahrscheinlichkeiten

$$w(1) = a^{-C}\frac{1}{1-\delta-\varepsilon}\left[(1-\delta)\,a^{\frac{1}{1-\delta-\varepsilon}[f(\varepsilon)-\delta f(\varepsilon)-\varepsilon f(\delta)]} - \delta\,a^{\frac{1}{1-\delta-\varepsilon}[f(\delta)-\delta f(\varepsilon)-\varepsilon f(\delta)]}\right],$$

$$w(2) = a^{-C}\frac{1}{1-\delta-\varepsilon}\left[(1-\varepsilon)\,a^{\frac{1}{1-\delta-\varepsilon}[f(\delta)-\delta f(\varepsilon)-\varepsilon f(\delta)]} - \varepsilon\,a^{\frac{1}{1-\delta-\varepsilon}[f(\varepsilon)-\delta f(\varepsilon)-\varepsilon f(\delta)]}\right].$$

Mit der Normierungsbedingung erhält man nach Addition beider Gleichungen und einigen Umformungen

$$C = {}_a\log\left[a^{\frac{1}{1-\delta-\varepsilon}[f(\varepsilon)-\delta f(\varepsilon)-\varepsilon f(\delta)]} + a^{\frac{1}{1-\delta-\varepsilon}[f(\delta)-\delta f(\varepsilon)-\varepsilon f(\delta)]}\right];$$

führt man noch abkürzend

$$\Delta = f(\varepsilon) - f(\delta) \tag{4.50}$$

ein, so erhält man nach weiteren Umformungen als Endresultat für die Kanalkapazität des Binärkanals nach Abb. 46 in Auswertung der allgemeinen Beziehung Gl. (4.47)

$$C = {}_a\log\left(1 + a^{\frac{-\Delta}{1-\delta-\varepsilon}}\right) + f(\varepsilon) + \frac{\varepsilon\Delta}{1-\delta-\varepsilon} \tag{4.51}$$

mit den Abkürzungen entsprechend Gl. (4.49) und Gl. (4.50). Gl. (4.51) läßt sich noch weiter spezialisieren.

Besonders wichtig ist der Fall, daß die Übergangswahrscheinlichkeiten symmetrisch sind, d.h. beide Kanalsymbole in gleicher Weise fehlerbehaftet sind. Ohne ausführlich auf diesen im Abschnitt 4.3 noch näher behandelten sogenannten symmetrischen Binärkanal einzugehen, soll das Ergebnis angegeben werden. Mit $\varepsilon = \delta$ wird $f(\varepsilon) = f(\delta)$ und $\Delta = 0$, so daß aus Gl. (4.51) für die Kapazität dieses Kanals

$$C = {}_a\log 2 + f(\varepsilon) = 1 + \varepsilon\,\mathrm{ld}\,\varepsilon + (1-\varepsilon)\,\mathrm{ld}\,(1-\varepsilon)\ \text{bit/Symbol} \tag{4.52}$$

folgt.

Dieser Ausdruck trat bereits im Zusammenhang mit der von einer fehlerhaft übertragenen Binärquelle mit Gleichwahrscheinlichkeit der Symbole gelieferten Information nach Gl. (2.22) auf und ist in Abb. 16 grafisch aufgetragen; er enthält den Sonderfall des ungestörten Binärkanals mit $\varepsilon = 0$ und $C = 1$ bit/Symbol. Man ersieht aus dem Vergleich mit dem zu Gl. (2.22) führenden Beispiel wie auch aus den für diesen Sonderfall mit $\varepsilon = \delta$ spezialisierten Beziehungen für die Wahrscheinlichkeiten $w(1)$ und $w(2)$ der maximierenden Quelle, daß die Kanalkapazität bei Gleichwahrscheinlichkeit der Eingangssymbole erreicht wird. Bei den weiter unten noch zu behandelnden allgemeineren Fällen von Kanälen mit Voraussetzung gewisser Symmetrien wird sich die Gleichwahrscheinlichkeit als maximierende Statistik für diese Fälle in noch allgemeinerer Form zeigen.

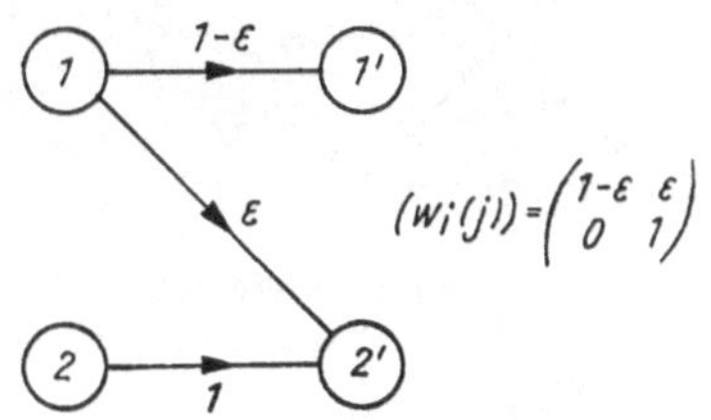

Abb. 47. Spezieller unsymmetrischer Binärkanal

Zunächst soll jedoch noch auf weitere unsymmetrische Spezialfälle von Gl. (4.51) näher eingegangen werden. Für den Fall, daß eines der beiden Kanalsymbole fehlerfrei übertragen wird, z. B. sei $\delta = 0$ und damit $f(\delta) = 0$ und $\Delta = f(\varepsilon)$ (Abb. 47), ergibt sich aus der allgemeinen Gleichung für den Binärkanal, Gl. (4.51), als Kapazität

$$C = {}_a\log\left(1 + a^{\frac{-f(\varepsilon)}{1-\varepsilon}}\right) + \frac{f(\varepsilon)}{1-\varepsilon} = {}_a\log\left(1 + a^{\frac{f(\varepsilon)}{1-\varepsilon}}\right). \qquad (4.53)$$

Für $\varepsilon = 0{,}5$, einem Wert, bei dem der symmetrische Binärkanal nach Gl. (4.52) die Kapazität $C = 0$ aufweist, ergibt sich aus Gl. (4.53) für den speziellen unsymmetrischen Kanal

$$C = \mathrm{ld}\left(1 + 2^{\frac{1}{0,5}}\right) - \frac{1}{0{,}5} = \mathrm{ld}\,5 - 2 = 0{,}322 \text{ bit/Symbol}.$$

Die maximierenden Wahrscheinlichkeiten $w(1)$ und $w(2)$ ergeben sich hierbei mit $w(1) = a^{-C}\frac{1}{1-\varepsilon}\left(a^{\frac{f(\varepsilon)}{1-\varepsilon}}\right) = \frac{1}{1-\varepsilon}\left(\frac{1}{1 + a^{-\frac{f(\varepsilon)}{1-\varepsilon}}}\right)$ zu 0,4 bzw. 0,6, und die Eingangsentropie $H(I)$ beträgt 0,971 bit/Symbol. Mit der Übergangswahrscheinlichkeit $\varepsilon = 0{,}5$ folgt daraus, daß insgesamt 20% der Symbole falsch übertragen werden, aber diese nur aus 25% falschen Ausgangssymbolen 2′ bestehen.

Während sich für $\varepsilon = 0$ wieder die Kapazität des ungestörten Kanals von $C = 1$ bit/Symbol ergibt, läßt sich durch Grenzwertbildungen zeigen, daß für $\varepsilon \to 1$ die Kapazität gegen Null strebt, Ergebnisse, die aus der Betrachtung des zugehörigen Übergangsschemas unmittelbar anschaulich hervorgehen.

Interessant ist noch der Spezialfall des unsymmetrischen Kanals, für den die Übergangswahrscheinlichkeiten der Beziehung $\delta = 1 - \varepsilon$ gehorchen (Abb. 48);

hierfür gilt $f(\delta) = f(\varepsilon)$ und damit $\Delta = 0$. Durch Grenzwertbildungen ergibt sich für alle Werte von ε eine Kapazität Null, obwohl doch ein gewisser Prozentsatz richtiger Übertragungen erfolgt. Dieser Sachverhalt war bereits ohne Bezugnahme auf informationstheoretische Größen, wie Restunsicherheit, übertragene Information oder Kanalkapazität, nur durch die Beschreibung der Übertragung durch die Übergangswahrscheinlichkeiten als der Grenzfall des total gestörten Kanals mit Gl. (4.4) genügenden Übergangswahrscheinlichkeiten herausgestellt worden; für diesen Fall waren alle Zeilen der Übergangsmatrix gleich, wie das auch im vorliegenden speziellen Beispiel nach Abb. 48 der Fall ist. Alle im Zusammenhang mit der Kapazität des allgemeinen Binärkanals nach Gl. (4.5) diskutierten Sonderfälle sind noch einmal grafisch in Abb. 49 perspektivisch als

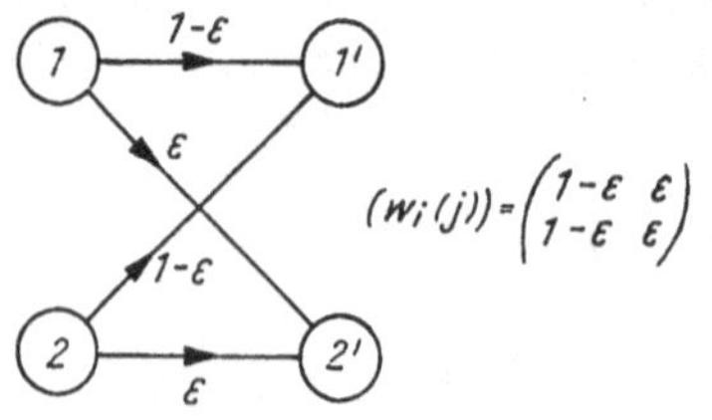

Abb. 48. Spezieller unsymmetrischer Binärkanal verschwindender Kapazität (total gestörter Kanal)

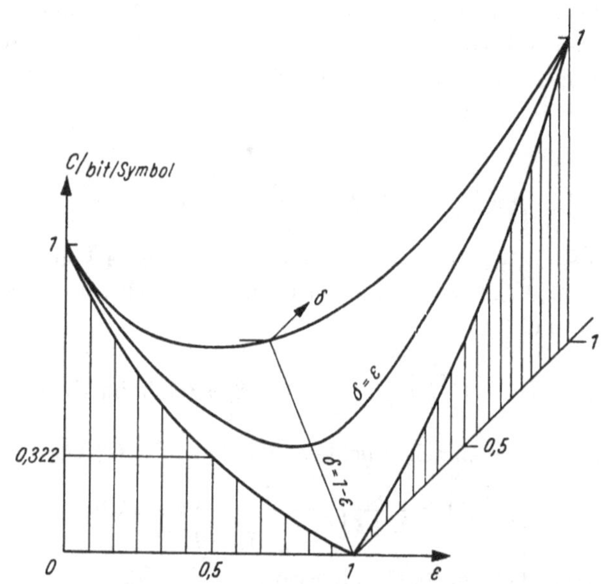

Abb. 49. Grafische Darstellung der Kanalkapazität des allgemeinen Binärkanals nach Abb. 46 als $C(\delta, \varepsilon)$ entsprechend Gl. (4.51)

$C(\delta, \varepsilon)$ dargestellt. Damit soll die als Beispiel zur allgemeinen Beziehung für die Kanalkapazität Gl. (4.47) und (4.48) gegebene ausführliche Behandlung des Binärkanals abgeschlossen werden, obwohl nur kurz auf die Abhängigkeit der maximierenden Eingangssymbolwahrscheinlichkeiten von δ und ε eingegangen worden ist.

Um insbesondere neben der Abhängigkeit der Kanalkapazität auch noch die Abhängigkeit der maximierenden Wahrscheinlichkeiten von den Übergangswahrscheinlichkeiten anschaulich werden zu lassen, soll noch ein auf SHANNON [55] zurückgehendes Beispiel nach Abb. 50 mit nur einer variablen Größe, der Übergangswahrscheinlichkeit ε, als Sonderfall der allgemeinen Beziehungen Gl. (4.47) und Gl. (4.48) behandelt werden.

Die reziproke Matrix lautet

$$\left(v_l(k)\right) = \left(w_i(j)\right)^{-1} = \frac{1}{1-2\varepsilon}\begin{pmatrix} 1-2\varepsilon & 0 & 0 \\ 0 & 1-\varepsilon & -\varepsilon \\ 0 & -\varepsilon & 1-\varepsilon \end{pmatrix}.$$

Mit Gl. (4.47) und der gleichen Abkürzung Gl. (4.43) für $f(\varepsilon)$ ergibt sich nach Zwischenrechnung

$$w(1) = a^{-\lambda},$$

$$w(2) = w(3) = a^{-\lambda + f(\varepsilon)}$$

und daraus mit der Normierungsbedingung $\sum_i w(i) = 1$ und $C = \lambda$

$$C = {}_a\log\left(1 + 2\,a^{f(\varepsilon)}\right). \quad (4.54)$$

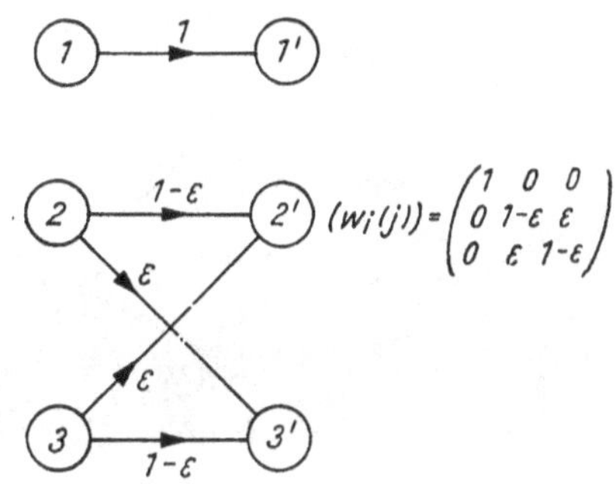

Abb. 50. Beispiel eines unsymmetrischen Kanals mit drei Kanalsymbolen

Damit folgt für die Eingangswahrscheinlichkeiten endgültig

$$w(1) = \frac{1}{1 + 2\,a^{f(\varepsilon)}} = \frac{a^{-f(\varepsilon)}}{a^{-f(\varepsilon)} + 2}; \qquad w(2) = w(3) = \frac{a^{f(\varepsilon)}}{1 + 2\,a^{f(\varepsilon)}} = \frac{1}{a^{-f(\varepsilon)} + 2}. \quad (4.55)$$

Für $\varepsilon = 0$ ergibt sich mit $f(\varepsilon) = 0$ wie erwartet die Kapazität eines ungestörten Kanals mit drei Symbolen $C = {}_a\log 3$ mit Gleichwahrscheinlichkeit der Eingangssymbole als maximierende Wahrscheinlichkeit $w(1) = w(2) = w(3) = \frac{1}{3}$. Das gleiche ergibt sich für $\varepsilon = 1$, da hierfür ebenfalls $f(\varepsilon) = 0$; die Symbole 2 und 3 erscheinen am Kanalausgang nur vertauscht. Der andere Grenzfall tritt für $\varepsilon = \frac{1}{2}$ ein; hierfür wird mit der Basis $a = 2$ $f(\varepsilon) = -1$ und $C = {}_a\log 2 = 1$ bit/Symbol. Dies entspricht der Kapazität eines ungestörten Kanals mit zwei Symbolen. Aus den maximierenden Wahrscheinlichkeiten ersieht man, daß das ungestört übertragene Symbol 1 mit der Wahrscheinlichkeit $w(1) = \frac{1}{2}$ zu verwenden ist, während die beiden anderen Symbole, die für sich einen total gestörten symmetrischen Binärkanal bilden, nach Gl. (4.55) mit den Wahrscheinlichkeiten $w(2) = w(3) = \frac{1}{4}$ zu verwenden sind. Da aber bei totaler Störung eine Unterscheidung zwischen Symbol 2 und Symbol 3 nicht mehr möglich ist,

d. h. nur noch festgestellt werden kann, daß Symbol 2 oder 3 gesendet wurde und nicht Symbol 1, wirken 2 und 3 zusammen wie ein Symbol, und die Aufteilung der nach Abzug der Wahrscheinlichkeit für Symbol 1 verbleibenden Wahrscheinlichkeiten vom Gesamtwert 1/2 auf die Symbole 2 und 3 ist willkürlich. Für zwischen diesen Extremwerten liegende Werte von ε liegen auch die Kanalkapazität und die Wahrscheinlichkeiten zwischen den entsprechenden Extremwerten, wobei mit steigender Unterscheidungsmöglichkeit zwischen dem zweiten und dritten Symbol, d. h. für $0 < \varepsilon < 0{,}5$ oder $0{,}5 < \varepsilon < 1$, diese beiden Symbole etwas häufiger zu benutzen sind als für den Wert $\varepsilon = 0{,}5$, aber das ungestörte Symbol 1 stets die größte maximierende Wahrscheinlichkeit aufweist.

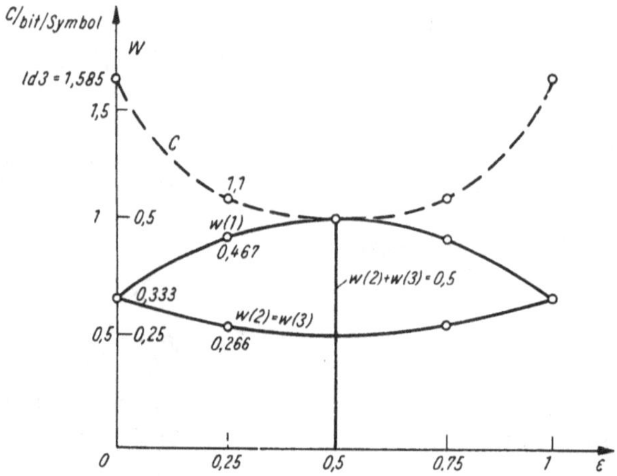

Abb. 51. Grafische Darstellung der Kanalkapazität und der maximierenden Eingangssymbolwahrscheinlichkeiten als Funktion der Fehlerwahrscheinlichkeit ε für den Kanal nach Abb. 50

Die Ergebnisse sind noch einmal grafisch in Abb. 51 zusammengestellt.

Bei Annahme gewisser Symmetrieeigenschaften des Kanals bzw. der den Kanal beschreibenden Übergangsmatrix $(w_i(j))$ kommt man, ausgehend von Gl. (4.41) und (4.43) für die Definition der Kanalkapazität

$$C = \mathfrak{J}_{\max} = \operatorname*{Max}_{w(i)} [H(J) - H_I(J)] = \operatorname*{Max}_{w(i)} \left[H(J) - \sum_i w(i)\, H_i(J)\right]$$

$$= \operatorname*{Max}_{w(i)} \left[- \sum_j \sum_i w(i)\, w_i(j)\, {}_a\log \sum_i w(i)\, w_i(j) + \sum_i w(i) \sum_j w_i(j)\, {}_a\log w_i(i)\right], \quad (4.56)$$

zu einfacheren Beziehungen für die Kapazität dieser speziellen Kanäle.

Nimmt man zunächst an, daß von allen Eingangssymbolen die gleichen Wertegruppen von Übergangswahrscheinlichkeiten ausgehen, d. h., die Elemente jeder Zeile der Übergangsmatrix sind irgendwelche Permutationen der im Rahmen der Normierungsbedingung $\sum_j w_1(j) = 1$ beliebige positive Werte (oder Null) annehmenden Elemente der ersten Zeile, so sind die Entropien $H_i(J)$ für alle i gleich. Die bedingte Entropie $H_I(J)$ wird dadurch mit Gl. (4.56)

$$H_I(J) = H_i(J) \sum_i w(i) = H_i(J) = \text{const} \qquad \text{für } i = 1, \ldots, N, \tag{4.57}$$

d. h. nur noch eine Funktion der vorgegebenen $w_1(j)$, unabhängig von den $w(i)$ und scheidet damit aus der Maximierungsforderung aus.

Nimmt man weiter an, daß in alle Ausgangssymbole die gleichen Wertegruppen von Übergangswahrscheinlichkeiten einlaufen, d. h., auch die Elemente jeder Spalte der Übergangsmatrix sind bis auf Permutationen gleich, so folgt daraus zunächst $\sum_i w_i(j) = \text{const}$ für $j = 1, \ldots, N'$.

Der größte Wert, den $H(J)$ annehmen kann, ist nach Gl. (2.4) $H(J)_{\max} = {}_a\log N'$ bei Gleichwahrscheinlichkeit aller Ausgangssymbole mit $w(j) = \frac{1}{N'}$, $j = 1, \ldots, N'$, wobei N' die Zahl der Ausgangssymbole ist. Da aber damit gelten muß

$$w(j) = \sum_i w(i)\, w_i(j) = \frac{1}{N'} \qquad \text{für alle } j\,, \tag{4.58}$$

folgt Gleichwahrscheinlichkeit für alle Eingangssymbole, d. h. $w(i) = \frac{1}{N}$; denn bei unterschiedlichen Werten $w_i(j)$ für die einzelnen i bei festem j und Permutationen dieser Werte für die verschiedenen j ist das Gleichungssystem (4.58) nur für $w(i) = \text{const}$ erfüllbar.

(Bei gleichen Werten $w_i(j)$ für die einzelnen i ergibt sich der bereits behandelte Sonderfall des total gestörten Kanals, $H(J) - H_I(J)$ wird dann Null, unabhängig von den Wahrscheinlichkeiten $w(i)$ der Eingangssymbole.)

Für die Übergangswahrscheinlichkeiten folgt damit aus Gl. (4.58)

$$\sum_i w_i(j) = \frac{N}{N'}\,, \qquad j = 1, \ldots, N' \tag{4.59}$$

und die Kanalkapazität für Kanäle, die obigen Symmetriebedingungen, nämlich gleichen Wertegruppen der Übergangswahrscheinlichkeiten für jeweils alle Eingangs- und Ausgangssymbole, genügen, ergibt sich zu

$$C = {}_a\log N' + \sum_j w_1(j)\, {}_a\log w_1(j) \tag{4.60}$$

bei Gleichwahrscheinlichkeiten der Eingangssymbole.

Für den symmetrischen Binärkanal als Beispiel folgt daraus die bereits in Gl. (4.52) angegebene Kapazität. Andere Beispiele für Kanäle, deren Kapazität nach Gl. (4.60) bestimmbar ist, sind in den folgenden Abbildungen gegeben (Abb. 52).

Bei Kanal a in Abb. 52 herrscht zyklische Symmetrie; bei Kanal b in der gleichen Abbildung ist diese zyklische Symmetrie nicht mehr vorhanden, aber er besitzt ebenfalls noch die für die Gültigkeit von Gl. (4.60) vorauszusetzende Symmetrie, indem sowohl die von jedem Eingangssymbol ausgehenden als auch die in jedes

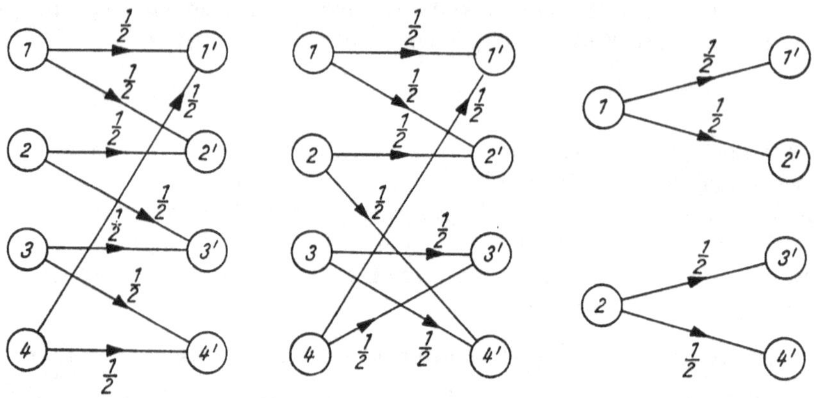

$$(w_i(j)):\begin{pmatrix}\frac{1}{2} & \frac{1}{2} & 0 & 0\\ 0 & \frac{1}{2} & \frac{1}{2} & 0\\ 0 & 0 & \frac{1}{2} & \frac{1}{2}\\ \frac{1}{2} & 0 & 0 & \frac{1}{2}\end{pmatrix} \qquad \begin{pmatrix}\frac{1}{2} & \frac{1}{2} & 0 & 0\\ 0 & \frac{1}{2} & 0 & \frac{1}{2}\\ 0 & 0 & \frac{1}{2} & \frac{1}{2}\\ \frac{1}{2} & 0 & \frac{1}{2} & 0\end{pmatrix} \qquad \begin{pmatrix}\frac{1}{2} & \frac{1}{2} & 0 & 0\\ 0 & 0 & \frac{1}{2} & \frac{1}{2}\end{pmatrix}$$

a) b) c)

$$C = {}_a\log 4 - 2\cdot\frac{1}{2}\,{}_a\log 2 = {}_a\log 2 = 1 \text{ bit/Symbol}$$

Abb. 52. Beispiele symmetrischer Kanäle und deren Übergangsmatrizen. Alle Kanäle besitzen nach Gl. (4.60) die gleiche Kanalkapazität

Ausgangssymbol einlaufenden Werte der Übergangswahrscheinlichkeiten gleich sind bzw. in jeder Zeile und Spalte der Übergangsmatrix die gleichen Werte auftreten. Die Kapazität beträgt 1 bit je übertragenes Symbol bei Eingangswahrscheinlichkeiten von 1/4 für jedes Symbol. Den gleichen Wert könnte man erreichen, wenn man in beiden Kanälen entweder nur die Eingangssymbole 1 und 3 oder 2 und 4 mit den Wahrscheinlichkeiten 1/2 verwenden würde; sie wären dann gleichbedeutend mit dem Kanal *c* in Abb. 52 mit nur zwei Eingangssymbolen und disjunkten Gruppen von Ausgangssymbolen. Bei dieser Betriebsart der Kanäle *a* und *b* bzw. bei Kanal *c* ergibt sich eine Restunsicherheit (Äquivokation) $H_J(I) = 0$ entsprechend ungestörter Nachrichtenübertragung, während im ersteren Falle die Kanäle *a* und *b* eine Restunsicherheit von 1 bit/Symbol besitzen und erst nach geeigneter Kodierung in sehr lange Kodeblöcke eine nahezu fehlerfreie Übertragung mit einer dem ungestörten Binärkanal entsprechenden Kapazität erfolgt.

Weitere Beispiele sind in Abb. 53 angegeben.

Noch weitergehende Vereinfachungen bei der Bestimmung der Kanalkapazität ergeben sich für Kanäle, bei denen die die Störungen im Kanal zum Ausdruck bringenden Übergangswahrscheinlichkeiten von Gruppen von Eingangssymbolen zu diesen zugeordneten Gruppen von Ausgangssymbolen führen, die von den

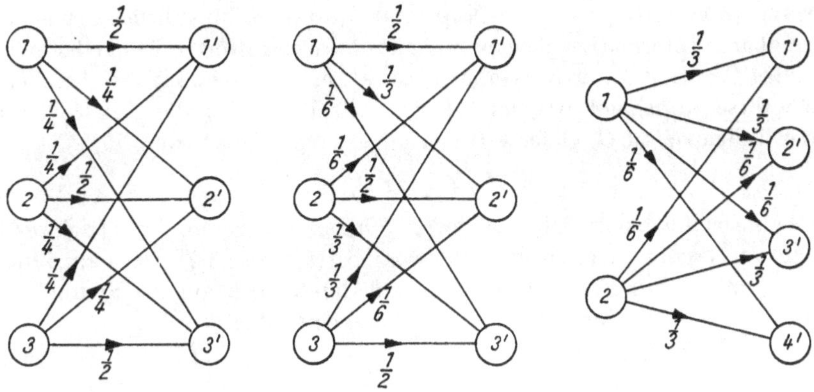

$$w_i(j)\quad \begin{pmatrix} \frac{1}{2} & \frac{1}{4} & \frac{1}{4} \\ \frac{1}{4} & \frac{1}{2} & \frac{1}{4} \\ \frac{1}{4} & \frac{1}{4} & \frac{1}{2} \end{pmatrix} \qquad \begin{pmatrix} \frac{1}{2} & \frac{1}{3} & \frac{1}{6} \\ \frac{1}{6} & \frac{1}{2} & \frac{1}{3} \\ \frac{1}{3} & \frac{1}{6} & \frac{1}{2} \end{pmatrix} \qquad \begin{pmatrix} \frac{1}{3} & \frac{1}{3} & \frac{1}{6} & \frac{1}{6} \\ \frac{1}{6} & \frac{1}{6} & \frac{1}{3} & \frac{1}{3} \end{pmatrix}$$

$$C = {}_a\log \frac{3}{2^{\frac{3}{2}}} \qquad C = {}_a\log \frac{3}{2^{\frac{1}{2}}\, 3^{\frac{1}{3}}\, 6^{\frac{1}{6}}} \qquad C = {}_a\log \frac{4}{3^{\frac{2}{3}}\, 6^{\frac{1}{3}}} = {}_a\log \frac{1}{3}\, 2^{\frac{5}{3}}$$

Abb. 53. Weitere Beispiele symmetrischer Kanäle mit Kanalkapazitäten nach Gl. (4.60)

anderen Gruppen disjunkt sind. Jedes Ausgangssymbol einer Gruppe kann dann nur von den Symbolen der zugehörigen Eingangssymbolgruppe, keiner anderen, herrühren (Abb. 54).

Der Gesamtkanal kann dann als eine Zusammenfassung von Teilkanälen aufgefaßt werden, deren Teilkanalkapazitäten sich einfacher bestimmen lassen. Als Teilkanalkapazität C_ν soll dabei die sich nur bei Verwendung der jeweiligen Gruppe von Eingangssymbolen in bekannter Weise ergebende Kanalkapazität verstanden werden.

Zur Bestimmung der Wahrscheinlichkeiten w_ν, mit denen die einzelnen Teilkanäle bzw. die zugehörigen Gruppen von Eingangssymbolen innerhalb des Gesamtkanals zu benutzen sind, um einen Maximalwert der übertragenen Information über den Gesamtkanal zu erreichen, sowie zur Bestimmung der Gesamtkanalkapazität führen folgende Überlegungen:

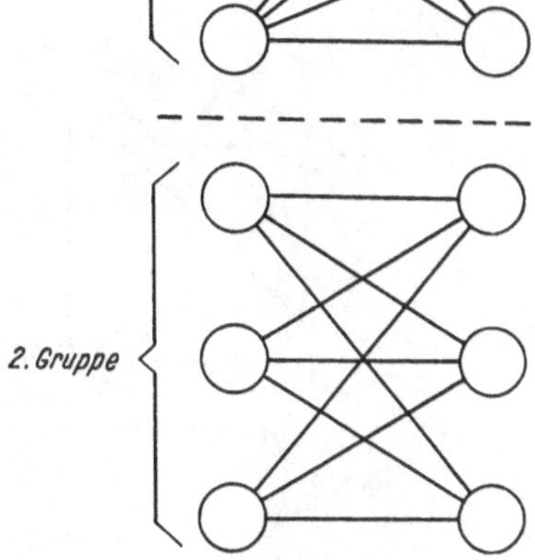

Abb. 54. Beispiel für einen in zwei disjunkte Gruppen zerfallenden Kanal

Besitzt ein gestörter Kanal die Kapazität C, so ist er hinsichtlich der maximal übertragbaren Information gleichwertig mit einem ungestörten Kanal der gleichen Kapazität $C = {}_a\log N$ mit N Symbolen, die als maximierende Wahrscheinlichkeit Gleichwahrscheinlichkeit besitzen. Entsprechend gilt für die den Teilkanälen mit der Teilkapazität C_ν gleichwertigen ungestörten Teilkanäle

$$C_\nu = {}_a\log N_\nu\,.$$

Die Wahrscheinlichkeit, mit der jedes Symbol innerhalb des gleichwertigen ungestörten Gesamtkanals zu verwenden ist, beträgt also $1/N$ und damit die auf die N_ν Symbole des Ersatz-Teilkanals und damit auch auf die Symbolgruppe des Teilkanals insgesamt entfallende Wahrscheinlichkeit

$$w_\nu = \frac{N_\nu}{N} = \frac{N_\nu}{\sum\limits_\nu N_\nu} = \frac{a^{C_\nu}}{a^C} = \frac{a^{C_\nu}}{\sum\limits_\nu a^{C_\nu}}, \tag{4.61}$$

woraus

$$C_{\text{ges}} = {}_a\log \sum_\nu a^{C_\nu} \tag{4.62}$$

folgt.

Beispielsweise ergibt sich für einen Kanal nach Abb. 55, der aus zwei verschiedenen symmetrischen Binärkanälen als Teilkanälen mit Teilkanalkapazitäten nach Gl. (4.52) besteht, nach Gl. (4.62) eine Gesamtkapazität von

$$C = {}_a\log 2(a^{f(\varepsilon)} + a^{f(\delta)})\,. \tag{4.63}$$

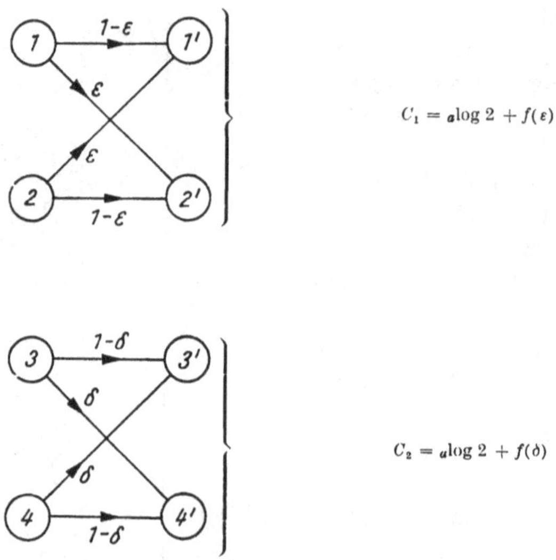

$$(w_i(j)):\begin{pmatrix} 1-\varepsilon & \varepsilon & 0 & 0 \\ \varepsilon & 1-\varepsilon & 0 & 0 \\ 0 & 0 & 1-\delta & \delta \\ 0 & 0 & \delta & 1-\delta \end{pmatrix} \qquad \begin{aligned} C &= {}_a\log \sum_\nu a^{C_\nu} = {}_a\log\left[2\,(a^{f(\varepsilon)} + a^{f(\delta)})\right] \\ &= {}_a\log 2 + {}_a\log\,(a^{f(\varepsilon)} + a^{f(\delta)}) \end{aligned}$$

Abb. 55. Beispiel für einen in zwei symmetrische Binärkanäle zerfallenden Kanal

Für Störungsfreiheit beider Teilkanäle folgt mit $\varepsilon = \delta = 0$ nach Gl. (4.49) auch $f(\varepsilon) = f(\delta) = 0$ und damit $C = {}_a\log 4$ als Kapazität eines ungestörten Kanals mit vier Symbolen. Für totale Störung in einem Teilkanal, also beispielsweise für $\delta = 0{,}5$ wird $f(\delta) = {}_a\log \frac{1}{2}$ und nach Gl. (4.63) ergibt sich als Kanalkapazität

$$C = {}_a\log\left(1 + 2\,a^{f(\varepsilon)}\right),$$

der gleiche Wert, wie er sich nach Gl. (4.54) auf kompliziertere Art für einen Kanal nach Abb. 50 ergab; denn der total gestörte Binär-Teilkanal arbeitet wie ein zusätzliches ungestörtes Symbol zu dem anderen binären Teilkanal. Auch die maximierenden Wahrscheinlichkeiten ergeben sich für diesen Spezialfall nach Gl. (4.61) in einfacherer Weise als nach der allgemeinen Beziehung entsprechend Gl. (4.47); die Teilkanalkapazität C_2 für den total gestörten Kanal ist Null, so daß damit die Wahrscheinlichkeiten für die Benutzung der Teilkanäle

$$w_1 = \frac{a^{C_1}}{a^C} = \frac{2\,a^{f(\varepsilon)}}{1 + 2\,a^{f(\varepsilon)}}, \qquad w_2 = \frac{a^{C_2}}{a^C} = \frac{1}{1 + 2\,a^{f(\varepsilon)}}$$

werden.

Unter Berücksichtigung der Gleichwahrscheinlichkeit der beiden Symbole eines symmetrischen Binärkanals ergibt sich für die maximierenden Symbolwahrscheinlichkeiten

$$w(1) = w(2) = w_1 \cdot \frac{1}{2} = \frac{a^{f(\varepsilon)}}{1 + 2\,a^{f(\varepsilon)}}$$

in Übereinstimmung mit den entsprechenden Werten in Gl. (4.55).

Schließlich kann man für das Beispiel nach Abb. 55 noch den Sonderfall betrachten, daß beide Teilkanäle total gestört sind, also $\varepsilon = \delta = 0{,}5$. Für diesen Fall folgt aus Gl. (4.63) erwartungsgemäß $C = {}_a\log 2$ entsprechend der Kapazität eines ungestörten Binärkanals.

Diese zur Berechnung der Kanalkapazität insbesondere bei speziellen einfacheren Fällen gegebenen Beispiele mögen genügen, um die einzelnen Berechnungsverfahren zu erläutern und die Begriffe Kanalkapazität und zugehörige maximierende Wahrscheinlichkeiten verständlich zu machen.

Zur Vermeidung von Mißverständnissen ist es vielleicht noch erforderlich, darauf hinzuweisen, daß sich Gl. (4.62) für die Bestimmung der Gesamtkanalkapazität aus den Kanalkapazitäten der Teilkanäle auf *einen* Kanal bezieht, d. h., die Benutzung eines Symbols aus der Symbolgruppe eines Teilkanals schließt die Benutzung aller übrigen zum Gesamtkanal gehörigen Symbolgruppen bzw. Symbole aus. Handelt es sich dagegen um die Bestimmung der resultierenden Kapazität mehrerer unabhängiger parallel betriebener Einzelkanäle, die jeweils gleichzeitig ein Symbol übertragen, so gilt für die Kanalkapazitäten in gleicher Weise wie für die Entropien unabhängiger Ereignisse nach Gl. (2.10) die Additivität, d. h.

$$C_{\text{res}} = \sum_\nu C_\nu\,. \tag{4.64}$$

Für ungestörte Kanäle mit den Kanalkapazitäten

$$C_\nu = {}_a\log N_\nu$$

ergibt sich damit bei Parallelbetrieb als resultierende Kanalkapazität

$$C_{\text{res}} = \sum_\nu C_\nu = {}_a\log \prod_\nu N_\nu . \tag{4.65}$$

Kanäle mit nur einem möglichen Zustand bzw. einem Symbol besitzen die Kapazität Null und tragen nicht zur Erhöhung der resultierenden Kanalkapazität bei, abgesehen davon, daß ein realer Kanal mit nur einem möglichen Zustand nicht existiert, denn dieser Zustand kann nur der Zustand Null, also der unterbrochene Kanal, sein.

Der im Zusammenhang mit den Gleichungen (4.61) und (4.62) gebrauchte Begriff der Teilkanalkapazität behielt auch seinen Sinn in Verbindung mit der Gesamtkanalkapazität noch, wenn der Ersatz-Teilkanal beispielsweise gerade ein Symbol und damit die Kapazität Null aufwies; denn hier handelte es sich nicht um die Addition der Kanalkapazitäten, sondern um die Addition der Symbole eines Kanals. Für ungestörte Teilkanäle eines Gesamtkanals lautet Gl. (4.62) voraussetzungsgemäß

$$C_{\text{ges}} = {}_a\log \sum_\nu a^{{}_a\log N_\nu} = {}_a\log \sum_\nu N_\nu .$$

Die Zahlen N_ν der Symbole der Ersatz-Teilkanäle, die im Falle eines ungestörten Gesamtkanals identisch mit denen der Teilkanäle und dementsprechend natürliche Zahlen sind, werden summiert im Gegensatz zu Gl. (4.65) für die resultierende Kanalkapazität bei Parallelbetrieb, wo entsprechend der Zahl der Kombinationsmöglichkeiten das Produkt gebildet wird. Allgemein kann für gestörte Kanäle die Zahl N_ν der Symbole der Teilkanäle jede reelle Zahl, die größer oder gleich Eins ist, entsprechend $N_\nu = a^{C_\nu}$ mit $C_\nu \geqq 0$, sein.

Es soll nun gezeigt werden, daß bei geeigneter Kodierung die Übertragung der von einer Quelle mit der Entropie H gelieferten Information für

$$H = C - \delta , \qquad \delta > 0 , \tag{4.66}$$

wobei δ eine beliebig kleine Zahl ist, mit einer beliebig kleinen Fehlerwahrscheinlichkeit ε über den gestörten diskreten Kanal der Kanalkapazität C erfolgen kann. In ähnlicher Weise, wie im vorigen Abschnitt die Möglichkeit der störungsfreien Übertragung der Information $H = \mathfrak{J} - \delta$ gezeigt wurde, soll dies jetzt für $\mathfrak{J} = \mathfrak{J}_{\max}$ geschehen. Es wird dazu wieder der auf Blöcke von m Symbolen erweiterte Kanal benötigt und angenommen, daß die den Kanal speisende Quelle I bereits die die übertragbare Information zur Kanalkapazität maximierende Statistik besitzt, so daß $C = H(I) - H_J(I)$ gilt. Die durch Gl. (4.31) gegebene Zahl $N^{\frac{m H}{{}_a\log N}}$ von hochwahrscheinlichen Blöcken soll nun den durch Gl. (4.23) in ihrer Anzahl gegebenen hochwahrscheinlichen Eingangssymbolblöcken so zugeordnet werden, daß sich eine beliebig kleine Fehlerwahrscheinlichkeit ergibt. Führt man diese Zuordnung auf alle möglichen Weisen durch und bestimmt die mittlere Fehlerwahrscheinlichkeit, so ist dies gleichbedeutend mit der Bestimmung des Fehlers bei statistischer Zuordnung. Kann gezeigt werden, daß die Fehlerwahrscheinlichkeit bei dieser Zuordnung beliebig klein gemacht werden kann, so ist damit die Existenz von Kodierungen bewiesen, die diese Fehlerwahrscheinlichkeit (oder noch eine geringere, da es sich ja um eine mittlere Fehlerwahrscheinlichkeit handelt) besitzen. Die Wahrscheinlichkeit, daß bei statistischer Zuordnung ein Eingangssymbolblock einem Quellenblock zugeordnet ist, ist durch das Verhältnis der entsprechenden Zahlen der hochwahrscheinlichen Blöcke

$$w_1 = \frac{z_{H_m}}{z_{I_m}} = \frac{N^{\frac{m\,H}{{}^a\log N}}}{N^{\frac{m\,H(I)}{{}^a\log N}}} = N^{\frac{m(H-H(I))}{{}^a\log N}} \tag{4.67}$$

gegeben; die Wahrscheinlichkeit, daß ein Eingangssymbolblock keinem Quellenblock zugeordnet ist, ist dementsprechend $1 - w_1$.

Ein hochwahrscheinlicher empfangener Ausgangssymbolblock hat entsprechend Gl. (4.26)

$$z_{J}I_m = N^{\frac{m\,H_J(I)}{{}^a\log N}}$$

verschiedene Eingangsblöcke als mögliche hochwahrscheinliche Ursache. Damit wird die Wahrscheinlichkeit, daß bei einem empfangenen Ausgangssymbolblock keinem der zugeordneten hochwahrscheinlichen Eingangssymbolblöcke ein Quellenblock zugeordnet ist, zu

$$W = (1 - w_1)^{z_J I_m}\,. \tag{4.68}$$

Einsetzen der entsprechenden Ausdrücke in Gl. (4.68) liefert

$$W = \left(1 - N^{\frac{m(H-H(I))}{{}^a\log N}}\right)^{N^{\frac{mH_J(I)}{{}^a\log N}}} \tag{4.69}$$

und mit Gl. (4.66) wird diese Wahrscheinlichkeit entsprechend der Voraussetzung

$$H = C - \delta = H(I) - H_J(I) - \delta$$

zu

$$W = \left(1 - N^{-m(H_J(I)+\delta)}\right)^{N^{\frac{m\,H_J(I)}{{}^a\log N}}}. \tag{4.70}$$

Auf Grund der für $x \ll 1$ gültigen Näherung

$$(1 - x)^n \approx 1 - n\,x$$

ergibt sich für große Blocklänge m der mit wachsendem m immer bessere Näherungswert für W

$$W = 1 - N^{\frac{m\,H_J(I)}{{}^a\log N}}\,N^{\frac{-m(H_J(I)+\delta)}{{}^a\log N}} = 1 - N^{\frac{-m\,\delta}{{}^a\log N}} = 1 - a^{-m\,\delta}\,. \tag{4.71}$$

Für gegen Unendlich gehendes m nähert sich W bei auch nur beliebig wenig von Null verschiedenem δ dem Wert Eins; damit nähert sich die Wahrscheinlichkeit $1 - W$, daß ein empfangener Ausgangsblock von einem (was erwünscht ist) oder mehreren Quellenblöcken (eine unerwünschte verbliebene Restunsicherheit bzw. Fehlerwahrscheinlichkeit bedeutend) herrührt, dem Wert Null.

Mit dieser Feststellung ist die eingangs aufgestellte Behauptung und die Existenz einer Kodierung zur Realisierung dieser Behauptung bewiesen, wenngleich damit auch kein Verfahren zur praktischen Realisierung gegeben ist.

Die Definition der Kanalkapazität nach Gl. (4.41) bezog sich auf die maximal je Kanalsymbol übertragbare Information; analog zur Angabe der übertragenen Information je Zeiteinheit in Verbindung mit der Symbolfrequenz entsprechend Gl. (4.38) ist die maximal je Zeiteinheit übertragbare Information die Kanalkapazität

$$C' = \mathfrak{J}'_{\max} = f_{c\max} \mathfrak{J}_{\max} = f_{c\max} C , \tag{4.72}$$

wobei $f_{c\max}$ die maximal für den gegebenen Kanal mögliche Kanalsymbolfrequenz darstellt. Praktisch wird $f_{c\max}$ durch das verfügbare Frequenzband des gegebenen Kanals bestimmt; denn die Einschwingzeit, d. h. die zum Erreichen des stationären Wertes benötigte Zeit, ist nach KÜPFMÜLLER bei einem Tiefpaßsystem der Bandbreite B $\tau \geqq \frac{1}{2\,B}$. Unter im Kapitel 7 noch näher zu erläuternden idealisierten Voraussetzungen gilt bei einer verfügbaren Bandbreite B

$$f_{c\max} = 2\,B\,. \tag{4.73}$$

Indirekt geht praktisch die Bandbreite über den Signal-Rausch-Abstand auch in die Übergangsmatrix und damit in $\mathfrak{J}_{\max}$ ein, wie am Beispiel der Pulskodemodulation in Abschnitt 4.3 gezeigt werden wird.

Das bedeutet, daß bei praktischen Kanälen die Maximierung des Nachrichtenflusses $\mathfrak{J}'$ zur Kanalkapazität C' als der maximal je Zeiteinheit übertragbaren Information in manchen Fällen nicht getrennt über die beiden Faktoren der Gl. (4.72), sondern geschlossen über die indirekt in diesen enthaltenen variablen Parameter erfolgen muß. Ein Maß für den Grad, bis zu dem die Kanalkapazität C' eines gegebenen Kanals praktisch ausgenutzt wird (dieses Maß soll deshalb „Ausnutzungsgrad" des Kanals genannt werden), stellt das Verhältnis

$$\eta_c = \frac{H'}{C'} = \frac{f_H\,H}{f_{c\max}\,C} \tag{4.74}$$

dar; hierin bedeuten f_H und $f_{c\max}$ die Symbolfrequenzen der Quellen- bzw. Kanalsymbole. Wie weit sich dieser Ausnutzungsgrad seinem Maximalwert Eins bei einer durch geeignete Kodierung fehlerfreien Übertragung nähert, hängt davon ab, wie gut die Quelle durch die angewendete Kodierung an den Kanal angepaßt wird.

Am Beispiel des symmetrischen Binärkanals wird dies im folgenden Abschnitt noch näher ausgeführt werden.

4.3 Symmetrisch gestörter binärer Kanal

Der symmetrische Binärkanal (SBK) stellt den einfachsten und zugleich praktisch am häufigsten anzutreffenden Typ eines diskreten Kanals dar (Abb. 56). Jedes der beiden Kanalsymbole wird mit der gleichen Wahrscheinlichkeit ε falsch übertragen. Aufeinanderfolgende Kanalsymbole werden statistisch unabhängig voneinander beeinflußt, da es sich voraussetzungsgemäß um einen Kanal ohne Gedächtnis handelt.

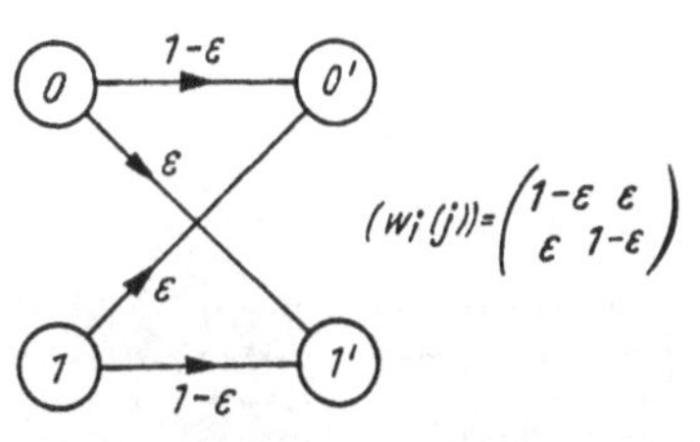

Abb. 56. Symmetrisch gestörter binärer Kanal

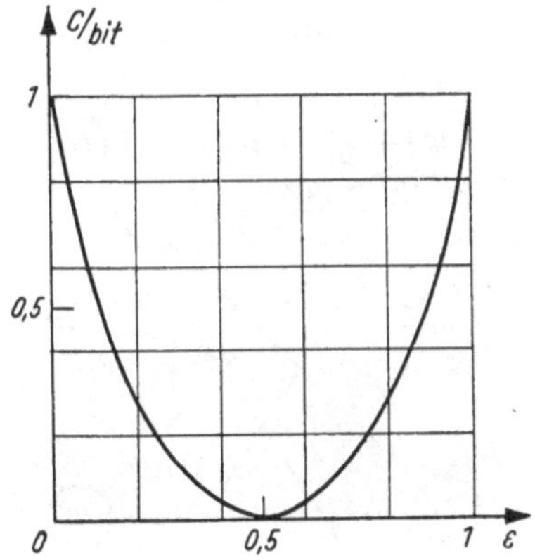

Abb. 57. Kanalkapazität des symmetrischen Binärkanals

Die Kanalkapazität des SBK ergab sich als Sonderfall aus Gl. (4.51) oder Gl. (4.60) zu

$$C = {}_a\log 2 + (1 - \varepsilon)\, {}_a\log (1 - \varepsilon) + \varepsilon\, {}_a\log \varepsilon \tag{4.75}$$

mit Gleichwahrscheinlichkeit der Eingangssymbole als maximierender Statistik.

In Abb. 57 ist der durch Gl. (4.75) gegebene Zusammenhang zwischen Kanalkapazität und der Übergangswahrscheinlichkeit noch einmal mit der Basis $a = 2$ aufgetragen.

Die Übertragung eines Blockes von m aufeinanderfolgenden Symbolen soll wieder am erweiterten Kanal betrachtet werden. Für $m = 2$ ergibt sich der Kanal nach Abb. 58 mit der zugehörigen, nach Gl. (4.20) aus der Übergangsmatrix des einfachen Kanals bestimmten Übergangsmatrix des erweiterten Kanals.

Die Kanalkapazität ist auf Grund erfüllter Symmetriebedingungen nach Gl. (4.60) unter Verwendung nur der ersten Zeile der Übergangsmatrix bestimmbar. Man erhält

$$\begin{aligned} C_2 &= {}_a\log 4 + (1 - \varepsilon)^2\, {}_a\log (1 - \varepsilon)^2 + 2\,\varepsilon\,(1 - \varepsilon)\, {}_a\log \varepsilon\,(1 - \varepsilon) + \varepsilon^2\, {}_a\log \varepsilon^2 \\ &= 2\,[{}_a\log 2 + \big((1 - \varepsilon)^2 + \varepsilon\,(1 - \varepsilon)\big)\, {}_a\log (1 - \varepsilon) + \big(\varepsilon^2 + \varepsilon\,(1 - \varepsilon)\big)\, {}_a\log \varepsilon] \\ &= 2\,[{}_a\log 2 + (1 - \varepsilon)\, {}_a\log (1 - \varepsilon) + \varepsilon\, {}_a\log \varepsilon] = 2\, C_1\,, \end{aligned}$$

d. h., es ergibt sich für den auf Blöcke von zwei Symbolen erweiterten Kanal die doppelte Kapazität des einfachen Kanals, bezogen auf den Symbolblock von zwei Symbolen.

Allgemein erhält man bei Erweiterung auf Blöcke von m Symbolen als Elemente der ersten Zeile der Übergangsmatrix des erweiterten Kanals

$$w_1(j) = (1 - \varepsilon)^{m-(j-1)}\, \varepsilon^{(j-1)}\,, \qquad j = 1, \ldots, 2^m\,. \tag{4.76}$$

Dies stellt aber nichts anderes dar als die Wahrscheinlichkeit dafür, daß in einem Block von m Symbolen $s = j - 1$ falsche Symbole am Ausgang des Kanals in einer bestimmten Anordnung auftreten. Mit $\varepsilon < 0{,}5$ ist die Übergangswahr-

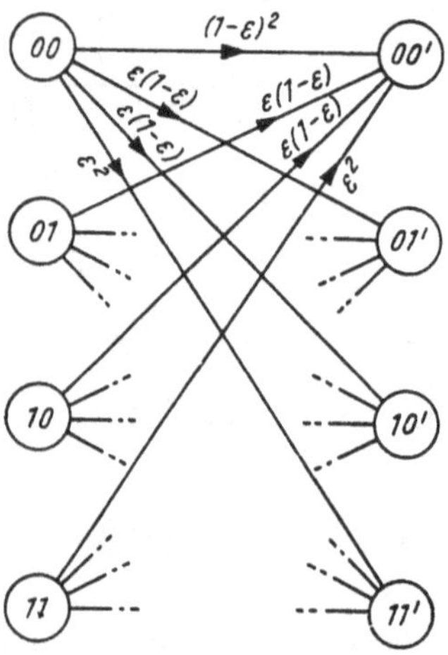

$$(w_i(j)) = \begin{pmatrix} (1-\varepsilon)^2 & \varepsilon(1-\varepsilon) & \varepsilon(1-\varepsilon) & \varepsilon^2 \\ \varepsilon(1-\varepsilon) & (1-\varepsilon)^2 & \varepsilon^2 & \varepsilon(1-\varepsilon) \\ \varepsilon(1-3) & \varepsilon^2 & (1-\varepsilon)^2 & \varepsilon(1-\varepsilon) \\ \varepsilon^2 & \varepsilon(1-\varepsilon) & \varepsilon(1-\varepsilon) & (1-\varepsilon)^2 \end{pmatrix}$$

Abb. 58. Auf eine Blocklänge von 2 Symbolen erweiterter symmetrischer Binärkanal

scheinlichkeit $w_1(j)$ eine monoton fallende Funktion der Zahl s der Fehler. Die Wahrscheinlichkeit für das Auftreten von s Fehlern in beliebiger Anordnung in einem Block von m Symbolen bei einer Fehlerwahrscheinlichkeit ε für das Einzelsymbol war bereits im ersten Kapitel bei der als „Binomialverteilung" bezeichneten Wahrscheinlichkeitsfunktion behandelt worden; unter Verwendung obiger Bezeichnungen erhält man dafür nach Gl. (1.7)

$$W_m(s) = \binom{m}{s} (1 - \varepsilon)^{m-s}\, \varepsilon^s\,. \tag{4.77}$$

Die Werte der Binomialkoeffizienten $\binom{m}{s}$ entnimmt man am anschaulichsten dem PASCALschen Dreieck (Abb. 59). Man liest ab, daß z. B. in einem Block von drei Symbolen ($m = 3$) einmal der Fall der fehlerfreien Übertragung, drei verschiedene einfache und doppelte Fehler ($s = 1$ bzw. 2) und einmal der Fall einer völlig falschen Übertragung eintreten können.

Die Kapazität des auf Blöcke von m Symbolen erweiterten symmetrischen Binärkanals ergibt sich damit nach Gl. (4.60) mit Gl. (4.77) zu

$$\begin{aligned} C_m &= {}_a\log 2^m + \sum_{s=0}^{m} W_m(s)\, {}_a\log (1-\varepsilon)^{m-s}\, \varepsilon^s \\ &= m\, {}_a\log 2 + \sum_{s=0}^{m-1} (m-s)\binom{m}{s}(1-\varepsilon)^{m-s-1}\, \varepsilon^s\, (1-\varepsilon)\, {}_a\log (1-\varepsilon) \\ &\quad + \sum_{s=1}^{m} s\binom{m}{s}(1-\varepsilon)^{m-s}\, \varepsilon^{s-1}\, \varepsilon\, {}_a\log \varepsilon\,, \end{aligned} \tag{4.78}$$

und mit

$$\binom{m}{s} = \left(\frac{m}{m-s}\right)\binom{m-1}{s} = \frac{m}{s}\binom{m-1}{s-1} \tag{4.79}$$

wird dies zu

$$\begin{aligned} C_m &= m\, {}_a\log 2 + m\,(1-\varepsilon)\, {}_a\log (1-\varepsilon) \underbrace{\sum_{s=1}^{m-1}\binom{m-1}{s}(1-\varepsilon)^{m-1-s}\, \varepsilon^s}_{=1} \\ &\quad + m\, {}_a\log m\, \varepsilon\, {}_a\log \varepsilon \underbrace{\sum_{s-1=0}^{m-1}\binom{m-1}{s-1}(1-\varepsilon)^{m-1-(s-1)}\, \varepsilon^{s-1}}_{=1} \\ &= m\, [{}_a\log 2 + (1-\varepsilon)\, {}_a\log (1-\varepsilon) + \varepsilon\, {}_a\log \varepsilon] = m\, C_1\,. \end{aligned} \tag{4.80}$$

Es ergibt sich also in Übereinstimmung mit Gl. (4.22) für die maximal fehlerfrei übertragbare Information beim erweiterten Kanal das m-fache des Wertes für ein Einzelsymbol.

m	$\to s = 0, 1, \ldots, m$
0	1
1	1 1
2	1 2 1
3	1 3 3 1
4	1 4 6 4 1
5	1 5 10 10 5 1

$$\binom{m}{s} = \frac{m!}{s!\,(m-s)!}$$

$$\sum_{s=0}^{m}\binom{m}{s} = 2^m$$

$$\binom{m}{s} + \binom{m}{s+1} = \binom{m+1}{s+1}$$

Abb. 59. Darstellung der Werte der Binomialkoeffizienten in Form des PASCALschen Dreieckes

In Gl. (4.78) liefern nur *die* Summanden des zweiten negativen Terms, der die bedingte Entropie $m\, H_I(J)$ darstellt, einen wesentlichen Beitrag, für die die Zahl s der Fehler in der Umgebung des Mittelwertes liegt. Dieser Mittelwert ist aber nach den Ergebnissen des ersten Kapitels [Gl. (1.16)] gleich $\bar{s} = m\,\varepsilon$, d.h., in einem Block von m Symbolen treten im Mittel am Ausgang $m\,\varepsilon$ Fehler bei einer Fehlerwahrscheinlichkeit ε für das Einzelsymbol auf. Die Dispersion der Zahl der Fehler um den Mittelwert $\bar{s} = m\,\varepsilon$ beträgt nach Gl. (1.17) $\sigma_m^2 = \overline{(s - \bar{s})^2} = m\,\varepsilon\,(1 - \varepsilon)$; nach der TSCHEBYSCHEFFschen Ungleichung (1.15) bedeutet das, daß die Wahrscheinlichkeit für eine absolute Abweichung der Zahl der Fehler vom Mittelwert $\bar{s} = m\,\varepsilon$ um mehr als den Wert $k\sqrt{m\,\varepsilon\,(1-\varepsilon)} \leqq \frac{k}{2}\sqrt{m}$ kleiner als $\frac{1}{k^2}$ ist.

Die Zahl der Ausgangsblöcke von m Symbolen, die sich genau in $m\,\varepsilon$ Symbolen von einem Eingangsblock unterscheiden, beträgt $\binom{m}{m\,\varepsilon}$ und die Zahl der von einem Eingangsblock herrührenden hochwahrscheinlichen Ausgangsblöcke unter Berücksichtigung der Dispersion beträgt in guter Näherung

$$k\sqrt{m}\binom{m}{m\,\varepsilon}. \tag{4.81}$$

Diese hochwahrscheinlichen Ausgangsblöcke besitzen alle die nahezu gleiche Übergangswahrscheinlichkeit $(1 - \varepsilon)^{m - m\,\varepsilon}\,\varepsilon^{m\,\varepsilon} = [(1 - \varepsilon)^{1-\varepsilon}\,\varepsilon^{\varepsilon}]^m$, und die Summe ihrer Übergangswahrscheinlichkeiten liegt bei hinreichend großem m beliebig nahe bei Eins. Daraus läßt sich ebenfalls die Zahl der von einem Eingangsblock herrührenden hochwahrscheinlichen Ausgangsblöcke abschätzen zu

$$[(1 - \varepsilon)^{1-\varepsilon}\,\varepsilon^{\varepsilon}]^{-m}\,. \tag{4.82}$$

Die Identität beider Ergebnisse läßt sich mit Hilfe der STIRLINGschen Formel, die einen Näherungswert für die Fakultät liefert, zeigen.

Es gilt

$$n! = \sqrt{2\,\pi\,n}\;n^n\,e^{-n}\,e^{\frac{\vartheta}{12(n-1)}}\,, \qquad 0 < \vartheta < 1\,, \tag{4.83}$$

und aus Gl. (4.81) wird damit nach Zwischenrechnung

$$k\sqrt{m}\,\frac{m!}{(m\,\varepsilon)!\,(m - m\,\varepsilon)!} = k'\,[\varepsilon^{\varepsilon}\,(1 - \varepsilon)^{(1-\varepsilon)}]^{-m} \tag{4.84}$$

in Übereinstimmung mit Gl. (4.82) (abgesehen von der Konstanten k').

Die Gesamtzahl der hochwahrscheinlichen Ausgangsblöcke, bestehend aus m binären Symbolen, beträgt, da alle Blöcke beim symmetrischen Binärkanal gleichwahrscheinlich sind, 2^m.

Durch geeignete Auswahl läßt sich die Gesamtzahl der Ausgangsblöcke in

$$\frac{2^m}{k'\,[\varepsilon^{\varepsilon}\,(1 - \varepsilon)^{1-\varepsilon}]^{-m}} = 2^m\,[\varepsilon^{\varepsilon}\,(1 - \varepsilon)^{1-\varepsilon}\,k'^{-1/m}]^m \tag{4.85}$$

Gruppen aufteilen, die jeweils mit hoher Wahrscheinlichkeit nur von einem Eingangssymbolblock herrühren. Die auf diese Art durchgeführte Aufteilung in disjunkte Gruppen ist die zur störungsfreien Übertragung über den gestörten Kanal erforderliche Kodierung.

Der dyadische Logarithmus der Zahl der störungsfrei übertragbaren Gruppen von jeweils m binären Symbolen, bezogen auf die Zahl m der Symbole je Block, stellt die Zahl der störungsfrei übertragbaren Binärsymbole dar. Mit Gl. (4.85) erhält man dafür

$$\frac{\operatorname{ld}[2^m[\varepsilon^\varepsilon (1-\varepsilon)^{1-\varepsilon} k'^{-1/m}]^m]}{m} = 1 + \varepsilon \operatorname{ld} \varepsilon + (1-\varepsilon) \operatorname{ld} (1-\varepsilon) - \frac{1}{m} \operatorname{ld} k' . \quad (4.86)$$

Mit gegen Unendlich gehendem m strebt diese Zahl gegen den Ausdruck Gl. (4.75) für die Kapazität des symmetrisch gestörten Binärkanals. Damit ist am Beispiel des Binärkanals noch einmal der grundsätzliche Vorgang der störungsfreien Übertragung über gestörte Kanäle, wie er in Abschnitt 4.1 in allgemeiner Form in Verbindung mit den Gleichungen (4.23) bis (4.29) beschrieben wurde, erläutert worden. Während dort die Zahl der hochwahrscheinlichen Blöcke und Übergänge des erweiterten Kanals aus den einfachen und bedingten Entropien bestimmt wurde und auf den Ausdruck $H(J) - H_I(J)$ für die je Symbol fehlerfrei übertragene Information in Übereinstimmung mit den auf Grund früherer Definitionen erhaltenen Ausdruck führte, ist im Beispiel des Binärkanals nur auf Wahrscheinlichkeiten Bezug genommen worden. Die Identität beider Darstellungsarten ist jedoch in jeder Stufe offensichtlich.

Die Aufteilung der Ausgangsblöcke in Gruppen, denen jeweils ein Eingangsblock zugeordnet ist, stellt einerseits ein Kodierungsschema für einen gestörten Kanal dar; zum anderen ist die Zuordnung eines Eingangsblocks zu den Ausgangsblöcken einer Gruppe ein Entscheidungsschema; denn auch wenn der Eingangsblock nicht mit Sicherheit in einen Ausgangsblock der zugehörigen Gruppe übergeht bzw. wenn ein Ausgangsblock einer Gruppe nicht mit Sicherheit von dem der Gruppe zugeordneten Eingangsblock herrührt, wird seitens des Empfängers im Sinne der Zuordnung entschieden.

Ein Entscheidungsschema baut sich auf dem Schema des erweiterten Kanals, im vorliegenden speziellen Falle auf dem Schema des erweiterten Binärkanals, auf und besitzt eine gegenüber dem erweiterten Kanal auf die Zahl der Ausgangsblockgruppen reduzierte Zahl von Eingangssymbolblöcken. Dieser reduzierte erweiterte Kanal besitzt, aufgefaßt als neuer Kanal, bei gegebener Eingangsblockwahrscheinlichkeit und gegebenen Übergangswahrscheinlichkeiten eine verbleibende Restunsicherheit, ausgedrückt durch die bedingte Entropie $H_J(I)$ einerseits, sowie eine durch die zusätzliche Angabe des Entscheidungsschemas bestimmte mittlere Fehlerwahrscheinlichkeit andererseits.

Zwischen diesen beiden Größen, der Äquivokation eines Kanals bei gegebener Eingangswahrscheinlichkeit und der Fehlerwahrscheinlichkeit eines auf diesen Kanal angewandten Entscheidungsschemas, besteht folgende Beziehung [3], [8]:

$$H_J(I) \leqq -\delta\,{}_a\!\log \delta - (1-\delta)\,{}_a\!\log (1-\delta) + \delta\,{}_a\!\log (N-1) . \quad (4.87)$$

Hierin ist N die Zahl der Eingangssymbole bzw. bei Anwendung auf einen erweiterten Kanal die Zahl der Eingangsblöcke, die gleich der Zahl der Ausgangsgruppen ist, und δ die Fehlerwahrscheinlichkeit des Entscheidungsschemas.

Die Fehlerwahrscheinlichkeit eines Entscheidungsschemas kann auf zwei Arten beschrieben werden: Erstens als über alle Ausgangsblöcke gemittelter Wert der

Wahrscheinlichkeit des Empfangs eines Ausgangsblocks einer Gruppe, wenn ein nicht zu dieser Gruppe gehöriger Eingangsblock gesendet wurde; dies entspricht der bereits in Gl. (4.16) gegebenen Beziehung

$$\delta = \sum_{j=1}^{N'} w(j)\,[1 - w_j(i_j)]\,, \qquad i = 1, \ldots, N\,, \tag{4.88}$$

wobei i_j der nach dem Entscheidungsschema bei Empfang des Ausgangsblockes j der Gruppe zugeordnete Eingangsblock ist. Zweitens als über alle Eingangsblöcke gemittelte Wahrscheinlichkeit einer nicht auf die zugehörige Ausgangsgruppe führenden Übertragung

$$\delta = \sum_{i=1}^{N} w(i)\,[1 - w_i(J_i)]\,, \tag{4.89}$$

wobei $w_i(J_i)$ die Summe der Übergangswahrscheinlichkeiten $w_i(j)$ ist, die zu den Ausgangsblöcken der dem Eingangsblock i zugeordneten Gruppe führen.

Beide Beschreibungen der mittleren Fehlerwahrscheinlichkeit des Entscheidungsschemas sind identisch; denn es ist

$$\begin{aligned} \delta &= \sum_j w(j)\,[1 - w_j(i_j)] = \sum_j w(j)\left[1 - \frac{w(i_j, j)}{w(j)}\right] \\ &= 1 - \sum_j w(i_j, j) = 1 - \sum_i \sum_{J_i} w(i, j) = 1 - \sum_i w(i, J_i) \\ &= \sum_i w(i)\left[1 - \frac{w(i, J_i)}{w(i)}\right] = \sum_i w(i)\,[1 - w_i(J_i)]\,. \end{aligned} \tag{4.90}$$

Das Zustandekommen der Beziehung (4.87) kann anschaulich erklärt werden. (Ein strenger Beweis ist in [3] bzw. [8] gegeben.) Hierzu schreibt man Gl. (4.87) um in

$$H_J(I) \leqq H\,(\delta, 1 - \delta) + \delta\, H\left(\frac{1}{N-1}, \ldots, \frac{1}{N-1}\right). \tag{4.91}$$

Die bedingte Entropie $H_J(I)$ ist die erforderliche mittlere Information, die der Empfänger nach Empfang eines Ausgangsblocks benötigt, um genau festzustellen, welcher Eingangsblock gesendet wurde. Um bei einem gegebenen Entscheidungsschema diese Feststellung zu treffen, muß zunächst festgestellt werden, ob richtig oder falsch entschieden wurde, und wenn falsch entschieden wurde, welcher der $N - 1$ falschen Eingangsblöcke gesendet wurde. Die für die erste Feststellung erforderliche Information ist durch den ersten Summanden in Gl. (4.91) gegeben, während die zweite Feststellung, die nur mit der Wahrscheinlichkeit δ auftritt, im ungünstigsten Falle der Gleichwahrscheinlichkeit der falschen Eingangsblöcke maximal die Information $H\left(\frac{1}{N-1}, \ldots, \frac{1}{N-1}\right)$ erfordert.

Ein Beispiel für ein Kodierungs- und Entscheidungsschema stellte das in Abb. 45 gegebene Schema eines erweiterten Kanals dar. An Stelle der dort willkürlich angenommenen Übergangswahrscheinlichkeiten liegen dem folgenden

Beispiel (Abb. 60) reale Werte auf der Basis des SBK zugrunde. Es handelt sich um einen auf Blöcke von drei Symbolen erweiterten SBK mit einem Kodierungsschema, welches nur zwei der acht möglichen Eingangsblöcke verwendet und damit eine Redundanz $r = \frac{2}{3}$ aufweist. Die Übergangswahrscheinlichkeiten ergeben sich nach Gl. (4.76) mit $m = 3$. Das Entscheidungsschema faßt die Ausgangsblöcke mit keinem bzw. einem Fehler zu jeweils einer Gruppe zusammen und ordnet sie dem entsprechenden Eingangsblock zu.

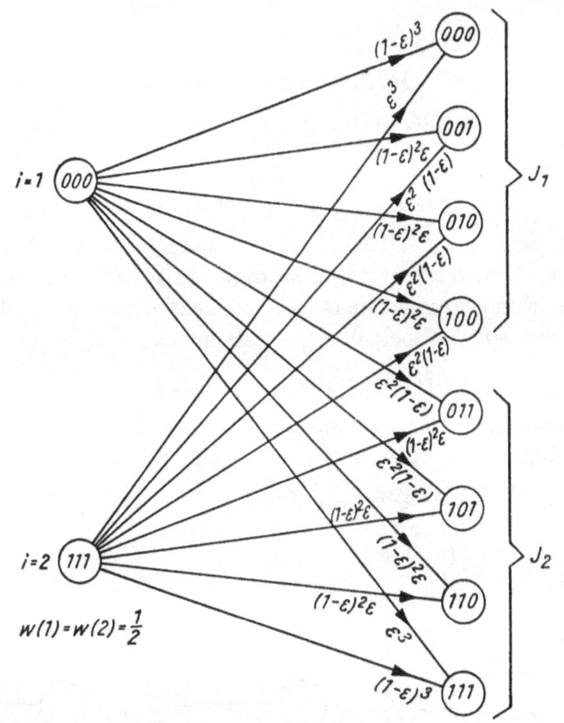

Abb. 60. Beispiel eines Kodierungs- und Entscheidungsschemas

Für die Fehlerwahrscheinlichkeit des Entscheidungsschemas nach Abb. 60 ergibt sich mit den angegebenen Eingangs- und Übergangswahrscheinlichkeiten nach Gl. (4.89) und der Normierungsbedingung für die Binomialverteilung

$$\sum_{s=0}^{m} W_m(s) = [(1 - \varepsilon) + \varepsilon]^m = 1 \tag{4.92}$$

ein Wert von

$$\delta = \sum_i w(i) \left(1 - w_i(J_i)\right) = 1 - (1 - \varepsilon)^3 - 3 (1 - \varepsilon)^2 \varepsilon = 3 (1 - \varepsilon) \varepsilon^2 + \varepsilon^3 . \tag{4.93}$$

Für die übertragene Information je Block von drei Symbolen des Kodierungsschemas nach Abb. 60, die bei der gegebenen Gleichwahrscheinlichkeit der beiden Eingangsblöcke gleich der Kanalkapazität des Schemas ist, ergibt sich mit

$$w(j) = \sum_i w(i)\, w_i(j) = \frac{w_1(j) + w_2(j)}{2},$$

$$\begin{aligned}\mathfrak{J} = C_{\text{Schema}} &= H(J) - H_I(J) = -\frac{2}{2}[(1-\varepsilon)^3 + \varepsilon^3]\,{}_a\log\frac{1}{2}[(1-\varepsilon)^3+\varepsilon^3] \\ &- \frac{6}{2}[(1-\varepsilon)^2\varepsilon + (1-\varepsilon)\varepsilon^2]\,{}_a\log\frac{1}{2}[(1-\varepsilon)^2\varepsilon + (1-\varepsilon)\varepsilon^2] \\ &+ \sum_{s=0}^{3} W_3(s)\,{}_a\log(1-\varepsilon)^{3-s}\varepsilon^s \\ &= {}_a\log 2 - [(1-\varepsilon)^3+\varepsilon^3]\,{}_a\log[(1-\varepsilon)^3+\varepsilon^3] - 3(1-\varepsilon)\varepsilon\,{}_a\log(1-\varepsilon)\varepsilon \\ &+ 3[(1-\varepsilon)\,{}_a\log(1-\varepsilon) + \varepsilon\,{}_a\log\varepsilon]\,. \end{aligned} \tag{4.94}$$

Da auch

$$C = H(J) - H_I(J) = H(I) - H_J(I)$$

gilt und für das Schema des Beispiels die Eingangsentropie, bezogen auf einen Block von 3 Symbolen, $H(I) = {}_a\log 2$ beträgt, ergibt sich eine verbliebene Restunsicherheit des Kodierungsschemas, ausgedrückt durch die bedingte Entropie $H_J(I)$, bezogen auf einen Block von 3 Symbolen, von

$$H_J(I) = {}_a\log 2 - C_{\text{Schema}}\,. \tag{4.95}$$

Nach der Ungleichung (4.91) ergibt sich für die nach Anwendung des redundanten Kodierungsschemas verbliebene Restunsicherheit mit Gl. (4.93) die Abschätzung

$$H_J(I) \leqq H(\delta, 1-\delta) = -\delta\,{}_a\log\delta - (1-\delta)\,{}_a\log(1-\delta)\,. \tag{4.96}$$

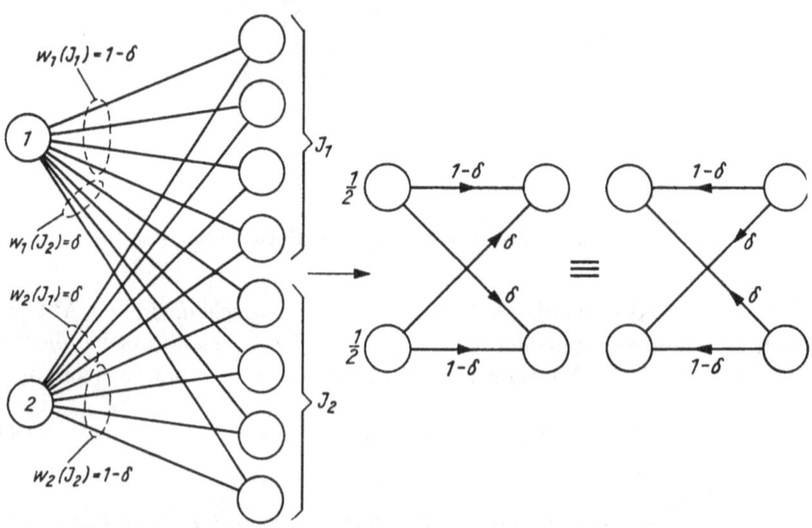

Abb. 61. Entscheidungsschema der Abb. 60, als neuer Kanal (bezogen auf den Symbolblock) dargestellt

$H(\delta, 1-\delta)$ ist die Restunsicherheit eines einfachen SBK mit der Fehlerwahrscheinlichkeit δ, in den das Schema nach Abb. 60 bei Zusammenfassung der beiden Symbolblockgruppen zu je einem Ausgangsblock übergeht (Abb. 61). Gleichheit in Gl. (4.96) und damit Gleichwertigkeit des Kodierungs- und Entscheidungsschemas tritt ein, wenn $\delta = 0$ ist, d. h., wenn praktisch keine Entscheidung mehr erforderlich ist und durch die Kodierung der Fall der störungsfreien Nachrichtenübertragung über den gestörten Kanal erreicht ist. Für $\delta > 0$

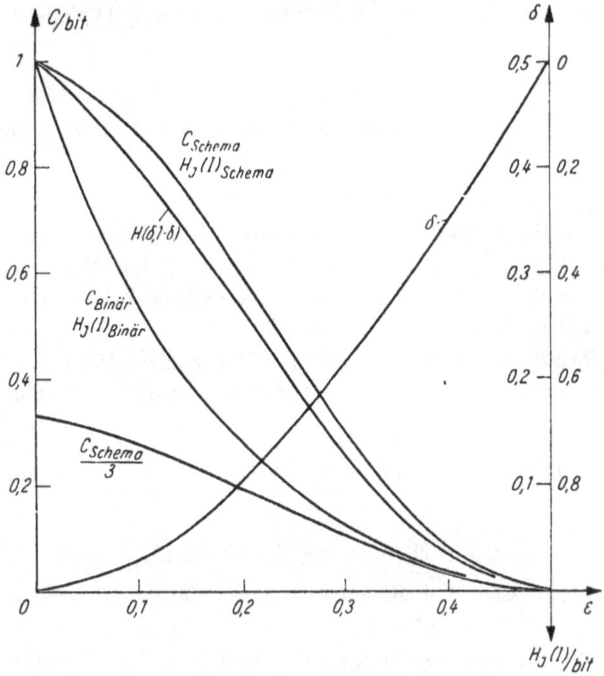

Abb. 62. Übertragene Information, Restunsicherheit und Fehlerwahrscheinlichkeit des Schemas Abb. 60 als Funktion der Fehlerwahrscheinlichkeit des SBK

wird durch die Entscheidung ein Teil der Information unwiderbringlich zerstört, die sonst durch weitere Kodierung noch zu erhalten gewesen wäre. Die sich für Abb. 60 ergebenden Werte für δ nach Gl. (4.93), C_{Schema} in bit/Block und C_{Schema} in bit/Symbol nach Gl. (4.94) sowie $H_J(I)$ in bit/Block nach Gl. (4.95) und $H(\delta, 1-\delta)$ nach Gl. (4.96) sind mit der Kapazität $C_{\text{Binär}}$ und Restunsicherheit $H_J(I)_{\text{Binär}}$ des einfachen Binärkanals zum Vergleich in Abb. 62 als Funktion von ε aufgetragen. Man ersieht daraus, daß durch die Kodierung mit der Blocklänge $m = 3$ die Restunsicherheit und Fehlerwahrscheinlichkeit δ gegenüber dem Binärkanal insbesondere bei kleinem ε geringer geworden ist, aber bei weitem noch nicht den bei gegen Unendlich gehenden m erzielbaren Wert erreicht hat. (Die Redundanz von 66% der Symbole der den Kanal nach Abb. 60 speisenden

Quelle müßte nach Gl. (4.34) ausreichen, um eine Restunsicherheit $H_J(I) = 0{,}66$ bit/Symbol des Binärkanals entsprechend einer Fehlerwahrscheinlichkeit $\varepsilon \approx 0{,}175$ zu beseitigen.)

Andererseits muß auch bei gegen Unendlich gehendem m eine Restunsicherheit $H_J(I)$ verbleiben, wenn die Redundanz der den Kanal speisenden Quelle einen kleineren als den durch Gl. (4.34) gegebenen minimal erforderlichen Wert besitzt. Entsprechend der Definition der Kanalkapazität als der maximal fehlerfrei übertragbaren Information je Kanalsymbol ist nur die fehlerfreie Übertragung der Information einer (bereits in die Kanalsymbole kodierten) Quelle der Entropie

$$H \leqq C = \big(H(I) - H_J(I)\big) \max ,$$

bezogen auf ein Kanalsymbol, möglich.

Überschreitet die Entropie H diesen Wert, so verbleibt eine minimale Restunsicherheit

$$H_J(I) = H - C . \tag{4.97}$$

In Abb. 63 ist dieser Zusammenhang grafisch dargestellt; für $H = C$ ist der durch geeignete Kodierung erreichbare Minimalwert der Restunsicherheit gleich Null, während für $H > C$ die minimale Restunsicherheit entsprechend Gl. (4.97) linear mit der Differenz $H - C$ ansteigt.

Beim Binärkanal ergibt sich aus Gl. (4.97) für $H = H(I)_{\max} = {}_a\log 2$ mit C nach Gl. (4.75) und der Gl. (4.96), den Zusammenhang der Restunsicherheit mit der Fehlerwahrscheinlichkeit δ eines Entscheidungsschemas betreffend,

$$\delta\, {}_a\log \delta + (1 - \delta)\, {}_a\log (1 - \delta) \geqq H_J(I) = \varepsilon\, {}_a\log \varepsilon + (1 - \varepsilon)\, {}_a\log (1 - \varepsilon) , \tag{4.98}$$

während für $H = C$

$$\delta\, {}_a\log \delta + (1 - \delta)\, {}_a\log (1 - \delta) \geqq H_J(I) = 0 \tag{4.99}$$

folgt. Daraus läßt sich der Minimalwert der Fehlerwahrscheinlichkeit δ bestimmen; während für Gl. (4.98) $\delta_{\min} = \varepsilon$ ist, ergibt sich für Gl. (4.99) $\delta_{\min} = 0$.

Unterscheidet sich sowohl die Quellen- und Kanalsymbolzahl als auch die Quellen- und Kanalsymbolfrequenz, so ist in Gl. (4.97) an Stelle von H $\dfrac{H \cdot f_H}{f_{c\max}}$ zu setzen, und Gl. (4.97) wird zu

$$H_J(I) \cdot f_{c\max} = H \cdot f_H - C \cdot f_{c\max} , \tag{4.100}$$

d. h., die Differenz zwischen dem von der Quelle gelieferten Nachrichtenfluß und dem maximal über den Kanal übertragbaren Nachrichtenfluß verbleibt auch bei idealer Kodierung als Restunsicherheit, jetzt auf die Zeiteinheit bezogen. Führt man den durch Gl. (4.74) definierten Ausnutzungsgrad η_c in Gl. (4.100) ein, so erhält man

$$\frac{H_J(I)}{C} = \frac{H \cdot f_H}{C \cdot f_{c\max}} - 1 = \eta_c - 1 . \tag{4.101}$$

Dieser Zusammenhang ist in Abb. 64 (starke Linie) grafisch dargestellt; es entspricht der Darstellung in Abb. 63, aber in normierter Form. Überschreitet der

Ausnutzungsgrad η_c den Wert Eins, so verbleibt eine Restunsicherheit, die durch kein Kodierungsverfahren unter den in Abb. 64 angegebenen Wert herabgedrückt werden kann.

Bei gegebener Entropie H der Quelle und gegebenem maximal übertragbarem Nachrichtenfluß $C' = C \cdot f_{c_{\max}}$ ist damit auch die für verschwindende Restunsicherheit bzw. fehlerfreie Übertragung maximal zulässige Symbolfrequenz f_H der Quelle festgelegt; überschreitet die Symbolfrequenz diesen Maximalwert, so verbleibt zwangsläufig eine Restunsicherheit bzw. eine von Null verschiedene Fehlerwahrscheinlichkeit. Für den SBK läßt sich der kleinste erreichbare Wert dieser Fehlerwahrscheinlichkeit explizit angeben [25], [29].

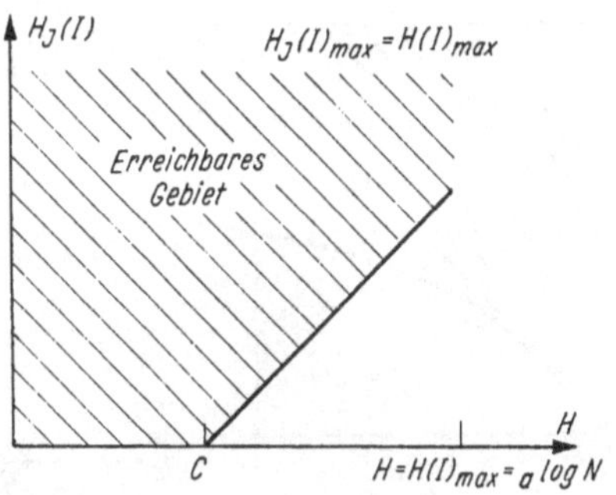

Abb. 63. Verbleibende Restunsicherheit bei Übertragung der Information einer Quelle der Entropie H über einen Kanal der Kapazität C, bezogen auf ein Kanalsymbol

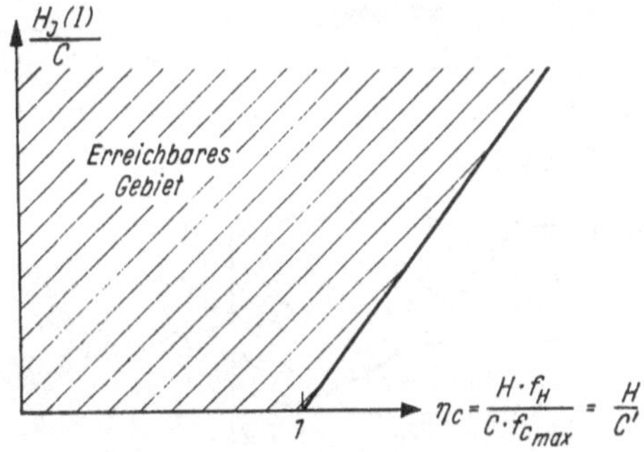

Abb. 64. Verbleibende Restunsicherheit, bezogen auf die Kanalkapazität in Abhängigkeit von dem Ausnutzungsgrad η_c des Kanals

Aus Gl. (4.100) folgt für den Zusammenhang zwischen dem Kanalausnutzungsgrad und Restunsicherheit, bezogen auf den Nachrichtenfluß der Quelle,

$$\frac{1}{\eta_c} = \frac{C'}{H'} = \frac{C \cdot f_{c_{\max}}}{H \cdot f_H} = 1 - \frac{H_J(I) \cdot f_{c_{\max}}}{H \cdot f_H}. \tag{4.102}$$

Der maximal in den Binärkanal einspeisbare Nachrichtenfluß und damit der Maximalwert der Entropie der Quelle, bezogen auf die Zeiteinheit, der ohne willkürliche Verluste als den Kanal speisende Quelle dienen kann, beträgt

$$H' = H \cdot f_H = {}_a\log 2 \cdot f_{c_{\max}}. \tag{4.103}$$

Für eine Quelle dieser Art, die bei gegebenem maximal übertragbarem Nachrichtenfluß C' zu einem Maximalwert des Kanalausnutzungsgrades führt, wird Gl. (4.102) zu

$$\frac{1}{\eta_c} = \frac{C'}{H'} = 1 - \frac{H_J(I)}{{}_a\log 2}.$$

und mit der Abschätzung Gl. (4.96) der Restunsicherheit folgt aus Obigem

$$\frac{1}{\eta_c} \geqq 1 - \frac{H(\delta, 1-\delta)}{{}_a\log 2} = 1 + \delta\,{}_2\log \delta + (1-\delta)\,{}_2\log(1-\delta). \tag{4.104}$$

als Zusammenhang zwischen dem maximalen Kanalausnutzungsgrad und Fehlerwahrscheinlichkeit δ. Gl. (4.104) ist in Abb. 65 grafisch dargestellt.

Die stark ausgezogene Linie in Abb. 65 gibt den bei vorgegebener Fehlerwahrscheinlichkeit δ zulässigen Minimalwert des reziproken Kanalausnutzungsgrades, gegeben durch Gleichheit in Gl. (4.104), an; für die interessierende fehlerfreie Übertragung ($\delta = 0$) ergibt sich als kleinster Wert für $1/\eta_c$ und damit als größter Wert für η_c der Wert Eins. Die Zusammenhänge gehen noch anschaulicher aus der aus Abb. 65 durch Umzeichnen abgeleiteten Abb. 66 hervor.

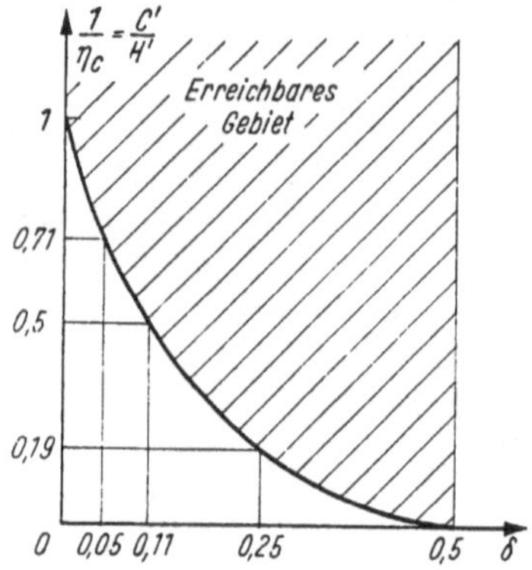

Abb. 65. Zusammenhang zwischen dem maximalen Kanalausnutzungsgrad η_c und der Fehlerwahrscheinlichkeit δ beim symmetrisch gestörten Binärkanal

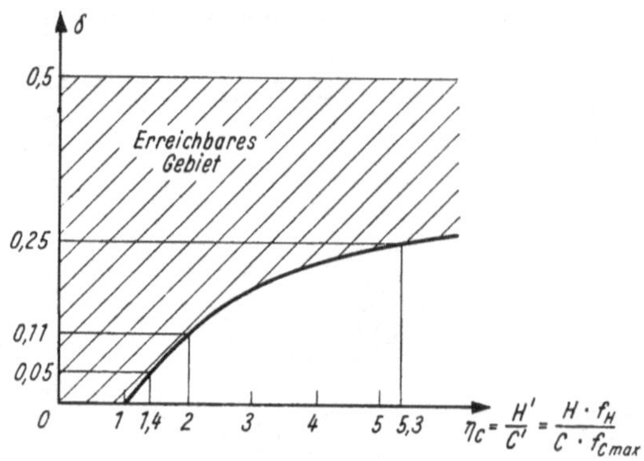

Abb. 66. Zusammenhang zwischen dem Kanalausnutzungsgrad η_c und der minimalen Fehlerwahrscheinlichkeit δ beim symmetrisch gestörten Binärkanal

Für Werte $\eta_c \leqq 1$ ist eine minimale Fehlerwahrscheinlichkeit $\delta = 0$ im Grenzfall durch geeignete Kodierung erreichbar; für Werte $\eta_c > 1$ ist durch keine Kodierung eine kleinere als die durch die stark ausgezogene Linie angegebene verbleibende Fehlerwahrscheinlichkeit δ erreichbar.

Für $\eta_c \to \infty$ strebt die minimale Fehlerwahrscheinlichkeit gegen ihren Maximalwert bei einem symmetrisch gestörten Binärkanal von $\delta = 0{,}5$, völlige Unsicherheit des Empfängers bezüglich der gesendeten Binärsymbole bedeutend.

Bevor auf die Ermittlung der Fehlerwahrscheinlichkeit zur Bestimmung der Kanalkapazität des SBK bei praktischen Kanälen näher eingegangen wird, soll noch eine Näherungsformel der Gl. (4.76) für die Kanalkapazität des SBK bei sehr kleinen Werten von ε angegeben werden. Mit

$$-(1-\varepsilon)\,\mathrm{ld}\,(1-\varepsilon) \approx \varepsilon\,\mathrm{ld}\,e\,, \qquad \varepsilon \ll 1$$

und

$$\varepsilon = 10^{-k} \ll 0{,}5$$

wird aus Gl. (4.76)

$$C/_{\mathrm{bit/Symbol}} \approx 1 - 1{,}443 \cdot 10^{-k} - 3{,}322\,k\,10^{-k} = 1 - (1{,}443 + 3{,}322\,k)\,10^{-k}\,. \tag{4.105}$$

Ab $\varepsilon \leqq 10^{-2}$ liefert die Näherungsformel genügend genaue Werte, die in Tabelle 5 bzw. in Abb. 67 aufgetragen sind.

Beispielsweise für einen symmetrischen Binärkanal mit einer Fehlerwahrscheinlichkeit $\varepsilon = 10^{-2}$ und $f_{c_{\max}} = 1000$ Symbole/$_{\text{Sekunde}}$, der von einer Quelle mit der maximierenden Statistik $w_1 = w_2 = 0{,}5$ und damit $H = 1$ bit/Symbol mit $f_H = 1000$ Symbole/$_{\text{Sekunde}}$ ohne weitere Kodierung gespeist wird $(H' = H'(I))$, ergibt sich, daß 10 von 1000 Symbolen falsch und damit 990 Symbole je Sekunde richtig

Tabelle 5
Kanalkapazität des symmetrischen gestörten Binärkanals bei sehr kleinem ε

ε	$C_{\text{Binär}}$/bit/Symbol
0,5	0
0,1	0 531
10^{-2}	0,919
10^{-3}	0,989
10^{-4}	0,999

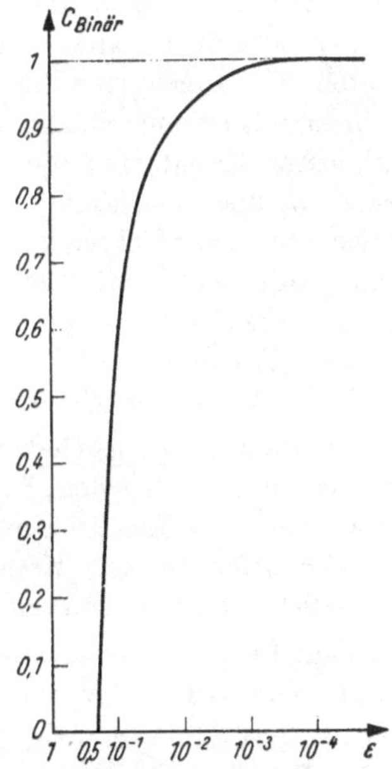

Abb. 67. Kanalkapazität des symmetrisch gestörten Binärkanals bei sehr kleinen Werten von ε

übertragen werden. Die je Sekunde übertragene Information, die im vorliegenden Falle gleich der Kanalkapazität ist, beträgt nach Tabelle 5 919 bit/Sekunde; denn obwohl nur 10 fehlerhafte Zeichen empfangen werden, ist auf der Empfangsseite unbekannt, *welche* Zeichen fehlerhaft sind.

Bei einem praktisch vorliegenden, zunächst allgemeinen (unsymmetrischen) Binärkanal nach Abb. 46 mit einer Kanalkapazität nach Gl. (4.51) ist zur experimentellen Ermittlung der den Kanal kennzeichnenden Übergangswahrscheinlichkeiten die Kenntnis einer genügend langen Eingangssymbolfolge und der zugehörigen, über den Kanal übertragenen Ausgangssymbolfolge erforderlich. Besonders einfach wird die Ermittlung der Übergangswahrscheinlichkeiten, wenn die Eingangssymbolfolge aus zwei gleichen Folgen von jeweils nur einem Eingangssymbol besteht. Die relative Häufigkeit der leicht auszählbaren falschen Ausgangssymbole der beiden Teilfolgen ist, entsprechend der Zahl der ausgewerteten Symbole, ein nach Gl. (1.18) abschätzbarer Näherungswert für die Fehlerwahrscheinlichkeiten ε und δ. Im Falle der Gleichheit beider Werte liegt ein symmetrisch gestörter Binärkanal vor.

In vielen Fällen ist eine Ermittlung der Fehlerwahrscheinlichkeit aus theoretischen Überlegungen heraus, verbunden mit anderen experimentellen Werten, möglich. Mit Vorgriff auf erst in Teil II „Kontinuierliche Information“ ausführlicher behandelte Begriffe soll dazu etwas näher auf den inneren Mechanismus praktischer Binärkanäle eingegangen werden.

Eine große Zahl praktischer diskreter Kanäle läßt sich zu der Klasse der semikontinuierlichen Kanäle ohne Gedächtnis zusammenfassen. Ein semikontinuierlicher Kanal besitzt eine begrenzte Zahl diskreter Eingangswerte; durch die in Form kontinuierlicher Werte hinzutretenden Störungen kann der Kanalausgang kontinuierliche Werte annehmen. Je nachdem, ob die Störungen additiv zu den diskreten Eingangswerten hinzutreten und sich am Ausgang überlagern oder nichtlineare Zusammenhänge bestehen, spricht man von einem linearen oder nichtlinearen Kanal. Der semikontinuierliche Kanal ohne Gedächtnis ist im Gegensatz zum diskreten Kanal ohne Gedächtnis vollständig durch seine Übergangswahrscheinlichkeitsdichten $w_{S_i}(s)$ $(i = 1, \ldots, N, \; -\infty < s < +\infty)$ beschrieben, die an Stelle der Übergangswahrscheinlichkeiten treten. Die bedingte Wahrscheinlichkeitsdichte $w_{S_i}(s)$ gibt an, wie groß die Wahrscheinlichkeit $w_{S_i}(s)\,ds$ ist, bei einem diskreten Eingangswert S_i einen kontinuierlichen Ausgangswert im Bereich $s \div s + ds$ zu erhalten.

Die Beifügung „ohne Gedächtnis" setzt physikalisch ein unendlich breites Frequenzband, welches dem Kanal zur Verfügung steht, voraus und stellt damit bereits wieder eine Idealisierung bzw. erste Näherung dar. Frequenzbeschränkte Kanäle bedürfen zu ihrer Kennzeichnung mindestens die bedingte Wahrscheinlichkeitsdichte zweiter Ordnung $w_{S_{i_1}S_{i_2}}(s_1, s_2, \tau)$, wobei τ den zeitlichen Abstand der beiden Eingangs- bzw. Ausgangswerte darstellt; für eine ausführlichere Behandlung sei auf Teil II verwiesen.

Die Rückwandlung des semikontinuierlichen Kanals in einen diskreten Kanal mit N' diskreten Ausgangssymbolen erfolgt durch Einführung von $N' - 1$ Schwellwerten, die den Bereich der kontinuierlichen Ausgangsvariablen s in N' Wertebereiche aufteilen, die den diskreten Ausgangssymbolen zugeordnet werden. Für den Binärkanal bedeutet dies die Einführung eines Schwellwertes S_s; überschreitet die kontinuierliche Ausgangsvariable s den Wert S_s, so wird dies als Vorhandensein des einen diskreten Ausgangssymbols gewertet. Unterschreiten des Schwellwertes bedeutet Vorhandensein des zweiten diskreten Ausgangssymbols. Für die den so erhaltenen Binärkanal charakterisierenden Übergangswahrscheinlichkeiten erhält man damit

$$\left.\begin{aligned} w_1(1') &= W_1(s \geqq S_s) = \int_{S_s}^{+\infty} w_{S_1}(s)\,ds = 1 - \varepsilon\,, \\ w_1(2') &= W_1(s < S_s) = \int_{-\infty}^{S_s} w_{S_1}(s)\,ds = \varepsilon\,, \\ w_2(2') &= W_2(s < S_s) = \int_{-\infty}^{S_s} w_{S_2}(s)\,ds = 1 - \delta\,, \\ w_2(1') &= W_2(s \geqq S_s) = \int_{S_s}^{+\infty} w_{S_2}(s)\,ds = \delta\,. \end{aligned}\right\} \qquad (4.106)$$

In Abb. 68 sind diese Zusammenhänge geometrisch veranschaulicht. Bei auf eine Gesamtfläche von Eins normierter, von der Abszisse und der Kurve $w_{S_i}(s)$ eingeschlossener Fläche entspricht die jeweils schraffierte Fläche den Fehlerwahrscheinlichkeiten ε bzw. δ. Sind die beiden Flächen gleich, was sich bei fest vorgegebenen $w_{S_i}(s)$ durch geeignete Wahl des Schwellwertes S_s stets erreichen läßt, so liegt ein symmetrisch gestörter Binärkanal vor. Bei einem linearen semikontinuierlichen Kanal gilt stets $w_{S_1}(s) = w_{S_2}(s - \Delta s_2) = w_{S_i}(s - \Delta s_i)$, d.h., alle Werte S_i besitzen die gleichen bedingten Wahrscheinlichkeitsdichten bis auf eine Ordinatenverschiebung.

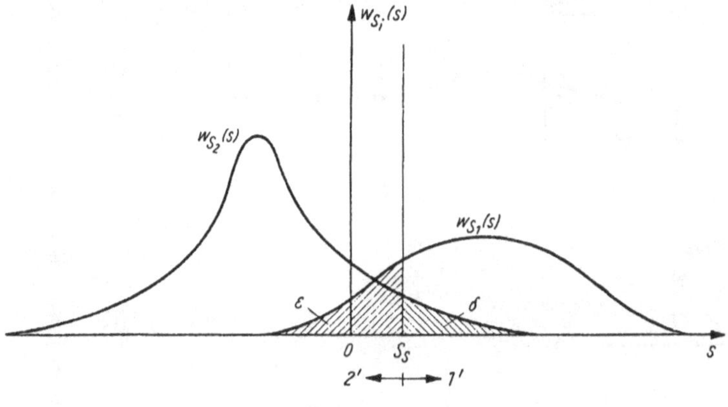

Abb. 68. Zur Bestimmung der Übergangswahrscheinlichkeiten bei aus einem semikontinuierlichen Kanal abgeleiteten Binärkanal

Die Voraussetzung für die Berechnung der Übergangswahrscheinlichkeiten für aus semikontinuierlichen Kanälen abgeleitete diskrete Kanäle ist also die Kenntnis der Übergangswahrscheinlichkeitsdichten. Praktische Beispiele von Binärkanälen sind die bisher vornehmlich zur Übertragung von Telegrafiesignalen verwendeten Kanäle. Für die Übertragung über Kabel sind dies z.B. die linearen Gleichstrom-Telegrafie-Kanäle mit Einfach- oder Doppelstrom; bei ersterem dient das Vorhandensein bzw. Nichtvorhandensein eines Stromes bzw. einer Spannung, bei letzterem das Vorhandensein eines positiven oder negativen Wertes von Strom bzw. Spannung am Eingang des Kanals als Eingangssignal. Für die drahtlose Übertragung auf dem Funkwege dienen Veränderungen der Parameter der übertragenen hochfrequenten Schwingung (Modulation) als Signalkriterium; Beispiele hierfür sind die Tastung der Amplitude der Trägerschwingung (A 1) oder die Frequenzumtastung der Trägerschwingung (F 1); beide erwähnten hochfrequenten Übertragungskanäle zählen zu den nichtlinearen Kanälen, da der Demodulationsmechanismus, der aus dem übertragenen hochfrequenten Signal die ursprünglichen Eingangssignale wiedergewinnen soll, notwendigerweise Nichtlinearitäten erfordert.

Die Berechnung der bedingten Wahrscheinlichkeitsdichten für die ersteren beiden Kanäle ist relativ einfach und soll als Beispiel im folgenden durchgeführt wer-

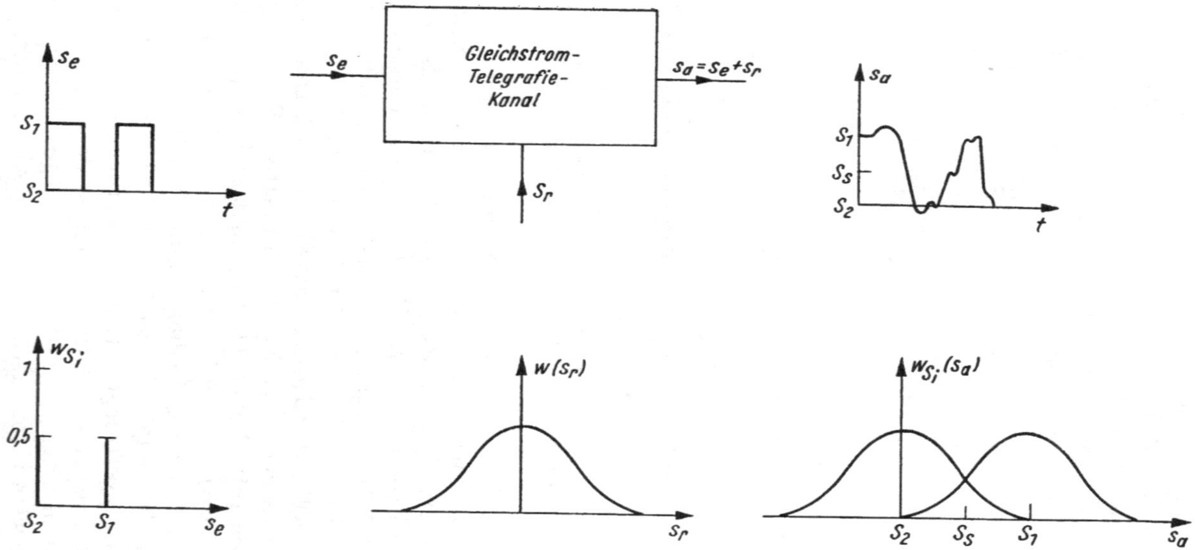

$$w(s_r) = \frac{1}{\sqrt{2\pi \overline{s_r^2}}}\, e^{-\frac{s_r^2}{2\,\overline{s_r^2}}}, \qquad w_{S_1}(s_a) = \frac{1}{\sqrt{2\pi \overline{s_r^2}}}\, e^{-\frac{(s_a - S_1)^2}{2\,\overline{s_r^2}}}, \qquad w_{S_2}(s_a) = w(s_r)$$

Abb. 69. Schematische Darstellung eines Gleichstrom-Telegrafie-Kanals mit „Einfachstrom“-Betrieb

den. Für den hochfrequenten Telegrafiekanal mit dem Modulationsverfahren *A* 1 als Beispiel eines nichtlinearen Kanals sollen nur die Ergebnisse angegeben werden. Zum Modulationsverfahren *F* 1 sei lediglich bemerkt, daß in diesem Falle, obwohl es sich dabei um einen nichtlinearen Kanal handelt, die beiden Übergangswahrscheinlichkeitsdichten bis auf eine Ordinatenverschiebung gleich sein können.

In Abb. 69 ist das Schema eines Gleichstrom-Telegrafie-Kanals mit „Einfachstrom"-Betrieb dargestellt. Das additiv dem Eingangssignal überlagerte Störsignal s_r, dessen physikalische Ursache das Rauschen der im Zuge des Kanals zwischengeschalteten Verstärker ist und deshalb eine GAUSSsche Wahrscheinlichkeitsdichte $w(s_r)$ besitzt, ist durch seinen quadratischen Mittelwert $\overline{s_r^2}$ gekennzeichnet. Die mittlere Rauschleistung am Ausgang des Kanals ist analog zu Gl. (1.12) diesem quadratischen Mittelwert proportional. Gegenüber den in Abb. 68 für „Einfachstrom"-Betrieb angegebenen, ohne weitere Erklärungen verständlichen Zeitverläufen von Eingangs- und Ausgangssignal sowie zugehörigen Eingangswahrscheinlichkeiten bzw. den Kanal kennzeichnenden Übergangswahrscheinlichkeitsdichten $w_{S_i}(s_a)$ einschließlich des für Symmetrie des Binärkanals nach

$$S_s = \frac{S_1 + S_2}{2} \tag{4.107}$$

festgelegten Schwellwertes ergeben sich bei „Doppelstrom"-Betrieb die in Abb. 70 dargestellten Abweichungen.

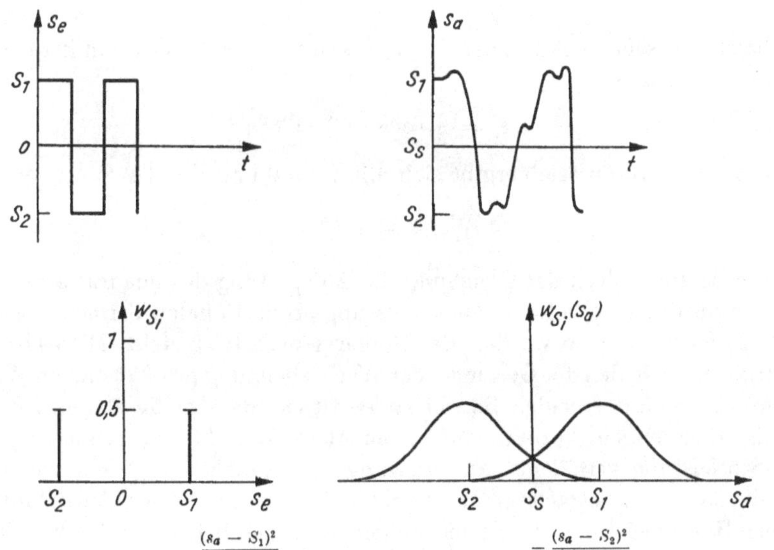

$$w_{S_1}(s_a) = \frac{1}{\sqrt{2\pi\,\overline{s_r^2}}}\, e^{\frac{(s_a - S_1)^2}{2\,\overline{s_r^2}}}, \quad w_{S_2}(s_a) = \frac{1}{\sqrt{2\pi\,\overline{s_r^2}}}\, e^{-\frac{(s_a - S_2)^2}{2\,\overline{s_r^2}}}, \quad |S_2| = S_1$$

Abb. 70. Zeitverläufe und zugehörige Wahrscheinlichkeiten bzw. Wahrscheinlichkeitsdichten von Eingangs- und Ausgangssignalen bei einem gaußisch gestörten Telegrafiekanal mit „Doppelstrom"-Betrieb

Für den Schwellwert gilt für symmetrische Störung ($\varepsilon = \delta$) ebenfalls die Festlegung nach Gl. (4.107). Mit den für den SBK maximierenden Wahrscheinlichkeiten $w_{S_1} = w_{S_2} = 0{,}5$ der Eingangssymbole bzw. Signale läßt sich das Nutzsignal am Ausgang des Kanals in gleicher Weise wie das Störsignal durch die Angabe des der mittleren Nutzsignalleistung am Ausgang proportionalen quadratischen Mittelwertes nach Gl. (1.12) kennzeichnen. Der Einfachheit halber ist in den idealisierten Darstellungen der Kanäle gleiche Eingangs- und Ausgangsnutzsignalamplitude und damit Leistung angenommen worden; praktisch interessiert für die Bestimmung der Übergangswahrscheinlichkeiten nur die Nutzleistung am Ausgang. Letztere ist am praktischen Kanal nicht getrennt, sondern nur mit additiv überlagertem Rauschen verfügbar. Die für die Ausgangsnutzsignalleistung außer den Eingangswahrscheinlichkeiten nach Gl. (1.12) erforderlichen Ausgangsnutzsignalamplituden lassen sich aber bei Veränderung der Eingangswahrscheinlichkeiten in $w_{S_1} = 0(1)\, w_{S_2} = 1(0)$ aus dem sich für diesen Fall ergebenden linearen Mittelwert des Ausgangssignals zu

$$S_i = \int_{-\infty}^{+\infty} s_a\, w_{S_i}(s_a)\, ds_a = \overline{s_a}\Big|_{w_{S_i}=1} \tag{4.108}$$

bestimmen.

Damit wird die (gleich der Eingangssignalleistung angenommene) Ausgangsnutzsignalleistung nach Gl. (1.12) proportional

$$\overline{s_e^2} = \sum_i w_{S_i} S_i^2\,, \qquad i = 1, \ldots, N\,. \tag{4.109}$$

Mit Gleichwahrscheinlichkeit der Eingangssymbole ergibt sich damit für Doppelstrombetrieb mit $S_1 = |S_2|$

$$\overline{s_e^2} = \frac{1}{2}\,(S_1^2 + S_2^2) = S_1^2\,. \tag{4.110}$$

Für Einfachstrombetrieb ergibt sich mit $S_2 = 0$ und $\overline{s_e} = 1/2\, S_1$

$$\overline{s_e^2} = \frac{1}{2}\, S_1^2 = \overline{(s_e - \overline{s_e})^2} + \overline{s_e}^{\,2} = \frac{1}{4}\, S_1^2 + \frac{1}{4}\, S_1^2\,, \tag{4.111}$$

wobei im letzteren Teil der Gleichung die Aufspaltung des quadratischen Mittelwertes in die der Wechsel- und Gleichleistung proportionalen Terme entsprechend Gl. (1.14) vorgenommen wurde. Bei Doppelstrombetrieb stellt Gl. (4.110) wegen $\overline{s_e} = 0$ gleichzeitig den der Gesamt- oder Wechselleistung proportionalen Wert dar.

Zum Vergleich der beiden Betriebsarten ist es zweckmäßig, die erforderlichen Nutzsignalleistungen, bezogen auf die mittlere Rauschleistung, das sogenannte Nutz-Störleistungsverhältnis, am Ausgang des Kanals für gleiche Fehlerwahrscheinlichkeit ε zu betrachten. Es ergibt sich nach dem bisher Ausgeführten bei gleicher Rauschleistung die gleiche Fehlerwahrscheinlichkeit in beiden Betriebsarten, wenn sie den gleichen Abstand des Signalwertes S_i, gegeben durch den Mittelwert der Übergangswahrscheinlichkeitsdichte nach Gl. (4.108), zum Schwellwert besitzen. Für diesen Abstand ergibt sich mit Gl. (4.107)

$$\Delta = |S_i - S_s| = \frac{|S_1 - S_2|}{2}\,. \tag{4.112}$$

Mit $S_1 = |S_2|$ für Doppelstrombetrieb (DS)und $S_2 = 0$ für Einfachstrombetrieb (ES) folgt daraus für Gleichheit

$$\Delta = S_{1\,DS} = \frac{1}{2} S_{1\,ES} \tag{4.113}$$

und ausgedrückt durch die den Leistungen proportionalen quadratischen Mittelwerte nach Gl. (4.110) bzw. (4.111)

$$\Delta^2 = \overline{s_e^2}_{DS} = \overline{s_{e\sim}^2}_{ES} = \frac{1}{2} \overline{s_e^2}_{ES}\,, \tag{4.114}$$

d.h., für gleiche Fehlerwahrscheinlichkeiten müssen bei gleicher Rauschleistung am Ausgang für beide Betriebsarten gleiche Signalwechselleistungen vorhanden sein; infolge der bei Einfachstrombetrieb noch vorhandenen Signalgleichleistung gleicher Größe wird damit bei Einfachstrombetrieb die doppelte Gesamtleistung gegenüber Doppelstrombetrieb benötigt.

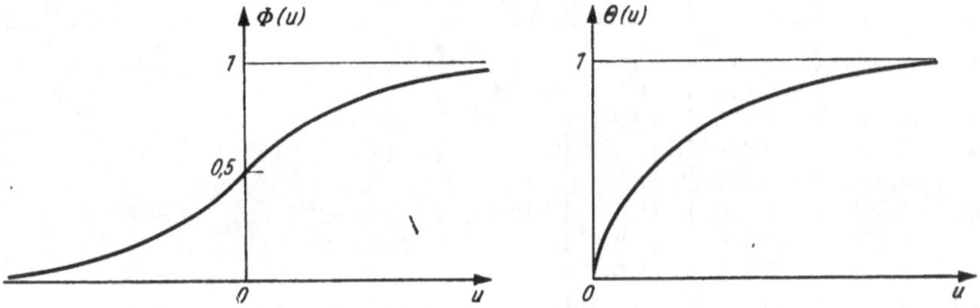

Abb. 71. Verlauf der Fehlerfunktion $\Phi(u)$ und $\Theta(u)$ nach Gl. (4.116)

Das für eine bestimmte Fehlerwahrscheinlichkeit erforderliche Nutz-Störleistungsverhältnis am Ausgang des Kanals ergibt sich aus Gl. (4.106) und den Übergangswahrscheinlichkeitsdichten nach Abb. 69 und 70 zu

$$\varepsilon = \int\limits_{-\infty}^{-\Delta} \frac{1}{\sqrt{2\pi \overline{s_r^2}}} e^{-\frac{s^2}{2\overline{s_r^2}}} ds = \int\limits_{-\infty}^{-\sqrt{\overline{s_{e\sim}^2}}} \frac{1}{\sqrt{2\pi \overline{s_r^2}}} e^{-\frac{s^2}{2\overline{s_r^2}}} ds = \Phi\left(-\sqrt{\frac{\overline{s_{e\sim}^2}}{2\overline{s_r^2}}}\right). \tag{4.115}$$

Mit den Definitionen

$$\Phi(u) = \frac{1}{\sqrt{\pi}} \int\limits_{-\infty}^{u} e^{-x^2}\, dx = \frac{1}{2}\Bigg(\underbrace{\frac{2}{\sqrt{\pi}} \int\limits_{-\infty}^{0} e^{-x^2}\, dx}_{1} + \underbrace{\frac{2}{\sqrt{\pi}} \int\limits_{0}^{u} e^{-x^2}\, dx}_{\Theta(u) = -\Theta(-u)}\Bigg) \tag{4.116}$$

für die Funktionen $\Phi(u)$ und $\Theta(u)$, die in Abb. 71 skizziert sind, ergibt sich aus Gl. (4.115) schließlich

$$\varepsilon = \frac{1}{2}\left[1 - \Theta\left(\sqrt{\frac{\overline{s_{e\sim}^2}}{2\overline{s_r^2}}}\right)\right] = \frac{1}{2}\left[1 - \Theta\left(\frac{1}{\sqrt{2}}\sqrt{\frac{P_\sim}{N}}\right)\right] = \frac{1}{2}\left[1 - \Theta\left(\frac{1}{2}\sqrt{\frac{P_{ES}}{N}}\right)\right], \tag{4.117}$$

wobei mit $P_\sim$ die Signalwechselleistung bei Einfach- und Doppelstrombetrieb, mit P_{ES} die Gesamtsignalleistung bei Einfachstrombetrieb nach Gl. (4.114) und mit N die Störleistung bezeichnet worden ist.

Für einige Werte $\varepsilon = 10^{-k}$ ist das zugehörige Nutzstörleistungsverhältnis, ausgedrückt im logarithmischen Maß $\frac{P}{N}\Big/\text{dB} = 10\ {}_{10}\log \frac{P}{N}$, berechnet nach Gl. (4.117), in Tabelle 6 aufgetragen.

Tabelle 6

Erforderliches Nutz-Störleistungsverhältnis $\frac{P_\sim}{N}$ am Ausgang eines symmetrisch gestörten Gleichstrom-Telegrafie-Kanals bei vorgegebener Fehlerwahrscheinlichkeit $\varepsilon = 10^{-k}$

k	arg Θ	$\sqrt{\frac{P_{ES}}{N}}$	$\frac{P_{ES}}{N}$ dB	$\frac{P_\sim}{N}\Big/$dB	1 Fehler alle bei $f_c = 10^4$ Symb./Sekunde
1	0,906	1,811	5,16	2,16	10^{-3}s
2	1,645	3,290	10,3	7,3	10^{-2}s
3	2,185	4,370	12,8	9,8	10^{-1}s
4	2,630	5,260	14,4	11,4	1 s
5	3,016	6,032	15,6	12,6	10 s
6	3,360	6,720	16,5	13,5	1,66 m
7	3,677	7,354	17,3	14,3	16,6 m
8	3,968	7,936	18,0	15,0	2,78 h
9	4,25	8,50	18,5	15,5	1,15 d
10	4,50	9,00	19,0	16,0	11,5 d
11	4,75	9,50	19,5	16,5	3,8 m
12	5,0	10,0	20,0	17,0	3,2 a

Die letzte Zeile der Tabelle besagt beispielsweise, daß für eine Fehlerwahrscheinlichkeit von $\varepsilon = 10^{-12}$, entsprechend einem Fehler alle 3,2 Jahre bei einer Kanalsymbolfrequenz von 10^4 Symbole/Sekunde, bei Einfachstrombetrieb das Verhältnis von Effektivwert des Signals zum Effektivwert des Rauschens 10:1 beträgt; dies entspricht einem Leistungsverhältnis von 100:1 (20 dB) bzw. 50:1 (17 dB) ohne die überflüssige Gleichleistung. Das Leistungsverhältnis $\frac{P_\sim}{N}$ gilt sowohl für den Einfach- als auch für den günstigeren Doppelstrombetrieb.

In Abb. 72 ist das Schema eines hochfrequenten Telegrafiekanals mit Tastung des unmodulierten Trägers (A 1) dargestellt. Die Tastung des Trägers stellt einen Spezialfall der Amplitudenmodulation des Trägers dar. Der HF-Kanal umfaßt eine komplette Funkübertragungslinie mit Sender, Antenne, Übertragungsmedium, Empfangsantenne und Empfänger bis zum Demodulator. Als Demodulator ist ein Einhüllendendemodulator verwendet worden, der bei Abwesenheit von Rauschen ein originalgetreues Abbild des Eingangssignals als Ausgangssignal liefert; insofern entspricht der Gesamtkanal einem Gleichstrom-Telegrafie-Kanal mit Einfachstrombetrieb. Bei Anwesenheit von Rauschen ergibt sich für den

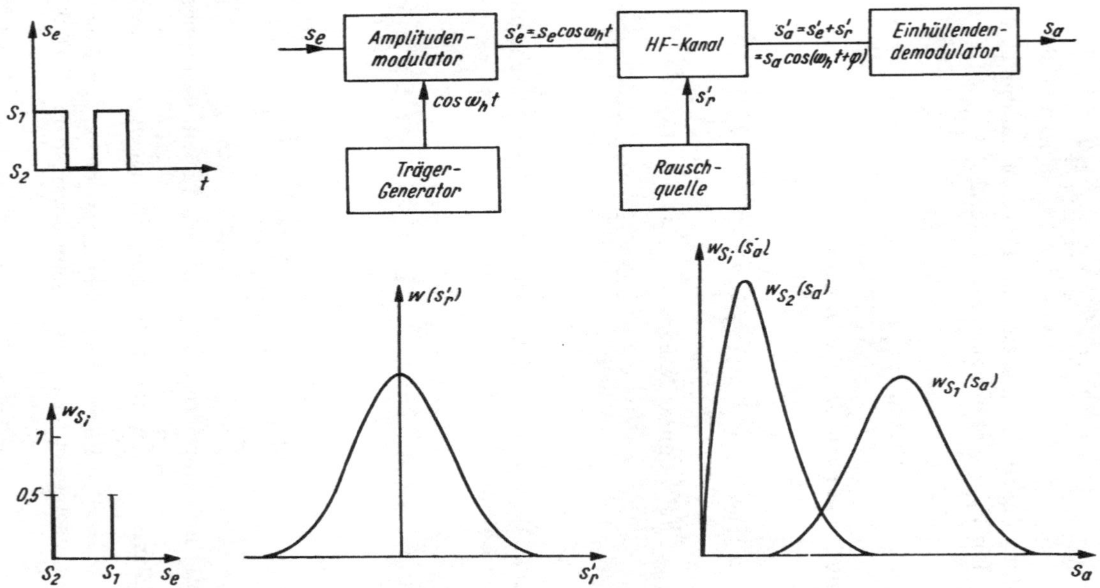

$$w(s'_r) = \frac{1}{\sqrt{2\pi \overline{s'^2_r}}} e^{-\frac{s'^2_r}{2\overline{s^2_r}}} ,\qquad w_{S_i}(s_a) = \frac{s_a}{\overline{s^2_r}} e^{-\frac{s_a^2 + S_i^2}{2\overline{s^2_r}}} I_0\left(\frac{s_a S_i}{\overline{s^2_r}}\right)$$

Abb. 72. Schematische Darstellung eines *HF*-Telegrafie-Kanals mit Trägertastung (*A* 1)

speziellen Demodulator eine den Kanal kennzeichnende Übergangswahrscheinlichkeitsdichte, die der Wahrscheinlichkeitsdichte der Einhüllenden der Summe von einer Sinusschwingung und GAUSSschem Rauschen entspricht [12], [52].

$$w_{S_i}(s_a) = \frac{s_a}{\overline{s_r^2}}\, e^{-\frac{s_a^2 + S_i^2}{2\,\overline{s_r^2}}}\, I_0\left(\frac{s_a S_i}{\overline{s_r^2}}\right), \qquad s_a \geqq 0\,; \tag{4.118}$$

hierbei ist I_0 die Abkürzung für die BESSELsche Funktion nullter Ordnung imaginären Arguments. Für $S_2 = 0$ ergibt sich aus Gl. (4.118)

$$w_{S_2}(s_a) = \frac{s_a}{\overline{s_r^2}}\, e^{-\frac{s_a^2}{2\,\overline{s_r^2}}} \tag{4.119}$$

(RAYLEIGH-Verteilung), und nach Gl. (4.106) wird

$$\delta = w_2(1') = \int\limits_{S_s}^{\infty} w_{S_2}(s_a)\, ds_a = e^{-\frac{S_s^2}{2\,\overline{s_r^2}}}, \tag{4.120}$$

während sich für $S_1 > 5\sqrt{\overline{s_r^2}}$ in guter Näherung aus Gl. (4.118)

$$w_{S_1}(s_a) \approx \frac{1}{\sqrt{2\,\pi\,\overline{s_r^2}}}\, e^{-\frac{(s_a - S_1)^2}{2\,\overline{s_r^2}}}, \tag{4.121}$$

also wieder eine GAUSS-Verteilung, ergibt. Für die Fehlerwahrscheinlichkeit ε ergibt sich nach Gl. (4.106) und (4.115)

$$\varepsilon = w_1(2') = \int\limits_{-\infty}^{S_s} w_{S_1}(s_a)\, ds_a = \int\limits_{-\infty}^{S_s - S_1} \frac{1}{\sqrt{2\,\pi\,\overline{s_r^2}}}\, e^{-\frac{s^2}{2\,\overline{s_r^2}}}\, ds = \Phi\left(\frac{S_s - S_1}{\sqrt{2\,\overline{s_r^2}}}\right); \tag{4.122}$$

mit Gl. (4.116) wird dies zu

$$\varepsilon = \frac{1}{2}\left[1 - \Theta\left(\frac{S_1 - S_s}{\sqrt{2\,\overline{s_r^2}}}\right)\right]. \tag{4.123}$$

Durch geeignete Wahl des Schwellwertes S_s läßt sich für ein gegebenes Signal-Rauschleistungsverhältnis $\frac{\overline{s_e^2}}{\overline{s_r^2}} = \frac{S_1^2}{2\,\overline{s_r^2}}$ die Bedingung für einen symmetrisch gestörten Binärkanal, $\delta = \varepsilon$, erfüllen; erst bei hinreichend großem Signal-Rauschleistungsverhältnis nähert sich dieser Schwellwert dem Wert $S_s = S_1/2$, sonst gilt $S_s|_{\delta=\varepsilon} > S_1/2$.

Da bei einer Funkübertragung das Signal-Rauschleistungsverhältnis am Ausgang zeitlichen Schwankungen unterworfen ist, bereitet bei diesem Kanal die Einhaltung der Symmetriebedingung Schwierigkeiten [1].

Prinzipiell ist nicht die Gleichheit, sondern möglichst geringe Werte der Fehlerwahrscheinlichkeiten ε und δ im Hinblick auf eine möglichst große Kanalkapazität des Binärkanals das anzustrebende Ziel. Aus Abb. 49 geht hervor, daß z.B. für einen Zusammenhang $\varepsilon + \delta = k$ der symmetrische Binärkanal mit $\varepsilon = \delta = k/2$ die kleinste Kanalkapazität besitzt; für kompliziertere Abhängigkeiten $\varepsilon, \delta = f(S_s, S_1, \overline{s_r^2})$ wie im eben behandelten Falle des *HF*-Telegrafie-Kanals mit Trägertastung sind Aussagen dieser Art nur für vorgegebene Signal-Rauschleistungsverhältnisse zu machen. Es wäre noch zu untersuchen, ob bei Vorgabe einer konstanten Gesamtausgangsfehlerwahrscheinlichkeit $w(1)\, w_1(2') + w(2)\, w_2(1') = w(1)\, \varepsilon + w(2)\, \delta = k$, d.h. bei konstanter Gesamtfehlerzahl ohne Berücksichtigung der Art der Fehler, für die maximierenden Eingangswahrscheinlichkeiten $w(1), w(2) = f(\varepsilon, \delta)$ die Kanalkapazität $C(\varepsilon, \delta)$ ihr Minimum bei $\varepsilon = \delta$ erreicht und auch unter diesen Bedingungen die Symmetrie nachteilig ist. Ein praktischer Vorteil des SBK besteht jedoch darin, daß im Gegensatz zum unsymmetrischen Kanal die maximierende Statistik der Eingangssymbole die meist ohnehin vorhandene Gleichwahrscheinlichkeit ist. Geht man von der Gleichwahrscheinlichkeit der Eingangssymbole aus und sucht nach einfachen Kriterien für eine günstige Wahl des Schwellwertes S_s, so ist für ein solches Kriterium (mit $H(I) = H(I)_{\max} = 1$ bit/Symbol)

$$\text{Max}\, \mathfrak{J} = \text{Max}\, \big(H(I) - H_J(I)\big) = \text{Min}\, H_J(I) \tag{4.124}$$

unter der durch das Kriterium gegebenen Nebenbedingung für die Übergangswahrscheinlichkeiten $w_i(j)$ zu bilden; es wird also minimale Restunsicherheit unter den gegebenen Nebenbedingungen gefordert.

Das Kriterium $\varepsilon + \delta = k$ liefert minimale Werte der Restunsicherheit wieder für den unsymmetrischen Kanal, wie folgende Zahlenwerte für $k = 0{,}5$ zeigen:

$$\underset{\varepsilon=\delta=0,25}{H_J(I)} = 0{,}811 \text{ bit/Symbol } (C = 0{,}189 \text{ bit/Symbol}) \text{ und}$$

$$\underset{\substack{\varepsilon=0\\ \delta=0,5}}{H_J(I)} = \underset{\substack{\varepsilon=0,5\\ \delta=0}}{H_J(I)} = 0{,}689 \text{ bit/Symbol } (\mathfrak{J} = 0{,}311 \text{ bit/Symbol})$$

gegenüber dem für diesen Kanal (Abb. 47) mit einer Kanalkapazität nach Gl. (4.53) von $C = 0{,}322$ bit/Symbol bei maximierenden Wahrscheinlichkeiten $w(1) = 0{,}4$, $w(2) = 0{,}6$ erreichbaren absoluten Minimalwert von $H_J(I) = 0{,}649$ bit/Symbol.

Ein häufig angewendetes [27] plausibles Kriterium sowohl für die Wahl des Schwellwertes als auch für die Beurteilung von Binärkanälen schlechthin ist der Minimalwert der Gesamtfehlerzahl unter der Annahme der Gleichwahrscheinlichkeit der beiden Eingangssymbole

$$\text{Min}\, \frac{1}{2}\, (\varepsilon + \delta) = \text{Min}\, (\varepsilon + \delta)\,. \tag{4.125}$$

Für die Wahl des Schwellwertes führt dies mit Gl. (4.106)

$$\text{Min}\left(f(S_s) = \int_{-\infty}^{S_s} w_{S_1}(s)\, ds + \int_{S_s}^{+\infty} w_{S_2}(s)\, ds\right)$$

auf das einfache Kriterium

$$w_{S_1}(S_s) = w_{S_2}(S_s)\,; \tag{4.126}$$

nur bei symmetrischen oder mindestens spiegelsymmetrischen Übergangswahrscheinlichkeitsdichten ergibt sich hieraus $\varepsilon = \delta$, d.h. ein symmetrischer Binärkanal.

Die ganzen bisherigen Ausführungen über die Bestimmung der den diskreten gedächtnislosen Kanal kennzeichnenden Übergangswahrscheinlichkeiten in Verbindung mit dem semikontinuierlichen Kanal und Rückführung auf den diskreten Kanal durch Schwellwerte für das kontinuierliche Ausgangssignal zeigen, daß die Kanalkapazität als maximal übertragbarer Nachrichtenfluß praktisch nicht durch vorgegebene Übergangswahrscheinlichkeiten, sondern durch die implizit in diesen enthaltenen Parameter bestimmt und maximiert wird. Auf diesen Umstand wurde schon im Zusammenhang mit der Verknüpfung zwischen maximaler Symbolfrequenz und Bandbreite [Gl. (4.73)] hingewiesen. Dort wurde auch die Pulskodemodulation erwähnt, auf die abschließend in diesem Abschnitt noch eingegangen werden soll.

Die Pulskodemodulation (PCM) [40], [41] ist ein Verfahren zur Umwandlung einer kontinuierlichen Nachrichtenquelle (mit beschränktem Frequenzband) in eine diskrete Quelle. Dies wird durch Quantisierung der kontinuierlichen Amplitudenwerte der Quelle in ähnlicher Form, wie bei der Rückführung des semikontinuierlichen Kanals auf den diskreten, durch Schwellwerte erreicht. Die Information der so erhaltenen neuen diskreten Quelle wird über einen diskreten Kanal unter Ausnutzung der durch Kodierung gegebenen Anpassungsmöglichkeiten übertragen und am Ausgang durch Interpolation wieder in ein kontinuierliches Signal rückgewandelt. Bevorzugt wird dabei als diskreter Kanal der Binärkanal verwendet, der, wenn man komplizierte Kodierungen zur fehlerfreien Übertragung über gestörte Kanäle vermeiden will, möglichst störungsfrei sein muß. Nach Tabelle 5 bzw. Abb. 67 ist dies in hohem Maße bei einer Fehlerwahrscheinlichkeit $\varepsilon = 10^{-4}$ des SBK erreicht. Das hierzu erforderliche Signal-Rauschleistungsverhältnis am Kanalausgang beträgt nach Tabelle 6 z.B. für einen Gleichstrom-Telegrafie-Kanal mit Doppelstrombetrieb 11,4 dB $\triangleq$ 14:1 und liegt damit im Vergleich zu den für andere Modulationsverfahren gleicher Kanalkapazität erforderlichen Werten [16], [17], [50] am günstigsten. Damit ist das Verfahren besonders geeignet zur Nachrichtenübertragung über große Entfernungen mit entsprechend geringen Ausgangs-Signal-Rauschleistungsverhältnissen.

Hierbei erweist sich noch eine nur bei diskreten Kanälen gegebene Möglichkeit als vorteilhaft, die der Signalregenerierung. Durch Hintereinanderschalten einer Anzahl von obigen Bedingungen für geringe Fehlerwahrscheinlichkeit genügenden Teilkanälen, bei denen jeweils durch die Rückwandlung des semikontinuierlichen Kanals in einen diskreten eine Signalregenerierung erfolgt, ergibt sich nach Abb. 73 näherungsweise nur eine Addition der Fehlerwahrscheinlichkeiten, während bei Hintereinanderschaltung ohne Signalregenerierung bei angenommener Addition der Rauschleistungen eine Verringerung des Signal-Rauschleistungsverhältnisses auf den n-ten Teil erfolgt.

Zur Quantisierung der kontinuierlichen Quelle sind zwei Vorgänge erforderlich, die Quantisierung in zeitlicher und in amplitudenmäßiger Hinsicht. Der Quanti-

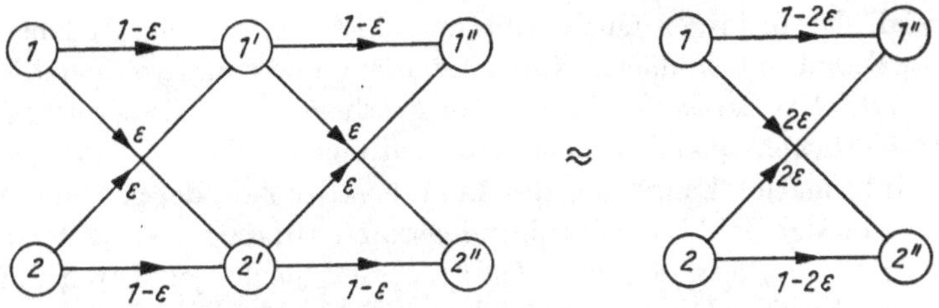

$$(w_i(j)) = \begin{pmatrix} (1-\varepsilon)^2 + \varepsilon^2 & 2(1-\varepsilon)\,\varepsilon \\ 2(1-\varepsilon)\,\varepsilon & (1-\varepsilon)^2 + \varepsilon^2 \end{pmatrix} \approx \begin{pmatrix} 1-2\varepsilon & 2\varepsilon \\ 2\varepsilon & 1-2\varepsilon \end{pmatrix}$$

Abb. 73. Kettenschaltung von zwei gleichen symmetrisch gestörten Binärkanälen und resultierender Kanal mit Näherung für kleine Fehlerwahrscheinlichkeiten

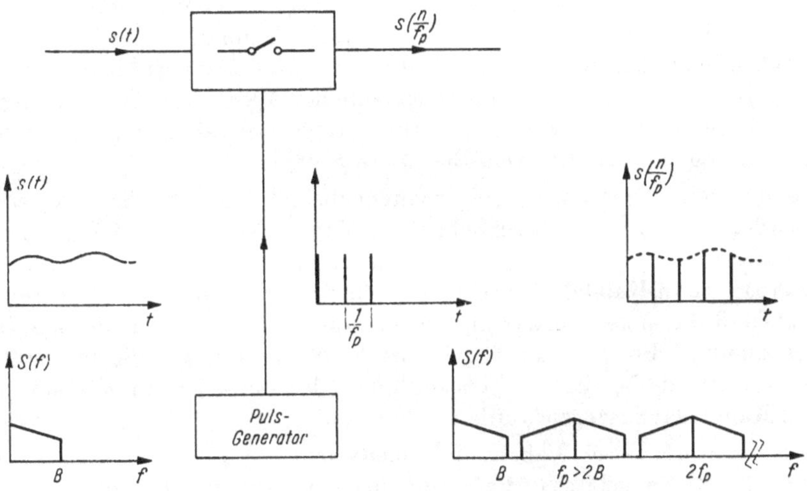

Abb. 74. Zeitfunktionen und zugehörige Spektren bei zeitlicher Quantisierung einer frequenzbeschränkten kontinuierlichen Quelle

sierungsprozeß in zeitlicher Hinsicht, auf den ausführlicher in Kapitel 7 eingegangen wird, läßt sich als reversibler Vorgang, der damit keinen Informationsverlust mit sich bringt, gestalten. Hierzu ist entsprechend Gl. (4.73) hinreichend, daß die Abtastfrequenz etwas größer als die doppelte höchste zu übertragende Frequenz der kontinuierlichen Quelle ist. Praktisch kann die Quantisierung durch einen (elektronischen) Schalter, der von einem die Abtastfrequenz erzeugenden Generator kurzzeitig periodisch geschlossen wird, erfolgen. Einen Überblick über die dabei auftretenden Zeit- und Spektralverläufe gibt Abb. 74.

Der Quantisierungsprozeß in amplitudenmäßiger Hinsicht ist nicht exakt umkehrbar und bringt somit einen Informationsverlust mit sich. Ein Informationsverlust muß aber stets bei der Übertragung der von einer kontinuierlichen Quelle gelieferten Information in Kauf genommen werden, da eine kontinuierliche Quelle als Grenzfall der diskreten Quelle mit unendlich vielen Amplitudenstufen eine über einen Kanal mit endlicher Kapazität nicht übertragbare unendliche Information liefert. Die Größe des Informationsverlustes, oder besser gesagt, die aus der kontinuierlichen Quelle bei der Umwandlung in eine diskrete Quelle übernommene Information hängt in erster Linie von der Zahl der gewählten Schwellwerte bzw. von der Zahl n der Amplitudenstufen ab; damit ist nach Gl. (2.4) der Maximalwert $H = {}_a\log n$ der von der diskreten Quelle gelieferten Information festgelegt, der bei Gleichwahrscheinlichkeit und Unabhängigkeit der Amplitudenwerte an den Abtastzeitpunkten erreicht wird. Die tatsächlich aus der kontinuierlichen Quelle übernommene Information ergibt sich aus der Entropie H der abgeleiteten diskreten Quelle entsprechend Kapitel 2. Um den Aufwand an Kodierungseinrichtungen zur redundanzmindernden Kodierung entsprechend Kapitel 3 möglichst gering zu halten, ist es zweckmäßig, bereits die Abtastzeitpunkte und die Aufteilung der Amplitudenbereiche der kontinuierlichen Quelle so zu wählen, daß Unabhängigkeit und Gleichwahrscheinlichkeit der Werte der diskreten Quelle erreicht werden. Die Zahl n der Amplitudenwerte bestimmt sich in subjektiver Weise aus der zu fordernden Güte der Approximation der kontinuierlichen Quelle durch die diskrete; praktische Richtwerte sind: Sprache 32 Stufen, Musik 128 Stufen, Schwarz-Weiß-Bild 8—64 Stufen.

Um die durch die Quantisierung erhaltene diskrete Quelle in ihren statistischen Eigenschaften vollständig beschreiben zu können, ist die vollständige Kenntnis der statistischen Eigenschaften der kontinuierlichen Quelle erforderlich. Ohne dem letzteren, in Kapitel 6 zu behandelnden Komplex allzusehr vorzugreifen, sei gesagt, daß die erste Annäherung an die statistische Beschreibung kontinuierlicher zufälliger Prozesse die Angabe der Wahrscheinlichkeitsdichte erster Ordnung $w(s)$ ist, die bereits zur Kennzeichnung des Rauschens im semikontinuierlichen Kanal herangezogen wurde.

Bei Kenntnis dieser Wahrscheinlichkeitsdichte und vorgegebener Zahl von Amplitudenstufen läßt sich die Aufteilung des gesamten Amplitudenbereiches durch Schwellwerte so gestalten, daß die „Symbol"-Wahrscheinlichkeiten $w(i)$ $(i = 1, \ldots, n)$ den Wert $w(i) = 1/n$ annehmen. Für eine homogene Belegung aller Amplitudenwerte der kontinuierlichen Quelle im Intervall $\left(-\frac{A}{2}, +\frac{A}{2}\right)$ ergibt sich eine äquidistante Aufteilung der Amplitudenbereiche, wie in Abb. 75 für $n = 4$ als Beispiel gezeigt ist.

Zur Übertragung der von der quantisierten Quelle in Abb. 75 gelieferten Information über einen Binärkanal ist noch eine Kodierung in die beiden Amplitudenstufen des Binärkanals entsprechend Abb. 13 erforderlich.

Für beliebige Wahrscheinlichkeitsdichten $w(s)$ ist eine Aufteilung in n Bereiche entsprechend

$$\int_{S_{s_{\nu}-1}}^{S_{s_{\nu}}} w(s)\, ds = \frac{1}{n} \tag{4.127}$$

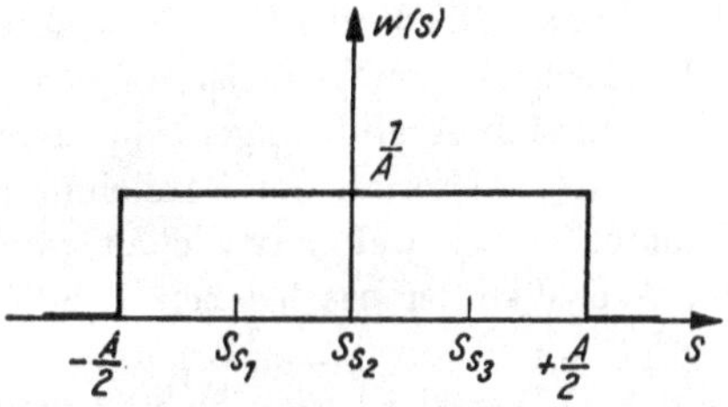

$$\int_{-\infty}^{+\infty} w(s)\,ds = 1\,,$$

$$\underset{i=1\cdots 4}{w(i)} = \int_{-A/2}^{S_{s1}} w(s)\,ds = \int_{S_{s1}}^{S_{s2}} w(s)\,ds = \int_{S_s}^{S_{s3}} w(s)\,ds$$

$$= \int_{S_{s3}}^{A/2} w(s)\,ds = \int_{A/4} \frac{1}{A}\,ds = \frac{1}{4}$$

Abb. 75. Quantisierung einer kontinuierlichen Quelle mit einer konstanten Wahrscheinlichkeitsdichte durch Aufteilung in äquidistante Bereiche

vorzunehmen. Für eine GAUSS-Verteilung

$$w(s) = \frac{1}{\sqrt{2\pi\,\overline{s^2}}}\,e^{-\frac{s^2}{\overline{s^2}}}$$

beispielsweise muß dann mit Gl. (4.127) gelten

$$\frac{1}{n} = \int_{-\infty}^{S_{s\nu}} \frac{1}{\sqrt{2\pi\,\overline{s^2}}}\,e^{-\frac{s^2}{2\overline{s^2}}}\,ds - \int_{-\infty}^{S_{s\nu-1}} \frac{1}{\sqrt{2\pi\,\overline{s^2}}}\,e^{-\frac{s^2}{2\overline{s^2}}}\,ds\,. \qquad (4.128)$$

Mit Gl. (4.116) wird daraus

$$\frac{1}{n} = \Phi\left(\frac{S_{s\nu}}{\sqrt{2\,\overline{s^2}}}\right) - \Phi\left(\frac{S_{s\nu-1}}{\sqrt{2\,\overline{s^2}}}\right) = \frac{1}{2}\left[\Theta\left(\frac{S_{s\nu}}{\sqrt{2\,\overline{s^2}}}\right) - \Theta\left(\frac{S_{s\nu-1}}{\sqrt{2\,\overline{s^2}}}\right)\right]. \qquad (4.129)$$

In Abb. 76 ist gezeigt, wie aus der Verteilungsfunktion in einfacher Weise die für Gleichwahrscheinlichkeit der $w(i)$ notwendige Lage der Schwellwerte grafisch bestimmt werden kann.

Da die Wahl der Anzahl n der Quantisierungsstufen ohnehin in gewissen Grenzen willkürlich ist, wird praktisch n als ganzzahlige Potenz von Zwei gewählt, da sich

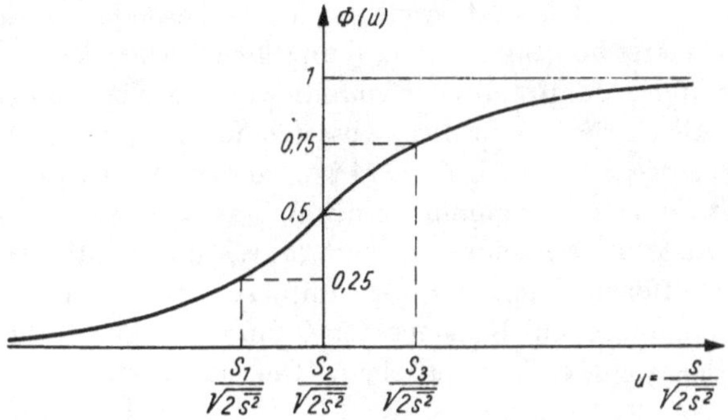

Abb. 76. Quantisierung einer kontinuierlichen Quelle mit einer GAUSSschen Wahrscheinlichkeitsdichte

dann die für eine Übertragung über einen Binärkanal erforderliche Kodierung in Binärziffern besonders einfach gestaltet. Die Technik der Quantisierungsvorrichtungen ist in der letzten Zeit gegenüber den ersten Ausführungen mit einer speziellen Quantisierungs- und Kodierungsröhre [40], [41] unter der Bezeichnung „Analog-Digital-Wandler" oder „Digitalvoltmeter" stark weiterentwickelt worden. So wird in [66] ein volltransistorisierter A-D-Wandler beschrieben, der bei einer Abtastfrequenz von 55 kHz in 256 Stufen quantisiert; das Ergebnis erscheint als 8stellige Dualzahl. In [69] wird ein A-D-Wandler beschrieben, dessen Abtastfrequenz bei ebenfalls 256 Stufen sogar bei 5 MHz liegt.

Bei Gleichwahrscheinlichkeit aller Amplitudenstufen bedeutet die Umkodierung in Binärziffern bei $n = 2^m$ Stufen eine Erhöhung der Symbolfrequenz der Quelle auf das m-fache entsprechend

$$\mathfrak{J}' = f \cdot H = f \cdot {}_a\log n = m \cdot f \cdot {}_a\log 2\,. \tag{4.130}$$

Ebenso ist die erforderliche Bandbreite des Kanals nach Gl. (4.72) und (4.73) auf das m-fache gegenüber einem Kanal mit n Amplitudenstufen und dementsprechend großem erforderlichen Signal-Rauschleistungsverhältnis zu erhöhen. Da praktisch nicht die Rauschleistung am Kanalausgang, sondern die auf die Bandbreite bezogene Rauschleistung die physikalisch vorgegebene Störgröße ist, bedeutet eine Erhöhung der Bandbreite des Binärkanals nur näherungsweise eine proportionale Vergrößerung der Kanalkapazität C'; denn die gleichzeitig erfolgende Vergrößerung der Rauschleistung hat eine Erhöhung der Fehlerwahrscheinlichkeit und damit eine Reduktion von C zur Folge. Wie man aber aus Tabelle 5 bzw. Abb. 67 und Tabelle 6 ersieht, ist dieser Einfluß vernachlässigbar, solange dadurch das zu einer Fehlerwahrscheinlichkeit von $\varepsilon = 10^{-4}$ des SBK gehörige Signal-Rauschleistungsverhältnis nicht unterschritten wird.

Abschließend noch einige Bemerkungen zur Rückwandlung der diskreten kodierten Ausgangsinformation in kontinuierliche Werte, d.h. zur Demodulation der PCM bzw. zur Digital-Analog-Wandlung. Bei Kodierung der Amplitudenwerte in Dualzahlen, also in einen Kode, bei dem jede Binärziffer je nach Stellung innerhalb des Kodeblocks eine unterschiedliche, durch steigende Potenzen von Zwei gegebene Wertigkeit besitzt, ergibt sich eine besonders einfache Dekodiermöglichkeit, die zuerst von Shannon [23] angegeben wurde (Abb. 77).

Die als Spannungen dargestellten Binärziffern eines Kodeblocks mit einer Gesamtdauer, die gleich der reziproken Abtastfrequenz f_p des Pulsgenerators bei der zeitlichen Quantisierung nach Abb. 74 ist, werden mit der niedrigsten Wertigkeit an erster Stelle nach Durchlaufen einer Austaststufe auf ein $R-C$-Glied gegeben. Die Austaststufe schneidet aus dem (durch die Bandbegrenzung des Kanals etwas verschliffenen) Signal schmale Impulse einheitlicher Höhe und Breite heraus, die die Spannung am Kondensator C um einen konstanten Wert (in der Abbildung die Spannungseinheit) erhöhen. Die Zeitkonstante des $R-C$-Gliedes ist nun so bemessen, daß die Spannung nach der Zeit $\frac{1}{m\,f_p}$, also bis der nächste Impuls des Kodeblocks eintrifft, genau auf die Hälfte abgesunken ist. In Abb. 77

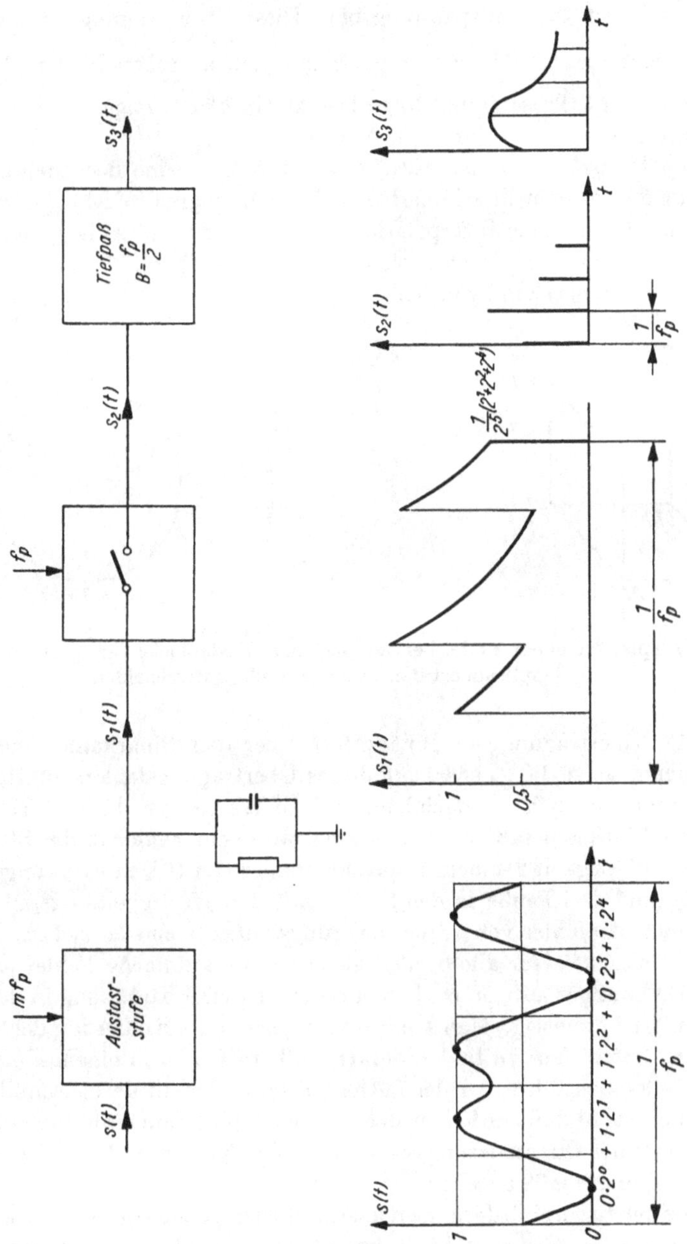

Abb. 77. Digital-Analog-Wandlung für in Dualzahlen kodierte Amplitudenwerte (PCM-Demodulator nach SHANNON)

mit $m = 5$ Binärziffern in einem Block trägt also der i-te Impuls den $\frac{2^{i-1}}{2^5}$-ten Teil der Spannungseinheit zur Endspannung bei. Diese Endspannung wird mit der Frequenz f_p abgetastet und liefert Impulse mit sich zwischen Null und $\frac{31}{32}$ bewegender Amplitude. Diese Impulsfolge besitzt ein gleichartiges Spektrum wie das des zeitlich gequantelten Signals in Abb. 74.

Durch einen Tiefpaß der Bandbreite $B = f_p/2$ erfolgt eine Beschneidung des Spektrums auf die zu dem kontinuierlichen Eingangssignal in Abb. 74 gehörige Form; damit ist die zeitliche Interpolation durchgeführt, und es liegt wieder ein kontinuierliches Signal vor, welches bis auf eine halbe Quantisierungsstufe dem ursprünglichen Eingangssignal gleicht.

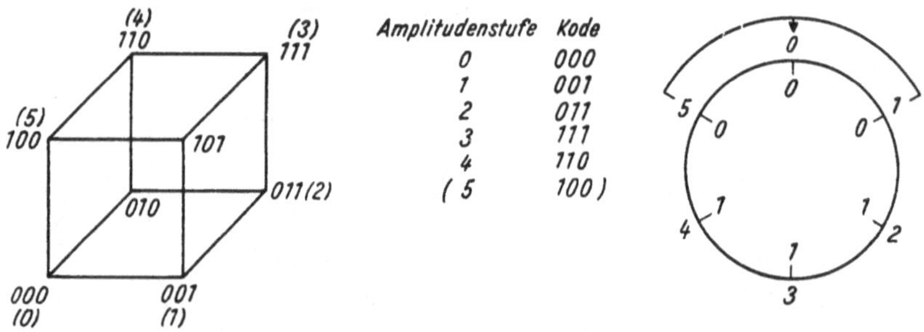

Abb. 78. Beispiel für einen Kode, bei dem sich nur Kodeblöcke für benachbarte Amplitudenstufen in einer Stelle unterscheiden

Wird bei der Übertragung der Binärziffern über den Binärkanal eine Ziffer falsch übertragen, so ist die Auswirkung dieses Übertragungsfehlers auf das Ausgangssignal unterschiedlich, je nachdem, welche Wertigkeit die gestörte Ziffer innerhalb eines Blockes besaß. So hat beispielsweise ein Fehler in der Stelle des Blockes mit der Wertigkeit 2^4 einen Amplitudenfehler von 16 Quantisierungsstufen zur Folge, während drei Fehler in den Stellen mit den Wertigkeiten 2^0, 2^1 und 2^2 nur einen Amplitudenfehler von 7 Quantisierungsstufen nach sich ziehen. Da die Fehlerwahrscheinlichkeit für alle Stellen gleich ist und einfache Fehler entsprechend Gl. (4.77) häufiger auftreten als mehrfache, ist eine Kodierung in der oben beschriebenen Art ungünstig. Man könnte versuchen, eine Kodierung der Amplitudenstufen in Binärziffern zu finden derart, daß ein Fehler in einem Kodeblock nur auf den Kodeblock führt, der der nächsthöheren oder -niederen Amplitudenstufe zugeordnet ist, so daß ein Fehler in einem Kodeblock auch nur einen Amplitudenfehler von einer Quantisierungsstufe zur Folge hat. Ein Beispiel für einen solchen Kode ist in Abb. 78 gegeben.

Wie man aus der für drei Ziffern noch anschaulichen geometrischen Darstellung ersieht, werden von der Gesamtzahl 2^m der sich in einer oder mehr Stellen unterscheidenden Kodeblöcke nur die verwendet, die zu nur zwei anderen Blöcken einen räumlichen Abstand von einer Kantenlänge des Einheitswürfels aufweisen.

Ordnet man die Kodeblöcke zyklisch an, wie in Abb. 78 angedeutet, so erkennt man, daß sich bei Kodelängen von m Ziffern nur $2m - 1$ Amplitudenstufen in der geforderten Weise kodieren lassen.

Im folgenden Kapitel werden effektivere Kodierungsverfahren behandelt, die nicht nur die Auswirkung der Fehler vermindern, sondern die Fehler selbst zu korrigieren gestatten.

5. Störungsgeschützte Kodierungen

Die im vorigen Kapitel behandelte Übertragung von Information über gestörte Kanäle führte zu dem Ergebnis, daß eine im Grenzfall fehlerfreie Übertragung zum Werte der Kanalkapazität durch Einführung einer Mindestredundanz in die den Kanal speisende Quelle möglich ist. Die hierfür erforderlichen Kodierungsmethoden setzten aber gegen Unendlich gehende Kodeblocklängen voraus und waren, von speziellen Fällen abgesehen, nicht konstruktiv. Im vorstehenden Kapitel werden unter Verwendung des Grundgedankens, durch Hinzufügen von Redundanz eine Herabsetzung der Übertragungsfehler zu erzielen, systematisch aufgebaute Kodierungen behandelt, die in gewissem Sinne eine schrittweise Annäherung an die ideale statistische Kodierung in hochwahrscheinliche unterscheidbare Kodeblöcke sehr großer Länge darstellen [14]. Als Voraussetzung soll dabei eine redundanzfreie Quelle, d.h. Gleichwahrscheinlichkeit und Unabhängigkeit der Eingangssymbole, angenommen werden. Des weiteren sollen nur Binärkodierungen betrachtet werden, also Kodierungen für die Übertragung über den gestörten Binärkanal, wobei insbesondere für die aufzustellenden Kriterien der Güte der Annäherung an die ideale Kodierung noch die Symmetrie des Binärkanals vorausgesetzt wird. Als Gütekriterien werden die informationstheoretischen Größen Fehlerwahrscheinlichkeit und Redundanz in Verbindung mit verbliebener Restunsicherheit sowie einige andere, nichtstatistische, den Kode charakterisierende Größen zur Anwendung kommen. Die grundlegenden Betrachtungsweisen und Ergebnisse über störungsgeschützte Kodierungen gehen im wesentlichen auf Arbeiten von Hamming [21] und Slepian [59] zurück. Neuere Erkenntnisse auf diesem noch stark im Fluß befindlichen Teilgebiet der Informationstheorie haben erst in jüngster Zeit ihren Niederschlag in einem Buch von Peterson [48] gefunden und können im folgenden nicht berücksichtigt werden.

Die einfachste, aber auch wenig effektive Methode des Störungsschutzes ist, die erforderliche Redundanz in Form einer Wiederholung der zu übertragenden Meldungen hinzuzufügen und die Ergebnisse zu vergleichen. Bei der dadurch eingeführten Redundanz r von 50% ist es bei vorausgesetzter redundanzfreier Quelle und hinreichend kleiner Fehlerwahrscheinlichkeit möglich, *Fehler festzustellen, ohne sie aber korrigieren zu können.* Entsprechend der Binomialverteilung Gl. (4.77) ergeben sich für die doppelte Sendung von zwei Binärsymbolen als Fehlerwahrscheinlichkeiten

$$W_2(0) = (1 - \varepsilon)^2 \approx 1 - 2\,\varepsilon\,, \quad W_2(1) = 2\,(1 - \varepsilon)\,\varepsilon \approx 2\,\varepsilon\,, \quad W_2(2) = \varepsilon^2\,.$$

Da als Entscheidungskriterium für richtige Übertragung die Gleichheit der empfangenen Symbole dienen soll, muß ε hinreichend klein sein, um zu gewährleisten, daß doppelte Fehler nur hinreichend selten als richtige Übertragungen gewertet werden.

Bereits bei einer dreifachen Wiederholung der gesendeten Symbole ergibt sich ein wesentlich günstigeres Bild. Nach Gl. (4.77) betragen die entsprechenden Fehlerwahrscheinlichkeiten

$$W_3(0) = (1 - \varepsilon)^3 \approx 1 - 3\,\varepsilon\,, \quad W_3(1) = 3\,(1 - \varepsilon)^2\,\varepsilon \approx 3\,\varepsilon\,,$$
$$W_3(2) = 3\,(1 - \varepsilon)\,\varepsilon^2 \approx 3\,\varepsilon^2 \quad \text{und} \quad W_3(3) = \varepsilon^3\,.$$

Bei hinreichend kleiner Fehlerwahrscheinlichkeit ε ist die Wahrscheinlichkeit eines doppelten Fehlers bereits hinreichend klein, so daß die Gleichheit zweier der drei Symbole als einfacher Fehler gewertet und *korrigiert* werden kann. Die Fehlerwahrscheinlichkeit hat sich damit auf den Wert $3\,\varepsilon^2$ reduziert. Diese einfachen Grundgedanken liegen in ausgefeilterer Form dem ganzen Komplex der störungsgeschützten Kodierung zugrunde.

Allgemein besteht ein störungsgeschützter Binärkode aus einer Auswahl von Kodeblöcken mit n Binärsymbolen aus der Gesamtzahl von 2^n möglichen Kodeblöcken dieser Länge. Im folgenden wird nur die eingeschränktere Klasse von Kodes behandelt, die aus den 2^n möglichen Blöcken der Länge n genau 2^m verwendet derart, daß die ersten m Stellen der Blöcke die Binärzahlen von 0 bis $2^m - 1$ darstellen und die restlichen $n - m = k$ Binärstellen nach einem den Kode als Ganzes charakterisierenden System von k unabhängigen Gleichungen bestimmt werden. Die Gleichungen des Gleichungssystems stellen Quersummen über bestimmte Stellen des gesamten Blocks von n Stellen dar, und die Werte der k zusätzlichen Stellen bestimmen sich für die einzelnen Blöcke so, daß die Quersumme gerade ist. Auf der Empfangsseite wird geprüft, ob und welche Geradzahligkeitsforderungen verletzt sind, und daraus auf Übertragungsfehler geschlossen und je nach Kode ein Teil von ihnen festgestellt (und) oder korrigiert. Nach dem eben geschilderten Prinzip aufgebaute Kodes mit insgesamt n Stellen, von denen m (im Prinzip beliebige) Stellen meldungstragend sind, werden als *systematische Kodes* [21] bezeichnet und sollen abkürzend als (n, m)-Kodes gekennzeichnet werden. In diesem Sinne stellen die beiden eingangs als Beispiele gegebenen doppelten und dreifachen Wiederholungen (2,1)- bzw. (3,1)-Kodes dar mit folgenden charakteristischen Gleichungssystemen: $S_1 + S_2 =$ gerade (0 modulo 2) bzw. $S_1 + S_2 \equiv 0 \bmod 2$ und $S_1 + S_3 \equiv 0 \bmod 2$. ($S_\nu$ soll hierbei das Binärsymbol 0 oder 1 an ν-ter Stelle des Blocks darstellen.) Die Redundanz eines (n, m)-Kodes als den Kanal speisende Quelle beträgt mit Gl. (2.46)

$$r = \frac{n - m}{n} \tag{5.1}$$

bzw. als Koderedundanz nach Gl. (3.15)

$$r_c = \frac{n - m}{m}\,. \tag{5.2}$$

Von den zahlreichen Möglichkeiten, einen systematischen Kode ((n, m)-Kode) aufzustellen bzw. aus der Gesamtzahl der möglichen (n, m)-Kodes interessieren naturgemäß die speziellen Verfahren bzw. Kodes, die bei durch die Wahl von n und m vorgegebener Redundanz ein Maximum an Fehlern festzustellen oder zu korrigieren gestatten; da einfache und mehrfache Fehler mit unterschiedlicher Wahrscheinlichkeit

$$(1 - \varepsilon)^{n-s} \varepsilon^s , \quad s = \text{Fehlerzahl} \tag{5.3}$$

auftreten, sind sie für eine Bewertung mit entsprechenden Gewichten zu versehen. Auf die Konstruktion solcher im Sinne geeigneter Kriterien „besten" Kodes wird in den folgenden beiden Abschnitten eingegangen, während der letzte Abschnitt dieses Kapitels der technischen Realisierung der beschriebenen Kodierungsverfahren und praktischen Anwendungen gewidmet ist.

5.1 Fehlerfeststellende und korrigierende Binärkodierungen [21]

Vom Standpunkt der Annäherung an die ideale Kodierung sind nur Kodierungen von Interesse, die es gestatten, aufgetretene Übertragungsfehler am Empfangsort zu korrigieren und somit die Fehlerwahrscheinlichkeit herabzusetzen. Es sind jedoch auch Anwendungsfälle denkbar, bei denen es von größerem Wert ist, bei gleicher Redundanz eine größere Zahl von Übertragungsfehlern nur festzustellen und damit mit größerer Sicherheit falsche Übertragungen und deren Auswirkungen zu vermeiden. Z. B. bei Datenverarbeitungsanlagen, wie Rechenmaschinen, ist eine Fehleranzeige von großer Wichtigkeit, da alle weiteren Rechnungen nach einem Fehler wertlos sind. In Fernwirk- und Kommandoanlagen, in denen ein zweiter Kanal zur Quittierung der empfangenen Nachrichten vorhanden ist, sind Kodierungen, die nur fehlerfeststellend sind und automatisch eine Wiederholung der als falsch festgestellten Übertragung veranlassen, nicht nur vom Standpunkt der Sicherheit, sondern auch vom informationstheoretischen Gesichtspunkt günstiger; eingehende informationstheoretische Untersuchungen zweiseitiger Verbindungen, d.h. von Nachrichtenübertragungssystemen, bei denen die Nachrichtenübertragungskette (s. Abb. 0) durch einen Rückmeldekanal zum Regelkreis geschlossen wird, stehen allerdings noch aus. Da zwischen fehlerfeststellenden und fehlerkorrigierenden Kodierungen ein enger Zusammenhang besteht, werden beide Kodierungsarten in gewissem Umfange gemeinsam abgehandelt.

Die Wirkung von Übertragungsfehlern in einem symmetrischen Binärkanal, als dessen Kanalsymbole die beiden Binärziffern 0 und 1 dienen, auf einen Block von n Symbolen äußert sich in einer Vertauschung der Binärsymbole an einer oder mehreren Stellen des Blockes. Beim SBK ist die Vertauschung einer 0 in eine 1 oder umgekehrt gleichwahrscheinlich. Um diesen Sachverhalt symbolisch darzustellen, kann man bei gesendeter Symbolfolge

$$S_1, S_2, S_3, \ldots , S_n$$

die empfangene Symbolfolge durch logische Negation gemäß Abb. 34 der fehlerhaft übertragenen Stellen

$$S_1, \overline{S_2}, S_3, \ldots, \overline{S_n}$$

darstellen. Stellt man die Störung ebenfalls als einen Block von Binärsymbolen dar, wobei eine 0 keinen Fehler, eine 1 einen Fehler an dieser Stelle kennzeichnen soll, so ergibt sich folgende Sende-, Stör- und Empfangssymbolfolge als Beispiel

Sendung	0 1 1 0
Störung	0 0 1 1
empf. Sendung	0 1 0 1 .

Die logische Operation, die diesen Verknüpfungen entsprechender Stellen der Blöcke genügt, ist die Antivalenz (Abb. 79); wie man aus der Verknüpfungstabelle

S_1 \ S_2	0	1
0	0	1
1	1	0

$$S = S_1 \oplus S_2$$

$$S_1 \oplus S_2 = S_2 \oplus S_1$$
$$S_1 \oplus (S_2 \oplus S_3) = (S_1 \oplus S_2) \oplus S_3$$
$$S_1 \oplus S_1 = 0$$

Abb. 79. Logische Operation „Antivalenz“ oder Addition modulo 2 (Geradzahligkeitsprüfung)

erkennt, ist sie gleichbedeutend mit einer Addition modulo 2 (Geradzahligkeitsprüfung), wie sie zur Aufstellung und Prüfung systematischer Kodes verwendet wird. Auf die technische Realisierung und die Herleitung der Operation „Antivalenz“ aus anderen bereits bekannten logischen Grundoperationen wird in Abschnitt 5.3 noch näher eingegangen. Wie man leicht nachprüft, erfüllt die Addition modulo 2 das Kommutativ- und Assoziativgesetz. Bezeichnet man abkürzend eine n-stellige Binärziffernfolge, gleichbedeutend mit einem Kodeblock aus einem (n, m)-Kode, mit B_n, so gilt für Sende-, Stör- und Empfangsblock mit

$$B_{n_1}\, B_{n_2} = S_{1_1} \oplus S_{1_2}, S_{2_1} \oplus S_{2_2}, \ldots, S_{n_1} \oplus S_{n_2} = B_{n_3} = S_{1_3}, S_{2_3}, \ldots, S_{n_3} \qquad (5.4)$$

als Erklärung für stellenweise modulo-2-Addition

$$B_{n_{\text{Sende}}}\, B_{n_{\text{Stör}}} = B_{n_{\text{Empf}}} \,. \qquad (5.5)$$

Auf Grund der Eigenschaften der modulo-2-Addition nach Abb. 79 gilt auch

$$B_{n_{\text{Stör}}} = B_{n_{\text{Empf}}}\, B_{n_{\text{Sende}}} = B_{n_{\text{Sende}}}\, B_{n_{\text{Empf}}} \,, \qquad (5.6)$$

d.h., man erhält den Störblock durch stellenweise modulo-2-Addition von Sende- und Empfangsblock. Bezeichnet man als

$$D(B_n) \qquad (5.7)$$

die Zahl der Einsen in einem Block von n Binärziffern, so ist mit Gl. (5.4)

$$D(B_{n_3}) = D(B_{n_1}\, B_{n_2}) \qquad (5.8)$$

die Anzahl der Stellen, in denen sich die beiden Blöcke unterscheiden, und mit Gl. (5.6) ist

$$D(B_{n_{\text{Sende}}}\, B_{n_{\text{Empf}}}) \tag{5.9}$$

die Zahl der bei der Übertragung aufgetretenen Fehler. D kann entsprechend der Definitionsgleichung (5.7) jeden ganzzahligen Wert zwischen 0 und n einschließlich der Grenzen annehmen. Ein Wert von $D = s$ (entsprechend s Fehlern) kann in einem Block von n Symbolen auf $\binom{n}{s}$ verschiedene Arten auftreten, wobei man die Binomialkoeffizienten aus Abb. 59 entnehmen kann. Insgesamt ergeben sich einschließlich der fehlerfreien Übertragung mit

$$\sum_{s=0}^{n} \binom{n}{s} = 2^n \tag{5.10}$$

2^n Möglichkeiten für die Anordnung aller 0- bis n-fachen Fehler, d.h., die Gesamtheit der möglichen Blöcke $B_{n_{\text{Stör}}}$ umfaßt alle Binärzahlen von 0 bis $2^n - 1$, wobei die Wahrscheinlichkeit eines s-fachen Fehlers in bestimmter Anordnung durch Gl. (5.3), die Wahrscheinlichkeit eines s-fachen Fehlers in beliebiger Anordnung durch Gl. (4.77) gegeben ist.

Nach diesen vorausgeschickten Definitionen und Erläuterungen können die an fehlerfeststellende und fehlerkorrigierende Kodierungen zu stellenden Forderungen formuliert werden.

Damit man zwei Kodeblöcke eines Kodes überhaupt unterscheiden kann, muß für alle Kodeblockpaare gelten

$$D(B_{n_\mu}\, B_{n_\nu}) \geqq 1 \quad \text{bzw.} \quad D_{\min} = 1\,, \tag{5.11}$$

d.h., alle Blöcke eines Kodes müssen sich mindestens in einer Stelle voneinander unterscheiden. Dies ist für alle (n, n)-Kodes, d.h. Kodes ohne zusätzliche Korrekturzeichen erfüllt, die demnach die $2^m = 2^n$ Binärzahlen von 0 bis $2^m - 1$ umfassen.

Nach Hamming [21] bezeichnet man D als Kodeblockdistanz. Die Bezeichnung rührt von einem im Zusammenhang mit Kodierungen verwendeten geometrischen Modell her, welches die 2^n Kodeblöcke den Ecken eines n-dimensionalen Einheitswürfels zuordnet. Sind die 2^n Ecken des n-dimensionalen Einheitswürfels identisch mit den 2^m verwendeten Kodeblöcken des Kodes, so ist die minimale Anzahl von Kanten der Länge 1, die zwei Kodeblöcke voneinander trennt, gleich der Kodeblockdistanz $D_{\min} = 1$. In Abb. 80 ist der dreidimensionale Einheitswürfel mit den $2^3 = 8$ möglichen dreistelligen Kodeblöcken dargestellt.

Um jede Ecke des Einheitswürfels läßt sich eine Kugelschale mit der Ecke als Mittelpunkt aufspannen, deren Radius durch die Distanz D gekennzeichnet ist. Für $n = 3$ entsprechen die Radien $r = 1$ einer Distanz $D = 1$, $r = \sqrt{2} \mathrel{\hat{=}} D = 2$ und $r = \sqrt{3} \mathrel{\hat{=}} D = 3$. Auf jeder dieser Kugelschalen liegen jeweils $\binom{n}{D}$ Ecken, die definitionsgemäß die Distanz D zum Mittelpunkt der Kugelschale besitzen und Kodeblöcken entsprechen, die sich in D Stellen vom Ausgangskodeblock unterscheiden.

Nach Gl. (5.5) und Gl. (5.8) beträgt die durch einen s-fachen Fehler entstehende Distanz zwischen Sende- und Empfangsblock $D = s$.

Sollen alle ein- bis s-fachen Fehler feststellbar sein, so müssen die 2^m aus der Gesamtzahl 2^n verwendeten Kodeblöcke eines (n, m)-Kodes, der dieses leistet, alle untereinander eine minimale Distanz

$$D_{\min} = s_f + 1\,, \qquad s_f = s\text{-fache feststellbare Fehler} \tag{5.12}$$

aufweisen. In der Sprache des geometrischen Modells bedeutet dies, daß sich um jede als Kodeblock verwendete Ecke des n-dimensionalen Einheitswürfels eine Kugelschale vom „Radius" $D = s_f + 1$ legen läßt, *innerhalb* der außer dem Ursprung keine andere als Kodeblock verwendete Ecke liegt; die Kugelschalen dienen gewissermaßen als Schutzzone.

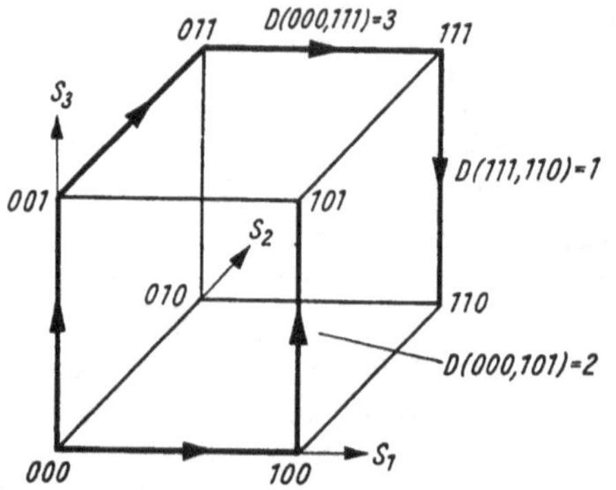

Abb. 80. Dreidimensionaler Einheitswürfel mit zugeordneten Kodeblöcken als geometrische Veranschaulichung der Kodeblockdistanz D

Durch jeden s-fachen Fehler wird der empfangene Block in eine Kugelschale mit dem „Radius" $D = s$ um den Sendeblock verlagert; da auf diesen Schalen voraussetzungsgemäß keine anderen Sendeblöcke liegen, sind alle s-fachen Fehler feststellbar.

Sollen dagegen alle ein- bis s-fachen Fehler korrigierbar sein, muß zwischen allen verwendeten Kodeblöcken eine minimale Distanz

$$D_{\min} = 2\,s_k + 1\,, \qquad s_k = s\text{-fache korrigierbare Fehler} \tag{5.13}$$

bestehen; denn durch jeden s-fachen Fehler wird der empfangene Block in eine Kugelschale mit dem „Radius" $D = s$ verlagert, und die Kugelschalen aller verwendeten Kodeblöcke dieses „Radius" dürfen sich nicht berühren, damit jeder mit einem s-fachen Fehler behaftete Empfangsblock noch eindeutig dem Sendeblock zugeordnet werden kann. Daraus folgt Gl. (5.13).

Besteht die Forderung, s_k-fache Fehler korrigieren und darüber hinaus noch s_{f_z} zusätzliche Fehler feststellen zu können, was unter Einbeziehung der korrigierbaren Fehler gleichbedeutend mit der Feststellbarkeit von $s_k + s_{f_z} = s_f$-fachen Fehlern ist, so ergibt sich aus den gleichen Überlegungen eine erforderliche Distanz zwischen allen verwendeten Kodeblöcken von

$$D_{\min} = 2\,s_k + s_{f_z} + 1 = s_k + s_f + 1\,. \tag{5.14}$$

Gl. (5.14) beinhaltet Gl. (5.12) und (5.13) als Sonderfälle. In Abb. 81 ist der durch Gl. (5.14) zum Ausdruck kommende Zusammenhang am geometrischen Modell dargestellt.

Aus Gl. (5.12) und (5.13) ergibt sich, daß ein genau alle s-fachen Fehler korrigierender Kode gleichwertig mit einem $2s$-fache Fehler feststellenden Kode ist. In Tabelle 7 sind die sich aus Gl. (5.14) ergebenden Möglichkeiten für Kodes mit minimalen Kodeblockdistanzen von 1 bis 5 zusammengestellt.

Tabelle 7

Bei gegebener minimaler Kodeblockdistanz korrigierbare und feststellbare s-fache Fehler

Minimale Kodeblockdistanz	s-fache korrigierbare und feststellbare bzw. zusätzliche feststellbare Fehler		
$D_{\min}$	s_k	s_f	s_{f_z}
1	0	0	0
2	0	1	1
3	1	1	0
oder	0	2	2
4	1	2	1
oder	0	3	3
5	2	2	0
oder	1	3	2
oder	0	4	4

Bevor näher auf Beziehungen zwischen der minimalen Kodeblockdistanz und der Anzahl von Kodeblöcken dieser Distanz aus der Gesamtzahl 2^n mit einer minimalen Distanz von Eins sowie Konstruktionsverfahren zur Auffindung solcher Kodes eingegangen wird, ist es notwendig, zu untersuchen, welche Operationen auf einen in irgendeiner Weise gefundenen Kode angewendet werden können, ohne die Distanzen der Kodeblöcke zu verändern. Die durch diese Operationen erhaltenen Kodes sind in bezug auf ihre Eigenschaften, Fehler festzustellen bzw. zu korrigieren, gleichwertig.

Entsprechend der Definition der Kodeblockdistanz nach Gl. (5.8) als der Zahl der Einsen bei stellenweiser modulo-2-Addition zweier Kodeblöcke ergibt sich, daß die Distanz unverändert bleibt, wenn irgendein anderer Kodeblock zu jedem der Blöcke addiert wird:

$$D(B_{n_\nu}\ B_{n_\mu}) = D(B_{n_\nu}\ B_{n\lambda}\ B_{n_\mu}\ B_{n\lambda}) \,. \tag{5.15}$$

Dies ist beispielsweise der Fall, wenn alle Sendeblöcke eines Kodes bei der Übertragung mit den gleichen Fehlern behaftet werden. Die Empfangsblöcke bilden dann einen gleichwertigen Kode, der sich vom Sendekode durch Negation, d. h. Vertauschen von 0 und 1 an den fehlerhaften Stellen in allen Kodeblöcken unterscheidet.

Zwei Kodes sind also äquivalent, wenn sie sich durch Vertauschen von 0 und 1 in einer oder mehreren Stellen S_ν aller Kodeblöcke eines Kodes ineinander überführen lassen. Am geometrischen Modell bedeutet das Vertauschen von 0 und 1 in einer Stelle S_ν eine Spiegelung des n-dimensionalen Einheitswürfels an einer durch das Zentrum des Würfels gelegten Hyperebene, die als Normale die der Stelle entsprechende Koordinatenachse besitzt.

Die Distanz zweier Kodeblöcke bleibt ferner unverändert, wenn die Stellen jedes Kodeblockes in gleicher Weise vertauscht werden, da nach Gl. (5.7) für die Distanz nur die Zahl der Einsen, nicht ihre Anordnung in dem resultierenden Block B_n maßgeblich ist. Es gilt beispielsweise

$$D(\{S_{1_1}, S_{2_1}, \ldots, S_{n_1}\}\,\{S_{1_2}, S_{2_2}, \ldots, S_{n_2}\}) = D(\{S_{2_1}, S_{1_1}, \ldots, S_{n_1}\}\,\{S_{2_2}, S_{1_2}, \ldots, S_{n_2}\})$$
$$= D(S_{1_1} \oplus S_{1_2}, S_{2_1} \oplus S_{2_2}, \ldots, S_{n_1} \oplus S_{n_2}) = D(S_{2_1} \oplus S_{2_2}, S_{1_1} \oplus S_{1_2}, \ldots, S_{n_1} \oplus S_{n_2})\,. \tag{5.16}$$

Zwei Kodes sind also äquivalent, wenn sie sich durch Vertauschungen von zwei oder mehreren Stellen aller Kodeblöcke eines Kodes ineinander überführen lassen. Am geometrischen Modell ist das Vertauschen zweier Stellen gleichbedeutend mit einer Vertauschung der entsprechenden Koordinaten und stellt eine Drehung des n-dimensionalen Einheitswürfels dar.

Die maximale Zahl von Kodeblöcken der Länge n mit einer minimalen Distanz $D_{\min}$ aus der Gesamtheit der 2^n möglichen Blöcke soll abkürzend mit $Z(n, D)$ bezeichnet werden. Es hat sich gezeigt, daß

$$2^m = Z(n, D)\,, \tag{5.17}$$

d. h. die maximale Zahl von Kodeblöcken $Z(n, D)$, einer ganzzahligen Potenz von 2 gleich ist. Somit läßt sich auf Grund der Äquivalenzbeziehungen immer ein (n, m)-Kode angeben, der die maximale Zahl von Kodeblöcken aufweist, obwohl es noch keinen Beweis dafür gibt, daß nicht doch ein nichtsystematischer Kode existiert, der bei gegebenem n und $D_{\min}$ eine größere Zahl von Kodeblöcken besitzt als ein (n, m)-Kode. Durch $D_{\min}$ in ihren Eigenschaften entsprechend Tabelle 7 gekennzeichnete (n, m)-Kodes mit m nach Gl. (5.17) weisen damit minimale Redundanz auf. Nun ist zwar bei einer gegebenen minimalen Distanz aller Kodeblöcke eines Kodes eine Korrigierbarkeit oder Feststellbarkeit für alle $1 \div s$-fachen Fehler nach Tabelle 7 gegeben, es ist aber damit nicht gesagt, daß bei einem durch Gl. (5.17) gegebenen (n, m)-Kode nicht darüber hinaus noch eine partielle Korrigierbarkeit $s + 1$-facher Fehler möglich ist. Die in Abschnitt 5.2 behandelten Gruppen-Kodes nach Slepian, die die Hamming-Kodes als Sonderfall enthalten, gestatten durch vollständige Ausschöpfung der Korrekturmöglichkeiten eines (n, m)-Kodes bei damit vorgegebener Redundanz die Aufstellung von „besten“ Kodes für jedes Wertepaar n, m.

Für die durch $D_{\min}$ gekennzeichneten HAMMING-Kodes sind bis jetzt für $Z(n, D)$ ab $D_{\min} = 3$ nur mehr oder weniger scharfe Abschätzungen der oberen und unteren Grenzen bekannt. Ebenso sind Konstruktionsverfahren für HAMMING-Kodes nur bis $D_{\min} = 4$ (von HAMMING selbst) entwickelt worden.

Für $D_{\min} = 1$ war die maximale Zahl von Kodeblöcken bereits in Verbindung mit der trivialen Voraussetzung Gl. (5.11) angegeben worden zu

$$2^m = Z(n, 1) = 2^n . \tag{5.18}$$

Für $D_{\min} = 2$ ergibt sich daraus $Z(n, 2)$ durch folgende allgemeine Überlegungen am geometrischen Modell. Gegeben sei die maximale Zahl von Kodeblöcken bzw. Ecken eines $n - 1$-dimensionalen Einheitswürfels mit einer minimalen Distanz $D_{\min} = 2\,k - 1$, $Z\,(n - 1, 2\,k - 1)$. Durch Hinzufügen einer weiteren Koordinate ist es möglich, die Distanz zweier Ecken mit der ungeraden Distanz $2\,k - 1$ durch Verteilung auf entgegengesetzte Werte der neuen Koordinate auf $2\,k$ zu erhöhen. In der Binärzifferndarstellung der Kodeblöcke bedeutet dies, daß die neue Stelle so hinzugefügt wird, daß sich für alle Kodeblöcke eine ungerade oder gerade Quersumme ergibt. Auf Grund der Äquivalenzbeziehungen sind beide Kodes gleichwertig, da sie sich durch Spiegelung bzw. Negation der hinzugefügten Stelle ineinander überführen lassen. Es soll deshalb im weiteren nur die Geradzahligkeit betrachtet werden.

Es gilt also allgemein

$$Z(n - 1, 2\,k - 1) = Z(n, 2\,k) , \tag{5.19}$$

und mit $k = 1$ ergibt sich speziell für $D_{\min} = 2$ mit Gl. (5.18)

$$2^m = Z(n - 1, 1) = Z(n, 2) = 2^{n-1} . \tag{5.20}$$

Die zugehörige Bestimmungsgleichung für die Kontrollstelle, die auf Grund der Äquivalenzbeziehung, daß eine Vertauschung zweier Stellen in allen Kodeblöcken einen gleichwertigen Kode liefert, eine beliebige der n Stellen sein kann, lautet

$$S_1 \oplus S_2 \oplus \cdots \oplus S_{n-1} \oplus S_n = 0 . \tag{5.21}$$

Nach Tabelle 7 sind damit alle einfachen Fehler feststellbar. Tatsächlich ist ein $(n, n - 1)$-Kode aber imstande, alle ungeradzahligen Fehler festzustellen, also über die einfachen Fehler hinaus alle dreifachen, fünffachen usw. Fehler, da durch jede ungerade Fehlerzahl Gl. (5.21) für die empfangenen Kodeblöcke nicht mehr erfüllt ist.

Für $D_{\min} = 3$ ergibt sich eine obere Grenze für $Z(n, 3)$ aus dem geometrischen Modell auf Grund folgender Gedankengänge. Für $D_{\min} = 3$ ist um jede als Kodeblock verwendete Ecke eine n-dimensionale Kugelschale mit einem Radius $D = 1$ aufgespannt, deren auf ihr liegende Ecken nicht gleichzeitig auf anderen Schalen liegen dürfen (siehe Abb. 81). Da auf jeder dieser Schalen $\binom{n}{D} = \binom{n}{1}$ Ecken liegen, werden durch jede als Kodeblock verwendete Ecke einschließlich

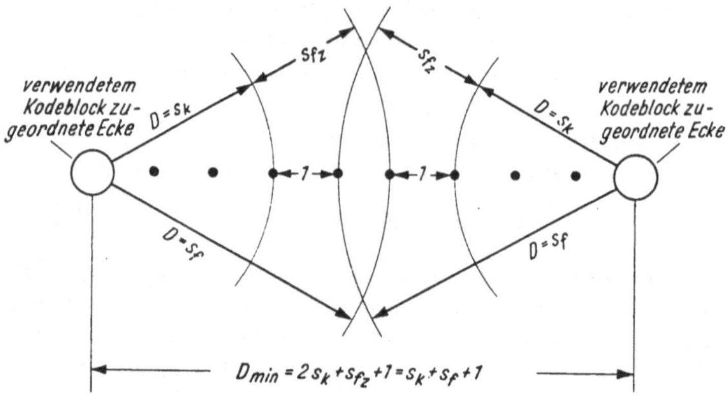

Abb. 81. Erforderliche minimale Distanz zwischen allen verwendeten Kodeblöcken zur Fehlerkorrektur und Fehlerfeststellbarkeit

der verwendeten $\binom{n}{0} + \binom{n}{1} = 1 + n$ der 2^n insgesamt vorhandenen Ecken belegt. Daraus ergibt sich

$$2^m = Z(n, 3) \leqq \frac{2^n}{1 + n} \tag{5.22}$$

als obere Grenze für die maximale Zahl von Kodeblöcken der Länge n mit der minimalen Distanz $D_{\min} = 3$ und der Zahl der möglichen Kodeblöcke eines (n, m)-Kodes. Für die diskreten Werte

$$n = 2^k - 1 \,, \qquad k > 1 \,, \text{ ganz} \tag{5.23}$$

gilt

$$2^m = \frac{2^n}{1 + n} = 2^{n-k} \,,$$

d. h., für diese Werte von n sind die 2^m n-dimensionalen Einheitskugeln um jede verwendete Ecke des n-dimensionalen Einheitswürfels ,,dichtest gepackt". Ein $(n, n - k)$-Kode mit n und k entsprechend Gl. (5.23) nach HAMMING, der mit $D_{\min} = 3$ alle n einfachen Fehler zu korrigieren gestattet, wird von keinem anderen Kode in dieser Eigenschaft übertroffen.

Für die Konstruktion eines (n, m)-Kodes mit $D_{\min} = 3$, der voraussetzungsgemäß Gl. (5.22) erfüllt, gibt es entsprechend der Vielzahl der äquivalenten Kodes eine Vielzahl von Möglichkeiten. Jeder Kode ist durch $k = n - m$ Gleichungen von der Art der Gleichung (5.21) bestimmt. Nach HAMMING wird durch die zusätzliche Forderung, daß das Ergebnis der k Geradzahligkeitsprüfungen die Ordnungszahl der fehlerhaft übertragenen Stelle als Binärzahl angeben soll, die Zahl der Möglichkeiten reduziert. Durch die k Kontrollziffern sind also $n + 1$ Angaben, die n Ordnungszahlen der möglichen mit einem Fehler behafteten Stellen sowie die Fehlerfreiheit zu machen.

Daraus folgt, daß

$$2^k \geqq n + 1 = m + k + 1 \qquad (5.24)$$

gelten muß, in Übereinstimmung mit Gl. (5.22).

Aus Gl. (5.24) ergibt sich bei gegebener Zahl von Kontrollstellen eine obere Grenze für die Zahl der meldungstragenden Stellen

$$m = 2^k - k - 1 \, , \qquad (5.25)$$

die für eine Kodeblocklänge $n = m + k = 2^k - 1$ in Übereinstimmung mit Gl. (5.23) erreicht wird. In Tabelle 8 ist die maximale Zahl der meldungstragenden Stellen bei vorgegebener Zahl von Kontrollstellen für die ersten Werte von k nach Gl. (5.25) angegeben.

Tabelle 8

Maximale Zahl der meldungstragenden Stellen bei vorgegebener Zahl von Kontrollstellen für einen alle einfachen Fehler korrigierenden Kode mit $D_{\min} = 3$ nach Hamming

k	$m_{\max}$	n
1	0	1
2	1	3
3	4	7
4	11	15
5	26	31
6	57	63
7	120	127

Soll beispielsweise der Fernschreibkode mit 5 meldungstragenden Stellen auf einen alle einfachen Fehler korrigierenden Kode erweitert werden, so sind dazu nach Tabelle 8 bereits $k = 4$ zusätzliche Kontrollstellen erforderlich, da für $k = 3$ die maximale Zahl der meldungstragenden Stellen nur 4 mit $2^4 = 16$ möglichen Kodeblöcken beträgt; es wird also ein (9,5)-Kode benötigt.

Die k Kontrollgleichungen ergeben sich aus der Forderung, daß bei einem aufgetretenen Fehler in den Stellen, über die sich die Kontrolle erstreckt, die Ergebnisse 1 mod 2 (bzw. 0 mod 2 bei Fehlerfreiheit dieser Stellen) die Ordnungszahl der fehlerhaften Stelle als Binärzahl angeben sollen. Die Kontrollgleichung für den Stellenwert 2^0 der Binärzahl muß sich deshalb über diejenigen Stellen der Kodeblöcke erstrecken, deren Binärdarstellung der Ordnungszahl im Stellenwert 2^0 eine 1 aufweist. Entsprechendes gilt für die weiteren Gleichungen. In Tabelle 9 sind die sich daraus ergebenden Ordnungszahlen der durch die ersten k Gleichungen zu kontrollierenden Stellen der Kodeblöcke angegeben. Die bei Verwendung der maximalen Zahl m nach Tabelle 8 zu kontrollierenden Stellen sind durch Abgrenzungen hervorgehoben.

Tabelle 9

Kontrollstellen für einen alle einfachen Fehler korrigierenden Kode nach HAMMING

Kontrolle	zu kontrollierende Stellen							
1.	1.	3.	5.	7.	9.	11.	13.	15.
2.	2.	3.	6.	7.	10.	11.	14.	15.
3.	4.	5.	6.	7.	12.	13.	14.	15.
4.	8.	9.	10.	11.	12.	13.	14.	15.

Für einen (7,4)-Kode beispielsweise mit 3 Kontrollstellen nach Tabelle 8 ergeben sich nach Tabelle 9 folgende 3 Bestimmungsgleichungen für die Kontrollstellen:

$$\begin{aligned} &1.\quad S_1 \oplus S_3 \oplus S_5 \oplus S_7 = 0\,, \\ &2.\quad S_2 \oplus S_3 \oplus S_6 \oplus S_7 = 0\,, \\ &3.\quad S_4 \oplus S_5 \oplus S_6 \oplus S_7 = 0\,. \end{aligned} \tag{5.26}$$

Welche drei der sieben Stellen bei der Aufstellung des Kodes den Kontrollstellen vorbehalten bleiben, ist im Prinzip gleichgültig. Bei der Wahl der ersten, zweiten und vierten Stelle als Kontrollstelle kann das Gleichungssystem (5.26) in seiner ursprünglichen Form verwendet werden, da jede dieser Stellen nur einmal in dem Gleichungssystem auftritt. Die Stellen $S_3\,S_5\,S_6\,S_7$ durchlaufen die Binärzahlen von 0 bis $2^m - 1$ und legen damit die Ziffern der Kontrollstellen der einzelnen Kodeblöcke nach den aus Gl. (5.26) unter Berücksichtigung der Gesetzmäßigkeiten der modulo-2-Addition erhaltenen Gleichungen

$$\begin{aligned} S_1 &= S_3 \oplus S_5 \oplus S_7\,, \\ S_2 &= S_3 \oplus S_6 \oplus S_7\,, \\ S_4 &= S_5 \oplus S_6 \oplus S_7 \end{aligned} \tag{5.27}$$

fest. Sollen jedoch vereinbarungsgemäß die ersten m Stellen meldungstragend sein, so erhält man durch Auflösen des Gleichungssystems (5.26) unter Berücksichtigung der Gesetzmäßigkeiten der modulo-2-Addition für die Kontrollstellen die Bestimmungsgleichungen

$$\begin{aligned} S_5 &= S_2 \oplus S_3 \oplus S_4\,, \\ S_6 &= S_1 \oplus S_3 \oplus S_4\,, \\ S_7 &= S_1 \oplus S_2 \oplus S_4\,. \end{aligned} \tag{5.28}$$

Ein nach Gl. (5.28) aufgestellter (7,4)-Kode, der einem nach Gl. (5.27) aufgestellten gleichwertig ist, ist in Tabelle 10 wiedergegeben; die ersten vier Stellen ergeben sich aus der Binärzahl der Kodeblocknummer, während die nächsten drei sich daraus nach Gl. (5.28) bestimmen. Auf die Bedeutung der eingeklammerten Stelle S_8 wird später noch in einem anderen Zusammenhang eingegangen; sie ist zunächst ohne Belang. Die in der Spalte „Kodeblock-Nr." der Tabelle 10 angegebenen eingeklammerten Zahlen geben die Kodeblock-Nummern an, wenn der Kode nach Gl. (5.27) original nach HAMMING aufgestellt wird.

Tabelle 10

(7,4)-Kode und (8,4)-Kode nach HAMMING

Kodeblock-Nr.	S_1	S_2	S_3	S_4	S_5	S_6	S_7	(S_8)
0 (0)	0	0	0	0	0	0	0	0
1 (7)	0	0	0	1	1	1	1	0
2 (14)	0	0	1	0	1	1	0	1
3 (9)	0	0	1	1	0	0	1	1
4 (5)	0	1	0	0	1	0	1	1
5 (2)	0	1	0	1	0	1	0	1
6 (11)	0	1	1	0	0	1	1	0
7 (12)	0	1	1	1	1	0	0	0
8 (3)	1	0	0	0	0	1	1	1
9 (4)	1	0	0	1	1	0	0	1
10 (13)	1	0	1	0	1	0	1	0
11 (10)	1	0	1	1	0	1	0	0
12 (6)	1	1	0	0	1	1	0	0
13 (1)	1	1	0	1	0	0	1	0
14 (8)	1	1	1	0	0	0	0	1
15 (15)	1	1	1	1	1	1	1	1

Wird beispielsweise irgendein Kodeblock der Tabelle 10, der damit Gl. (5.26) genügt, gesendet und mit einem Übertragungsfehler in der sechsten Stelle empfangen, so erscheint im Empfangsblock die sechste Stelle negiert. Die Kontrollgleichungen (5.26) ergeben damit

$$\begin{aligned} &1.\quad S_1 \oplus S_3 \oplus S_5 \oplus S_7 = 0 \cdot 2^0 = 0\,, \\ &2.\quad S_2 \oplus S_3 \oplus \overline{S}_6 \oplus S_7 = 1 \cdot 2^1 = 2\,, \\ &3.\quad S_4 + S_5 \oplus \overline{S}_6 \oplus S_7 = 1 \cdot 2^2 = \underline{4} \\ &\hphantom{3.\quad S_4 + S_5 \oplus \overline{S}_6 \oplus S_7 = 1 \cdot 2^2 = {}} 6 \end{aligned} \tag{5.29}$$

und lassen erkennen, daß die sechste Stelle falsch übertragen wurde; da nur die ersten vier Stellen meldungstragend sind, ist für die weitere Verarbeitung der Information nur eine Korrektur dieser Stellen erforderlich. Treten zwei Übertragungsfehler in einem Kodeblock auf, so sind die Gleichungen (5.26) für den empfangenen Block ebenfalls nicht erfüllt, und es ergibt sich nach den Gleichungen (5.29) eine falsche Angabe für die zu korrigierende Stelle, die bei Durchführung der Korrektur auf einen falschen Kodeblock führt. Es können also mit demselben Kode unter *Verzicht auf die Korrektur* aller einfachen Fehler alle einfachen und zweifachen Fehler festgestellt werden. Erst bei drei Übertragungsfehlern in einem Kodeblock können (bei 7 der 35 möglichen 3fachen Fehler des

Beispiels) die Kontrollgleichungen wieder erfüllt sein und eine richtige Übertragung vortäuschen. Um ohne Verzicht auf die Korrektur aller einfachen Fehler zwei aufgetretene Übertragungsfehler feststellen, wenn auch nicht korrigieren zu können, ist nach Tabelle 7 eine minimale Kodeblockdistanz $D_{\min} = 4$ erforderlich.

Für $D_{\min} = 4$ ergibt sich eine obere Grenze für die maximale Zahl von Kodeblöcken $Z(n, 4)$ aus Gl. (5.19) und (5.22) zu

$$2^m = Z(n-1, 3) = Z(n, 4) \leqq \frac{2^{n-1}}{n}, \tag{5.30}$$

und als obere Grenze für die Zahl m der meldungstragenden Stellen bei gegebener Zahl k von Kontrollstellen folgt daraus

$$m \leqq 2^{k-1} - k, \qquad k > 1, \quad \text{ganz.} \tag{5.31}$$

Gl. (5.31) ist in Tabelle 11 für die ersten Werte von k ausgewertet.

Tabelle 11

Maximale Zahl der meldungstragenden Stellen bei vorgegebener Zahl von Kontrollstellen für einen alle einfachen Fehler korrigierenden und alle doppelten Fehler feststellenden Kode mit $D_{\min} = 4$ nach HAMMING

k	$m_{\max}$	n	k	$m_{\max}$	n
2	0	2	5	11	16
3	1	4	6	26	32
4	4	8	7	57	64
			8	120	128

Ein Vergleich mit Tabelle 8 ergibt bei einer zusätzlichen Kontrollstelle die gleiche maximale Zahl von meldungstragenden Stellen. Soll beispielsweise wieder der (5,5)-Fernschreibkode auf einen durch $D_{\min} = 4$ in seinen Eigenschaften gekennzeichneten Kode erweitert werden, so machen sich 5 Kontrollstellen erforderlich; es wird also ein (10,5)-Kode benötigt.

Die k Kontrollgleichungen ergeben sich durch Kombination der bereits für $D_{\min} = 2$ und $D_{\min} = 3$ angegebenen Beziehungen. Die ersten $k - 1$ Kontrollgleichungen über insgesamt $n - 1$ Stellen sind die gleichen wie für den alle einfachen Fehler korrigierenden Kode nach Tabelle 9. Die k-te Kontrollgleichung erstreckt sich über alle n Stellen und ist identisch mit Gl. (5.21); sie legt damit die n-te Stelle als k-te Kontrollstelle fest. Für den bereits als Beispiel behandelten (7,4)-Kode ergibt sich damit bei Erweiterung auf den (8,4)-Kode als 4. Kontrollgleichung in Ergänzung zu Gl. (5.26)

$$4. \quad S_1 \oplus S_2 \oplus S_3 \oplus S_4 \oplus S_5 \oplus S_6 \oplus S_7 \oplus S_8 = 0. \tag{5.32}$$

Substituiert man darin S_5, S_6 und S_7 durch die Gleichungen (5.28), so erhält man kürzer

$$S_1 \oplus S_2 \oplus S_3 \oplus S_8 = 0.$$

Die sich daraus bestimmende Stelle S_8 ist bereits in Tabelle 10 für die einzelnen Kodeblöcke des (8,4)-Kodes angegeben.

Die Wirkungsweise eines alle einfachen Fehler korrigierenden und alle doppelten Fehler feststellenden Kodes mit $D_{\min} = 4$ nach obigem Aufbau ist wie folgt:

Fall a: Kein Fehler; alle k Kontrollgleichungen liefern das Ergebnis 0.

Fall b: Ein Fehler; die k-te Kontrollgleichung liefert, da die Fehlerzahl ungerade ist, als Ergebnis 1 und stellt damit einen Fehler fest. Aus den ersten $k - 1$ Kontrollgleichungen ergibt sich die Ordnungszahl der fehlerhaften Stelle, wobei das Ergebnis 0 jetzt bedeutet, daß ein Fehler in der n-ten Stelle aufgetreten ist.

Fall c: Zwei Fehler; die k-te Kontrollgleichung liefert, da die Fehlerzahl gerade ist, als Ergebnis 0. Da in den $n - 1$ ersten Stellen entweder ein oder zwei Fehler aufgetreten sind, liefern die $k - 1$ ersten Kontrollgleichungen ein von 0 verschiedenes Ergebnis, das aber keinen Rückschluß auf die Ordnungszahl der fehlerhaften Stellen zuläßt, sondern nur die Feststellung gestattet, daß zwei Fehler aufgetreten sind.

Fall d: Drei Fehler; die k-te Kontrollgleichung liefert, da die Fehlerzahl ungerade ist, als Ergebnis 1 wie im Fall b. Da in den ersten $n - 1$ Stellen entweder zwei oder drei Fehler aufgetreten sind, können die $k - 1$ ersten Kontrollgleichungen ein von 0 verschiedenes Ergebnis oder auch 0 liefern. Unter Verzicht auf die Korrektur aller einfachen Fehler können also mit demselben Kode auch noch alle dreifachen Fehler festgestellt werden.

Erst bei vierfachen Fehlern können alle Kontrollgleichungen wieder erfüllt sein und eine richtige Übertragung vortäuschen.

Eine obere Grenze für die maximale Zahl von Kodeblöcken der minimalen Distanz $D_{\min} = 5$, $Z(n, 5)$, ergibt sich aus Überlegungen am geometrischen Modell analog zu den für $Z(n, 3)$ angestellten. Um jede als Kodeblock verwendete Ecke kann eine Kugelschale mit dem Radius $D = 2$ aufgespannt werden, auf und innerhalb der insgesamt $1 + \binom{n}{1} + \binom{n}{2}$ Ecken liegen. Daraus folgt

$$2^m = Z(n, 5) \leqq \frac{2^n}{1 + \binom{n}{1} + \binom{n}{2}} = \frac{2^{n+1}}{2 + n + n^2}. \tag{5.33}$$

Diese obere Grenze ist, obwohl sie für $n = 5$ erreicht wird, im allgemeinen zu hoch; denn beispielsweise für $n = 7$ ergibt Gl. (5.33) $Z(7,5) \leqq 4{,}4$, durch Probieren ergibt sich aber $Z(7,5) = 2$.

Da die für $D_{\min} = 5$ und größere Werte mittels der Rekursionsgleichung (5.19) bei geradzahligen Distanzen und der allgemeinen Beziehung

$$2^m = Z(n, 2\,k - 1) \leqq \frac{2^n}{1 + \binom{n}{1} \cdots \binom{n}{k-1}} \tag{5.34}$$

bei ungeradzahligen Distanzen erhaltenen Abschätzungen nicht mehr die niedrigste obere Grenze darstellen, sind sie von geringem Wert. Da andererseits auch keine Konstruktionsverfahren für Kodes mit $D_{\min} > 4$ analog zu den angegebenen bekannt sind, liegt hier z. Z. die Grenze der HAMMING-Kodes. Angaben über untere Grenzen von $Z(n, D_{\min})$ sind in [60] enthalten.

5.2 Gruppenkodes [58]

Die Gruppenkodes nach SLEPIAN gestatten, (n, m)-Kodes für eine große Zahl von Wertepaaren n, m anzugeben, die alle möglichen s-fachen und die maximale Zahl von $s + 1$-fachen Fehlern korrigieren. Kodes dieser Art enthalten die HAMMING-Kodes mit $m_{\max}$ als Spezialfall und sind von keinem anderen Kode mit 2^m Kodeblöcken der Länge n zu übertreffen. Darüber hinaus werden noch Kodes angegeben, die außer allen s-fachen einen Teil der möglichen $s + 1$- und $s + 2$-fachen Fehler zu korrigieren gestatten. Der Name „Gruppenkodes" rührt von der Anwendung der Theorie endlicher Gruppen auf die Konstruktionsvorschriften her; die 2^m Kodeblöcke B_n bilden eine Untergruppe der Gesamtheit der 2^n Kodeblöcke, die ihrerseits mit Einführung der stellenweisen modulo-2-Addition nach Gl. (5.4) als Definition des Produktes zweier Kodeblöcke eine ABELsche¹) Gruppe G_n bilden. In Ergänzung zu den Gleichungen (5.5) und (5.6) gilt für die B_n als Elemente von G_n mit

$$I = B_{n_0} = 000\ldots \tag{5.35}$$

als dem Einheitselement

$$I\,B_{n_\nu} = B_{n_\nu}\,I = B_{n_\nu}\,, \tag{5.36}$$

$$B_{n_\nu}\,B_{n_\mu} = B_{n_\mu}\,B_{n_\nu}\,, \tag{5.37}$$

$$B_{n_\lambda}(B_{n_\mu}\,B_{n_\nu}) = (B_{n_\lambda}\,B_{n_\mu})\,B_{n_\nu}\,. \tag{5.38}$$

Das Produkt von Elementen von G_n ist wieder ein Element von G_n.

$$B_{n_\nu} = B_{n_\nu}^{-1} \quad \text{bzw.} \quad B_{n_\nu}^2 = I\,. \tag{5.39}$$

Jedes Element ist zu sich selbst reziprok. An Stelle der Schreibweise eines Elementes B_{n_ν} als Folge von n Nullen und Einsen soll abkürzend auch die Angabe nur der Ordnungszahlen der eine Eins enthaltenden Stellen eingeführt werden. Die Gruppe G_3 beispielsweise hat in beiden Schreibweisen folgendes Aussehen:

$I = B_{3_0}$	$= 000$	I
B_{3_1}	$= 100$	1
B_{3_2}	$= 010$	2
B_{3_3}	$= 001$	3
$B_{3_4} = B_{3_1}\,B_{3_2}$	$= 110$	12
$B_{3_5} = B_{3_1}\,B_{3_3}$	$= 101$	13
$B_{3_6} = B_{3_2}\,B_{3_3}$	$= 011$	23
$B_{3_7} = B_{3_1}\,B_{3_2}\,B_{3_3}$	$= 111$	123 .

¹) Eine Gruppe heißt abelsch, wenn ihre Elemente dem kommutativen Gesetz Gl. (5.37) genügen.

Ein Element B_n von G_n wird von den Elementen $B_{n_1}, \ldots, B_{n_\nu}$ von G_n als *abhängig* bezeichnet, wenn es sich als Produkt von einigen der Elemente $B_{n_1}, \ldots, B_{n_\nu}$ darstellen läßt; beispielsweise sind die Elemente B_{3_4} bis B_{3_7} der obigen Darstellung der Gruppe G_3 von den Elementen B_{3_1}, B_{3_2} und B_{3_3} abhängig.

Ein Element B_n von G_n wird von den Elementen $B_{n_1}, \ldots, B_{n_\nu}$ als *unabhängig* bezeichnet, wenn es sich nicht als Produkt einiger dieser Elemente ausdrücken läßt.

Eine Folge $B_{n_1}, \ldots, B_{n_\nu}$ von Elementen wird als *unabhängig* bezeichnet, wenn kein Glied der Folge ausschließlich durch das Produkt anderer Glieder der Folge ausgedrückt werden kann. Jede Folge von n unabhängigen Elementen von G_n kann als *erzeugende Folge* für die Gruppe G_n verwendet werden; für die Gruppe G_3 war dies im Beispiel 1, 2, 3, aber auch 12, 23, 123 stellt eine unabhängige Folge dar und gestattet, alle 2^3 Elemente der Gruppe G_3 zu erzeugen:

$$\begin{array}{ll} I = (12)\,(12) & (12)\;(23) = 13 \\ \phantom{I = {}}12 & (12)\,(123) = 3 \\ \phantom{I = {}}23 & (23)\,(123) = 1 \\ \phantom{I = {}}123 & (12)\,(23)\,(123) = 2 \end{array}$$

Jede Folge von m unabhängigen Elementen aus G_n kann als erzeugende Folge für eine Untergruppe von G_n der Ordnung 2^m mit gleichen Eigenschaften wie G_n bei 2^m Elementen dienen, wobei m eine Zahl der Folge $0, 1, \ldots, n$ ist. In [58] wird gezeigt, daß genau

$$N(n, m) = \frac{(2^n - 2^0)\,(2^n - 2^1), \ldots, (2^n - 2^{m-1})}{(2^m - 2^0)\,(2^m - 2^1), \ldots, (2^m - 2^{m-1})} = N(n, n - m) \qquad (5.40)$$

verschiedene Untergruppen von G_n der Ordnung 2^m existieren. In Tabelle 12 ist für einige Werte n, m die Anzahl der Untergruppen angegeben. Jede Untergruppe stellt einen (n, m)-Kode dar, dessen 2^m Kodeblöcke Elemente der Gruppe G_n sind.

Tabelle 12

Anzahl der Untergruppen von G_n der Ordnung 2^m nach SLEPIAN

n \ m	0	1	2	3	4	5
1	1	1				
2	1	3	1			
3	1	7	7	1		
4	1	15	35	15	1	
5	1	31	155	155	31	1
6	1	63	651	1395	651	63
7	1	127	2667	11811	11811	2667
8	1	255	10795	97155	200787	97155
9	1	511	43435	788035	3309747	3309747
10	1	1023	174251	6347715	53743987	109221651

Beispielsweise lauten die 7 (3,2)-Kodes, die man durch Aufsuchen der möglichen erzeugenden Folgen der Untergruppen mit zwei Gliedern findet, in beiden Schreibweisen

1.	2.	3.	4.	5.	6.	7.
I	I	I	I	I	I	I
1	1	2	1	2	3	12
2	3	3	23	13	12	23
12	13	23	123	123	123	13
000	000	000	000	000	000	000
100	100	010	100	010	001	110
010	001	001	011	101	110	011
110	101	011	111	111	111	101
$S_3=0$	$S_2=0$	$S_1=0$	$S_2 \oplus S_3=0$	$S_1 \oplus S_3=0$	$S_1 \oplus S_2=0$	$S_1 \oplus S_2 \oplus S_3=0$.

Die zugehörige Kontrollgleichung, die den systematischen Kode vollständig kennzeichnet, ist unter den verschiedenen (3,2)-Kodes angegeben. Man erkennt, daß entsprechend den Äquivalenzbeziehungen aus Abschnitt 5.1 jeweils die Kodes 1., 2., 3. und die Kodes 4., 5., 6. durch Vertauschen der Stellen ineinander überführbar und damit äquivalent sind. Legt man die ersten m Stellen als meldungstragende Stellen fest, so verbleiben als nichtäquivalente Kodes die Kodes 1., 4. oder 5. und 7. Es läßt sich zeigen, daß zu jedem (n, m)-Kode ein Kode mit den Binärzahlen von 0 bis $2^m - 1$ in den ersten m Stellen äquivalent ist. Die $n - m = k$ Kontrollgleichungen lassen sich damit immer auf die Form

$$S_i = \sum_{j=1}^{m} \bmod 2 \;\; \alpha_{ij}\, S_j\,, \qquad \begin{matrix} i = m+1, \ldots, n, \\ \alpha_{ij} = 0, 1 \end{matrix} \tag{5.41}$$

bringen.

Um aus der Vielzahl der verbleibenden nichtäquivalenten Kodes die jeweils „besten“ herauszufinden, bedarf es des Einsatzes elektronischer Rechenmaschinen. Für eine Anzahl von Werten n, m werden die von SLEPIAN erhaltenen Ergebnisse nach Erläuterung der Wirkungsweise und Bewertungskriterien für die „besten“ Kodes wiedergegeben.

Für jeden Kode läßt sich eine Standardanordnung angeben, die alle Elemente der Gruppe G_n einmal und nur einmal enthält.

$$G_n\colon \begin{matrix} I & B_{n_1} & B_{n_2}, \ldots, & B_{n_\mu} & \mu = 2^m - 1 \\ C_2 & C_2\, B_{n_1} & C_2\, B_{n_2}, \ldots, & C_2\, B_{n_\mu} & \\ C_3 & C_2\, B_{n_1} & C_3\, B_{n_2}, \ldots, & C_3\, B_{n_\mu} & \\ \vdots & & & & \\ C_\nu & C_\nu\, B_{n_1} & C_\nu\, B_{n_2}, \ldots, & C_\nu\, B_{n_\mu} & \\ \nu = 2^k\,. & & & & \end{matrix} \tag{5.42}$$

In der ersten Zeile stehen die Elemente der Untergruppe, die als Kode gewählt wurde. Die verbleibenden Elemente stellen die nicht als Kodeblöcke verwendeten

Blöcke der Länge n dar. Die Elemente einer Zeile sollen als *Kofolgen* des Kodes der ersten Zeile bezeichnet werden. C_2 ist dabei irgendein Element aus G_n, welches nicht in der ersten Zeile, C_3, welches nicht in den ersten beiden Zeilen usw. der Anordnung aufgetreten ist. Die C_i sollen als *Kofolgenerzeuger* bezeichnet werden. Die so erhaltene Standardanordnung weist eine Reihe von wichtigen Eigenschaften auf. Wird ein Kofolgenerzeuger durch irgendein Element aus der Kofolge ersetzt und erneut eine Kofolge entsprechend Gl. (5.42) mit den Elementen der als Kode verwendeten Untergruppe, die in der ersten Zeile stehen, gebildet, so ergibt sich eine Kofolge mit den gleichen Elementen, nur in anderer Reihenfolge, d.h., die Folgen

$$C_i,\ C_i\, B_{n_1},\ C_i\, B_{n_2},\ \ldots,\ C_i\, B_{n_\mu}$$

und

$$C_i\, B_{nj}\, B_{n_1},\ C_i\, B_{nj}\, B_{n_2},\ \ldots,\ C_i\, B_{nj}\, B_{n_\mu}$$

enthalten die gleichen Elemente. Dies folgt aus dem Umstand, daß die als Kode verwendete Folge $I,\ B_{n_1}, \ldots, B_{n_\mu}$ eine Untergruppe darstellt derart, daß jedes Produkt $B_{n_\nu}\, B_{n_\mu}$ entsprechend den Eigenschaften einer Gruppe wieder ein Element der Untergruppe ist. In Übereinstimmung mit Gl. (5.7) soll die Zahl der Einsen in einem Element, die identisch ist mit der Anzahl der Stellen, in denen sich das Element vom Einselement $I = 000, \ldots, 0$ unterscheidet, mit

$$D(B_{n_\nu}) = D(B_{n_\nu}, I) \tag{5.43}$$

als Sonderfall der Distanz $D(B_{n_\nu}, B_{n_\mu})$ zwischen zwei Elementen bezeichnet werden.

Die Kofolgenerzeuger C_i sollen außer der Forderung, daß sie nicht in den ersten $i - 1$ Zeilen der Standardanordnung auftraten, noch der zusätzlichen Forderung genügen, daß sie dasjenige Element mit dem kleinsten Abstand zum Einselement aus der jeweiligen Kofolge sind, also daß gilt

$$D(C_i, I) \leqq D(C_i\, B_{nj}, I)\,. \tag{5.44}$$

Durch Auswahl eines Elements mit der kleinsten Zahl von Einsen als neuen Kofolgenerzeuger aus der zunächst mit einem willkürlichen Kofolgenerzeuger erzeugten Kofolge ist Gl. (5.44) stets zu erfüllen. Es wird sich später noch ergeben, daß die Kofolgenerzeuger identisch mit den korrigierbaren Störblöcken $B_{n\text{stör}}$ sind und somit beispielsweise für die partiell korrigierbaren $s + 1$-fachen Fehler bestimmte Störmuster, wie aufeinanderfolgende Störungen, im Rahmen der noch verbleibenden Wahlfreiheit für die C_i bevorzugt werden können.

Mit

$$D(B_{ni}, B_{nj}) = D(C_k\, B_{ni}, C_k\, B_{nj}) \tag{5.45}$$

ergibt sich, daß in der Standardanordnung die Distanz zwischen zwei Elementen in irgendeiner Zeile gleich der Distanz zwischen den Elementen der gleichen Spalten in der ersten Zeile ist.

Ferner gilt auf Grund der Konstruktionsvorschrift Gl. (5.42) für die Standardanordnung

$$D(C_i, I) = D(C_i\, B_{nk}, I\, B_{nk}) = D(C_i\, B_{nk}, B_{nk})\,, \tag{5.46}$$

d.h., der Abstand eines Kofolgenerzeugers vom Einselement ist gleich dem Abstand jedes Elementes der Kofolge zum Element in der ersten Zeile der gleichen Spalte.

Mit

$$D(C_i\,B_{n_j}, I) = D(C_i\,B_{n_j}\,B_{n_j}\,B_{n_k}, I\,B_{n_j}\,B_{n_k}) = D(C_i\,B_{n_k}, B_{n_l}), \quad B_{n_j}\,B_{n_k} = B_{n_l} \tag{5.47}$$

und Gl. (5.46) folgt aus der entsprechend Gl. (5.44) getroffenen Wahl des Kofolgenerzeugers

$$D(C_i\,B_{n_k}, B_{n_k}) \leqq D(C_i\,B_{n_k}, B_{n_l})\,, \quad B_{n_l} = B_{n_j}\,B_{n_k}\,, \tag{5.48}$$

d.h., der Abstand irgendeines Elementes einer Kofolge zu dem in der gleichen Spalte in der ersten Zeile der Standardanordnung stehenden Element ist kleiner oder höchstens gleich dem Abstand zu jedem anderen Element der ersten Zeile. Der eben dargelegte Sachverhalt ist ein wesentliches Merkmal der Gruppenkodes. Ein darauf aufbauendes Entscheidungsschema, das einem empfangenen gestörten Kodeblock *den* Sendeblock aus der Reihe der möglichen Sendeblöcke zuordnet, der den kleinsten Abstand zum Empfangsblock aufweist, besitzt entsprechend den Ausführungen in Abschnitt 4.1 als „idealer Beobachter“ mit der jeweils größten bedingten Wahrscheinlichkeit $w_j(i)$ eine minimale mittlere Wahrscheinlichkeit einer Fehlentscheidung nach Gl. (4.16) bzw. Gl. (4.88) oder (4.89) relativ zu allen anderen Entscheidungsschemata.[1]) Mit Gl. (5.3) gilt für die Übergangswahrscheinlichkeiten des erweiterten SBK

$$\underset{\uparrow\ s\text{-facher Fehler}}{w_i(j) = (1-\varepsilon)^{n-s}\,\varepsilon^s} > \underset{\uparrow\ s+1\text{-facher Fehler}}{w_i(j) = (1-\varepsilon)^{n-s-1}\,\varepsilon^{s+1}} = \frac{\varepsilon}{1-\varepsilon}\,(1-\varepsilon)^{n-s}\,\varepsilon^s\,; \quad \varepsilon < 0{,}5 \tag{5.49}$$

da der Abstand D zwischen den als Kodeblöcken verwendeten Elementen der ersten Zeile und allen übrigen Elementen der Gruppe G_n der bei der Übertragung aufgetretenen Fehlerzahl entspricht und alle 2^m Kodeblöcke gleichwahrscheinlich vorausgesetzt werden, folgt aus Gl. (5.48) mit Gl. (5.49)

$$w_{B_{n_k}}(C_i\,B_{n_k}) \geqq w_{B_{n_l}}(C_i\,B_{n_k})$$

und daraus

$$w_{C_i\,B_{n_k}}(B_{n_k}) = \frac{2^{-m}\,w_{B_{n_k}}(C_i\,B_{n_k})}{w(C_i\,B_{n_k})} \geqq w_{C_i\,B_{n_k}}(B_{n_l}) = \frac{2^{-m}\,w_{B_{n_l}}(C_i\,B_{n_k})}{w(C_i\,B_{n_k})}\,,$$

d.h., der Kodeblock der gleichen Spalte besitzt gegenüber den anderen Kodeblöcken die größte oder eine gleichgroße bedingte Wahrscheinlichkeit $w_j(i)$, wie behauptet.

Dieses Entscheidungsschema, angewendet auf Gruppenkodes, ordnet also jedem empfangenen Element von G_n das in der ersten Zeile der betreffenden Spalte der Standardanordnung befindliche Element als gesendetes Element zu. Da der

---

[1]) Ein auf maximaler bedingter Wahrscheinlichkeit $w_j(i)$ beruhendes Entscheidungsschema wird im Angelsächsischen als „maximum likelihood detector“ bezeichnet.

Zusammenhang zwischen den Elementen einer Spalte mit dem Element der ersten Zeile der Spalte über die Kofolgenerzeuger gegeben ist, erfolgt die Korrektur eines falsch empfangenen Elements durch Ermittlung des zugehörigen Kofolgenerzeugers, d.h. Ermittlung der Zeile des empfangenen Elements und Multiplikation mit dem zugehörigen Kofolgenerzeuger entsprechend

$$C_i\, B_{n_j} \cdot C_i = B_{n_j}\,. \tag{5.50}$$

Die Ermittlung des Kofolgenerzeugers erfolgt mit Hilfe der Kontrollgleichungen (5.41).

Hierzu wird eine Kontrollfolge mit k Stellen

$$K_1\, K_2 \ldots K_k = K\,(B_{n_{\text{Empf}}}) \tag{5.51}$$

gebildet, deren Stellen eine Null bzw. Eins aufweisen, je nachdem ob die nach Gl. (5.41) über die ersten m Stellen des empfangenen Blockes gebildeten Kontrollsummen, die vorher zur Festlegung der k Kontrollstellen der als Kode verwendeten Elemente von G_n dienten, mit den entsprechenden Kontrollstellen des empfangenen Blocks übereinstimmen oder nicht. Die Stellen der Kontrollfolge bestimmen sich damit nach Gl. (5.41) zu

$$K_{i-m} = S_i \oplus \sum_{j=1}^{m} \operatorname{mod} 2 \quad \alpha_{ij}\, S_j\,, \qquad i = m+1, \ldots, n \tag{5.52}$$

aus den Stellen des empfangenen Blockes. Für die Elemente der ersten Zeile der Standardanordnung lauten die Kontrollfolgen voraussetzungsgemäß 000, ..., 0.

Es gilt weiter mit Gl. (5.51) und (5.52)

$$K(B_{n_i}\, B_{n_j}) = K(B_{n_i}) \cdot K(B_{n_j})\,, \tag{5.53}$$

d.h., die Kontrollfolge des Produktes zweier Elemente von G_n ist gleich der stellenweisen modulo-2-Addition der Kontrollfolgen der einzelnen Elemente. Damit wird

$$K(C_i\, B_{n_j}) = K(C_i)\, K(B_{n_j}) = K(C_i)\,, \quad i = 1, \ldots, 2^k,\ j = 0, \ldots, 2^m - 1 \tag{5.54}$$

mit B_{n_j} als den Elementen der ersten Zeile der Standardanordnung; alle Elemente einer Zeile der Standardanordnung weisen somit die gleiche Kontrollfolge wie der Kofolgenerzeuger dieser Zeile auf und gestatten dadurch die Bestimmung des Kofolgenerzeugers. Da es 2^k der die Binärzahlen von 0 bis $2^n - 1$ darstellenden Elemente von G_n gibt, die in den ersten m Stellen Nullen aufweisen (die restlichen k Stellen stellen die Binärzahlen von 0 bis $2^k - 1$ dar), müssen 2^k Elemente existieren, deren k letzte Stellen entsprechend Gl. (5.52) identisch mit den Stellen der Kontrollfolgen sind und somit auf 2^k verschiedene, die Binärzahlen von 0 bis $2^k - 1$ darstellende Kontrollfolgen führen. Da andererseits mit Gl. (5.54) alle Elemente einer Kofolge die gleiche Kontrollfolge besitzen, müssen sich die 2^k Elemente mit Nullen in den ersten m Stellen gleichmäßig auf die 2^k Kofolgen einschließlich der ersten Zeile verteilen, und es ist möglich, die einzelnen Zeilen der Standardanordnung so umzuordnen, daß die Kontrollfolgen den Binärzahlendarstellungen der um Eins verminderten Ordnungszahlen der Zeilen entsprechen.

Nach Gl. (5.50) werden alle empfangenen Blöcke, die sich um einen Kofolgenerzeuger von den gesendeten Blöcken unterscheiden, richtig korrigiert. Besitzt ein Kofolgenerzeuger die Distanz s

$$D(C_i, I) = D(C_i\, B_{n_j}, B_{n_j}) = s \tag{5.55}$$

zum Einselement bzw. besitzt ein empfangener Kodeblock $C_i\, B_{n_j}$ die Distanz s zum gesendeten Block B_{n_j}, so ist ein s-facher Fehler aufgetreten, der durch die Korrekturvorschrift (5.50) richtig korrigiert wird. Die Wahrscheinlichkeit eines bestimmten s-fachen Fehlers im SBK war durch Gl. (5.3) gegeben. Ist β_s die Anzahl der verschiedenen Kofolgenerzeuger mit dem Abstand s zum Einselement bzw. die Zahl der Kofolgenerzeuger mit s Einsen, wobei

$$\beta_s \leqq \binom{n}{s} \tag{5.56}$$

und

$$\sum_{s=0}^{n} \beta_s = \nu = 2^k = 2^{n-m} \tag{5.57}$$

gilt, so beträgt die Wahrscheinlichkeit dafür, daß ein gesendeter Block eines (n, m)-Gruppenkodes nach erfolgter Korrektur entsprechend Gl. (5.50) fehlerfrei wiedergegeben wird, mit Gl. (5.3)

$$W = \sum_{s=0}^{n} \beta_s (1 - \varepsilon)^{n-s}\, \varepsilon^s > W_m(0) = (1 - \varepsilon)^m\,, \quad n > m;\ 0 < \varepsilon < 0{,}5\,. \tag{5.58}$$

Von den vielen möglichen, durch Gleichungen der Art (5.41) bzw. (5.52) bestimmten (n, m)-Kodes sollen nun diejenigen als die „besten" bezeichnet werden, für die W aus Gl. (5.58) den bei gegebenen n, m maximal möglichen Wert besitzt; die Wahrscheinlichkeit einer falschen Übertragung, $1 - W$, wird damit ein Minimum. Allgemeingültige Angaben über die Verteilung der β_s zum Erreichen der Maximalwerte von W bei gegebenen n, m sind noch nicht bekannt, aber es ist nach den Ausführungen in Abschnitt 4.3 anzunehmen, daß mit wachsendem n eine Verteilung der 2^k korrigierbaren Fehler um den Mittelwert der Binomialverteilung $\bar{s} = n\,\varepsilon$ zu einem Maximalwert von W führt. Bei kleinem n ergibt sich, daß die „besten" Kodes alle $1 \div s$-fachen und einen Teil der $s + 1$- oder auch noch $s + 2$-fachen Fehler, unabhängig vom Wert von ε, $0 < \varepsilon < 0{,}5$, korrigieren. In Tabelle 13 sind die Werte von β_s für „beste" (n, m)-Kodes für einige Wertepaare n, m nach SLEPIAN angegeben.

Die Kontrollgleichungen der Form (5.41) bzw. (5.52), die (neben anderen) auf Kodes mit den in Tabelle 13 angegebenen Werten führen, sind in Tabelle 14 wiedergegeben. Zur Vereinfachung der Schreibweise sind nur die Ordnungszahlen der zu kontrollierenden Stellen nach Gl. (5.52) angegeben, die in gleicher Weise zur Bestimmung der letzten k Stellen der Kodeblöcke aus den Binärzahlen von 0 bis $2^m - 1$ bei der Aufstellung der Kodes nach Gl. (5.41) Verwendung finden.

Für $m = 1$ erkennt man aus Tabelle 14, daß die besten Kodes eine n-fache Wiederholung der ersten Stelle darstellen und nach Tabelle 13 die erste Hälfte

Tabelle 13

Zahl der korrigierbaren s-fachen Fehler bei den besten (n, m)-Gruppenkodes nach SLEPIAN

n	s	$\binom{n}{s}$	$m = 1$ β_s	$m = 2$ β_s	$m = 3$ β_s	$m = 4$ β_s	$m = 5$ β_s	$m = 6$ β_s	$m = 7$ β_s	$m = 8$ β_s	$m = 9$ β_s	$m = 10$ β_s
2	0	1	1	1								
	1	2	1									
3	0	1	1	1	1							
	1	3	3	1								
4	0	1	1	1	1	1						
	1	4	4	3	1							
	2	6	3									
5	0	1	1	1	1	1	1					
	1	5	5	5	3	1						
	2	10	10	2								
6	0	1	1	1	1	1	1	1				
	1	6	6	6	6	3	1					
	2	15	15	9	1							
	3	20	10									
7	0	1	1	1	1	1	1	1	1			
	1	7	7	7	7	7	3	1				
	2	21	21	18	8							
	3	35	35	6								
8	0	1	1	1	1	1	1	1	1	1		
	1	8	8	8	8	8	7	3	1			
	2	28	28	28	20	7						
	3	56	56	27	3							
	4	70	35									
9	0	1	1	1	1	1	1	1	1	1	1	
	1	9	9	9	9	9	9	7	3	1		
	2	36	36	36	33	22	6					
	3	84	84	64	21							
	4	126	126	18								
10	0	1	1	1	1	1	1	1	1	1	1	1
	1	10	10	10	10	10	10	10	7	3	1	
	2	45	45	45	45	39	21	5				
	3	120	120	110	64	14						
	4	210	210	90	8							
	5	252	126									
11	0	1	1	1	1	1		1	1	1	1	1
	1	11	11	11	11	11		11	11	7	3	1
	2	55	55	55	55	55		20	4			
	3	165	165	165	126	61						
	4	330	330	226	63							
	5	462	462	54								
12	0	1	1	1	1				1	1	1	1
	1	12	12	12	12				12	12	7	3
	2	66	66	66	66				19	3		
	3	220	220	220	200							
	4	495	495	425	233							
	5	792	792	300								
	6	924	462									

Tabelle 14

Ordnungszahlen der zu kontrollierenden Stellen bzw. der Stellen zur Bestimmung der Kontrollstellen für die in Tabelle 13 angegebenen besten (n, m)-Gruppenkodes nach SLEPIAN

n \ m	1	2	3	4	5	6	7	8	9	10	11
2	21										
3	21 31	31									
4	21 31 41	32 412	41								
5	21 31 41 51	312 42 51	412 513	51							
6	21 31 41 51 61	32 412 51 61	412 513 623	5123 6124	61						
7	21 31 41 51 61 71	31 41 51 612 72	413 512 6123 7123	5134 6124 7123	61 71	71					
8	21 31 41 51 61 71 81	31 41 52 62 712 812	41 512 613 723 8123	5134 6124 7123 81234	6134 7124 8123	71 81	81				
9	21 31 41 51 61 71 81 91	31 41 51 62 72 812 912	41 52 612 713 823 9123	5134 6124 7123 8123 9123	61345 71245 81235 91234	7134 8124 9123	81 91	91			

Tabelle 14 (Fortsetzung)

n \ m	1	2	3	4	5	6	7	8	9	10	11
10	21 31 41 51 61 71 81 91 10 1	31 41 51 62 72 812 912 10 12	41 52 63 712 813 923 10 123	534 6123 7124 8134 9234 10 1234	61345 71245 81235 91234 1012345	71345 81245 912356 10 12346	8134 9124 10 123	91 10 1	10 1		
11	21 31 41 51 61 71 81 91 10 1 11 1	31 41 51 62 72 82 912 10 12 11 12	43 53 62 713 813 912 10 123 11 123	513 624 714 823 9134 10 234 11 1234		713456 812456 912356 10 12346 11 12345	81345 912457 10 12356 11 123467	9134 10 124 11 123	10 1 11 1	11 1	
12	21 31 41 51 61 71 81 91 10 1 11 1 12 1	31 41 51 61 72 82 92 10 2 11 12 12 12	41 52 63 712 812 913 10 23 11 123 12 123				8 13456 9 12456 10 123567 11 123467 12 123457	9 1235678 10 12346 11 12457 12 13458	10 123 11 124 12 134	11 1 12 1	12 1

aller 0 ÷ n-fachen möglichen Fehler zu korrigieren gestatten. Der in Abschnitt 5.1 als Beispiel behandelte (7,4)-Kode nach Hamming gestattet als Gruppenkode mit Gl. (5.28) äquivalenten Kontrollstellen nach Tabelle 14 ebenfalls nach Tabelle 13 alle 7 einfachen Fehler zu korrigieren. Ein auf einen (9,5)-Kode erweiterter (5,5)-Fernschreibkode gestattet aber, außer allen 9 einfachen Fehlern über den entsprechenden Hamming-Kode hinaus nach Tabelle 13 noch 6 der 36 möglichen doppelten Fehler zu korrigieren. Die als Beispiel zu Gl. (5.40) angegebenen 7 möglichen (3,2)-Kodes, von denen der 5. Kode in Tabelle 14 angezogen ist, erweisen sich, obwohl drei nichtäquivalente Kodes verbleiben, alle als gleichwertig hinsichtlich des Maximalwertes von W, indem sie alle einen der drei möglichen einfachen Fehler zu korrigieren gestatten; dabei besitzt nur der 7. Kode eine minimale Distanz $D_{min} = 2$, alle anderen besitzen einen Wert von $D_{min} = 1$.

Als Beispiel für die Aufstellung eines Gruppenkodes soll aus Platzgründen ein Kode niedriger Ordnung gewählt werden, der (4,2)-Kode. Aus Tabelle 14 entnimmt man die Ordnungszahlen der in den $k = 2$ Kontrollgleichungen zu kontrollierenden Stellen: 32, 412. Damit lassen sich die als Kode zu verwendenden Blöcke B_n der ersten Zeile der Standardanordnung mit den Binärzahlen 00, 01, 10, 11 als ersten beiden Ziffern und der Gl. (5.41) angeben zu

$$0000 \qquad 0111 \qquad 1001 \qquad 1110\,.$$

Als erster Kofolgenerzeuger kann nun irgendein in der ersten Zeile nicht verwendetes Element von G_n Verwendung finden, beispielsweise 1111; die erste Kofolge würde damit lauten

$$1111 \qquad 1000 \qquad 0110 \qquad 0001\,.$$

Da der Kofolgenerzeuger nach Gl. (5.44) das Element der Kofolge mit der kleinsten Distanz zum Einheitselement, d.h. mit der kleinsten Anzahl von Einsen sein soll, wird als neuer Kofolgenerzeuger 1000 gewählt. Es ergibt sich die neue Kofolge

$$1000 \qquad 1111 \qquad 0001 \qquad 0110\,.$$

Wie man sieht, enthält sie die gleichen Elemente wie die alte Kofolge. Da aus Tabelle 13 zu entnehmen ist, daß der (4,2)-Kode drei der vier möglichen einfachen Fehler zu korrigieren gestattet und die Kofolgenerzeuger gleichbedeutend mit den korrigierbaren Störblöcken sind, kann man gleich von vornherein als Kofolgenerzeuger drei der vier möglichen Blöcke mit einer Eins auswählen, wobei allerdings zwei Blöcke die gleiche Kontrollfolge liefern und somit nur einer dieser beiden als Kofolgenerzeuger verwendet werden kann; es sind dies die beiden Blöcke 1000 und 0001.

Die gesamte Standardanordnung mit den Kofolgenerzeugern 1000, 0100 und 0010 lautet damit entsprechend Gl. (5.42) durch stellenweise modulo-2-Addition der Kofolgenerzeuger zu den als Kodeblöcken verwendeten Elementen der ersten Zeile:

K_1	K_2		G_4		
0	0	0000	0111	1001	1110
0	1	1000	1111	0001	0110
1	1	0100	0011	1101	1010
1	0	0010	0101	1011	1100.

Mit den zu kontrollierenden Stellen 32, 412 lassen sich für jede Zeile die Kontrollfolgen $K_1 K_2$ beispielsweise aus den Kofolgenerzeugern nach Gl. (5.52) bestimmen. Liegt bereits die gesamte Standardanordnung vor, so kann man auch aus jeder Zeile das eine Element mit Nullen in den ersten $m = 2$ Stellen aufsuchen, dessen letzte k Stellen identisch mit den Stellen der Kontrollfolgen sind. Wird nun irgendein Block B_4, beispielsweise 1111, empfangen, so ergibt sich hierfür als Kontrollfolge $K_1 = S_3 \oplus S_2 = 0$, $K_2 = S_4 \oplus S_1 \oplus S_2 = 1$ mit dem zugehörigen Kofolgenerzeuger $C_2 = 1000$. Nach Gl. (5.50) wird $C_2 B_4 = 0111$ gebildet und als gesendeter Kodeblock ausgegeben. Tatsächlich könnte im vorliegenden Falle auch der Block 1110 mit einem Fehler in der letzten Stelle gesendet worden sein, der dann falsch korrigiert worden wäre, da dies der vierte, nicht korrigierbare einfache Fehler ist, wie man aus dem Fehlen eines Kofolgenerzeugers mit einer Eins in der letzten Stelle ersehen kann. Darüber hinaus könnte der empfangene Block natürlich noch aus den beiden anderen Kodeblöcken 0000 oder 1001 durch einen vierfachen bzw. zweifachen Fehler in den mittleren Stellen entstanden sein und damit ebenfalls falsch korrigiert werden.

Mit der Koderedundanz $r_c = 200\%$ nach Gl. (5.2) wird eine Erhöhung der Wahrscheinlichkeit für richtige Wiedergabe eines Kodeblockes nach Gl. (5.58) von

$$W = (1 - \varepsilon)^4 + 3\,(1 - \varepsilon)^3 > (1 - \varepsilon)^2$$

gegenüber der entsprechenden Wahrscheinlichkeit bei redundanzfreier Übertragung erzielt. Für $\varepsilon = 0{,}1$ entsprechend 10% fehlerhaft übertragener Binärsymbole ergibt sich

$$W = 0{,}8748 > 0{,}8100\;; \quad 1 - W = 0{,}1252 < 0{,}1900\,,$$

und für $\varepsilon = 0{,}01$ folgt

$$W = 0{,}9897 > 0{,}9801\;; \quad 1 - W = 0{,}0103 < 0{,}0199\,.$$

Die Wahrscheinlichkeit W für die richtige Wiedergabe eines Kodeblocks nach Gl. (5.58) stellt gegenüber der Angabe der minimalen Kodeblockdistanz oder der Zahl der korrigierbaren Fehler bereits ein statistisches Kriterium für die Güte eines Kodes dar; ein spezifisch informationstheoretisches Kriterium ist aber erst die bei einem Kode verbleibende Restunsicherheit $H_J(I)$, bezogen auf einen Kodeblock oder auf ein Kanalsymbol. Eine Abschätzung der verbleibenden Restunsicherheit bei einem Entscheidungsschema mit der Fehlerwahrscheinlichkeit δ (hier $1 - W$) war bereits in Abschnitt 4.3 durch Gl. (4.87) gegeben worden. Für einen (n, m)-Gruppenkode ergibt sich als verbleibende Restunsicherheit (Äquivokation) je Kodeblock mit Gl. (4.87) und Gl. (5.58)

$$\begin{aligned} H_J(I) &\leqq - W\,{}_a\!\log W - (1 - W)\,{}_a\!\log (1 - W) + (1 - W)\,{}_a\!\log (2^m - 1) \\ &< - W\,{}_a\!\log W - (1 - W)\,{}_a\!\log (1 - W) + (1 - W)\,{}_a\!\log 2^m\,, \end{aligned} \tag{5.59}$$

und bezogen auf ein Kanalsymbol erhält man

$$H_J(I) < -\frac{W}{n}\,\mathrm{ld}\,W - \frac{1 - W}{n}\,\mathrm{ld}\,(1 - W) + (1 - W)\,\frac{m}{n}\ \text{bit/Symbol} \tag{5.60}$$

als leicht auswertbare Abschätzung für die Restunsicherheit.

Exakt ergibt sich die verbleibende Restunsicherheit bei einem (n, m)-Gruppenkode aus

$$H_J(I) = H(I) + H_I(J) - H(J)$$

mit

$$H(I) = \frac{m}{n}\ \text{bit/Symbol} \tag{5.61}$$

als der Entropie der den Kanal speisenden Quelle.

Zur Berechnung von $H(J)$ wird $w(j)$ über $\sum_i w(i)\, w_i(j)$ berechnet. Ein gesendeter Block B_{n_i} liefert den Empfangsblock B_{n_j}, wenn mit Gl. (5.50) der Störblock die Form $B_{n_i} B_{n_j} C_l$ besitzt, also alle Störblöcke $B_{n_i} B_{n_j} I$, $B_{n_i} B_{n_j} C_2, \ldots, B_{n_i} B_{n_j} C_\nu$. Die bedingte Wahrscheinlichkeit $w_{B_{n_i}}(B_{n_j})$ ergibt sich demnach aus der Summe der Wahrscheinlichkeiten dieser bestimmten Störblockformen. Da $B_{n_i} B_{n_j} = B_{n_k}$ auf Grund der Gruppeneigenschaften des Kodes wieder einen Kodeblock darstellt, ist die Störblockfolge, die von B_{n_i} auf B_{n_j} führt, identisch mit den in der Spalte der Standardanordnung befindlichen Elementen mit B_{n_k} in der ersten Zeile.

Die Wahrscheinlichkeit eines Störblocks mit einer Fehlerzahl s (Zahl der Einsen) in einer bestimmten Anordnung war durch Gl. (5.3) gegeben. Die Fehlerzahl s bzw. die Zahl der Einsen ist identisch mit der Distanz $D(B_{n_i} B_{n_j} C_l, I) = D(B_{n_k} C_l)$ zum Einselement.

Bezeichnet man mit

$$w(B_{n_k}) = (1 - \varepsilon)^{n - D(B_{n_k})}\, \varepsilon^{D(B_{n_k})} \tag{5.62}$$

die Wahrscheinlichkeit eines Störblocks der Form B_{n_k} und mit

$$W(B_{n_k}) = \sum_{l=1}^{\nu} w(B_{n_k} C_l) \tag{5.63}$$

die Summe der entsprechenden Wahrscheinlichkeiten der Spalte der Standardanordnung mit B_{n_k} in der ersten Zeile, so gilt zunächst mit Gl. (5.58) und (5.63)

$$W(I) = W \tag{5.64}$$

als Wahrscheinlichkeit dafür, daß der Empfangsblock mit dem Sendeblock identisch ist. Es ist dies die Summe der Wahrscheinlichkeiten der Störblöcke, die die Form der Elemente der ersten Spalte der Standardanordnung aufweisen; es waren dies die Kofolgenerzeuger.

Allgemein gilt mit Gl. (5.63)

$$w_i(j) = w_{B_{n_i}}(B_{n_j}) = W(B_{n_i} B_{n_j}) = W(B_{n_k}) = \sum_{l=1}^{\nu} w(B_{n_k} C_l)\,. \tag{5.65}$$

Daraus folgt für $w(j)$

$$w(B_{n_j}) = \sum_i w(B_{n_i})\, w_{B_{n_i}}(B_{n_j}) = \frac{1}{2^m} \sum_i W(B_{n_i} B_{n_j})\,; \tag{5.66}$$

da sich die Summierung über alle 2^m Spalten erstreckt und die Summe der Wahrscheinlichkeiten aller Elemente der Standardanordnung bezüglich ihres Auftretens als Störblock identisch mit der Summe der Binomialverteilung gleich Eins ist, gilt

$$\sum_{i=1}^{2^m} W(B_{n_i} B_{n_j}) = \sum_{k=1}^{2^m} W(B_{n_k}) = 1\,. \tag{5.67}$$

Damit wird aus Gl. (5.66)

$$w(j) = w(B_{n_j}) = \frac{1}{2^m}\,, \tag{5.68}$$

also auch die Ausgangskodeblöcke eines Gruppenkodes sind bei gleichwahrscheinlichen Eingangsblöcken gleichwahrscheinlich. Daraus folgt

$$H(I) = H(J) = \frac{m}{n} \text{ bit/Symbol} \tag{5.69}$$

und schließlich

$$H_J(I) = H_I(J) = -\sum_{k=1}^{2^m} W(B_{n_k})\,{}_a\!\log W(B_{n_k}) \tag{5.70}$$

als Äquivokation je Kodeblock bzw.

$$H_J(I) = -\frac{1}{n}\sum_{k=1}^{2^m} W(B_{n_k}) \operatorname{ld} W(B_{n_k}) \text{ bit/Symbol} \tag{5.71}$$

als Äquivokation je Symbol eines (n, m)-Gruppenkodes.

Bei dem als Beispiel gewählten (4,2)-Gruppenkode ergibt sich für eine Fehlerwahrscheinlichkeit $\varepsilon = 0{,}1$ des SBK mit $W \approx 0{,}875$, $1 - W \approx 0{,}125$ nach Gl. (5.60) unter Zuhilfenahme der Tabelle **16** für $-x \operatorname{ld} x$ im Anhang als Abschätzung für die verbleibende Restunsicherheit je Kanalsymbol

$$H_J(I) < \frac{0{,}170}{4} + \frac{0{,}375}{4} + 0{,}125 \cdot \frac{2}{4} = 0{,}199 \text{ bit/Symbol}$$

gegenüber der Restunsicherheit des einfachen Binärkanals nach Gl. (4.75) für $\varepsilon = 0{,}1$ mit Tabelle 3 von

$$H_J(I) = 0{,}469 \text{ bit/Symbol}\,.$$

5.3 Technische Realisierung der Kodierung und Dekodierung

Außer den bereits in Abschnitt 3.4 behandelten logischen Operationen „Oder“ (Abb. 32), „Und“ (Abb. 33) und „Negation“ (Abb. 34) ist für die technische Realisierung der Kodier- und Dekodierschaltungen fehlerfeststellender und fehlerkorrigierender Kodierungen besonders die logische Operation „Antivalenz“ (Abb. 79) von Bedeutung. In Ergänzung zu Abb. 79 ist in Abb. 82 der Aufbau aus den logischen Grundschaltungen, die direkte Realisierung mit Relais und die mehrfache modulo-2-Addition dargestellt.

An je einem Beispiel für einen fehlerfeststellenden bzw. fehlerkorrigierenden Kode werden nachfolgend die typischen schaltungstechnischen Realisierungen erläutert. Sie basieren auf den in den vorausgegangenen beiden Abschnitten angegebenen Konstruktionsvorschriften und Wirkungsweisen, wobei in einigen Einzelheiten durchaus auch andere als die angegebenen Lösungswege denkbar sind, die prinzipiellen Stufen, wie Synthese bzw. Analyse der Kodeblöcke an Hand der Kontrollgleichungen, Auswertung der Ergebnisse der Kontrollen und Durchführung der Korrektur (nur bei fehlerkorrigierenden Kodes) aber allgemeingültig sind.

Als Beispiel für die Realisierung eines fehlerfeststellenden (n, m)-Kodes soll der auf einen (7,5)-Kode erweiterte (5,5)-Fernschreibkode betrachtet werden. Allgemein gilt für fehlerfeststellende (n, m)-Kodes, da 2^m Kodeblöcke existieren, die die

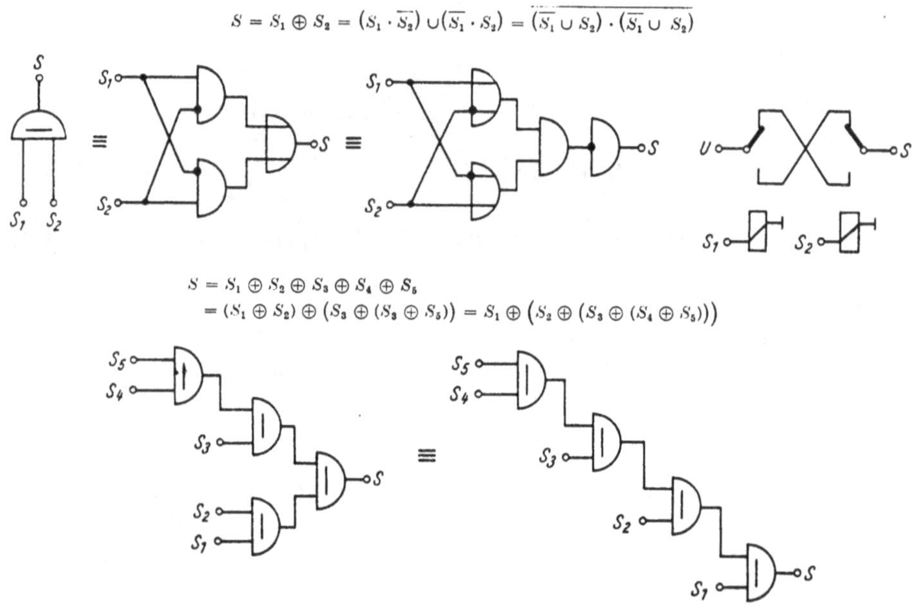

Abb. 82. Logische Operation „Antivalenz" (logischer Plan siehe Abb. 79) mit Äquivalenzen und Realisierung durch Relais

Kontrollgleichungen erfüllen, daß es $2^m - 1$ nicht feststellbare Störblöcke (ausschließlich des Blockes 000 . . .0) gibt und somit insgesamt

$$\sum_{s=0}^{n} \beta_{sf} = 2^n - 2^m + 1 \tag{5.72}$$

Fehler einschließlich der Fehlerfreiheit feststellbar sind. Von Interesse ist nun die Feststellbarkeit insbesondere der hochwahrscheinlichen Fehler, und man kann die Güte eines fehlerfeststellenden Kodes in gleicher Weise wie die eines fehlerkorrigierenden Gruppenkodes nach Gl. (5.58) mit β_{sf} an Stelle β_s als der Zahl der *feststellbaren* s-fachen Fehler beurteilen.

Aus Gl. (5.72) folgt für das Verhältnis der Zahl der feststellbaren Fehler zur Zahl 2^n der möglichen Fehler (einschließlich der Fehlerfreiheit) mit der Redundanz

$$r = \frac{n - m}{n},$$

$$\lim_{n \to \infty} \frac{\sum_{s=0}^{n} \beta_{sf}}{2^n} = \lim_{n \to \infty} 1 - 2^{-rn} + \frac{1}{2^n} = 1\,, \qquad r > 0\,, \tag{5.73}$$

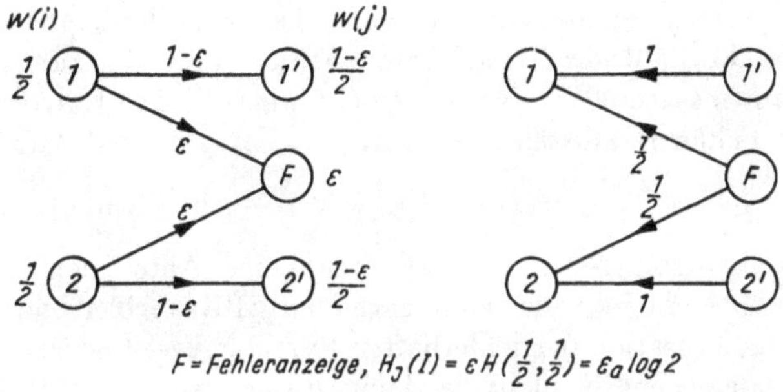

Abb. 83. Symmetrisch gestörter, alle Fehler feststellender Binärkanal

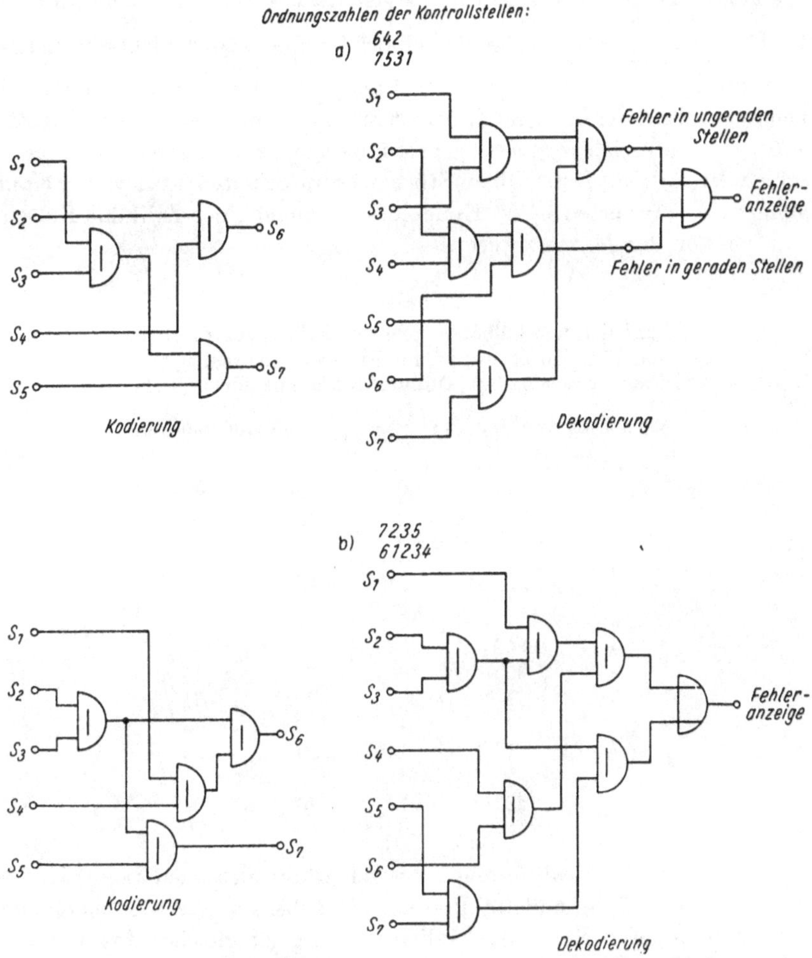

Abb. 84. Kodier- und Dekodierschaltungen für zwei verschiedene fehlerfeststellende (7,5)-Kodes

d.h., für eine beliebige kleine, von Null verschiedene Redundanz konvergiert mit wachsendem n die Zahl der feststellbaren Fehler gegen die Zahl der möglichen Fehler; es können fast alle Fehler festgestellt werden. Die Kanalkapazität eines SBK, der alle Fehler festzustellen gestattet, ist entsprechend Abb. 83

$$C = \operatorname{Max}\{H(I) - H_J(I)\} = 1 - \varepsilon \text{ bit/Symbol}, \tag{5.74}$$

einfach die Eingangsentropie, vermindert um den Anteil der fehlerhaft übertragenen Symbole, da hier die beim normalen SBK verbleibende Unsicherheit bezüglich der Lokalisation der fehlerhaften Symbole beseitigt ist.

Für zwei verschiedene Kontrollgleichungssysteme sind in Abb. 84 die Kodier- und Dekodierschaltungen und in Tabelle 15 die Zahl der verschiedenen feststellbaren s-fachen Fehler β_{sf} angegeben; vergleichsweise sind in Tabelle 15 noch die Werte für den $\binom{7}{3} = \binom{7}{4} = 35$ Kodeblöcke umfassenden nichtsystematischen VAN DUUREN-Kode mit drei bzw. vier Einsen in jedem Kodeblock von sieben Zeichen angegeben, der in dieser Hinsicht recht ungünstig erscheint. Die Zahlenwerte für β_{sf} lassen sich rechnerisch bestimmen; einfacher erhält man sie durch Auszählen der als nicht feststellbare Störblöcke aufgefaßten — nach den Kontrollgleichungen konstruierten — 2^m Kodeblöcke bezüglich der Zahl der Einsen und Subtraktion von den Maximalwerten.

Tabelle 15

Zahl der feststellbaren s-fachen Fehler für die beiden (7,5)-Kodes nach Abb. 84 sowie für den nichtsystematischen VAN DUUREN-Kode mit einem 0:1-Verhältnis von 3:4 und $\binom{7}{3} = \binom{7}{4} = 35$ Kodeblöcken

s	$\binom{7}{s}$	a) β_{sf}	b) β_{sf}	3:4 β_{sf}
0	1	1	1	1
1	7	7	7	7
2	21	12	16	9
3	35	35	23	35
4	35	16	28	17
5	21	21	17	21
6	7	4	4	3
7	1	1	1	1
Σ	128	97	97	94

Als Beispiel für die Realisierung eines fehlerkorrigierenden (n, m)-Kodes soll das in Abschnitt 5.2 behandelte Beispiel eines besten (4,2)-Gruppenkodes betrachtet werden (Abb. 85). Die Kodierschaltung ist gleicher Art wie bei den fehlerfeststellenden Kodierungen, im vorliegenden speziellen Falle allerdings besonders einfach. Die Dekodierschaltung bildet zunächst die Stellen $K_1 K_2$ der

Kontrollfolge und bestimmt daraus über „Und"-Schaltungen die Zeile bzw. den jeweiligen Kofolgenerzeuger der Standardanordnung. Über Antivalenzen wird nun entsprechend Gl. (5.50) der jeweilige Kofolgenerzeuger stellenweise zu den Stellen des Eingangsblockes addiert und damit die Korrektur durchgeführt; da nur die ersten m Stellen informationstragend sind, kann sich die Korrektur (und im Beispiel auch die Bestimmung des Kofolgenerzeugers mit einer Eins in der dritten Stelle) auf die ersten m Stellen beschränken.

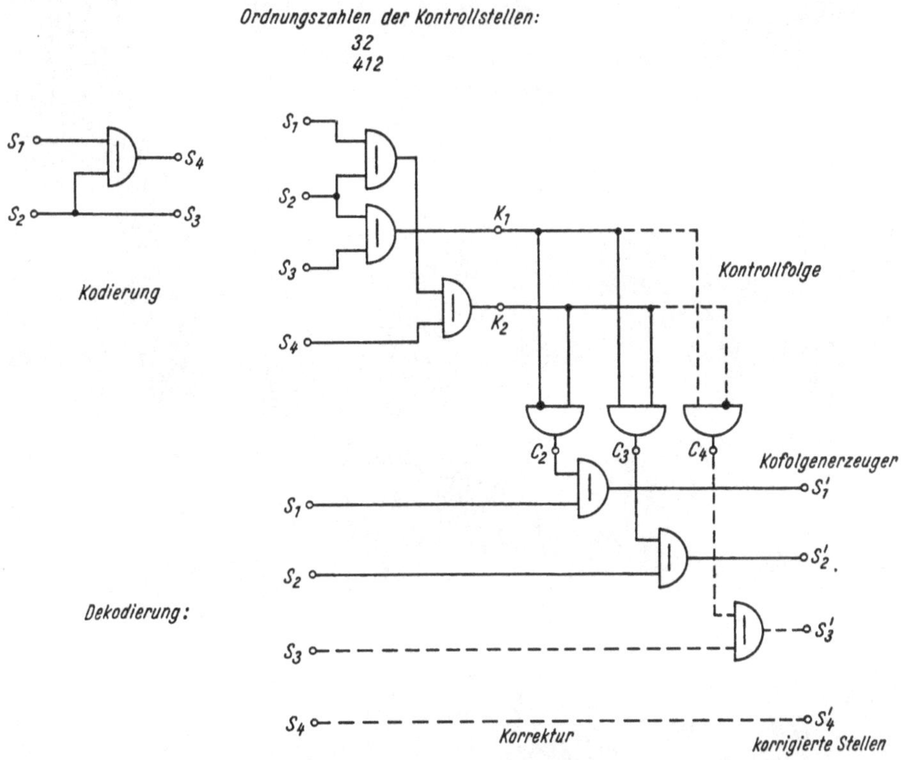

Abb. 85. Kodier- und Dekodierschaltung für einen (4,2)-Gruppenkode

Bei den beschriebenen Kodes und zugehörigen Schaltungen müssen die Kodeblöcke in Paralleldarstellung vorliegen; dies läßt sich durch entsprechende Serien-Parallel-Wandler immer erreichen. Mit zunehmender Kodeblocklänge kann jedoch die erforderliche Speicherzeit bis zum Eintreffen der letzten Stelle des Blockes und damit die Laufzeit zwischen Sender und Empfänger beträchtliche Werte annehmen, so daß damit unter Umständen ein Gegenverkehr unmöglich wird.

Obwohl die in den Kapiteln 1 bis 5 behandelten Probleme der diskreten Information einen gewissen Abschluß erfahren und teilweise schon Eingang in die Praxis gefunden haben, ergeben sich rückwirkend aus der Praxis eine Reihe neuer

Probleme, die sich laufend, durch die Weiterentwicklung der Gerätetechnik bedingt, wandeln und somit in ständiger Wechselwirkung zwischen Theorie und Praxis die Entwicklung der Theorie und Technik der Nachrichtenübertragung befruchten. Die in den folgenden Kapiteln zu behandelnden Probleme der kontinuierlichen Information weisen im Vergleich zur diskreten Information noch keinen solchen Entwicklungsstand auf, obwohl sie teilweise das kontinuierliche Analogon darstellen. Die Behandlung muß sich deshalb auf grundsätzliche Fragen sowohl umfangs- als auch inhaltsmäßig beschränken.

II. KONTINUIERLICHE INFORMATION

6. Eigenschaften kontinuierlicher Quellen

Kontinuierliche Nachrichtenquellen sind dadurch gekennzeichnet, daß sie zeitabhängige Funktionen, Signale, mit einem kontinuierlichen Wertebereich der Amplitude liefern. Die Amplitude ist aus energetischen Gründen bei physikalisch realen Quellen beschränkt; damit ist auch die Leistung beschränkt und ebenso die auf die Frequenzeinheit bezogene Leistung, das Leistungsspektrum, frequenzbeschränkt. Diese Frequenzbeschränkung gestattet, zeitlich kontinuierliche Vorgänge mit, von der Art der Frequenzbeschränkung abhängiger, beliebiger Genauigkeit durch zeitlich diskrete Wertefolgen zu approximieren. Auf diese zeitliche Quantisierung kontinuierlicher Vorgänge wird in Kapitel 7 noch näher eingegangen werden.

Damit ein Signal Träger von Information sein kann, darf im kontinuierlichen Falle genau wie im diskreten Falle das Signal nicht vollständig vorhersagbar sein, d.h., die vielfach in der Nachrichtentechnik als Prüfsignale verwendeten vollständig determinierten Zeitfunktionen wie Sinusfunktion oder andere periodische Funktionen sind nicht informationstragend. Als Träger von Information können nur nicht vollständig determinierte Zeitfunktionen, Zufallsfunktionen, zur Unterscheidung von den determinierten Zeitfunktionen im folgenden zufällige Prozesse genannt, dienen. Die Beschreibung der kontinuierlichen zufälligen Prozesse erfolgt genau wie im diskreten Fall durch Wahrscheinlichkeitsverteilungsfunktionen, wobei im kontinuierlichen Falle an Stelle der Wahrscheinlichkeiten Wahrscheinlichkeitsdichten als differentielle Verteilungsfunktionen treten.

Ein Beispiel für eine Quelle, die einen kontinuierlichen zufälligen Prozeß liefert, stellt ein elektrischer Widerstand mit seiner durch thermische Elektronenbewegung an seinen Klemmen anfallenden „Rauschspannung“ dar.

Auf Grund des Kontinuums der möglichen Amplitudenwerte können kontinuierliche Quellen theoretisch unendliche Information liefern; die im diskreten Fall definierte Entropie H [Gl. (2.3)] als Maß für die von einer Quelle gelieferte Information verliert damit ihren Sinn. Praktisch sind die von einer kontinuierlichen Quelle gelieferten Werte nur mit endlicher Genauigkeit bestimmbar, gewissermaßen schon durch einen gestörten Kanal übertragen, so daß als sinnvolles Maß für die Information nur die übertragene Information $\mathfrak{J}$ [Gl. (2.20) bzw. (4.17)] in ihrem kontinuierlichen Analogon (Kapitel 8) Anwendung finden kann.

6.1 Beschreibung zufälliger Prozesse

Ein eindimensionaler kontinuierlicher zufälliger Prozeß $x(t)$ wird durch nachstehende Folge von Verteilungsfunktionen immer detaillierter beschrieben [18], [24], [43], [59], [62]:

$$F(x, t) = W\big(x(t) \leqq x\big) = \int_{-\infty}^{x} w_1(x, t)\, dx\,, \tag{6.1}$$

wobei

$$\frac{\partial F}{\partial x} = w_1(x, t) \tag{6.2}$$

die Wahrscheinlichkeitsdichte erster Ordnung des Prozesses (wenn sie existiert) ist; $w_1(x, t)\, dx$ gibt die Wahrscheinlichkeit des Vorkommens der zufälligen Variablen x im Intervall $(x, x + dx)$ zur Zeit t bei einem Ensemble von Realisierungen des gleichen Prozesses an (Abb. 86).

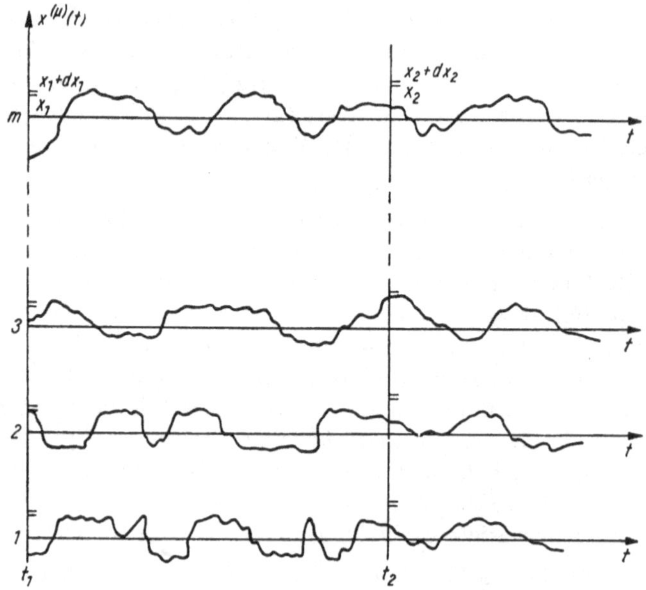

Abb. 86. Ensemble von Realisierungen eines kontinuierlichen zufälligen Prozesses

$$F(x_1, t_1; x_2, t_2) = W\big(x(t_1) \leqq x_1;\ x(t_2) \leqq x_2\big) = \int_{-\infty}^{x_1} \int_{-\infty}^{x_2} w_2(x_1, t_1; x_2, t_2)\, dx_1\, dx_2\,, \tag{6.3}$$

wobei

$$\frac{\partial^2 F}{\partial x_1\, \partial x_2} = w_2(x_1, t_1; x_2, t_2) \tag{6.4}$$

die Wahrscheinlichkeitsdichte zweiter Ordnung des Prozesses ist; $w_2(x_1, t_1; x_2, t_2)\, dx_1\, dx_2$ gibt die Wahrscheinlichkeit des Vorkommens der zufälligen Variablen x in $(x_1, x_1 + dx_1)$ zur Zeit t_1 und in $(x_2, x_2 + dx_2)$ zur Zeit t_2 an (Abb. 86).

Diese Folge von Verteilungsfunktionen und zugehörigen Wahrscheinlichkeitsdichten läßt sich beliebig fortsetzen.

Die Verteilungsfunktionen sind monoton steigende Funktionen ihrer Variablen x_n; daraus folgt

$$w_n(x_1, t_1;\ x_2, t_2, \ldots, x_n, t_n) \geqq 0 \quad \text{(Positivität)}. \tag{6.5}$$

Ferner gilt, daß die Verteilungsfunktion invariant gegen eine Permutation der Variablen ist; speziell für $n = 2$ gilt also

$$\left.\begin{aligned} &F(x_1, t_1;\ x_2, t_2) = F(x_2, t_2;\ x_1, t_1) \\ \text{bzw.}\quad & \\ &w_2(x_1, t_1;\ x_2, t_2) = w_2(x_2, t_2;\ x_1, t_1) \end{aligned}\right\} \text{(Symmetric)}. \tag{6.6}$$

Außerdem läßt sich jede Verteilungsfunktion niederer Ordnung aus der höheren herleiten; also beispielsweise

$$\left.\begin{aligned} &F(x_1;\ x_2;\ \ldots;\ x_n;\ \infty) = F(x_1;\ x_2;\ \ldots;\ x_n) \\ \text{bzw.}\quad & \\ &\int_{-\infty}^{+\infty} w_{n+1}\, dx_{n+1} = w_n \end{aligned}\right\} \text{(Verträglichkeit)}. \tag{6.7}$$

Insbesondere gilt

$$\left.\begin{aligned} &F(\infty) = 1 \\ \text{bzw.}\quad & \\ &\int_{-\infty}^{+\infty} w_1(x)\, dx = 1 \end{aligned}\right\} \text{(Normierung)}. \tag{6.8}$$

Einen wichtigen Spezialfall zufälliger Prozesse stellen die stationären Prozesse dar; bei ihnen ist die Verteilungsfunktion und Wahrscheinlichkeitsdichte erster Ordnung zeitunabhängig, diejenige zweiter Ordnung nur von der Zeitdifferenz $|t_2 - t_1| = \tau$ abhängig usw.; allgemein gilt für einen stationären Prozeß

$$\left.\begin{aligned} &F(x_1, t_1 + \tau;\ x_2, t_2 + \tau;\ \ldots;\ x_n, t_n + \tau) \\ &\qquad = F(x_1, t_1;\ x_2, t_2;\ \ldots;\ x_n, t_n) \\ \text{bzw.}\quad & \\ &w_1(x_1, t_1 + \tau;\ x_2, t_2 + \tau;\ \ldots;\ x_n, t_n + \tau) \\ &\qquad = w_n(x_1, t_1;\ x_2, t_2;\ \ldots;\ x_n, t_n) \end{aligned}\right\} \text{(Stationarität)}. \tag{6.9}$$

6.2 Klassifizierung stationärer zufälliger Prozesse

Für die im weiteren wichtigen stationären zufälligen Prozesse ergibt sich aus der zu ihrer vollständigen Beschreibung erforderlichen Ordnung der Verteilungsfunktion bzw. Wahrscheinlichkeitsdichte eine Möglichkeit ihrer Klassifizierung. Es ist dann möglich, die Funktionen höherer Ordnung aus den niederen zu bestimmen.

Der einfachste eindimensionale zufällige stationäre Prozeß wird durch die Wahrscheinlichkeitsdichte erster Ordnung $w_1(x)$ vollständig beschrieben; bei diesem Prozeß sind zeitlich aufeinanderfolgende Werte völlig unabhängig (damit auch unkorreliert, s. u.), und es gilt das Produktgesetz

$$w_2(x_1; x_2) = w_1(x_1)\, w_1(x_2)\,, \tag{6.10}$$

d. h., w_2 ist auch unabhängig von der Zeitdifferenz τ. Dieser Prozeß wird auch „rein zufälliger Prozeß“ genannt.

Daß ein solcher Prozeß physikalisch nicht realisierbar ist, hindert nicht daran, Prozesse höherer Ordnung in erster Näherung nur durch $w_1(x)$ zu beschreiben.

Der nächsthöhere Prozeß ist der sogenannte MARKOFF-Prozeß (in Analogie zum diskreten Fall in Abschnitt 1.2); er wird durch $w_2(x_1; x_2, \tau)$ vollständig beschrieben. Hier besteht eine Abhängigkeit aufeinanderfolgender Werte, beschrieben durch die bedingte Wahrscheinlichkeitsdichte $w(x_1|x_2, \tau)$, wobei $w(x_1|x_2, \tau)\, dx_2$ die Wahrscheinlichkeit für das Vorkommen der zufälligen Variablen x im Intervall $(x_2, x_2 + dx_2)$ bei Realisierung des Wertes x_1 um die Zeit τ vorher (oder nachher) ist. Es gilt

$$w_2(x_1; x_2, \tau) = w_1(x_1)\, w(x_1|x_2, \tau)\,. \tag{6.11}$$

Für die bedingten Wahrscheinlichkeitsdichten gelten die gleichen Bedingungen wie für die Dichten nach Abschnitt 6.1.

Insbesondere gilt für Prozesse ohne periodischen Anteil (z. B. Rauschen)

$$\lim_{\tau \to \infty} w(x_1|x_2, \tau) = w_1(x_2)\,, \tag{6.12}$$

d. h., für gegen Unendlich gehendes τ stirbt die Abhängigkeit aufeinanderfolgender Werte aus (Ergodizität).

Für den MARKOFF-Prozeß ist charakteristisch, daß

$$w(x_1; x_2, \tau_1|x_3, \tau_2) = w(x_2|x_3, \tau_2) \tag{6.13}$$

gilt, d. h., die bedingte Wahrscheinlichkeitsdichte (W. D.) ist unabhängig von den vor x_2 eingetretenen Werten. Die nächsthöhere W. D. läßt sich damit angeben zu

$$w_3(x_1; x_2, \tau_1; x_3, \tau_2) = w_2(x_1; x_2, \tau_1)\, w(x_2|x_3, \tau_2) = \frac{w_2(x_1; x_2, \tau_1)\, w_2(x_2; x_3, \tau_2)}{w_1(x_2)}\,. \tag{6.14}$$

Die Beschreibung zufälliger Prozesse durch die W. D. zweiter Ordnung stellt bereits eine für viele Fälle ausreichende Annäherung dar; im Falle eines Prozesses mit GAUSSscher Wahrscheinlichkeitsdichte (s. u.) liefert w_2 auch beim nicht MARKOFFschen Prozeß eine vollständige Beschreibung.

6.3 Mittelwerte, Korrelationsfunktion

Aus den Wahrscheinlichkeitsdichten läßt sich durch Mittelwertbildung wie im diskreten Fall eine Reihe charakteristischer Größen ableiten, deren einfachste der lineare Mittelwert (Moment erster Ordnung)

$$\bar{x}(t) = \int x\, w_1(x, t)\, dx \tag{6.15}$$

ist; für stationäre Prozesse ist der lineare Mittelwert zeitunabhängig.

Der quadratische Mittelwert (Moment zweiter Ordnung), der sich ebenfalls noch aus der Wahrscheinlichkeitsdichte erster Ordnung herleiten läßt,

$$\overline{x^2}(t) = \int x^2\, w_1(x, t)\, dx = \int\int x_1^2\, w_2(x_1, t_1; x_2, t_2)\, dx_1\, dx_2 = \int\int x_2^2\, w_2\, dx_1\, dx_2 \tag{6.16}$$

ist ebenfalls für stationäre Prozesse zeitunabhängig. Das zentrale Moment 2. Ordnung (Dispersion, Varianz)

$$\sigma^2 = \overline{(x - \bar{x})^2} = \int (x - \bar{x})^2\, w_1(x)\, dx = \overline{x^2} - 2\,\bar{x}\,\bar{x} + \bar{x}^2 = \overline{x^2} - \bar{x}^2 \tag{6.17}$$

ist ein charakteristisches Maß für die Streubreite der W. D. um ihren Mittelwert.

Die obigen Momente erster und zweiter Ordnung sind Sonderfälle des gemischten Moments 2. Ordnung, welches sich aus der W. D. 2. Ordnung herleitet,

$$\overline{x(t_1)\, x(t_2)} = \int\int x_1\, x_2\, w_2(x_1, t_1; x_2, t_2)\, dx_1\, dx_2 \tag{6.18}$$

der Kovarianz, die im Falle stationärer Prozesse

$$R(\tau) = \overline{x(t)\, x(t \pm \tau)} = \int\int x_1\, x_2\, w_2(x_1; x_2, \tau)\, dx_1\, dx_2 = R(-\tau) \tag{6.19}$$

nur von der Zeitdifferenz τ abhängig ist.

Aus

$$\overline{(x(t) \pm x(t + \tau))^2} = \overline{(x^2(t) \pm 2\, x(t)\, x\,(t + \tau) + x^2(t + \tau))} \geqq 0$$

folgt mit $\overline{x^2(t)} = \overline{x^2(t + \tau)}$

$$\left.\begin{aligned} \overline{x^2(t)} &\geqq |\overline{x(t)\, x\,(t + \tau)}| \\ \text{bzw.} \qquad R(0) &\geqq |R(\tau)|\,. \end{aligned}\right\} \tag{6.20}$$

Mit Gl. (6.12) gilt für Prozesse ohne periodischen Anteil

$$\lim_{\tau \to \infty} R(\tau) = \int\int x_1\, x_2\, w_1(x_1)\, w_1(x_2)\, dx_1\, dx_2 = \bar{x}^2\,, \tag{6.21}$$

d. h., die Kovarianz von stationären Prozessen ohne periodischen und Gleichanteil konvergiert für $\tau \to \infty$ gegen Null.

Außer den über das Ensemble mit den Wahrscheinlichkeitsdichten gebildeten Mittelwerten sind die entsprechenden zeitlichen Mittelwerte

$$\tilde{x}(t) = \lim_{T \to \infty} \frac{1}{T} \int_T x(t)\, dt\,, \tag{6.22}$$

$$\widetilde{x^2}(t) = \lim_{T \to \infty} \frac{1}{T} \int_T x^2(t)\, dt = x_{\text{eff}}^2 \tag{6.23}$$

und die Korrelationsfunktion

$$\widetilde{x(t)\,x\,(t\pm\tau)} = \lim_{T\to\infty}\frac{1}{T}\int_{T} x(t)\,x(t\pm\tau)\,dt\,, \tag{6.24}$$

die zu ihrer näherungsweisen (endliches T) experimentellen Bestimmung nicht des ganzen Ensembles, sondern nur einer Realisierung bedürfen, von besonderem praktischen Interesse.

Wenn

$$\lim_{\tau\to\infty}\left(R(\tau)-\bar{x}^2\right) = 0\,, \tag{6.25}$$

d. h., wenn Gl. (6.12) bzw. Gl. (6.21) gilt [24], ist

$$\bar{x} = \tilde{x}\,, \tag{6.26}$$

d. h., der lineare zeitliche Mittelwert ist gleich dem entsprechenden Ensemblemittelwert. Diese unter dem Begriff „Ergodizität" zusammengefaßte wichtige Eigenschaft einer Klasse von zufälligen Prozessen trifft unter gewissen Voraussetzungen noch für eine größere Klasse von stationären Prozessen, als durch Gl. (6.25) gekennzeichnet, und für Momente höherer Ordnung zu. So ist Gl. (6.26) noch erfüllt, wenn an Stelle von Gl. (6.25)

$$\lim_{T\to\infty}\frac{1}{T}\int_0^T\left(R(\tau)-\bar{x}^2\right)d\tau = 0 \tag{6.27}$$

gilt [24]; damit werden die Prozesse mit periodischem Anteil in die ergodischen Prozesse einbezogen.

Damit auch

$$R(\tau) = \overline{x(t)\,x(t\pm\tau)} = \widetilde{x(t)\,x(t\,\pm\,\tau)} \tag{6.28}$$

gilt, d. h. die Korrelationsfunktion gleich der Kovarianzfunktion ist, muß

$$\lim_{\tau_1\to\infty}\overline{x(t+\tau+\tau_1)\,x(t+\tau_1)\,x(t+\tau)\,x(t)} = 0 \tag{6.29}$$

gelten.

Zur Nachprüfung dieser Forderung ist im allgemeinen (außer im Falle des Gauss-Prozesses) die Kenntnis der Momente und damit der Wahrscheinlichkeitsdichten 4. Ordnung erforderlich. Praktisch gilt auch Gl. (6.28) für eine größere Klasse von stationären Prozessen als mathematisch sichergestellt.

Das zeitliche Analogon zu Gl. (6.17)

$$\widetilde{x_{\sim}^2(t)} = \widetilde{(x-\tilde{x})^2} = x_{\mathrm{eff}}^2 - \hat{x}^2\,, \tag{6.30}$$

welches die Interpretation in elektrischen Größen ($x \triangleq$ Spannung an oder Strom durch Widerstandseinheit)

Wechselleistung = Gesamtleistung — Gleichleistung

besitzt, gestattet bei Ergodizität des zufälligen Prozesses die gleiche Interpretation für Gl. (6.17) [siehe Gl. (1.14)]. $R(0)$ stellt damit den der Gesamtleistung proportionalen und $R(0) - R(\infty)$ mit Gl. (6.21) bei Prozessen ohne periodischen Anteil den der Wechselleistung proportionalen Teil dar.

Für Prozesse mit periodischem Anteil besitzt auch $R(\tau)$ einen periodischen Anteil gleicher Periodizität.

Ein Beispiel ist der rein periodische zufällige Prozeß

$$z(t) = x \cos \omega t + y \sin \omega t \tag{6.31}$$

mit x und y als Zufallsgrößen mit $\bar{x} = \bar{y} = 0$. Für Stationarität muß $\overline{z(t)\, z(t \pm \tau)}$ unabhängig von t sein; dies ist für

$$\overline{x^2} = \overline{y^2} = r^2\,, \qquad \overline{x\,y} = 0$$

erfüllt. Damit Gl. (6.28) gilt, muß noch

$$x^2 + y^2 = r^2 \quad \text{bzw.} \quad x = r \cos \varphi\,, \quad y = r \sin \varphi$$

gelten. $z(t)$ nimmt damit die Form

$$z(t) = r \cos \varphi \cos \omega t + r \sin \varphi \sin \omega t = r \cos (\omega t - \varphi) \tag{6.32}$$

mit φ als im Intervall 2π gleichverteilter Zufallsgröße an. Man erkennt, daß die Verteilung von z über der Zeit bei einer Realisierung (konstantes φ) gleich der Verteilung über das Ensemble (konstantes t) ist. Für die Korrelations-(Kovarianz-)-Funktion erhält man

$$R(\tau) = \frac{r^2}{2} \cos \omega \tau \tag{6.33}$$

mit gleicher Periodizität wie der Prozeß bei Unabhängigkeit von den charakteristischen Größen der zufälligen Phase φ.

Im folgenden soll die Gültigkeit von Gl. (6.26) und (6.28) immer als gegeben vorausgesetzt werden. Die Funktion $R(\tau)$ wird im allgemeinen noch auf $R(0)$ normiert; man definiert

$$\varrho(\tau) = \frac{R(\tau) - \bar{x}^2}{R(0) - \bar{x}^2}\,; \tag{6.34}$$

mit Gl. (6.20) gilt

$$|\varrho(\tau)| \leqq 1\,. \tag{6.35}$$

6.4 Lineare Transformation zufälliger Prozesse

Eindimensionale Prozesse, gekennzeichnet durch ihre W. D. n-ter Ordnung, oder entsprechend mehrdimensionale Prozesse verändern, wenn ihre zufälligen Variablen Transformationen unterworfen werden, im allgemeinen ihre kennzeichnenden Wahrscheinlichkeitsdichten und die daraus abgeleiteten Mittelwerte. Es soll zunächst die lineare Transformation insbesondere in ihrem Einfluß auf die Momente 2. Ordnung betrachtet werden, da diese mit ihrer Interpretation durch Leistungen unmittelbar praktische Anwendungen gestatten [10]. In weiteren Abschnitten werden der Einfluß linearer Transformationen auf die W. D. sowie nichtlineare Transformationen behandelt werden.

Die Momente 2. Ordnung kann man als Mittelwerte des dyadischen Produktes des stochastischen Vektors

$$\boldsymbol{x} = \begin{pmatrix} x_1 \\ x_2 \\ \vdots \\ x_n \end{pmatrix}$$

zu einer Momentenmatrix zusammenfassen (am Beispiel der zweidimensionalen Verteilung)

$$\boldsymbol{M}_x = (m_{ik}) = \overline{\boldsymbol{x}\,\boldsymbol{x}'} = \overline{\begin{pmatrix} x_1 \\ x_2 \end{pmatrix} (x_1\, x_2)} = \begin{pmatrix} \overline{x_1^2} & \overline{x_1 x_2} \\ \overline{x_1 x_2} & \overline{x_2^2} \end{pmatrix}. \tag{6.36}$$

Die lineare Transformation

$$\boldsymbol{y} = \boldsymbol{A}\,\boldsymbol{x} \qquad \text{bzw.} \qquad \boldsymbol{x} = \boldsymbol{A}^{-1}\,\boldsymbol{y} \tag{6.37}$$

transformiert die Momentenmatrix $\boldsymbol{M}_x$ in die neue Matrix

$$\boldsymbol{M}_y = \overline{\boldsymbol{y}\,\boldsymbol{y}'} = \boldsymbol{A}\,\overline{\boldsymbol{x}\,\boldsymbol{x}'}\,\boldsymbol{A}' = \boldsymbol{A}\,\boldsymbol{M}_x\,\boldsymbol{A}'\,. \tag{6.38}$$

Beispielsweise interessieren die Momente 2. Ordnung der Summe und Differenz zweier Variabler $x_1 = x(t)$, $x_2 = x(t + \tau)$.

$$\begin{matrix} y_1 = x_1 + x_2 \\ y_2 = x_1 - x_2 \end{matrix} \quad \text{mit} \quad \boldsymbol{A} = \begin{pmatrix} 1 & 1 \\ 1 & -1 \end{pmatrix} \quad \text{und} \quad \boldsymbol{M}_x = \begin{pmatrix} R(0) & R(\tau) \\ R(\tau) & R(0) \end{pmatrix}.$$

Nach Gl. (6.38) erhält man

$$\boldsymbol{M}_y = \begin{pmatrix} \overline{y_1^2} & \overline{y_1 y_2} \\ \overline{y_1 y_2} & \overline{y_2^2} \end{pmatrix} = \begin{pmatrix} 2\left(R(0) + R(\tau)\right) & 0 \\ 0 & 2\left(R(0) - R(\tau)\right) \end{pmatrix}$$

$$= \begin{pmatrix} 2\,R(0)\left(1 + \varrho(\tau)\right) & 0 \\ 0 & 2\,R(0)\left(1 - \varrho(\tau)\right) \end{pmatrix} \quad \text{für} \quad \bar{x} = 0\,.$$

Die Transformation hat auf eine Diagonalmatrix (Hauptachsentransformation) und damit auf unkorrelierte zufällige Variable geführt. Mit der Interpretation von $\overline{y_1^2}$ in elektrischen Größen bedeutet dies, daß sich die Leistung der Summe zweier Prozesse gleicher Einzelleistung je nach Korrelation zwischen dem vierfachen Wert bei vollständiger Korrelation $\left(R(0) = R(\tau)\right)$, dem doppelten Wert bei unkorrelierten Größen $\left(R(\tau) = 0\right)$ und Null $\left(R(0) = -R(\tau)\right)$ bewegen kann; die Korrelationsfunktion besitzt also Bedeutung für die Leistungsbestimmung, und umgekehrt ist die Leistungsmessung (bzw. Effektivwertmessung) ein Verfahren zur Korrelationsfunktionsbestimmung [31], [32].

Ein weiteres Beispiel hierzu ist die Transformation

$$\begin{matrix} y_1 = x_1 \\ y_2 = k\,x_1 + x_2 \end{matrix} \quad \text{mit} \quad \boldsymbol{A} = \begin{pmatrix} 1 & 0 \\ k & 1 \end{pmatrix} \quad \text{und} \quad \boldsymbol{M}_x = \begin{pmatrix} R(0) & R(\tau) \\ R(\tau) & R(0) \end{pmatrix}.$$

Man erhält mit Gl. (6.38)

$$\boldsymbol{M}_y = \begin{pmatrix} \overline{y_1^2} & \overline{y_1 y_2} \\ \overline{y_1 y_2} & \overline{y_2^2} \end{pmatrix} = \begin{pmatrix} R(0) & k\,R(0) + R(\tau) \\ k\,R(0) + R(\tau) & k^2\,R(0) + 2\,k\,R(\tau) + R(0) \end{pmatrix}$$

$$= R(0) \begin{pmatrix} 1 & k + \varrho(\tau) \\ k + \varrho(\tau) & k^2 + 2\,k\,\varrho + 1 \end{pmatrix}.$$

$\overline{y_2^2}$ durchläuft in Abhängigkeit von k ein Minimum für $k = -\varrho$ und nimmt dabei den Wert $\overline{y_2^2}_{k=-\varrho} = R(0)\,(1 - \varrho^2)$ an; für den gleichen Wert wird $\overline{y_1 y_2} = 0$, d. h., die neuen Variablen sind für diesen Wert unkorreliert. Aus der Rücktransformation

$$\boldsymbol{x} = \boldsymbol{A}^{-1}\boldsymbol{y} \qquad \text{bzw.} \qquad \begin{aligned} x_1 &= y_1 \\ x_2 &= \varrho\, y_1 + y_2 \end{aligned}$$

ersieht man, daß für $k = -\varrho$ eine Aufspaltung von $x_2 = x\,(t + \tau)$ in einen zu x_1 vollständig korrelierten Teil $\varrho\, y_1 = \varrho\, x_1$ und in einen vollständig unkorrelierten Teil $y_2 = -\varrho\, x_1 + x_2$ mit den Leistungen $\varrho^2\, \overline{x_1^2} = R(0)\, \varrho^2$ bzw. $\overline{y_2^2} = R(0)\,(1 - \varrho^2)$ erfolgt ist.

Außer der Anwendung dieser Transformation zur Bestimmung von ϱ durch Kompensation des vollständig korrelierten Anteils mit Indikation des Abgleichs durch $\overline{y_1 y_2} \to 0$ oder $\overline{y_2^2} \to$ Min [10] besitzt sie Bedeutung für die Vorhersage (Extrapolation) stationärer zufälliger Prozesse. Da die exakte Vorhersagbarkeit gleichbedeutend mit Informationslosigkeit ist, erkennt man den unmittelbaren Zusammenhang mit der Informationstheorie. Vorhersagbar ist der vollständig korrelierte Anteil $\varrho\, x_1$; da für zufällige Prozesse ohne periodischen Anteil $\varrho(\tau) \underset{\tau \to \infty}{\to} 0$ gilt, strebt dieser Anteil mit wachsender Vorhersagezeit τ gegen Null und die Unsicherheit der Vorhersage, ausgedrückt durch die Dispersion $\overline{y_2^2}$, erreicht ihren Maximalwert.

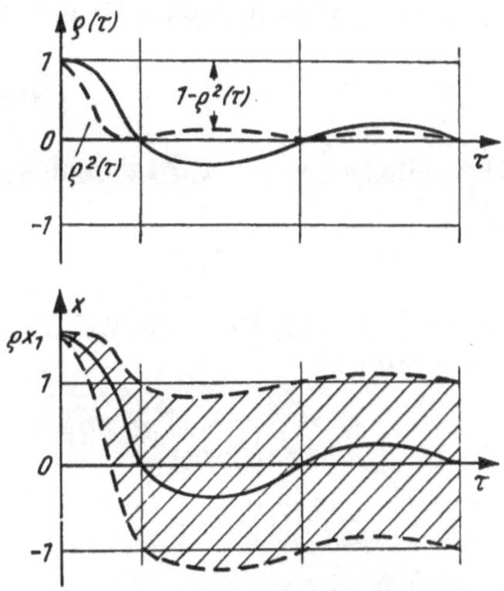

Abb. 87. Vorhersage eines stationären zufälligen Prozesses bei gegebener Korrelationsfunktion

In Abb. 87 sind diese Verhältnisse grafisch veranschaulicht; gegeben sind die normierte Korrelationsfunktion $\varrho(\tau)$ eines stationären zufälligen Prozesses mit $R(0) = 1$ und ein Wert x_1 zur Zeit $t = 0$. Im oberen Bild ist die Dispersion der Vorhersage $\overline{y_2^2} = 1 - \varrho^2(\tau)$ gestrichelt eingetragen, während im unteren Bild der lineare Vorhersagewert kleinster quadratischer Abweichung $x(\tau) = \varrho(\tau)\, x_1$ mit seinem Streubereich $\sqrt{\overline{y_2^2}}$ qualitativ wiedergegeben ist.

6.5 Gauss-Prozesse

Einer der theoretisch und technisch wichtigsten zufälligen Prozesse ist der Gauss-Prozeß mit seinen Modifikationen. Bei einem Gauss-Prozeß sind alle Wahrscheinlichkeitsdichten entsprechend der Ordnung n-dimensionale Gauss-

bzw. Normalverteilungen, die durch Mittelwert und Korrelationsfunktion vollständig bestimmt sind und damit den gesamten Prozeß vollständig beschreiben.

Für die GAUSS-Verteilung gilt auch die Umkehrung dessen, daß unabhängige Variable unkorreliert sind, d. h., für unkorrelierte Variable gilt das Produktgesetz für die Wahrscheinlichkeiten und Wahrscheinlichkeitsdichten. Schließlich konvergiert nach dem zentralen Grenzwertsatz [18] die Verteilung der Summe gleicher unabhängiger statistischer Einzelprozesse beliebiger Verteilung gegen die GAUSS-Verteilung; deshalb liegt die GAUSS-Verteilung auch den Rauschvorgängen in Widerständen, Röhren (Schroteffekt) [49], [68] u. a. zugrunde.

Die eindimensionale GAUSS-Verteilung oder Wahrscheinlichkeitsdichte erster Ordnung lautet

$$w(x) = \frac{1}{\sqrt{2\pi\sigma^2}}\, e^{\frac{-x^2}{2\sigma^2}}, \qquad \bar{x} = 0 \text{ angenommen}, \quad \overline{x^2} = \sigma^2 . \tag{6.39}$$

Die Momente höherer Ordnung lassen sich hierbei durch das zentrale Moment 2. Ordnung σ^2 ausdrücken. Es gilt mit $n = 1, 2, 3, \ldots$

$$\overline{x^{2n+1}} = 0\,, \quad \overline{x^{2n}} = \int\limits_{-\infty}^{+\infty} x^{2n}\, w(x)\, dx = \sigma^{2n} \cdot 1 \cdot 3 \cdot 5 \cdots (2n-1)\,. \tag{6.40}$$

Die n-dimensionale GAUSS-Verteilung lautet

$$w_n(x_1; x_2; \ldots; x_n) = \frac{1}{(2\pi)^{n/2}\,|\boldsymbol{M}|^{1/2}}\, e^{-\frac{\boldsymbol{x}'\boldsymbol{M}^{-1}\boldsymbol{x}}{2}}, \tag{6.41}$$

wobei $\boldsymbol{M} = (m_{ik})$ die symmetrische Matrix der n^2 Momente 2. Ordnung (siehe Gl. (6.36)) und

$$\boldsymbol{x}'\,\boldsymbol{M}^{-1}\,\boldsymbol{x} = \sum_{i=1}^{n}\sum_{k=1}^{n} m_{ik}^{-1}\, x_i\, x_k \qquad (m_{ik}^{-1} = \text{Element von } \boldsymbol{M}^{-1}) \tag{6.42}$$

eine positiv definite quadratische Form ist.

Als Beispiel ergibt sich für die zweidimensionale GAUSS-Verteilung mit

$$\boldsymbol{M} = \begin{pmatrix} \overline{x_1^2} & \overline{x_1 x_2} \\ \overline{x_1 x_2} & \overline{x_2^2} \end{pmatrix}, \quad |\boldsymbol{M}| = \overline{x_1^2}\,\overline{x_2^2} - \overline{x_1 x_2}^2 \quad \text{und} \quad \boldsymbol{M}^{-1} = \frac{1}{|\boldsymbol{M}|}\begin{pmatrix} \overline{x_2^2} & -\overline{x_1 x_2} \\ -\overline{x_1 x_2} & \overline{x_1^2} \end{pmatrix},$$

$$w_2(x_1; x_2) = \frac{1}{2\pi\sqrt{\overline{x_1^2}\,\overline{x_2^2} - \overline{x_1 x_2}^2}}\, \exp - \frac{\overline{x_2^2}\, x_1^2 - 2\,\overline{x_1 x_2}\, x_1 x_2 + \overline{x_1^2}\, x_2^2}{2\,(\overline{x_1^2}\,\overline{x_2^2} - \overline{x_1 x_2}^2)}\,. \tag{6.43}$$

Speziell für $x_1 = x(t)$, $x_2 = x(t+\tau)$ ist mit

$$\boldsymbol{M} = \begin{pmatrix} R(0) & R(\tau) \\ R(\tau) & R(0) \end{pmatrix} = \begin{pmatrix} \sigma^2 & \sigma^2\varrho(\tau) \\ \sigma^2\varrho(\tau) & \sigma^2 \end{pmatrix} \tag{6.44}$$

die W. D. 2. Ordnung oder verbundene W. D. für den eindimensionalen GAUSS-Prozeß

$$w_2(x_1; x_2, \tau) = \frac{1}{2\pi\sigma^2\sqrt{1-\varrho^2(\tau)}}\, \exp - \frac{x_1^2 - 2\varrho(\tau)\, x_1 x_2 + x_2^2}{2\sigma^2\,(1-\varrho^2(\tau))}\,. \tag{6.45}$$

Man erkennt, daß sich für $\varrho(\tau) = 0$, d. h. Unkorreliertheit, w_2 in das Produkt zweier Wahrscheinlichkeitsdichten erster Ordnung nach Gl. (6.39), $w_1(x_1) \cdot w_2(x_2)$, aufspalten läßt, wie dies für statistisch unabhängige Variable zutrifft.

Für die in Abschnitt 6.4 behandelten linearen Transformationen ergibt sich, da Summen von GAUSS-Verteilungen wieder GAUSS-Verteilungen ergeben, als transformierte Wahrscheinlichkeitsdichte zunächst allgemein (transformierte Dichte durch Unterstreichen gekennzeichnet) mit Gl. (6.37) und Gl. (6.41)

$$\boldsymbol{w}_n(y_1; y_2; \ldots; y_n) = \frac{1}{(2\pi)^{n/2} |\boldsymbol{M}_y|^{1/2}} \exp - \frac{\boldsymbol{y}' \boldsymbol{A}^{-1'} \boldsymbol{M}_x^{-1} \boldsymbol{A}^{-1} \boldsymbol{y}}{2} .$$

Speziell für die als Beispiel behandelte lineare Transformation $\boldsymbol{A} = \begin{pmatrix} 1 & 0 \\ -\varrho & 1 \end{pmatrix}$ mit $|\boldsymbol{A}| = 1$ wird mit Gl. (6.44)

$$\boldsymbol{A} \boldsymbol{M}_x \boldsymbol{A}' = \boldsymbol{D} = \begin{pmatrix} \sigma^2 & 0 \\ 0 & \sigma^2(1-\varrho^2) \end{pmatrix}, \quad |\boldsymbol{M}_x| = |\boldsymbol{M}_y|$$

und

$$\boldsymbol{A}^{-1'} \boldsymbol{M}_x^{-1} \boldsymbol{A}^{-1} = \boldsymbol{D}^{-1} = \frac{1}{\sigma^4(1-\varrho^2)} \begin{pmatrix} \sigma^2(1-\varrho^2) & 0 \\ 0 & \sigma^2 \end{pmatrix}$$

die transformierte Dichte

$$\boldsymbol{w}_2(y_1; y_2, \tau) = \frac{1}{2\pi\sigma^2 \sqrt{1-\varrho^2(\tau)}} \exp - \frac{(1-\varrho^2(\tau))\, y_1^2 + y_2^2}{2\sigma^2(1-\varrho^2(\tau))} ,$$

woraus man wegen $\overline{y_1 y_2} = 0$ wiederum die Möglichkeit der Aufspaltung in das Produkt zweier W. D. ersieht. Man erhält

$$\boldsymbol{w}_2(y_1; y_2; \tau) = \frac{1}{\sqrt{2\pi\sigma^2}} \exp - \frac{y_1^2}{2\sigma^2} \cdot \frac{1}{\sqrt{2\pi\sigma^2(1-\varrho^2(\tau))}} \exp - \frac{y_2^2}{2\sigma^2(1-\varrho^2(\tau))}$$

und daraus nach Rücktransformation

$$w_2(x_1; x_2, \tau) = \frac{1}{\sqrt{2\pi\sigma^2}} \exp - \frac{x_1^2}{2\sigma^2} \cdot \frac{1}{\sqrt{2\pi\sigma^2(1-\varrho^2(\tau))}} \exp - \frac{(x_2 - \varrho(\tau)\, x_1)^2}{2\sigma^2(1-\varrho^2(\tau))}$$
$$= w_1(x_1)\, w(x_1 | x_2, \tau) , \tag{6.46}$$

eine zu Gl. (6.45) identische W. D. mit Aufspaltung der verbundenen W. D. w_2 in das Produkt von einfacher und bedingter W. D. entsprechend Gl. (6.11). Für einen MARKOFF-Prozeß muß nach Gl. (6.13) und x_0 als einem zeitlich vor x_1 gelegenen Wert des Prozesses mit Obigem

$$\overline{x_0 y_2} = 0 = -\varrho_{12} \overline{x_1 x_0} + \overline{x_2 x_0} = -\varrho_{12} \varrho_{01} \sigma^2 + \varrho_{02} \sigma^2 \tag{6.47}$$

gelten. Daraus folgt für die normierte Korrelationsfunktion dieses Prozesses

$$\varrho(\tau_{02}) = \varrho(\tau_{01})\, \varrho\, (\tau_{02} - \tau_{01}) \tag{6.48}$$

mit der Lösung

$$\varrho(\tau) = e^{-a|\tau|}, \qquad a > 0 . \tag{6.49}$$

Ein GAUSS-Prozeß mit einer Korrelationsfunktion gemäß Gl. (6.49) ist markoffsch und wird damit durch w_2 vollständig beschrieben; W. D. höherer Ordnung können mit w_2 in der Produktform entsprechend Gl. (6.14) angegeben werden.

Andererseits ist *jeder* GAUSS-Prozeß nach Gl. (6.41) durch die Matrix seiner Momente 2. Ordnung, (m_{ik}), gekennzeichnet; nun ist aber $m_{ik} = \overline{x_i x_k} = \sigma^2 \varrho(\tau_{ik})$, d. h., bei Kenntnis von w_2 ist $\varrho(\tau)$ und damit auch w_n nach Gl. (6.41) gegeben, nur, daß eine Aufspaltung von w_n in Produkte von w_2 nicht allgemein möglich ist.

Die bereits im vorigen Abschnitt gestellte Frage nach der besten linearen Vorhersage eines zufälligen Prozesses aus der Kenntnis der Gegenwart (und der Vergangenheit) im Sinne einer minimalen mittleren quadratischen Abweichung kann im Falle eines GAUSS-MARKOFF-Prozesses eindeutig beantwortet werden.

Da beim MARKOFF-Prozeß die bedingte W. D. gemäß Gl. (6.13) unabhängig von vor dem letzten bekannten Wert liegenden Werten ist, bedeutet die Kenntnis der Vergangenheit bei diesem Prozeß keine zusätzliche Information. Bei einem GAUSS-MARKOFF-Prozeß mit einer Korrelationsfunktion nach Gl. (6.49) sind zurückliegende Werte unkorreliert und gleichzeitig statistisch unabhängig, so daß

$$w(x_1|x_2, \tau) = \frac{1}{\sqrt{2\pi\sigma^2(1-\varrho^2(\tau))}} \exp - \frac{(x_2 - \varrho(\tau)\,x_1)^2}{2\sigma^2(1-\varrho^2(\tau))}$$

alle überhaupt über x_2 möglichen Aussagen beinhaltet. Der Mittelwert

$$\int_{-\infty}^{+\infty} x_2\, w(x_1|x_2, \tau)\, dx_2 = \varrho(\tau)\, x_1 = e^{-a|\tau|}\, x_1$$

ist zugleich der wahrscheinlichste Wert von x_2 und der beste Vorhersagewert im Sinne aller sinnvollen Vorhersagekriterien. Nach dem „rein zufälligen" Prozeß entsprechend Gl. (6.10) stellt der GAUSS-MARKOFF-Prozeß den Prozeß mit größter Regellosigkeit dar. Die Genauigkeit der Vorhersage dieses Prozesses bei gegebener Vorhersagezeit τ hängt von der durch das Leistungsspektrum des Prozesses und damit durch die Bandbreite bestimmten Konstante a ab und sinkt mit steigender Bandbreite.

6.6 Korrelationsfunktion und Leistungsspektrum

Zwischen der Korrelationsfunktion und dem noch zu definierenden Leistungsspektrum besteht über eine Integraltransformation ein mathematischer Zusammenhang. Physikalisch ist das Leistungsspektrum ursächlich durch das System bestimmt, das den zufälligen Prozeß erzeugt oder überträgt, und ist damit gewissen Beschränkungen unterworfen. Bei Nichtbeachtung dieser Beschränkungen, wie Beschränktheit der Leistung, Ausschluß nichtrealisierbarer Formen der Frequenzbeschränkung u. ä., kommt man zu falschen Schlußfolgerungen wie physikalisch nicht realen zufälligen Prozessen, die vollständig vorhersagbar (singulär) und damit auch als mathematische Idealisierungen realer Prozesse für informationstheoretische Untersuchungen ungeeignet sind.

Die Korrelationsfunktion war nach Gl. (6.24) definiert zu

$$R(\tau) = \lim_{T\to\infty} \frac{1}{T} \int_T x(t)\, x(t \pm \tau)\, dt\,.$$

Aus der Theorie der Fourier-Transformation [6] lautet der Faltungssatz allgemein

$$\int_{-\infty}^{+\infty} x_1(t)\, x_2^*(t - \tau)\, dt = \int_{-\infty}^{+\infty} X_1(f)\, X_2^*(f)\, e^{j2\pi f\tau}\, df \tag{6.50}$$

mit

$$X(f) = \int_{+\infty}^{+\infty} x(t)\, e^{-j2\pi ft}\, dt; \qquad x(t) = \int_{-\infty}^{-\infty} X(f)\, e^{j2\pi ft}\, df\,.$$

Allgemein ist $X(f)\, X^*(f) = |X(f)|^2$ und speziell für reelle $x(t)$, d. h. für $x(t) = x^*(t)$, ist $X(f) = X^*(-f)$ und damit $|X(f)|^2 = |X(-f)|^2$. Man kann also für reelle $x(t)$ schreiben

$$\int_{-\infty}^{+\infty} x(t)\, x(t - \tau)\, dt = \int_{-\infty}^{+\infty} |X(f)|^2\, e^{j2\pi f\tau}\, df = 2\int_0^{\infty} |X(f)|^2 \cos 2\pi f \tau\, df\,. \tag{6.51}$$

Eine Voraussetzung für die Existenz dieser Beziehung ist, daß die in ihr auftretenden Integrale für $\tau = 0$ (Parsevalsche Gleichung)

$$\int_{-\infty}^{+\infty} x^2(t)\, dt = \int_{-\infty}^{+\infty} |X(f)|^2\, df = 2\int_0^{\infty} |X(f)|^2\, df$$

konvergieren. Elektrisch interpretiert bedeutet dies mit der Analogie Amplitudenquadrat $\triangleq$ Leistung an 1 Ohm endliche Energie.

Aber gerade bei den zu betrachtenden stationären Prozessen ist dies nicht erfüllt, die Energie und auch das Energiespektrum $|X(f)|^2$ sind unendlich; aber die Leistung ist endlich und damit die Korrelationsfunktion beschränkt, so daß

$$R(\tau) = \lim_{T\to\infty} \frac{1}{T} \int_T x(t)\, x\,(t \pm \tau)\, d\tau = \int_{-\infty}^{+\infty} \lim_{T\to\infty} \frac{|X(f)|^2}{T}\, e^{j2\pi ft}\, df$$

$$= \int_0^{\infty} N(f) \cos 2\pi f \tau\, df \tag{6.52}$$

mit

$$N(f) = \lim_{T\to\infty} \frac{2\,|X(f)|^2}{T}, \qquad f \geqq 0$$

als Leistungsspektrum (für Prozesse ohne periodischen Anteil ebenfalls beschränkt) gilt.

Insbesondere für $\tau = 0$ folgt aus Gl. (6.52)

$$R(0) = \lim_{T\to\infty} \frac{1}{T} \int_T x^2(t)\, dt = \int_0^{\infty} N(f)\, df\,. \tag{6.53}$$

In der Interpretation mit elektrischen Größen bedeutet $R(0)$ die Leistung bzw. das Effektivwertquadrat und $N(f)$ als Leistungsspektrum das Effektivwertquadrat pro Hertz.

Die Umkehrung von Gl. (6.52) lautet

$$\int_{-\infty}^{+\infty} R(\tau)\, e^{-j2\pi f\tau}\, d\tau = \lim_{T\to\infty} \frac{|X(f)|^2}{T} = \frac{N(f)}{2}$$

bzw. mit $R(\tau) = R(-\tau)$

$$N(f) = 4 \int_0^{\infty} R(\tau) \cos 2\pi f \tau\, d\tau \tag{6.54}$$

(WIENER-CHINTSCHIN-Theorem).

Mit Gl. (6.52) und Gl. (6.54) sind also Korrelationsfunktion und Leistungsspektrum über die FOURIER-Kosinus-Transformation miteinander verknüpft.

Die Korrelationsfunktion des rein periodischen Prozesses Gl. (6.33) ergibt mit Gl. (6.54) ein Leistungsspektrum

$$N(f) = 4 \int_0^{\infty} \frac{r^2}{2} \cos 2\pi f_0 \tau \cos 2\pi f \tau\, d\tau\,. \tag{6.55}$$

Dieses Integral konvergiert nicht, d. h., das Leistungsspektrum ist Unendlich. Bei Auffassung des Integrals als Distribution [20] kann man mit Hilfe der DIRACschen δ-Funktion definieren

$$\int_{-\infty}^{+\infty} e^{\pm j2\pi f\tau}\, d\tau = 2\int_0^{\infty} \cos 2\pi f\tau\, d\tau = \delta(f) \tag{6.56}$$

sowie

$$\int_{-\infty}^{+\infty} \cos 2\pi f_0 \tau\, e^{j2\pi f\tau}\, d\tau = \frac{1}{2}\left[\delta(f+f_0) + \delta(f-f_0)\right].$$

Bei Betrachtung *nur positiver* Frequenzen wird letztere Definition zu

$$4\int_0^{\infty} \cos 2\pi f_0\tau \cos 2\pi f\tau\, d\tau = \delta(f-f_0)\,, \qquad f \geqq 0 \tag{6.57}$$

mit $\delta(f) = \begin{cases} 0 & (f \neq 0) \\ \infty & (f = 0) \end{cases}, \quad \int_{-\infty}^{+\infty} \delta(f)\, df = 1\,, \quad \delta(f) = \delta(-f)\,, \quad \int_0^{\infty} \delta(f)\, df = \frac{1}{2}\,.$

Mit Hilfe dieser Definitionen erhält man für obiges Integral Gl. (6.55) als Leistungsspektrum

$$N(f) = \frac{r^2}{2}\,\delta(f-f_0)$$

entsprechend einer diskreten Linie bei $f = f_0$, und die Leistung wird entsprechend Gl. (6.53) zu

$$R(0) = \int_0^\infty N(f)\,df = \frac{r^2}{2}\,.$$

Der durch Gl. (6.10) charakterisierte (physikalisch nicht reale) rein zufällige Prozeß mit Unabhängigkeit zeitlich aufeinanderfolgender Werte besitzt demnach notwendig eine nicht beschränkte Korrelationsfunktion

$$\overline{x_1\,x_2} = R(\tau) = k\,\delta(\tau)$$

und nach Gl. (6.54) mit der Definition Gl. (6.57) ein Leistungsspektrum

$$N(f) = 2\,k\,, \qquad f \geqq 0\,,$$

d. h. ein für alle Frequenzen konstantes (weißes) Spektrum, und erfordert damit eine unendliche Leistung, ist also physikalisch nicht realisierbar. Bei einem Gauss-Prozeß ist die Korrelationsfunktion $R(\tau) = k\,\delta(\tau)$ auch hinreichend für Unabhängigkeit zeitlich aufeinanderfolgender Werte, d. h., ein Gauss-Prozeß mit einem konstanten Spektrum (weißes Rauschen) ist ein Beispiel für einen Prozeß nach Gl. (6.10).

Durchläuft ein zufälliger Prozeß mit einem (im Übertragungsbereich) konstanten Leistungsspektrum $N_0(f)$ einen linearen Vierpol mit dem (komplexen) Übertragungsfaktor $A(f)$, so erhält man am Ausgang ein Leistungsspektrum

$$N(f) = N_0(f)\,|A(f)|^2\,. \tag{6.58}$$

Die Korrelationsfunktion eines Gauss-Markoff-Prozesses nach Gl. (6.49)

$$R(\tau) = \sigma^2\,e^{-a|\tau|}$$

führt mit Gl. (6.54) auf ein Leistungsspektrum

$$N(f) = 4\,\sigma^2 \int_0^\infty e^{-a|\tau|}\,\cos 2\,\pi\,f\,\tau\,d\tau = \frac{4\,\sigma^2\,a}{a^2 + (2\,\pi\,f)^2}\,. \tag{6.59}$$

Dies ist aber gerade das nach Durchlaufen eines Prozesses mit konstantem Leistungsspektrum durch ein — einem RC-Glied entsprechendes — lineares System nach Abb. 88 erhaltene Leistungsspektrum; denn mit

$$A(f) = \frac{1}{1 + j\,2\,\pi\,f\,R\,C}\,, \qquad |A(f)|^2 = \frac{1}{1 + (2\,\pi\,f\,R\,C)^2} \quad \text{und} \quad \int_0^\infty |A(f)|^2\,df = \frac{1}{4\,R\,C}$$

ist nach Gl. (6.58)

$$N(f) = \sigma^2 \frac{|A(f)|^2}{\int_0^\infty |A(f)|^2\,df} = \sigma^2\,\frac{4\,R\,C}{1 + (2\,\pi\,f\,R\,C)^2} \quad \text{mit} \quad \frac{1}{R\,C} = a\,.$$

In Abb. 88 ist noch die das System beschreibende Differentialgleichung und deren Programmierung auf einen elektronischen Differentialanalysator (Analogrechner) (siehe Band 2 „Elektronische Analogieanalagen“ dieser Reihe sowie [13]) angegeben. Der beste Vorhersagewert $x(t+\tau) = x(t)\,e^{-a|\tau|}$ entspricht der Lösung der homogenen Differentialgleichung [24]; nach Erreichen des stationären Zustandes für $x(t)$ erhält man die Vorhersagefunktion durch Abschalten des die Störfunktion erzeugenden Rauschgenerators.

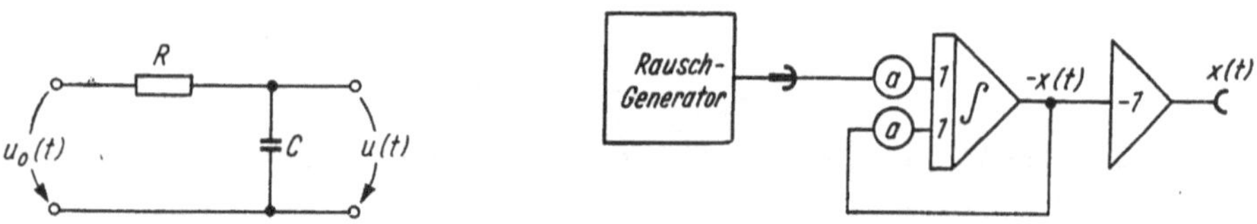

$u_0(t)$, $x_0(t)$ rein zufälliger Prozeß

$$\dot{u}(t) + \frac{1}{RC}\,u(t) = \frac{1}{RC}\,u_0(t)$$

Für $u_0(t) = U_0\,e^{j\,2\,\pi f t}$ wird $u(t) = U\,e^{j\,2\,\pi f t}$

und $$\mathfrak{A}(f) = \frac{U}{U_0} = \frac{\frac{1}{RC}}{\frac{1}{RC} + j\,2\,\pi f} = \frac{1}{1 + j\,2\,\pi f\,RC}$$

$u(t)$, $x(t)$ Gauss-Markoff-Prozeß

$$\dot{x}(t) + a\,x(t) = a\,x_0(t)$$

Lösung der homog. DGl.: $x(t+\tau) = x(t)\,e^{-a\tau}$

Abb. 88. *RC*-Glied und analoges auf einem elektronischen Differentialanalysator programmiertes lineares System zur Erzeugung und Vorhersage eines Gauss-Markoff-Prozesses

6.7 Nichtlineare Transformation zufälliger Prozesse

Die durch ihre Wahrscheinlichkeitsdichten entsprechender Ordnung gekennzeichneten Prozesse verändern im allgemeinen ihre Wahrscheinlichkeitsdichten und daraus abgeleitete Mittelwerte bei linearen und nichtlinearen Transformationen. Nur der Gauss-Prozeß erweist sich gegenüber linearen Transformationen, gekennzeichnet durch lineare Gleichungssysteme bzw. Differentialgleichungssysteme, invariant bezüglich der Form der Wahrscheinlichkeitsdichte, wie die Beispiele in Abschnitt 6.5 zeigten und die in Abschnitt 6.8 mittels der charakteristischen Funktionen zu behandelnde Wahrscheinlichkeitsdichte der Summe zufälliger Variabler erweisen wird.

Vom Gesichtspunkt der einem zufälligen Prozeß in irgendeiner Form zugeordneten Information ist die Frage nach der eindeutigen Umkehrbarkeit einer Transformation von entscheidender Bedeutung; denn jede eindeutig umkehrbare lineare oder nichtlineare Transformation muß die Information invariant lassen.

Für den Fall, daß die Transformation nicht durch ein Differentialgleichungssystem, sondern durch ein Gleichungssystem

$$y_n = f_n(x_1, x_2, \ldots, x_n) \tag{6.60}$$

beschrieben wird, werden nachfolgend die Transformationsbeziehungen für W. D. und Mittelwerte sowie die Bedingungen für eindeutige Umkehrbarkeit angegeben.

Die Transformationsbeziehung für die Wahrscheinlichkeitsdichte lautet in Analogie zu den Transformationsregeln von Mehrfachintegralen mit der JACOBIschen Funktionaldeterminante [36]

$$\underline{w}(y_1; y_2; \ldots; y_n) = w(x_1; x_2; \ldots; x_n) \left|\frac{\partial(x_1, x_2, \ldots, x_n)}{\partial(y_1, y_2, \ldots, y_n)}\right|, \tag{6.61}$$

wobei die Funktionen Gl. (6.60) eineindeutig den x-Raum in den y-Raum abbilden, d. h., die Abbildung ist eindeutig umkehrbar mit

$$x_n = g_n(y_1, y_2, \ldots, y_n) \quad \text{und} \quad \left|\frac{\partial(x_1, x_2, \ldots, x_n)}{\partial(y_1, y_2, \ldots, y_n)}\right| = \left|\frac{\partial(y_1, y_2, \ldots, y_n)}{\partial(x_1, x_2, \ldots, x_n)}\right|^{-1} \neq 0\,. \tag{6.62}$$

Die Bedingung Gl. (6.62) ist erfüllt, wenn die y_n stetige, monoton steigende oder fallende Funktionen der x_ν sind. Für praktisch auftretende Fälle, in denen die Umkehrbarkeit nicht gegeben ist, gelangt man zur transformierten Dichte, indem die Gl. (6.60) in stückweise monotone Bereiche aufgeteilt und die Teildichten summiert werden.

Für $n = 1$ vereinfacht sich Gl. (6.61) zu

$$\underline{w}(y) = w(g(y)) \left|\frac{dg}{dy}\right| = \frac{w(x)}{\left|\frac{df}{dx}\right|} = \underline{w}(f(x))\,. \tag{6.63}$$

Als Beispiel soll die Berechnung der W. D. des rein periodischen zufälligen Prozesses nach Gl. (6.32)

$$z(t) = r\cos(\omega t + \varphi) \qquad \text{mit} \quad w(\varphi) = \frac{1}{2\pi}, \qquad 0 \leqq \varphi \leqq 2\pi$$

erfolgen.

Auf Grund der Stationarität kann t beliebig, also auch $t = 0$ gesetzt werden. Durch Aufteilung in zwei monotone Bereiche erhält man

$$\begin{aligned}\underline{w}(z) &= \frac{1}{2\pi}\left(\frac{1}{|-r\sin\varphi|_{0\leqq\varphi\leqq\pi}} + \frac{1}{|-r\sin\varphi|_{\pi<\varphi\leqq 2\pi}}\right)\\ &= \frac{1}{\pi}\frac{1}{|r\sin\varphi|} = \frac{1}{\pi}\frac{1}{\sqrt{r^2 - r^2\cos^2\varphi}} = \frac{1}{\pi}\frac{1}{\sqrt{r^2 - z^2}}\,.\end{aligned}$$

Für die Bestimmung der transformierten Mittelwerte ist die Berechnung der Funktionaldeterminante nicht erforderlich; man kann an Stelle von Gl. (6.61) schreiben

$$\underline{w}(y_1, y_2, \ldots, y_n)\, dy_1\, dy_2 \ldots dy_n = w(x_1, x_2, \ldots, x_n)\, dx_1\, dx_2 \ldots dx_n\,. \tag{6.64}$$

Speziell für $n = 1$ erhält man damit für die Mittelwerte mit der Dichte erster Ordnung

$$\overline{y^m} = \int y^m\, \underline{w}(y)\, dy = \int f^m(x)\, w(x)\, dx \tag{6.65}$$

und insbesondere für die Korrelationsfunktion mit der Dichte zweiter Ordnung

$$\begin{aligned}R(\tau) = \overline{y_1 y_2} &= \iint y_1 y_2\, \underline{w}_2(x_1; y_2, \tau)\, dy_1\, dy_2\\ &= \iint f(x_1)\, f(x_2)\, w_2(x_1; x_2, \tau)\, dx_1\, dx_2\,.\end{aligned} \tag{6.66}$$

6.8 Verteilung der Summe zweier zufälliger Variabler, charakteristische Funktion

Bei der linearen Überlagerung zweier zufälliger Prozesse, z. B. Nutzsignal und störendes Rauschsignal, ist die W. D. der Summe dieser Prozesse von Interesse. Ganz allgemein interessiert die transformierte Dichte, wenn die Transformationsbeziehungen durch ein lineares Gleichungssystem als Sonderfall von Gl. (6.60) gegeben sind. Es gilt dann ebenfalls Gl. (6.61), wobei sich die Funktionaldeterminante zur Determinante $|\boldsymbol{A}|$ des linearen Transformationsgleichungssystems aus Abschnitt 6.4 reduziert. Als Beispiel für die in Abschnitt 6.4 außer dem Sonderfall des GAUSS-Prozesses nicht behandelte lineare Transformation der Wahrscheinlichkeitsdichten ergibt sich mit der Dichte zweiter Ordnung $w_2(x_1; x_2, \tau)$ oder mit der zweidimensionalen Dichte erster Ordnung $w(x_1; x_2) = w_a(x_1)\, w_b(x_2)$ bei zwei unabhängigen zufälligen Variablen für die Dichte der Summe der Variablen mit der Transformation

$$\boldsymbol{y} = \boldsymbol{A}\,\boldsymbol{x} = \begin{pmatrix} 1 & 1 \\ 0 & 1 \end{pmatrix} \boldsymbol{x} \qquad \text{bzw.} \qquad \boldsymbol{x} = \begin{pmatrix} 1 & -1 \\ 0 & 1 \end{pmatrix} \boldsymbol{y}$$

und

$$\left|\frac{\partial(x_1, x_2)}{\partial(y_1, y_2)}\right| = |\boldsymbol{A}|^{-1} = |\boldsymbol{A}| = 1 \quad (\text{d. h.} \quad dx_1\, dx_2 = dy_1\, dy_2)$$

nach Gl. (6.61)

$$\underline{w}(y_1; y_2) = w(y_1 - y_2; y_2)\,.$$

Daraus ergibt sich die W. D. von $y_1 = x_1 + x_2$ durch Integration über y_2 zu

$$\underline{w}(y_1) = \int \underline{w}(y_1; y_2)\, dy_2 = \int w(y_1 - y_2; y_2)\, dy_2\,. \tag{6.67}$$

Für den Fall der statistischen Unabhängigkeit von x_1 und x_2 reduziert sich diese Beziehung zu dem Faltungsintegral

$$\underline{w}(y_1) = \int w_a(y_1 - y_2)\, w_b(y_2)\, dy_2\,. \tag{6.68}$$

Führt man die charakteristische Funktion $W_x(\xi)$, die abgesehen von geringfügigen Unterschieden gegenüber den in Gl. (6.50) angegebenen Definitionen die FOURIER-Transformierte der Wahrscheinlichkeitsdichte ist, mit

$$W_x(\xi) = \overline{e^{jx\xi}} = \int w(x)\, e^{jx\xi}\, dx\,, \qquad w(x) = \frac{1}{2\pi} \int W_x(\xi)\, e^{-jx\xi}\, d\xi \tag{6.69}$$

ein, so folgt mit Gl. (6.50) aus Gl. (6.68)

$$\begin{aligned} \underline{w}(y_1) &= \int w_a(y_1 - y_2)\, w_b(y_2)\, dy_2 = \frac{1}{2\pi} \int W_{x_1}(\xi)\, W_{x_2}(\xi)\, e^{-jy_1\xi}\, d\xi \\ &= \frac{1}{2\pi} \int W_{x_1+x_2}(\xi)\, e^{-jy_1\xi}\, d\xi\,, \end{aligned} \tag{6.70}$$

d. h., die charakteristische Funktion der W. D. der Summe zweier unabhängiger zufälliger Variabler ist gleich dem Produkt der charakteristischen Funktionen der einzelnen Dichten. Da die GAUSSsche Dichtefunktion invariant gegenüber der FOURIER-Transformation ist, ist also insbesondere die Summe von GAUSS-Prozessen wieder gaußisch verteilt, ein Spezialfall des zentralen Grenzwertsatzes der Wahrscheinlichkeitsrechnung.

Für die GAUSS-Verteilung nach Gl. (6.39)

$$w(x) = \frac{1}{\sqrt{2\pi\sigma^2}}\, e^{-\frac{x^2}{2\sigma^2}}$$

wird

$$W_x(\xi) = \int_{-\infty}^{+\infty} \frac{1}{\sqrt{2\pi\sigma^2}}\, e^{-\frac{x^2}{2\sigma^2} + jx\xi}\, dx = 2\int_0^{\infty} \frac{1}{\sqrt{2\pi\sigma^2}}\, e^{-\frac{x^2}{2\sigma^2}} \cos x\,\xi\, dx = e^{-\frac{\sigma^2\xi^2}{2}}, \tag{6.71}$$

während für den rein periodischen Prozeß nach Gl. (6.32)

$$z(t) = r \sin(\omega t + \varphi), \quad w(\varphi) = \frac{1}{2\pi}$$

die charakteristische Funktion

$$W_z(\xi) = \overline{e^{jr\sin\varphi\,\xi}} = 2\int_{-\pi/2}^{+\pi/2} \frac{1}{2\pi}\, e^{jr\sin\varphi\,\xi}\, d\varphi = J_0(r\,\xi) \tag{6.72}$$

lautet. Aus (6.72) erhält man mit der Rücktransformation als Dichte

$$w(z) = \frac{1}{2\pi}\int_{-\infty}^{+\infty} J_0(r\,\xi)\, e^{-jz\xi}\, d\xi = \frac{1}{\pi}\int_0^{\infty} J_0(r\,\xi) \cos z\,\xi\, d\xi = \frac{1}{\pi}(r^2 - z^2)^{-1/2} \tag{6.73}$$

in Übereinstimmung mit der als Beispiel zu Gl. (6.63) erhaltenen.

Für die Wahrscheinlichkeitsdichte der Summe von GAUSSschem Rauschen und periodischem Prozeß erhält man mit $y = x + z$ aus Gl. (6.71) und (6.72)

$$w(y) = \frac{1}{\pi\sqrt{2\pi\sigma^2}} \int_{-r}^{+r} \frac{e^{-\frac{(y-x)^2}{2\sigma^2}}}{(r^2 - x^2)^{1/2}}\, dx = \frac{1}{\pi}\int_0^{\infty} J_0(r\,\xi)\, e^{-\frac{\sigma^2\xi^2}{2}} \cos y\,\xi\, d\xi\,, \tag{6.74}$$

wobei das erste Integral nach dem Faltungssatz Gl. (6.68) und das zweite nach Gl. (6.70) gebildet ist, beide aber nur durch Reihenentwicklung lösbar sind; durch Substitutionen erhält man noch die Formen

$$w(y) = \frac{1}{\pi\sqrt{2\pi\sigma^2}} \int_{-\pi/2}^{+\pi/2} e^{-\frac{(y - r\sin\varphi)^2}{2\sigma^2}}\, d\varphi = \frac{1}{\pi\sqrt{2\pi\sigma^2}} \int_0^{\pi} e^{-\frac{(y - r\cos\varphi)^2}{2\sigma^2}}\, d\varphi$$

für Gl. (6.74).

Da die Summenbildung, wenn nicht einer der beiden Summanden verfügbar ist, nicht rückgängig gemacht werden kann, bedeutet sie einen Informationsverlust, wie das in einem Übertragungskanal zum Signal hinzutretende Rauschen praktisch zeigt.

Die in den vorausgegangenen Abschnitten behandelten kontinuierlichen stationären zufälligen Prozesse, die mit ihren Wahrscheinlichkeitsdichten entsprechender Ordnung und daraus abgeleiteten Parametern eine kontinuierliche Nachrichtenquelle kennzeichneten, wurden hinsichtlich der Transformationen, die sie beim Durchlaufen einiger spezieller Systeme erfahren, betrachtet. Erwähnt werden soll noch ein Problem von großem praktischem Interesse, die Transformation der Wahrscheinlichkeitsdichte nichtgaußscher Prozesse durch ein lineares System, charakterisiert durch seine zugehörige Differentialgleichung [4]. Nichtgaußsche Prozesse entstehen beispielsweise aus GAUSS-Prozessen nach Nichtlinearitäten (Abschnitt 6.7), wie Gleichrichter, und lineare Differentialgleichungssysteme in der Form elektrischer Filter sind häufig ersteren nachgeschaltet. Für den nur an numerischen Ergebnissen Interessierten bietet sich zur Lösung solcher Aufgaben die elektronische Analogierechenmaschine [65], wie schon in Abb. 88 erwähnt, an; auf ihr lassen sich in einfacher Weise Programme zur Messung der Wahrscheinlichkeitsdichte und Verteilungsfunktion realisieren [11], [13].

7. Zeitliche Quantisierung kontinuierlicher Prozesse

In engem Zusammenhang mit der Vorhersagbarkeit zufälliger Prozesse, der Extrapolation, steht die kontinuierliche Interpolation eines durch zeitliche Quantisierung (Probung, Abtastung)[1]) in eine zufällige Folge umgewandelten kontinuierlichen Prozesses. Für die Informationstheorie ist die Beantwortung der Frage nach der minimalen Häufigkeit der Abtastzeitpunkte, der niedrigsten erforderlichen Abtastfrequenz, für eine vorgegebene beliebig kleine Abweichung vom ursprünglichen Prozeß nach der Rückinterpolation von Bedeutung.

Ebenso wie die Extrapolierbarkeit zukünftiger Werte eines Prozesses aus der Kenntnis der Gegenwart und Vergangenheit von der Form des Spektrums und damit der Korrelationsfunktion abhängig ist, trifft dies für die Interpolation zu. Je rascher das Spektrum abklingt, d. h. je kleiner die Bandbreite des Spektrums ist, desto langsamer klingt die Korrelationsfunktion ab und desto größer kann der zeitliche Abstand der Abtastzeitpunkte für eine vorgegebene Wiedergabegenauigkeit sein. Die quantitativen Beziehungen zwischen Spektrum, Abtastfrequenz und Interpolationsfunktion sind nur in einigen idealisierten Spezialfällen exakt angebbar, die wiederum als Grenzfälle physikalisch nicht realisierbar sind. Näherungsweise gilt, daß bei einer Bandbreite B des Spektrums des Prozesses $2\,B$ Werte je Zeiteinheit zu seiner Kennzeichnung ausreichend sind.

7.1 Zeitliche Quantisierung eines ideal frequenzbeschränkten Prozesses

Die Darstellung einer Zeitfunktion oder eines zufälligen Prozesses mit einem auf das Intervall $0 \leqq f \leqq B$ frequenzbeschränkten Spektrum (idealer Tiefpaß)

[1]) Engl. Sampling.

durch zeitlich diskrete Werte und eine Interpolationsfunktion [28], [56], [63] ist durch folgenden Satz (Probensatz, Abtasttheorem) gegeben:

$$x(t)_B = \sum_{n=-\infty}^{n=+\infty} x\left(\frac{n}{2\,B}\right)_B \frac{\sin \pi\,(2\,B\,t-n)}{\pi\,(2\,B\,t-n)}, \quad n = \ldots, -2, -1, 0, 1, 2, \ldots. \tag{7.1}$$

Der Beweis erfolgt mit den bereits in Verbindung mit Gl. (6.50) definierten FOURIER-Transformationen, wobei zur Sicherstellung der hinreichenden Bedingung der absoluten Integrierbarkeit $x(t)$ zunächst auch zeitlich beschränkt vorausgesetzt werden soll.

Mit

$$x(t)_B = \int_{-B}^{+B} X(f)\, e^{j2\pi f t}\, df\,, \qquad X(f) = \int_{-\infty}^{+\infty} x(t)_B\, e^{-j2\pi f t}\, dt$$

läßt sich $X(f)$ über das Intervall $-B \leqq f \leqq +B$ hinaus periodisch fortsetzen und somit in eine FOURIER-Reihe entwickeln

$$X(f) = \sum_{n=-\infty}^{n=+\infty} a_n\, e^{-\frac{j2\pi n f}{2B}}, \quad a_n = \frac{1}{2\,B}\int_{-B}^{+B} X(f)\, e^{\frac{j2\pi n f}{2B}}\, df\,.$$

Durch Vergleich erhält man mit der Substitution $t = \frac{n}{2\,B}$

$$a_n = \frac{x\left(\frac{n}{2\,B}\right)_B}{2\,B}, \qquad X(f) = \frac{1}{2\,B}\sum_{n=-\infty}^{n=+\infty} x\left(\frac{n}{2\,B}\right)_B e^{-\frac{j2\pi n f}{2B}}$$

und damit schließlich

$$x(t)_B = \frac{1}{2\,B}\sum_{n=-\infty}^{n=+\infty} x\left(\frac{n}{2\,B}\right)_B \int_{-B}^{+B} e^{+j2\pi f\left(t-\frac{n}{2B}\right)}\, df$$

$$= \sum_{n=-\infty}^{n=+\infty} x\left(\frac{n}{2\,B}\right)_B \frac{\sin\left[2\,\pi\,B\left(t-\frac{n}{2\,B}\right)\right]}{2\,\pi\,B\left(t-\frac{n}{2\,B}\right)}\,.$$

Daraus folgt Gl. (7.1).

Die als Interpolationsfunktionen auftretenden sogenannten Spaltfunktionen nehmen für $t = \frac{n}{2\,B}$ jeweils den Wert Eins und für $t - \frac{n}{2\,B} = m\,,\ m \neq 0\,,$ ganz, den Wert Null an, so daß die in angegebener Weise frequenzbeschränkte Funktion $x(t)_B$ durch ihre diskreten Werte im Abstand $\tau = \frac{1}{2\,B}$ eindeutig beschrieben ist.

Eine Gl. (7.1) entsprechende Beziehung für ein beliebig gelagertes Frequenzband der Breite B ist in [9], [19] angegeben; dort wird die frequenzbeschränkte

Funktion durch die diskreten Werte der Funktion und ihrer HILBERT-Transformierten im Abstand $\tau = 1/B$ dargestellt.

Die Aussagekraft der Gleichung (7.1) ist in zweifacher Hinsicht eingeschränkt. Der erste Einwand richtet sich gegen die physikalische Irrealität einer Frequenzbeschränkung in der angegebenen Form, da sie durch kein reales Filter verwirklicht werden kann und gegen das Kausalitätsprinzip verstößt [67]. Darauf und auf die näherungsweise technische Realisierung sowie den dabei auftretenden Fehler wird im nächsten Abschnitt eingegangen werden. Der zweite Einwand ist ebenfalls gegen die Art der Frequenzbeschränkung gerichtet und prinzipieller Natur; ein Prozeß mit einem Spektrum obiger Form erweist sich als singulär [24], [64], d. h. bei bekannter Vergangenheit ist der Prozeß vollständig vorhersagbar, enthält damit keine Information und ist somit wenig geeignet für Beweisführungen obiger Art.

Besitzt ein Prozeß Ableitungen beliebig hoher Ordnung, so ist eine Form der Vorhersage die Entwicklung in eine TAYLOR-Reihe. Ein zufälliger Prozeß ist differenzierbar, wenn seine Korrelationsfunktion eine stetige zweite Ableitung besitzt [24]; die Korrelationsfunktion des differenzierten Prozesses lautet $-R''(\tau)$ und folglich mit Gl. (6.32) sein Leistungsspektrum $(2\pi f)^2 N(f)$. Mit Gl. (6.53) ergibt sich

$$-R''(0) = \int_0^\infty (2\pi f)^2 N(f)\, df$$

als Leistung des differenzierten Prozesses, die endlich sein muß; entsprechend muß für die Existenz der n-ten Ableitung eines Prozesses

$$\int_0^\infty (2\pi f)^{2n} N(f)\, df < \infty$$

gelten. Für einen Prozeß mit einem GAUSS-Spektrum

$$N(f) = \frac{2N}{\sqrt{2\pi B^2}}\, e^{\frac{-f^2}{2B^2}}$$

und einer Korrelationsfunktion

$$R(\tau) = N\, e^{-2(\pi B \tau)^2}$$

existieren Ableitungen beliebig hoher Ordnung, und er ist demnach mittels einer TAYLOR-Entwicklung vorhersagbar; hingegen ist der GAUSS-MARKOFF-Prozeß mit der Korrelationsfunktion Gl. (6.49) nicht differenzierbar. Der zur Herleitung des Probensatzes benutzte Prozeß mit dem Leistungsspektrum

$$N(f) = \begin{matrix} \frac{N}{B} & 0 \leqq f \leqq B \\ 0 & f > B \end{matrix}$$

mit der Korrelationsfunktion

$$R(\tau) = N\, \frac{\sin 2\pi B\tau}{2\pi B\tau}$$

besitzt ebenfalls Ableitungen beliebig hoher Ordnung und ist wie der Prozeß mit GAUSSschem Leistungsspektrum singulär; für diese Prozesse ist das Integral

$$\int_{-\infty}^{+\infty} \frac{\log n(\omega)}{1+\omega^2}\, d\omega$$

(WIENER-PALEY-Kriterium) [64] [67] mit $n(\omega)$ als normiertem Leistungsspektrum bzw. Übertragungsfaktorbetragsquadrat des Systems [Gl. (6.58)] divergent.

7.2 Technische Realisierung der Quantisierung

Die zeitliche Quantisierung kontinuierlicher Signale ist ein allen Pulsmodulationsverfahren [23] gemeinsames Grundprinzip. Speziell die Pulsamplitudenmodulation führt im Grenzfall auf den Probensatz Gl. (7.1). In Abb. 89 ist schematisch die technische Realisierung des Probensatzes bzw. der Pulsamplitudenmodulation wiedergegeben.

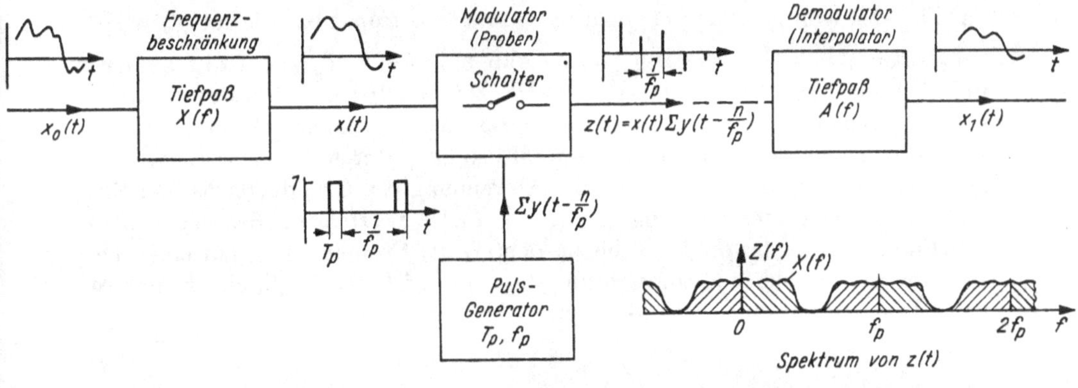

Abb. 89. Technische Realisierung der zeitlichen Quantisierung einer frequenzbeschränkten Zeitfunktion (Probensatz, Pulsamplitudenmodulation)

Als Eingangssignal sei ein Prozeß mit einem nahezu konstanten Amplituden- bzw. Leistungsspektrum angenommen, so daß der Übertragungsfaktor $X(f)$ des Eingangstiefpasses, der die Frequenzbeschränkung bewirkt, identisch mit dem Amplitudenspektrum des frequenzbeschränkten Signals $x(t)$ ist. Als Prober dient ein auf irgendeine Weise elektronisch von einem Pulsgenerator gesteuerter Schalter, der mit der Abtast- bzw. Pulsfolgefrequenz f_p periodisch für die Zeit T_p geschlossen wird. Am Ausgang des Schalters erscheint somit die abgetastete frequenzbeschränkte Funktion

$$z(t) = x(t) \sum_{n=-\infty}^{n=+\infty} y\left(t - \frac{n}{f_p}\right) \tag{7.2}$$

mit

$$y(t) = \begin{cases} 1 & |t| < \frac{T_p}{2} \\ 0 & |t| > \frac{T_p}{2} \end{cases}.$$

Das zu Gl. (7.2) gehörige Spektrum (FOURIER-Transformierte) lautet

$$Z(f) = f_p \sum_{n=-\infty}^{n=+\infty} X(f - n f_p)\, Y(n f_p)$$

mit $Y(f) = \frac{\sin \pi f T_p}{\pi f}$, so daß

$$Z(f) = f_p T_p X(f) + f_p T_p \sum_{n \neq 0} X(f - n f_p) \frac{\sin \pi n f_p T_p}{\pi n f_p T_p}; \tag{7.3}$$

hierbei stellt das erste Glied der Summe das mit dem Tastverhältnis $f_p T_p$ (Schließungsverhältnis des Schalters) multiplizierte Originalspektrum $X(f)$ dar, während die anderen Glieder eine periodische Fortsetzung von $X(f)$, verschoben um Vielfache von f_p, bilden (abgesehen von der Spaltfunktion, die für $T_p \ll \frac{1}{f_p}$ bei kleinem n nahe bei Eins liegt) (siehe Abb. 89). Für $f_p T_p = 1$ wird die Spaltfunktion für $n \neq 0$ Null und es verbleibt $Z(f) = X(f)$; der Schalter ist dann ständig geschlossen. Wird f_p hinreichend groß (so groß, daß noch keine merkliche Überlappung der Spektren eintritt) gewählt, so kann durch den Ausgangstiefpaß mit dem Übertragungsfaktor $A(f)$ eine Abtrennung des Grundbereichs von $Z(f)$ und somit eine Rückgewinnung von $X(f) \approx Z(f) A(f)$ erfolgen. Bezeichnet man den Frequenzbereich von $f = 0$ bis zu dem Wert, bei dem $|X(f)|$ auf einen bestimmten Bruchteil des Maximalwertes abgesunken ist, als Bandbreite B, so tritt keine Überlappung innerhalb dieses Bereiches ein, solange

$$f_p \geqq 2B \tag{7.4}$$

ist.

Für $T_p \ll \frac{1}{f_p}$ beträgt der Fehler des Ausgangssignals, herrührend von der ungenügend scharfen Bandbegrenzung sowohl von $X(f)$ als auch $A(f)$ bei einer Gl. (7.4) genügenden Pulsfolgefrequenz, bezogen auf das Ausgangssignal bei $f_p \gg 2B$, ausgedrückt durch die Leistungsverhältnisse,

$$\frac{\int_0^\infty |A(f)|^2 |X(f - f_p)|^2 \, df}{\int_0^\infty |A(f)|^2 |X(f)|^2 \, df}. \tag{7.5}$$

Mit steigender Pulsfolgefrequenz geht dieser Fehler gegen Null.

Bei idealen Tiefpässen mit $|A(f)| = |X(f)| = 0$ für $|f| > B$ ist der Fehler bereits bei $f_p = 2B$ Null, jedoch sind derartige Übertragungsfaktoren mit endlichem

Aufwand nur näherungsweise z. B. als Potenzfilter in der Form $|A(f)|^2 = \frac{1}{1+(2\pi f a)^{2n}}$ realisierbar und bringen eine mit dem Grad der Annäherung ansteigende Laufzeit der Signale mit sich.

8. Kontinuierliche Information

Bis zu einem gewissen Umfange lassen sich die im diskreten Falle getroffenen Definitionen und erhaltenen Ergebnisse auf den kontinuierlichen Fall übertragen, wenn die kontinuierlichen Variablen Zeit und Amplitude in geeigneter Weise quantisiert werden und anschließend zu Grenzwerten übergegangen wird. Für die Zeit ist bei frequenzbeschränkten Prozessen die Quantisierung in endliche Intervalle ausreichend, wie im vorigen Kapitel gezeigt wurde. Bei der Amplitude ist physikalisch ebenfalls eine untere Grenze der Auflösung und somit nur eine endliche Anzahl von möglichen Werten gegeben; wird aber mathematisch ein Kontinuum als Abbild gewählt, so führt dies zwangsläufig dazu, daß dort, wo im diskreten Falle nicht Verhältnisse, sondern Absolutwerte in den Definitionen der informationstheoretischen Größen auftreten, beim Übergang zur Grenze keine endlichen Werte erreicht werden. So wird die im diskreten Falle als quantitatives Maß für die von einer diskreten Quelle gelieferte Information geeignet befundene Entropie im kontinuierlichen Falle stets Unendlich, gleichgültig ob es sich dabei um Prozesse mit einem hohen oder geringen Grad von Regellosigkeit, um mit hoher oder geringer Zuverlässigkeit vorhersagbare Prozesse handelt. Es ist versucht worden, den Entropiebegriff durch geeignete Erweiterungen auch für das Kontinuum durch Einführung einer ε-Entropie [29] oder d-dimensionalen Entropie [51] aussagefähig zu machen. Im nachfolgenden wird von diesen Erweiterungen kein Gebrauch gemacht und nur die differentielle Entropie verwendet.

8.1 Differentielle Entropie kontinuierlicher Quellen

Teilt man den kontinuierlichen Wertebereich einer durch ihre W. D. gekennzeichneten kontinuierlichen zufälligen Variablen in differentielle Abschnitte Δx, so kann man jedem dieser Bereiche eine Wahrscheinlichkeit $w(x)\,\Delta x$ zuordnen und in Analogie zur Entropie diskreter Quellen mit Gl. (2.1) formal eine Größe

$$\begin{aligned}
&\lim_{\Delta x\to 0} -\sum w(x)\,\Delta x\;{}_a\!\log\,(w(x)\,\Delta x)\\
&= -\int w(x)\;{}_a\!\log w(x)\,dx + \lim_{\Delta x\to 0} -\sum w(x)\,\Delta x\;{}_a\!\log \Delta x\\
&= -\int w(x)\;{}_a\!\log w(x)\,dx + \lim_{\Delta x\to 0}\;{}_a\!\log \frac{1}{\Delta x}\\
&= \quad h_1(x) \qquad\qquad + \infty
\end{aligned} \tag{8.1}$$

bilden, von der nur der mit $h_1(x)$ bezeichnete Term als differentielle Entropie interessieren soll.

Analog zu Gl. (2.30) kann man ebenso mit den Wahrscheinlichkeitsdichten n-ter Ordnung eine n-dimensionale differentielle Entropie

$$h_n(x) = h(x_1; x_2; \ldots; x_n) \\ = - \int\int \ldots \int w_n(x_1; x_2; \ldots; x_n) \, {}_a\log w_n(x_1; x_2; \ldots; x_n) \, dx_1 \, dx_2, \ldots, dx_n \quad (8.2)$$

definieren, die sich im Falle der Unabhängigkeit mit $w_n = \prod_{\nu=1}^{n} w_1(x_\nu)$ zu

$$\sum_{\nu=1}^{n} - \int w_1(x_\nu) \, {}_a\log w_1(x_\nu) \, dx \quad (8.3)$$

reduziert. Eine Reihe wichtiger Eigenschaften der Entropie bleibt auch für die differentielle Entropie erhalten. So gilt

$$h_2(x_1; x_2) \leqq h_1(x_1) + h_1(x_2) \quad (8.4)$$

mit Gleichheit nur im Falle der Unabhängigkeit. Ferner lassen sich in Analogie zu Gl. (2.13) bedingte differentielle Entropien, z.B.

$$h(x_1|x_2) = - \int\int w(x_1; x_2) \, {}_a\log w(x_1|x_2) \, dx_1 \, dx_2 , \quad (8.5)$$

angeben, so daß

$$h_2(x_1; x_2) = h_1(x_1) + h(x_1|x_2) \quad (8.6)$$

gilt.

Mit den Regeln für die Transformation von Wahrscheinlichkeitsdichten Gl. (6.61) folgt ein weiterer wesentlicher Unterschied der differentiellen Entropie gegenüber der Entropie im diskreten Falle, die nicht von den zufälligen Variablen, sondern nur von den diesen zugeordneten Wahrscheinlichkeiten abhängig war: Die differentielle Entropie ist abhängig vom jeweiligen Koordinatensystem

$$h_n(y) = h_n(x) - \int\int \ldots \int w_n(x_1; x_2; \ldots; x_n) \, {}_a\log \left| \frac{\partial(x_1; x_2; \ldots; x_n)}{\partial(y_1; y_2; \ldots; y_n)} \right| dx_1 \, dx_2, \ldots, dx_n , \quad (8.7)$$

und nur wenn die JAKOBIsche Determinante gleich Eins ist (maßerhaltende Transformation), bleibt die differentielle Entropie invariant gegenüber der Transformation. Ist die Transformation nicht maßerhaltend, aber eindeutig umkehrbar, so ist es nicht sinnvoll, von einem Entropieverlust durch die Transformation zu sprechen, da er durch die Rücktransformation wieder aufgehoben werden kann. In den Fällen, in denen nur Differenzen von Entropien auftreten, wie bei der übertragenen Information $\mathfrak{J}$ und der Kanalkapazität C, spielen jedoch die durch Gl. (8.1) und Gl. (8.7) zum Ausdruck kommenden Unterschiede der differentiellen Entropie gegenüber der Entropie im diskreten Falle keine Rolle.

In Analogie zum diskreten Fall, bei dem die Entropie auf ein Symbol der zufälligen Folge bezogen wurde, wird im kontinuierlichen Fall die differentielle Entropie auf einen Probenwert des frequenzbeschränkten Prozesses bezogen. Sind $x_1; x_2; \ldots; x_n$ die zufälligen Variablen an aufeinanderfolgenden Abtastzeitpunkten, so gilt für die differentielle Entropie des Prozesses je Probenwert mit Gl. (8.2)

$$h(x) = \lim_{n \to \infty} \frac{1}{n} h(x_1; x_2; \ldots; x_n) \tag{8.8}$$

bzw. für die differentielle Entropie je Sekunde

$$h'(x) = f_p\, h(x) = \lim_{T \to \infty} \frac{1}{T} h(x_1; x_2; \ldots; x_T)\,. \tag{8.9}$$

Die eindimensionale differentielle Entropie

$$h_1(x) = -\int_{-\infty}^{+\infty} w(x)\, {}_a\!\log w(x)\, dx$$

nimmt, je nach Nebenbedingungen, für bestimmte $w(x)$ einen Maximalwert an; für

$$\bar{x} = 1 \quad \text{und} \quad \overline{x_2} = \sigma^2$$

erhält man als maximierende W. D. mittels der Variationsrechnung die GAUSS-Verteilung

$$w(x) = \frac{1}{\sqrt{2\pi\sigma^2}}\, e^{-\frac{x^2}{2\sigma^2}}$$

mit

$$h_1(x)_{\max} = {}_a\!\log\, (2\pi e \sigma^2)^{1/2}\,. \tag{8.10}$$

Für die n-dimensionale differentielle Entropie ist die maximierende W. D. die n-dimensionale GAUSS-Verteilung nach Gl. (6.41); man erhält

$$h_{n_{\max}}(x) = {}_a\!\log\, [(2\pi e)^n\, |\boldsymbol{M}_x|]^{1/2} \tag{8.11}$$

mit $|\boldsymbol{M}_x|$ als der Determinanten der Matrix der Momente 2. Ordnung mit den Elementen $\overline{x_i x_k} = \sigma^2 \varrho(\tau_{ik})$.

Nach Gl. (8.4) wird $h_n(x)_{\max}$ in Gl. (8.11) absolut maximal für Unabhängigkeit, d.h. für $\varrho(\tau_{ik}) = 0$, $i \neq k$, mit $|\boldsymbol{M}_x| = \sigma^{2n}$. Die maximale differentielle Entropie eines frequenzbeschränkten Prozesses je Probenwert wird damit für einen GAUSS-Prozeß mit Unabhängigkeit der Variablen an den Abtastzeitpunkten erreicht und beträgt

$$h(x)_{\max} = h_1(x)_{\max} = {}_a\!\log\, (2\pi e \sigma^2)^{1/2}\,. \tag{8.12}$$

Die Unabhängigkeit der Werte zu den Abtastzeitpunkten ist exakt nur bei Frequenzbeschränkung durch einen idealen Tiefpaß mit der Korrelationsfunktion

$$\sigma^2 \frac{\sin 2\pi B\tau}{2\pi B\tau}$$

bei einer Abtastung im Abstand $\tau = \frac{1}{2B}$ gegeben; bei Annäherungen an den idealen Tiefpaß besteht zwischen den Abtastzeitpunkten noch eine, wenn auch geringe, Korrelation bzw. Abhängigkeit, so daß der Maximalwert nach Gl. (8.12) praktisch nicht ganz erreicht wird.

8.2 Maximal übertragbare Information

Die über einen kontinuierlichen, gestörten Kanal je Probenwert übertragene Information läßt sich aus dem diskreten Analogon durch einen Gl. (8.1) entsprechenden Grenzübergang aus Gl. (4.19) herleiten zu

$$\begin{aligned}\mathfrak{J}(X, Y) &= \lim_{\Delta x, \Delta y \to 0} \lim_{n\to\infty} \frac{1}{n} \sum_x \sum_y w_n(x; y)\, {}_a\log \frac{w_n(x; y)}{w_n(x)\, w_n(y)}\, \Delta x\, \Delta y \\ &= \lim_{n\to\infty} \frac{1}{n} \int\int w_n(x; y)\, {}_a\log \frac{w_n(x; y)}{w_n(x)\, w_n(y)}\, dx\, dy \\ &= h(x) + h(y) - h(x; y) = h(x) - h(y|x) = h(y) - h(x|y) \qquad (8.13)\end{aligned}$$

mit $w_n(x) = w_n(x_1; x_2; \ldots; x_n)$ und $w_n(y_1; y_2; \ldots; y_n)$ als der n-dimensionalen W.D. der frequenzbeschränkten Eingangs- bzw. Ausgangsprozesse des Kanals, $w_n(x; y)$ der verbundenen W. D. und $h(x)$, $h(y)$, $h(x; y)$ den entsprechenden differentiellen Entropien der Prozesse. Der auf obige Weise durchgeführte Grenzübergang zu differentiellen Größen führt im Gegensatz zu Gl. (8.1) im allgemeinen auf einen endlichen positiven Grenzwert.

$\mathfrak{J}(X, Y)$ ist auch invariant gegenüber Koordinatentransformationen und stellt somit das kontinuierliche Analogon zu Gl. (4.19) mit derselben Bedeutung, nämlich den je Probenwert übertragenen Nachrichteneinheiten, dar.

Bei einem durch die bedingte W. D. $w_n(x|y)$ gekennzeichneten gestörten frequenzbeschränkten Kanal läßt sich $\mathfrak{J}$ durch Variation der Dichte $w_n(x)$ des Eingangsprozesses zur Kanalkapazität

$$C = \operatorname*{Max}_{w(x)} \mathfrak{J}(X, Y) \qquad (8.14)$$

als maximal übertragbare Information je Probenwert maximieren. Auch die Kanalkapazität als die maximal störungsfrei über einen gestörten kontinuierlichen Kanal übertragbare Anzahl von (diskreten) Nachrichteneinheiten je Probenwert ist ein endlicher Wert, und es ist somit unmöglich, kontinuierliche Information absolut fehlerfrei, d.h. ohne Verfälschungen, zu übertragen; hierzu ist eine unendlich große Kanalkapazität bzw. ein ungestörter Kanal erforderlich.

Einen wichtigen Sonderfall stellt der lineare Kanal dar; bei ihm treten die Störungen additiv zum Eingangsprozeß hinzu, d.h. $y(t) = x(t) + r(t)$. Die den Kanal kennzeichnende bedingte W. D. $w_n(x|y)$ ist damit unabhängig vom Eingangsprozeß, und zum Erreichen der Kanalkapazität

$$C = \operatorname{Max} \mathfrak{J} = \operatorname{Max} h(y) - h(x|y) = \operatorname{Max} h(y) - h(r) \qquad (8.15)$$

ist in diesem Falle die W. D. des Ausgangsprozesses zu variieren; die W. D. des maximierenden Eingangsprozesses läßt sich dann daraus bestimmen.

8.3 Übertragene kontinuierliche Information

Bisher ist noch kein geeignetes Maß für die von einer kontinuierlichen Quelle gelieferte Information angegeben worden. Da eine exakte Übertragung kontinuierlicher Information über einen gestörten Kanal unmöglich ist und somit nur eine Übertragung mit einem gewissen Fehler erfolgen kann, ist es zweckmäßig, das Maß in Verbindung mit einer vorgegebenen zulässigen Ungenauigkeit zu definieren. Letzten Endes läuft dies auf eine Quantisierung der kontinuierlichen Amplituden ähnlich der Pulskodemodulation hinaus. Gleichgültig jedoch, wie das Übertragungssystem beschaffen ist, d.h. ob die Übertragung über den Kanal in diskreter oder kontinuierlicher Form und in welcher Weise die Kodierung und Dekodierung erfolgt, muß das Maß für die übertragene Information in Verbindung mit einem Genauigkeits- oder Gütekriterium gestatten zu beurteilen, ob ein Kanal gegebener Kapazität zur Übertragung der kontinuierlichen Information mit der verlangten Güte ausreicht. Mit steigenden Genauigkeitsforderungen muß das Maß für die übertragene Information und damit die dazu erforderliche Kanalkapazität wachsen. Das Gütekriterium muß es gestatten, verschiedene Übertragungssysteme hinsichtlich ihrer Güte zu klassifizieren. Mit der statistischen Beschreibung eines kontinuierlichen Systems durch die verbundene Wahrscheinlichkeitsdichte $w_n(x'; y') = w_n(x')\, w_n(x'|y')$, wobei x', x, y, y' der Reihenfolge nach die zufälligen Variablen der Quelle, des Kanaleingangs, Kanalausgangs und des demodulierten, dekodierten oder in irgendeiner Form wieder aufbereiteten Ausgangssignals sind, wird das Gütekriterium Q eine Funktion der verbundenen Dichte in der Form

$$Q(w(x'; y')) = \iint w(x'; y')\, q(x', y')\, dx'\, dy' \tag{8.16}$$

mit $q(x', y')$ als Bewertungsfunktion.

Eine typische Bewertungsfunktion lautet beispielsweise

$$q(x', y') = (x' - y')^2 ; \tag{8.17}$$

sie mißt die quadratische Abweichung zwischen Eingangs- und Ausgangsprozeß. Für ergodische Prozesse wird damit wegen der Gleichheit von Zeit- und Ensemblemittelwert

$$Q = \widetilde{(x' - y')^2} = \overline{(x' - y')^2} . \tag{8.18}$$

Bei der praktischen Anwendung solcher Eingang und Ausgang verknüpfender Kriterien ist vorher eine entsprechende Normierung und evtl. Retardierung durchzuführen, um zu gewährleisten, daß bei einem fehlerfrei arbeitenden System das Gütekriterium den Wert Null annimmt.

Die einer kontinuierlichen Quelle zugeordnete übertragene Information in Nachrichteneinheiten je Probenwert (oder je Sekunde) wird nun als der Minimalwert der übertragenen Information unter Einhaltung des Gütekriteriums als Nebenbedingung bei Variation der das Übertragungssystem kennzeichnenden bedingten Dichte $w(x'|y')$

$$\mathfrak{J}_Q = \min_{w(x'|y')} \mathfrak{J}(X', Y') \tag{8.19}$$

definiert. Von allen möglichen Übertragungssystemen, die mit einer bestimmten Güte übertragen, wird durch Gl. (8.19) die übertragene Information (in diskreten

Einheiten gemessen) desjenigen Systems der kontinuierlichen Quelle als Maß zugeordnet, das den kleinsten Wert aufweist. Damit ist gewährleistet, daß für

$$\mathfrak{I}_Q \leqq C\,, \tag{8.20}$$

d.h. für eine kontinuierliche Quelle mit dem Wert $\mathfrak{I}_Q$, eine Übertragung über einen Kanal mit der Kapazität C zum Gütewert Q durch geeignete Kodierung möglich ist.

Für den Spezialfall eines frequenzbeschränkten GAUSS-Prozesses der Leistung $\overline{x'^2} = P$ als Quelle und für ein Gütekriterium Q nach Gl. (8.18) mit Q als mittlerer quadratischer Abweichung erhält man nach SHANNON[1]) für die übertragene kontinuierliche Information je Probenwert mit Gl. (8.12)

$$\begin{aligned}\mathfrak{I}_Q &= \underset{w(x'|y')}{\mathrm{Min}} \left(h(x') - h(y'|x')\right) = h(x') - \mathrm{Max}\, h(y'|x') \\ &= {}_a\!\log\,(2\,\pi\, e\, P)^{1/2} - {}_a\!\log\,(2\,\pi\, e\, Q)^{1/2} = \frac{1}{2}\,{}_a\!\log\frac{P}{Q}\end{aligned} \tag{8.21}$$

bzw. für die übertragene Information je Sekunde mit Gl. (7.4)

$$\mathfrak{I}'_Q = f_p\,\mathfrak{I}_Q = B\,{}_a\!\log\frac{P}{Q}\,. \tag{8.22}$$

Die kontinuierliche frequenzbeschränkte Quelle ist damit durch zeitliche und amplitudenmäßige Quantisierung auf eine diskrete Quelle zurückgeführt.

In dem zu Gl. (8.21) führenden Spezialfall entspricht $\sqrt{\frac{P}{Q}}$ der Zahl n der diskreten gleichwahrscheinlichen Symbole in Gl. (2.5).

8.4 Idealer Kanal

Als idealer Kanal soll der lineare Kanal mit einer Kapazität nach Gl. (8.15) bezeichnet werden, wenn die additiv zum Signal hinzutretende Störung ein auf das Frequenzband B beschränkter GAUSS-Prozeß mit innerhalb des Bandes konstantem Leistungsspektrum und einer Leistung $\overline{r^2} = R$ ist.

Von dem auf das gleiche Frequenzband beschränkten Eingangsprozeß wird lediglich gefordert, daß er einer Leistungsbeschränkung in der Form $\overline{x^2} = S$ unterworfen ist. (Praktische Sender hingegen besitzen meist eine Beschränkung der Spitzenleistung.) Damit wird die Leistung des Ausgangsprozesses zu

$$\overline{y^2} = \overline{(x + r)^2} = \overline{x^2} + \underbrace{2\,\overline{x\,r}}_{0,\ \text{da unabhängig}} + \overline{r^2} = S + R\,. \tag{8.23}$$

Da nach Gl. (8.15) zur Erreichung der Kanalkapazität nur die differentielle Entropie $h(y)$ des Ausgangsprozesses zu maximieren ist und diese unter der Bedingung $\overline{y^2} = S + R$ nach Gl. (8.12) für einen GAUSS-Prozeß mit der Streuung $\sigma^2 = S + R$

[1]) Theorem 22 in [55].

erreicht wird, ergibt sich als Kanalkapazität je Probenwert

$$C = \frac{1}{2}\,{}_a\!\log 2\,\pi\, e\,(S + R) - \frac{1}{2}\,{}_a\!\log 2\,\pi\, e\, R = \log \sqrt{\frac{S + R}{R}} \tag{8.24}$$

bzw. je Sekunde

$$C' = f_p \cdot C = B\,{}_a\!\log \frac{S + R}{R}\,. \tag{8.25}$$

Da Ausgangssignal und additiv hinzutretende Störung Gauss-Prozesse sind, gilt dies ebenfalls für das Eingangssignal. Schematisch ergibt sich damit für den idealen Kanal folgendes Bild (Abb. 90).

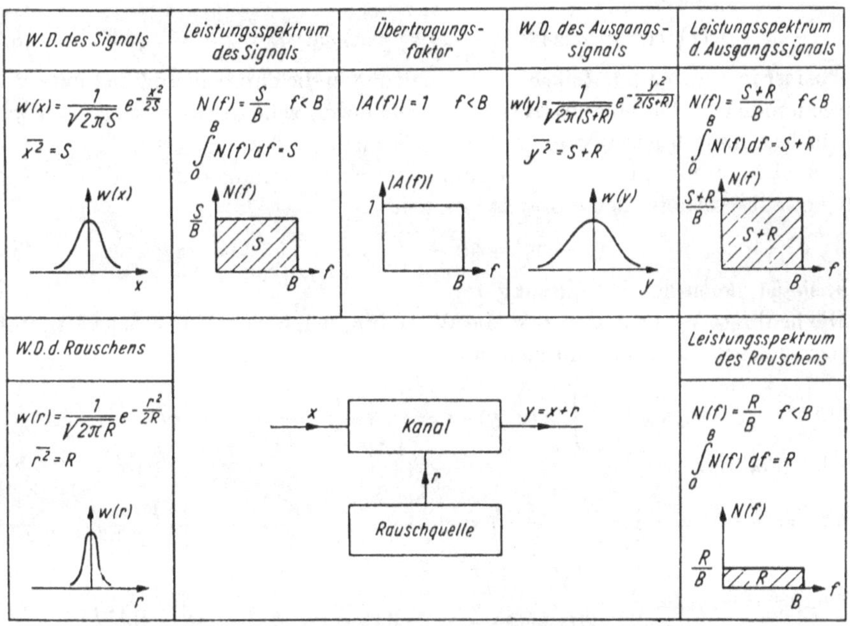

Abb. 90. Idealer Kanal

Für den Korrelationsfaktor zwischen Eingangs- und Ausgangssignal ergibt sich mit $\overline{x\,y} = \overline{x\,(x + r)} = \overline{x^2} = S$

$$\varrho = \frac{\overline{x\,y}}{\sqrt{\overline{x^2}\;\overline{y^2}}} = \frac{S}{\sqrt{S\,(S + R)}} = \sqrt{\frac{S}{S + R}}\,, \tag{8.26}$$

so daß für die Kanalkapazität nach Gl. (8.24), ausgedrückt durch den Korrelationsfaktor, folgt

$$C = -\,{}_a\!\log \sqrt{1 - \varrho^2}\,. \tag{8.27}$$

Für $|\varrho| = 1$, d.h. vollständige Korrelation zwischen Eingangs- und Ausgangssignal, wird die Kanalkapazität Unendlich (ungestörter kontinuierlicher Kanal), während für $\varrho = 0$ auch die Kanalkapazität Null wird.

Für die verbundene W. D. $w(x; y)$ ergibt sich mit der Momentenmatrix

$$\boldsymbol{M} = \begin{pmatrix} \overline{x^2} & \overline{x\,y} \\ \overline{x\,y} & \overline{y^2} \end{pmatrix} = \begin{pmatrix} S & S \\ S & S+R \end{pmatrix},$$

$$|\boldsymbol{M}| = S\,(S+R) - S^2 = S\,(S+R)\,(1-\varrho^2) = S\,R \tag{8.28}$$

nach der allgemeinen Darstellung Gl. (6.41) für die GAUSS-Verteilung

$$\begin{aligned} w(x; y) &= \frac{1}{2\,\pi\sqrt{S\,(S+R)\,(1-\varrho^2)}} \exp - \frac{(S+R)\,x^2 - 2\,S\,x\,y + S\,y^2}{2\,S\,(S+R)\,(1-\varrho^2)} \\ &= \frac{1}{\sqrt{2\,\pi\,S}}\,e^{-\frac{x^2}{2S}}\,\frac{1}{\sqrt{2\,\pi\,R}}\,e^{-\frac{(y-x)^2}{2R}} \\ &= w(x)\,w(r) = w(x)\,w_r(y-x) = w(x)\,w(x|y)\ ; \end{aligned} \tag{8.29}$$

hierbei ist in der zweiten Zeile eine Aufspaltung in die einfache und bedingte W. D. vorgenommen. Der Mittelwert und zugleich wahrscheinlichste Wert von y bei einem bestimmten gesendeten x ergibt sich aus $w(x|y)$ zu $y_x = x$.

Die mittlere quadratische Abweichung zwischen Eingangs- und Ausgangssignal beträgt entsprechend den Voraussetzungen

$$\overline{(y-x)^2} = \overline{(x+r-x)^2} = \overline{r^2} = R\,, \tag{8.30}$$

d.h. sie ist gleich der Störleistung.

Die bedingte W. D. $w(y|x)$, d.h. die W. D. für x nach Empfang eines bestimmten y (a-posteriori-Dichte) ergibt sich mit

$$w(y) = \int w(x; y)\,dx = \frac{1}{\sqrt{2\,\pi\,(S+R)}}\,e^{-\frac{y^2}{2\,(S+R)}}$$

aus Gl. (8.29) zu

$$\begin{aligned} w(y|x) &= \frac{w(x; y)}{w(y)} = \frac{1}{\sqrt{2\,\pi\,S\,(1-\varrho^2)}} \exp - \frac{1}{2\,(1-\varrho^2)}\left(\frac{x^2}{S} - \frac{2\,x\,y}{S^{1/2}(S+R)^{1/2}} + \frac{y^2}{S+R}\right) \\ &\times \exp\frac{y^2}{2\,(S+R)} = \frac{1}{\sqrt{2\,\pi\,S\,(1-\varrho^2)}} \exp - \frac{1}{2\,(1-\varrho^2)}\left(\frac{x}{S^{1/2}} - \frac{y}{(S+R)^{1/2}}\right)^2. \end{aligned} \tag{8.31}$$

Der Mittelwert, wegen der Symmetrie der Verteilung zugleich der wahrscheinlichste Wert von x bei empfangenen y, liegt bei

$$\frac{x}{S^{1/2}} - \frac{y}{(S+R)^{1/2}} = 0 \quad \text{bzw. bei}$$

$$x_y = \bar{x} = \int x\,w(y|x)\,dx = \varrho^2\,y\,, \tag{8.32}$$

und die Streuung um diesen Mittelwert beträgt, unabhängig von y,

$$\overline{(x-\varrho^2\,y)^2} = \int (x-\varrho^2\,y)^2\,w(y|x)\,dx = S\,(1-\varrho^2) = \frac{R\,S}{R+S}\,. \tag{8.33}$$

Für $\varrho \to 1$, d.h. für $R \to 0$ bei konstantem endlichen S, geht $w(y|x)$ in die DIRAC-Funktion

$$\lim_{\varrho \to 1} w(y|x) = \delta\,(x-y) \tag{8.34}$$

über; der wahrscheinlichste Wert von x bei empfangenem y ist dabei $x_y = y$ mit der Wahrscheinlichkeit Eins. Für $\varrho \to 0$ geht $w(y|x)$ in $w(x)$ über und wird damit unabhängig von y.

Die bedingte W. D. $w(y|x)$ nach Gl. (8.31) mit $\overline{x^2} = S = 1$ für $y = 4$ als Beispiel sowie die Orte der Maxima von $w(y|x)$ nach Gl. (8.32) mit ϱ als Parameter sind in Abb. 91 dargestellt. Man ersieht daraus, daß die Bestimmung des gesendeten x bei empfangenem y mit sinkendem ϱ immer unsicherer wird, um schließlich für $\varrho = 0$ die gleiche Unsicherheit hinsichtlich des gesendeten x, wie sie von vornherein bestand, zu liefern. Die Unsicherheit wird charakterisiert durch die „Breite" von $w(y|x)$, die bei der GAUSS-Verteilung von Wendepunkt zu Wendepunkt gleich

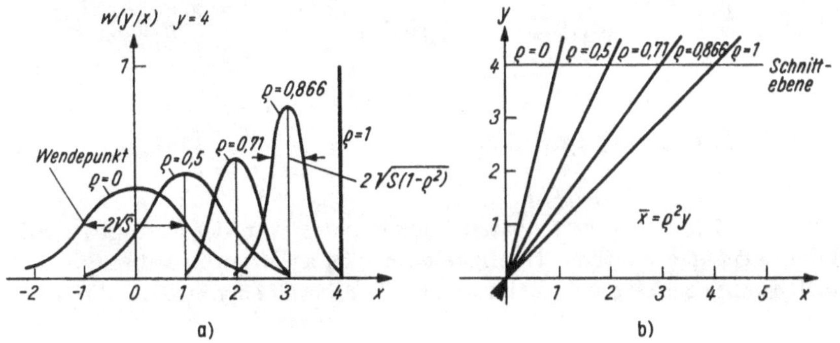

Abb. 91. a) Schnitt durch $w(y|x)$ für $y = 4$ mit ϱ Parameter
b) Orte der Maxima bzw. Mittelwerte $\bar{x}$ von $w(y|x)$ mit ϱ Parameter

2σ bzw. im vorliegenden Falle gleich $2\sqrt{S(1-\varrho^2)}$ ist; diese Breite geht auch in die bedingte differentielle Entropie $h(y|x)$ ein. Man erhält dafür

$$h(y|x) = -\iint w(y)\, w(y|x)\, {}_a\log w(y|x)\, dx\, dy = {}_a\log \sqrt{2\pi e\, S\,(1-\varrho^2)}$$

$$= {}_a\log \sqrt{2\pi e \frac{S\,R}{S+R}}, \qquad (8.35)$$

und die Kanalkapazität nach Gl. (8.24) kann damit auch geschrieben werden

$$C = h(x) - h(y|x) = {}_a\log \sqrt{\frac{S}{S\,(1-\varrho^2)}}\,. \qquad (8.36)$$

In beiden Formen, sowohl in Gl. (8.24) als auch in Gl. (8.36), wird der Logarithmus des Verhältnisses der Breiten von Wahrscheinlichkeitsdichten gebildet; im ersteren Falle der von $w(y)$ zu der von $w(x|y)$, im letzteren Falle der von $w(x)$ zu der von $w(y|x)$. Dies entspricht der Zahl der unterscheidbaren Amplitudenstufen im diskreten Fall. Um eine genügend große Sicherheit bei der Unterscheidung zu erreichen, ist wie im diskreten Fall eine „Erweiterung" des Kanals vorzunehmen, indem die Betriebszeit T genügend lang gewählt wird. Eine praktische Annäherung an die fehlerfreie Übertragung von $C'\,T$ Nachrichteneinheiten in der Zeit T über den kontinuierlichen Kanal kann in der Weise erfolgen, daß eine Anzahl N

von Realisierungen des frequenzbeschränkten GAUSSschen Eingangsprozesses der Dauer T auf der Sende- und Empfangsseite verfügbar gemacht werden. Als gesendetes Signal wird auf der Empfangsseite dasjenige gewählt, welches von den N möglichen Realisierungen die kleinste mittlere quadratische Abweichung in der Zeit T

$$\frac{1}{T}\int_T (x_\nu(t) + r(t) - x_\mu(t))^2\,dt \to \overline{r^2} \quad \text{für} \quad \underset{T\to\infty}{\mu = \nu} \tag{8.37}$$

aufweist. Für $\mu \neq \nu$ erhält man statt dessen $\overline{x_\nu^2} + \overline{x_\mu^2} + \overline{r^2} > \overline{r^2}$ für $T \to \infty$.

Ebenso könnte man

$$\frac{1}{T}\int_T \big(x_\nu(t) + r(t) - x_\mu(t)\big)\, x_\mu(t)\,dt \to \begin{matrix} 0 & \mu = \nu \\ -\overline{x_\mu^2} & \mu \neq \nu \end{matrix} \quad T \to \infty \tag{8.38}$$

oder

$$\frac{1}{T}\int_T \big(x_\nu(t) + r(t)\big)\cdot x_\mu(t)\,dt \quad \to \quad \begin{matrix} \overline{x_\mu^2} & \mu = \nu \\ 0 & \mu \neq \nu \end{matrix} \quad T \to \infty \tag{8.39}$$

bilden. Die Zahl der verwendbaren Signale hängt von der verfügbaren Zeit T und der zulässigen relativen Häufigkeit einer fehlerhaften Zuordnung ε ab.

Nach SHANNON [55] gilt jedoch für fast alle Auswahlen von N Realisierungen

$$\lim_{\varepsilon\to 0}\lim_{T\to\infty} \frac{{}_a\log N(\varepsilon, T)}{T} = C' = B\,{}_a\log\frac{S + R}{R}, \tag{8.40}$$

d.h. für ein beliebig kleines ε kann durch Wahl von hinreichend großem T erreicht werden, daß $C'\,T$ Nachrichteneinheiten in der Zeit T übertragen werden.

8.5 Reale Kanäle

Die praktisch zur Verfügung stehenden Nachrichtenübertragungskanäle weichen im allgemeinen beträchtlich vom idealen Kanal ab. Weder die vorausgesetzte extrem scharfe Bandbegrenzung oder die für die Elimination der Störungen erforderliche lange Verzögerungszeit bei Kodierung und Dekodierung, noch die geforderte Linearität, die insbesondere bei hochfrequenten Übertragungskanälen infolge der erforderlichen Frequenzumsetzungen nicht einzuhalten ist, sowie die beträchtliche Aussteuerungsreserven bedingende Begrenzung der Sendeleistung durch den quadratischen Mittelwert sind bei realen Kanälen erfüllt.

Gemeinsam mit dem idealen Kanal wird jedoch bei einem großen Teil realer Kanäle die Störung durch GAUSSsches Geräusch verursacht, welches allerdings am Kanalausgang infolge der mit dem Demodulationsprozeß verknüpften Nichtlinearitäten meist andere Wahrscheinlichkeitsdichten aufweist. Zur statistischen Beschreibung solcher Kanäle ist die Kenntnis der bedingten Wahrscheinlichkeitsdichten $w_n(x|y)$ erforderlich. Aus $w_1(x|y)$ ist bereits die Ausgangsrauschleistung $\overline{y^2}$ für konstantes x angebbar, während bei Kenntnis von $w_2(x_1; x_2|y_1; x_2)$ über die

Korrelationsfunktion Aussagen über das Ausgangsrauschleistungsspektrum gemacht werden können. Zur vollständigen Beschreibung des gesamten Übertragungssystems sind allerdings noch Angaben oder Annahmen über den Eingangsprozeß bzw. dessen Wahrscheinlichkeitsdichte $w_n(x)$ erforderlich. Zur Bestimmung der bedingten Wahrscheinlichkeitsdichte $w_n(x|y)$ ist die Durchführung einer Reihe von vornehmlich nichtlinearen Transformationen von Wahrscheinlichkeitsdichten erforderlich, die den Modulationsvorgang, das Hinzutreten der Störung und die Demodulation statistisch beschreiben. Dieser statistischen Systemanalyse ist in letzter Zeit eine Reihe von umfangreichen Werken gewidmet worden [5], [43], [59]. Ein Beispiel eines realen Kanals, eines amplitudenmodulierten Kanals mit Einhüllendendemodulation, war bereits in Abb. 72 gegeben worden (siehe auch [12], [34]). Die für diesen Kanal gültige bedingte Wahrscheinlichkeitsdichte $w_1(x|y)$ lautet nach Gl. (4.118), jetzt in der in diesem Kapitel verwendeten Schreibweise,

$$w_1(x|y) = \frac{y}{\overline{r^2}} e^{-\frac{x^2+y^2}{2\overline{r^2}}} I_0\left(\frac{x\,y}{\overline{r^2}}\right), \qquad x, y \geqq 0\,, \tag{8.41}$$

wobei x und y die nur positive Werte annehmenden Eingangs- bzw. Ausgangssignale und $\overline{r^2}$ das Effektivwertquadrat bzw. die Leistung der in dem *HF*-Kanal additiv hinzutretenden gaußisch verteilten Störung sind. Mit der Normierung durch Einführen der neuen Variablen

$$u = \frac{x}{\sqrt{2\,\overline{r^2}}}\,, \qquad v = \frac{y}{\sqrt{2\,\overline{r^2}}} \tag{8.42}$$

erhält man aus Gl. (8.41)

$$w_1(u|v) = 2\,v\,e^{-(u^2+v^2)}\,I_0(2\,u\,v)\,. \tag{8.43}$$

Gl. (8.43) ist in Abb. 92 mit u als Parameter dargestellt.

Die Nichtlinearität des Kanals kommt in der Abweichung von $w_1(x|y)$ von der entsprechenden GAUSSschen Dichte des idealen Kanals nach Gl. (8.29)

$$w_1(x|y) = \frac{1}{\sqrt{2\,\pi\,\overline{r^2}}}\,e^{-\frac{(y-x)^2}{2\overline{r^2}}}$$

zum Ausdruck, der sie sich erst für Werte $u = \frac{x}{\sqrt{2\,\overline{r^2}}} > 3$ nähert.

Für die Ausgangsrauschleistung bei konstant angenommenem Eingangssignal

$$\overline{y^2} - \bar{y}^2 = \int (y - \bar{y})^2\,w(x|y)\,dy$$

bzw. in normierter Form erhält man

$$\frac{\overline{y^2} - \bar{y}^2}{2\,\overline{r^2}} = \overline{v^2} - \bar{v}^2 = \int (v - \bar{v})^2\,w(u|v)\,dv = 1 + u^2 - \frac{\pi}{4}\cdot {}_1F_1^2\left(-\frac{1}{2}\,,\,1;\,-u^2\right)$$
$$= f(u) \approx \frac{1}{2} \qquad \text{für} \qquad u > 3\,, \tag{8.44}$$

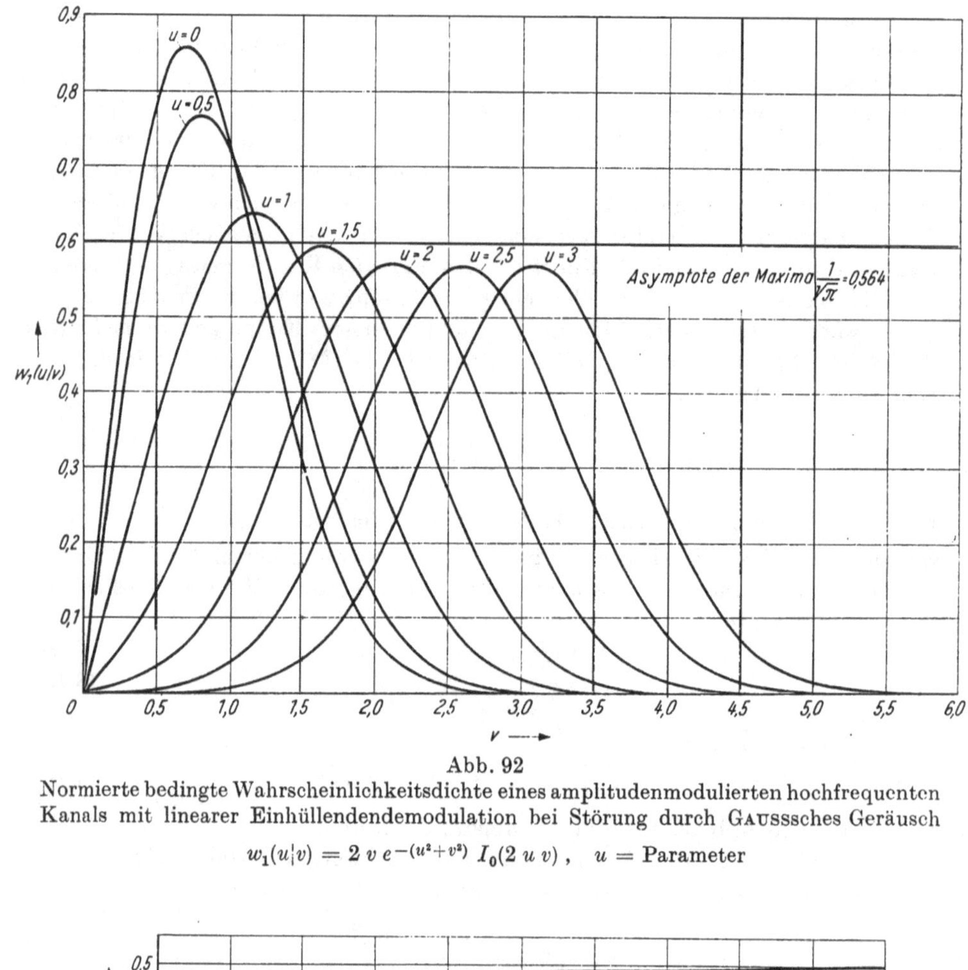

Abb. 92
Normierte bedingte Wahrscheinlichkeitsdichte eines amplitudenmodulierten hochfrequenten Kanals mit linearer Einhüllendendemodulation bei Störung durch Gausssches Geräusch

$$w_1(u|v) = 2\,v\,e^{-(u^2+v^2)}\,I_0(2\,u\,v)\,, \quad u = \text{Parameter}$$

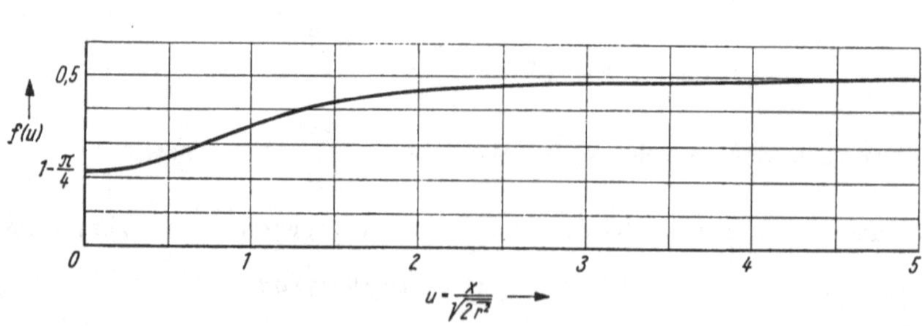

Abb. 93. Normierte Ausgangsrauschleistung eines amplitudenmodulierten hochfrequenten Kanals mit linearer Einhüllendendemodulation bei Störung durch Gausssches Geräusch

$$\overline{v^2} - \overline{v}^2 = f(u) = 1 + u^2 - \frac{\pi}{4} \cdot {}_1F_1^2\left(-\frac{1}{2}, 1; -u^2\right)$$

wobei ${}_1F_1$ die Abkürzung für die konfluente hypergeometrische Funktion [37] ist. Gl. (8.44) ist in Abb. 93 als Funktion von u aufgetragen. Man erkennt, daß sich $f(u)$ erst für Eingangsamplituden $u = \frac{x}{\sqrt{2\,\overline{r^2}}} > 3$ dem Werte $\frac{1}{2}$ bzw. die Ausgangsrauschleistung dem Werte $\overline{r^2}$ des idealen Kanals nähert.

Bei dem als Beispiel gewählten realen Kanal stellt die lineare Einhüllendengleichrichtung auch noch eine Idealisierung dar. Trotzdem sind bereits die Ausdrücke für die bedingte W. D. zweiter Ordnung ziemlich kompliziert [43]. Dies trifft in noch stärkerem Maße für einen frequenzmodulierten hochfrequenten Kanal zu. Dem idealen Kanal am nächsten kommt der amplitudenmodulierte Kanal, bei dem der hochfrequente Träger und ein Seitenband senderseitig unterdrückt werden und auf der Empfangsseite durch Trägerzusatz eine genügend lineare Demodulation erreicht wird; dieser Einseitenbandkanal entspricht dann in guter Näherung einem lediglich frequenzmäßig verschobenen idealen Kanal [16], [17], [50].

SCHLUSSBEMERKUNGEN

Obwohl für die praktisch wichtigste Aufgabe der el. Nachrichtenübertragungstechnik, der Übertragung kontinuierlicher Quellen über kontinuierliche gestörte Kanäle, durch die Informationstheorie ein die theoretischen Werte erreichendes Verfahren praktisch noch nicht verwirklicht worden ist und andererseits die praktisch realisierten Verfahren nicht aus informationstheoretischen, sondern aus technisch-wirtschaftlichen Überlegungen heraus entstanden sind, haben diese doch die Anregung für die Schaffung einer Theorie gegeben und die technischen Voraussetzungen für verbesserte Übertragungsverfahren geschaffen. Ein nur nach informationstheoretischen Gesichtspunkten aufgebautes Übertragungsverfahren könnte folgendermaßen beschaffen sein: Quantisierung der kontinuierlichen Quelle wie bei *PCM* mit der geforderten Güte, Elimination der Redundanz durch Kodierung der diskreten Quelle nach Shannon-Fano, Übertragung der diskreten Werte durch eine entsprechende Anzahl kontinuierlicher Rauschproben über den kontinuierlichen Kanal, Verwendung eines amplitudenmodulierten Einseitenband-*HF*-Kanals entsprechender Kapazität mit der Möglichkeit, Bandbreite und Signalleistung den Erfordernissen entsprechend auszutauschen, und schließlich entsprechende Demodulation, Dekodierung und Interpolation mit einer hinreichend langen Auswertezeit.

Ein solches Verfahren ist technisch durchaus realisierbar; inwieweit es wirtschaftlich ist, hängt in starkem Maße von dem jeweiligen Stand der Technik und Technologie ab; auf alle Fälle ist es ziemlich aufwendig und kompliziert und besitzt damit gegenüber einfacheren, informationstheoretisch weniger günstigen Verfahren den Nachteil der größeren Störanfälligkeit und geringeren Zuverlässigkeit, jetzt im Hinblick auf die Funktionstüchtigkeit gesehen. Erst die Berücksichtigung dieser, von der Informationstheorie nicht erfaßten Faktoren gestattet eine vollständige Beurteilung der Übertragungsverfahren. Die technische Weiterentwicklung der Nachrichtentechnik wird sich deshalb nicht nur von informationstheoretischen Gesichtspunkten leiten lassen; auch nehmen andere, mit der Nachrichtenübertragung in Verbindung stehende, ebenfalls statistische Theorien [61], wie die Theorie der Optimalfilter [5], [24], [33], [43], [59], [64] oder die Theorie der Entscheidungsfunktionen [5], [43], starken Einfluß auf die Entwicklung der Nachrichtentechnik, Regelungstechnik und anderer verwandter Techniken. Das Gemeinsame dieser neuen, sich mit der Übertragung und Verarbeitung von Nachrichten befassenden Theorien ist die Anwendung der mathematischen

Methoden der Wahrscheinlichkeitsrechnung, die man zur Zeit noch nicht zum Grundwissen des Nachrichteningenieurs zählen kann. Wenn die vorliegende Einführung in die statistische Theorie der elektrischen Nachrichtenübertragung mit dazu beigetragen hat, hier eine Lücke zu schließen, so hat sie ihre Aufgabe erfüllt.

Anhang

Tabelle 16. $-x \operatorname{ld} x$

x	0	1	2	3	4	5	6	7	8	9
0,0	0,0000	0,0664	0,1069	0,1578	0,1857	0,2161	0,2435	0,2686	0,2915	0,3127
0,1	0,3322	0,3503	0,3671	0,3827	0,3971	0,4105	0,4230	0,4346	0,4453	0,4552
0,2	0,4644	0,4728	0,4806	0,4878	0,4942	0,5000	0,5053	0,5100	0,5142	0,5179
0,3	0,5211	0,5238	0,5261	0,5278	0,5292	0,5301	0,5306	0,5307	0,5304	0,5298
0,4	0,5287	0,5274	0,5257	0,5235	0,5211	0,5184	0,5153	0,5126	0,5083	0,5043
0,5	0,5000	0,4954	0,4906	0,4854	0,4800	0,4743	0,4684	0,4622	0,4559	0,4490
0,6	0,4421	0,4351	0,4276	0,4200	0,4120	0,4040	0,3957	0,3870	0,3784	0,3695
0,7	0,3602	0,3507	0,3413	0,3315	0,3215	0,3112	0,3009	0,2903	0,2796	0,2687
0,8	0,2575	0,2462	0,2348	0,2231	0,2112	0,1994	0,1871	0,1748	0,1622	0,1496
0,9	0,1369	0,1239	0,1106	0,0973	0,0840	0,0704	0,0564	0,0425	0,0286	0,0145

LITERATURVERZEICHNIS

[1] BEGER, H.: Fehlerhäufigkeit von A 1- und F 1-Telegrafieübertragungssystemen insbesondere bei weißem Rauschen, Tel. Ztg. Jg. 29, Dez. 1956, H. 114, S. 245–255.

[2] CHINTSCHIN, A. J.: Der Begriff der Entropie in der Wahrscheinlichkeitsrechnung, in „Arbeiten zur Informationstheorie I", VEB Deutscher Verlag der Wissenschaften, Berlin 1957.

[3] CHINTSCHIN, A. J.: Über grundlegende Sätze der Informationstheorie, in „Arbeiten zur Informationstheorie I", VEB Deutscher Verlag der Wissenschaften, Berlin 1957.

[4] DARLING, D. A. and SIEGERT, A. J. F.: A Systematic Approach to a Class of Problems in the Theory of Noise and other Random Phenomena, IRE Transactions Information Theory, März 1957.

[5] DAVENPORT, W. B. and ROOT, W. L.: Random Signals and Noise, McGraw-Hill, New York 1958.

[6] DOETSCH, G.: Handbuch der LAPLACE-Transformation Bd. I., Verlag Birkhäuser, Basel 1950.

[7] FANO, R. M.: The Transmission of Information, MIT Techn. Report. **65** (1949).

[8] FEINSTEIN, A.: Foundations of Information Theory, McGraw-Hill, New York 1958.

[9] FEY, P.: Die HILBERT-Transformation in der Elektrotechnik, Nachrichtentechnik **6** (1956) H. 8, S. 337–340.

[10] FEY, P.: Einfache Korrelationsmeßverfahren, Nachrichtentechnik **8** (1958) H. 1, S. 12–16.

[11] FEY, P.: Zur Messung der Wahrscheinlichkeitsdichte und des Spektrums von stationären Zeitprozessen, Hochfrequenztechnik u. Elektroakustik **66** (1958) 20–21.

[12] FEY, P.: Rauschabstände bei Einhüllendendemodulation, Nachrichtentechnik **9** (1959) H. 8, S. 383–384.

[13] FEY, P.: Wirkungsweise, Aufbau und Anwendungsbeispiele einer Analogierechenmaschine, Nachrichtentechnik **11** (1961) H. 10, S. 452–457.

[14] FEY, P.: Kodierung von Nachrichten, Nachrichtentechnik **11** (1961) H. 11, S. 484–487.

[15] FISZ, M.: Wahrscheinlichkeitsrechnung und mathematische Statistik, VEB Deutscher Verlag der Wissenschaften, Berlin 1958.

[16] FRÜHAUF, H.: Über die Grundprobleme der Theorie der Nachrichtenübertragung, Nachrichtentechnik **4** (1954) 49–54, 259–263.

[17] FRÜHAUF, H.: Zum Stande der Informationstheorie, Nachrichtentechnik **6** (1956) H. 10, S. 433–443.

[18] GNEDENKO, B. W.: Lehrbuch der Wahrscheinlichkeitsrechnung, Akademie-Verlag, Berlin 1957.

[19] GOLDMAN, S.: Information Theory Prentice-Hall, New York 1953.

[20] HALPERIN, I., SCHWARTZ, L.: Introduction to the Theory of Distributions, University of Toronto Press, Toronto 1952.

[21] HAMMING, R. W.: Error Detecting and Error Correcting Codes, BSTJ **26** (1950) 147–160.

[22] HARDY, LITTLEWOOD, POLYA: Inequalities, Cambridge University Press, London 1952.

[23] Hölzler, E. und Holtzwarth, H.: Theorie und Technik der Pulsmodulation, Springer-Verlag, Berlin 1957.

[24] Jaglom, A. M.: Einführung in die Theorie stationärer Zufallsfunktionen, Akademie-Verlag, Berlin 1959.

[25] Jaglom, A. M. und Jaglom, I. M.: Wahrscheinlichkeit und Information. VEB Deutscher Verlag der Wissenschaften, Berlin 1960.

[26] Käding, F. W.: Häufigkeitswörterbuch der deutschen Sprache, Steglitz 1898.

[27] Kettel, E.: Der Störabstand bei der Nachrichtenübertragung durch Codemodulation, AEÜ **3** (1949) 161–164.

[28] Kohlenberg, A.: Exakt Interpolation of Band-Limited Functions, Journ. of appl. Phys. **24** (1953) H. 12, S. 1432–1436.

[29] Kolmogoroff, A. N.: Theorie der Nachrichtenübermittlung, in „Arbeiten zur Informationstheorie I" VEB Deutscher Verlag der Wissenschaften, Berlin 1957.

[30] Küpfmüller, K.: Die Entropie der deutschen Sprache, FTZ **7** (1954) H. 6, S. 265–272.

[31] Lange, F. H.: Zur Systematik der Korrelations-Meßtechnik, Nachrichtentechnik 8 (1958) 76–77.

[32] Lange, F. H.: Korrelationselektronik, VEB Verlag Technik, Berlin 1959.

[33] Laning, J. H. and Battin, R. H.: Random Processes in Automatic Control, McGraw-Hill, New York 1956.

[34] Lawson, J. L. and Uhlenbeck, G. E.: Threshold Signals, McGraw-Hill, New York 1950.

[35] Lebedew, D. S. und Garmasch, W. A.: Über die Möglichkeit der Vergrößerung der Übertragungsgeschwindigkeit telegrafischer Mitteilungen, Elektroswjas (1958) H. 1, S. 68–69.

[36] Mangoldt, H. v., Knopp, K.: Einführung in die höhere Mathematik, S. Hirzel-Verlag, Leipzig 1954.

[37] Magnus, W. und Oberhettinger, F.: Formeln und Sätze für die speziellen Funktionen der mathematischen Physik, Springer-Verlag, Berlin 1948.

[38] Markoff, A.: Beispiel einer statistischen Untersuchung über den Text von „Eugen Onegin". Isvestija **7** (1913), siehe hierzu auch Fisz, M.

[39] Mason, S. J.: Feedback Theory – Some Properties of Signal Flow-Graphs, PIRE (1953) 1144–1156.

[40] Mayer, H. F.: Prinzipien der Puls-Code-Modulation, R. Oldenbourg Verlag, München 1954.

[41] Meinke, H. und Gundlach, F. W.: Taschenbuch der Hochfrequenztechnik, Springer-Verlag, Berlin 1956.

[42] Meyer-Eppler, W.: Grundlagen und Anwendung der Informationstheorie, Springer-Verlag, Berlin 1959.

[43] Middleton, D.: An Introduction to Statistical Communication Theory, McGraw-Hill, New York 1960.

[44] Neidhardt, P.: Der Begriff des Wirkungsgrades in der Informationstheorie, Elektronische Rundschau **10** (1956) 15–19.

[45] Neidhardt, P.: Einführung in die Informationstheorie, VEB Verlag Technik, Berlin 1957.

[46] Neidhardt, P.: Über die Wechselbeziehungen von Blind-, Wirk- und Scheininformation zur Symbol- und Kanalkapazität in der Informationstheorie, Nachrichtentechnik **11** (1961) 481–483.

[47] Öhme, E.: Dekodierschaltungen mit Halbleiterbauelementen, Hochfrequenztechnik u. Elektroakustik Bd. **69** (1960) H. 2, S. 52–61.

[48] Peterson, W. W.: Error Correcting Codes, John Wiley-Verlag, New York 1961.

[49] Pfeiffer, H.: Elektronisches Rauschen. Bd. I Rauschquellen, Verlag Teubner, Leipzig 1959.

[50] Piloty, R.: Über die Beurteilung der Modulationsverfahren mit Hilfe des nachrichtentheoretischen Begriffs der Kanalkapazität, AEÜ (1950) H. 12.

[51] Renyi, A. und Balatoni, J.: Zum Begriff der Entropie, in „Arbeiten zur Informationstheorie I", VEB Deutscher Verlag der Wissenschaften, Berlin 1957.

[52] Rice, S. O.: Mathematical Analysis of Random Noise, BSTJ **23** (1944) 282–332; BSTJ **24** (1945) 46–156.

[53] Richter, H.: Wahrscheinlichkeitstheorie, Springer-Verlag, Berlin 1956.

[54] Sacco, L.: Manuel de scriptographie, Paris 1951.

[55] Schlitt, H.: Systemtheorie für regellose Vorgänge, Springer-Verlag, Berlin 1960.

[56] Shannon, C. E.: A Mathematical Theory of Communication, BSTJ **27** (1948) 379–423, 623–656.

Shannon, C. E. and Weaver, W.: The Mathematical Theory of Communication, University of Illinois Press, Urbana 1949.

[57] Shannon, C. E.: Communication in the Presence of Noise, PIRE **37** (1949), H. 1, S. 10–21.

[58] Shannon, C. E.: Prediction and Entropy of Printed English, BSTJ **3** (1951) 30.

[59] Slepian, D.: A Class of Binary Signaling Alphabets. BSTJ **36** (1956) 203–234.

[60] Strait: A Lower Bound for *ED*- and *EC*-Codes, IRE Transactions IT – 7, April (1961) Nr. 2, S. 114–118.

[61] Stumpers, F. L.: A Bibliography of Information Theory, IRE Transactions IT – 2, Nov. (1953); IT – 1, Sept. (1955).

[62] Wang, M. C. and Uhlenbeck, G. E.: On the Theory of the Brownian Motion II, Reviews of Modern Physics **17** (1945) Nr. 2,3.

[63] Whittaker, J. M.: Interpolatory Function Theory, Cambridge University Press, London 1935.

[64] Wiener, N.: Extrapolation, Interpolation and Smothing of Stationary Time Series, New York 1949.

[65] Winkler, H.: Elektronische Analogieanlagen, Akademie-Verlag, Berlin 1961.

[66] Wintterbottom, N. and Walters, J. S. B.: A High Speed Analogue to Digital Convertor, Elektron. Engng. **33** (1961) H. 3, S. 144–149.

[67] Wunsch, G.: Moderne Systemtheorie, Akademische Verlagsgesellschaft, Leipzig 1962.

[68] Ziel, A. v. d.: Noise, Prentice-Hall, New York 1954.

[69] N. N.: Converter Samples Analogs at 5 Mc, Electronics **34** (1961) 14, S. 94.

SACHREGISTER

ABELsche Gruppe 154
Abtasttheorem 193
Addition modulo 2 142
Analog-Digital-Wandler 136
Analogrechner 188
Anfangswahrscheinlichkeit 18
Antivalenz 142, 167
Äquivokation 83, 113
Ausgangssymbolblöcke, unterscheidbare 82
Ausnutzungsgrad 108

Baumdarstellung 34
BERNOULLIsches Gesetz der großen Zahlen 14
BERNOULLIsches Versuchsschema 9
Binärkanal 95
—, symmetrischer (SBK) 109
Binärquelle 31
Binomialkoeffizienten 110
Binomialverteilung 9, 110
bit 33
Buchstabenwahrscheinlichkeit 7

charakteristische Funktion 190
CHINTSCHIN 2

Dekodierbarkeit, eindeutige 47
Dekodierbarkeitsbedingung 50
DIRAC-Funktion 186
Dispersion 12
Distanz der Kodeblöcke 143
Distribution 186
dit 33
Doppelquelle 36

Effektivwert 12
Ensemblemittelwert 23
Entropie 28
—, bedingte 37
—, differentielle 197
Entropie, Maßeinheit der 33
—, relative 46
—, verbundene 36
— von MARKOFF-Prozessen 41
—, wahre 44
Entscheidung 80
Entscheidungsschema 113, 158
Ergodensätze 23
ergodische Wahrscheinlichkeit 18
Ergodizität 178
Extrapolation 181

Faltungsintegral 190
Faltungssatz 185
Fehler, feststellbare 168
Fehlerfunktion 127
Fehlerwahrscheinlichkeit 114, 139, 165
Folge, zufällige 6
FOURIER-Transformation 185
Frequenzbeschränkung 173
Funktion, charakteristische 190

GAUSS-MARKOFF-Prozeß 184
GAUSS-Prozeß 181
GAUSS-Verteilung 182
Gleichstrom-Telegrafie-Kanal 123
Graph 20
Grenzwahrscheinlichkeit 18
Grenzwertsatz, zentraler 182, 191
Gruppenkode 154
Gütekriterium 201

Häufigkeit, relative 10, 14
Hauptachsentransformation 180
HILBERT-Transformation 194
hochwahrscheinliche Blöcke 72
homogen 16

idealer Beobachter 80, 158
— Kanal 202

Information, übertragene 82
Informationsmenge 33
Interpolation 192
Interpolationsfunktion 193

JACOBIsche Funktionaldeterminante 189, 198

Kanal 74
—, erweiterter 85, 205
—, idealer 202
—, linearer 200
— mit Einhüllendendemodulation 207
— ohne Gedächtnis 75
—, semikontinuierlicher 122
—, symmetrischer, fehlerfeststellender 170
—, total gestörter 77
—, ungestörter 76
Kanalkapazität 85, 93, 200
— des SBK 120
Kausalitätsprinzip 194
Klassifizierung stationärer zufälliger Prozesse 175
Kode, äquivalenter 146
—, geordneter 56
—, systematischer 140
Kodebaum, vollständiger 59
Kodeblockdistanz 143
Kodelänge, mittlere 52
Koderedundanz 54
Kodierung 47
—, Fundamentalsatz der 71
— nach SHANNON 52
—, redundanzfreie 52
Kodierungsmethode nach FANO 59
Kofolgen 157
Kofolgenerzeuger 157
KOLMOGOROFF 26
Kombinatorik 9
Kontrollgleichung 149
Kontrollstellen 149
Korrelationsfunktion 178
Korrelationsfunktionsbestimmung 180
Kovarianz 157

Leistungsspektrum 185

MARKOFFsche Kette 15
MARKOFF-Prozeß 176
Mittelwert 11
—, linearer 11
—, quadratischer 11
Moment 11
—, zentrales 11

Nachrichtenfluß 92
Nachrichtenquelle, diskrete 5
Nachrichtenübertragungskette 1
Negation 69
nit 33
Normierungsbedingung 6
Nutzstörleistungsverhältnis 128

Oder-Schaltung 69

PARSEVALsche Gleichung 185
PASCALsches Dreieck 110
PCM-Demodulation nach SHANNON 137
Permutation 9
Probensatz 193
Produkt, dyadisches 180
Prozeß, kontinuierlicher 173, 174
—, rein zufälliger 176
—, singulärer 195
—, stationärer 175
—, zufälliger periodischer 179
Pulskodemodulation 132

Quantisierung 132

Redundanz eines Kode 54, 62
— einer Quelle 46
Restunsicherheit 83

Scheinnachrichtenfluß 92
Schwellwert 122
SHANNON 1
SHANNON-Kode 59
Signale 3
Signal-Fluß-Diagramm 20
Signalregenerierung 132
singulärer Prozeß 195
Spaltfunktion 193
Standardabweichung 12
Standardanordnung 156
stationär
stationärer Prozeß 175
STEINER, Satz von 12

TAYLOR-Reihe 194
Teilkanäle 103
Transformation, eindeutige Umkehrbarkeit 188
—, lineare 179
—, nichtlineare 188
Transinformation 82
TSCHEBYSCHEFFsche Ungleichung 12

Übergangsmatrix 18, 76
Übergangswahrscheinlichkeit 16
Überlagerung, lineare zweier zufälliger Prozesse 190
Übertragung, ungestörte 78
Übertragungskanal, hochfrequenter 123
Und-Schaltung 69
Unsicherheit 28
—, mittlere 33

Van Duuren-Kode 170
Verteilungsfunktion 8
Vorhersagefunktion 188

Wahrscheinlichkeit, ergodische 18
Wahrscheinlichkeitsdichte 174
— einer Summe 190
Wahrscheinlichkeitsfunktion 8
Wiener-Chintschin-Theorem 186
Wiener-Paley-Kriterium 195
Wirkungsgrad 92

FSC
www.fsc.org
MIX
Papier | Fördert gute Waldnutzung
FSC® C083411

Zeitfracht Medien GmbH
Ferdinand-Jühlke-Straße 7
99095 Erfurt, Deutschland
produktsicherheit@kolibri360.de